事実認定体系

民法総則編
1

1条～98条の2

[編著]

村田　渉

第一法規

はしがき

　民事裁判実務を担当していると、適正な事実認定は、法適用の前提をなすものであり、民事裁判の生命線であると実感することが多い。ところが、近時は、以前にも増して民事裁判における事実認定の重要性が再認識されるようになっている割には、法律実務家の中には、事実認定に関する基礎的知識や手法の習得が十分でなく、裁判例の読込みと検討がやや疎かになっているのではないか、そのために判断に必要な事実が把握できていないのではないかと感じることが少なくない。

　そのような問題意識から、民法の条文ごとに裁判例等を分類整理して、そこに表れた各種の事実認定のルールや手法、要件判断に必要な事実、事実認定のポイント・判断基準等を明らかにする著作が必要ではないかと考え、2015年5月に『事実認定体系〈契約各論編〉』（全2巻）を、2017年9月に『事実認定体系〈物権編〉』を刊行したところ、幸いにして、多くの読者に好評をもって迎えられた。

　本書『事実認定体系〈民法総則編〉』は、〈契約各論編〉及び〈物権編〉に続く事実認定体系シリーズの第3弾である（本書では、第1編　総則（1条～174条）を扱っている）。

　民法については、周知のとおり、民法（債権関係）の改正法案（「民法の一部を改正する法律案」）及びその整備法が、2017年5月26日、参議院本会議において可決・成立し、平成29年6月2日法律第44号として公布され、2020年中の施行が予定されているとのことである。今後は、新法を対象として、多くの入門書、概説書、教科書、注釈書等が出版され、更に多くの裁判例が積み重ねられることになるものと思われる。

　これを受けて、本書でも、これまでの事実認定体系シリーズの編集方針（後記参照）と基本的に同じであるものの、改正法が成立した分野（条文）については、法改正の直後でもあることから、読者の便宜等を考慮して、次のとおり解説方法等を工夫することとした。

(1)

① 「条文」は、法改正後の条文と改正前の条文を併記すること
② 改正のある条文は、「改正の趣旨」等の見出しを付け、「改正箇所と改正の趣旨」の解説をすること
③ 改正法を前提とした「事実認定の対象等」（意義、法律要件及び法律効果、参考裁判例等）の解説をすること
④ 条文や判例との関連と位置づけを分類すること
⑤ 「参考裁判例」及び「事実認定における問題点」は、基本的に、改正後の条文の解釈適用に参考となるもののみを対象とすること

そして、今後とも引き続き、法改正や裁判例の動向を踏まえるとともに、読者の意見等をも採り入れて工夫を重ねることによって、使い勝手のよいシリーズになればと思っている。

本書の執筆者は、契約各論編及び物権編と同様、いずれも司法研修所教官として民事事実認定教育に携わった経験を有し、民事裁判実務等の第一線で活躍している裁判官である。ご多忙にもかかわらず、本務の合間を縫ってご協力いただいたことに対し、編者として改めて感謝の意を表したい。

また、本書刊行にあたっても契約各論編、物権編に引き続き、第一法規の企画マーケティング室、編集第一部各位、特に萩原有人部長、宮川裕香さん、田中信行さん、村木大介さんに大変お世話になった。これらの方々の本書刊行に対する熱意と支援、時宜を得た督促と激励がなければ、本書が世に出ることはなかったであろう。改めて厚くお礼を申し上げる次第である。

本書の執筆動機や問題意識、特色及び対象読者などは、既刊『事実認定体系〈契約各論編〉』と同様であるので、以下に引用することとしたい。

＊　＊　＊

民事裁判の生命は、適正な事実認定と適切な法の解釈適用にある。事実認定が適正でなければ、どんなに法の解釈適用が適切であっても、その判断は前提を欠き、正義にかなうものとはいえない。また、民事裁判において事実認定の対象となる事実は、訴訟当事者にとっては、現に体験した事実が多い

から、事実認定が正しいかどうかは容易に分かることである。民事裁判に対する国民の信頼を維持するためには、もとより裁判手続の適正や適切な法の解釈適用も大切ではあるが、適正な事実認定がとりわけ重要である。

　しかし、適正な事実認定を行うことは、必ずしも簡単なことではない。事実認定は、個別具体的な事件や争点ごとに多様であるため、法律実務家は、実際の事件を通じて、自己研さんにより、あるいは先輩法曹の力を借りながら、事実認定のスキルやマインドを修得するための努力を続けることになる。そこでは、裁判官は、どうすれば正しい事実認定ができるかについて考え、弁護士は、どうすれば主張事実を効果的に立証できるか、どうすれば裁判官による正しい事実認定が行われるかを考え、適正な事実認定のための技法や考え方を習得しようと努力を重ねている。

　これまで最高裁判例をはじめとする多くの裁判例があるが、それらは法律実務家が実際に事実認定に悩み、考えたことの結晶である。裁判例を読んで、そこに表れた各種の事実認定の手法等を学ぶことは、事実認定のスキルとマインドを磨くために、また事実認定の質を向上させるために、大変重要な作業である。ところが、近時、特に若手の法律実務家の中に、裁判例の読み込みや検討をやや疎かにしているのではないかと感じられることがあるのは残念なことである。

　本書は、このような問題意識から、民法の条文ごとに、事実認定の対象となる法律要件とともに、事実認定における問題点を概括した上で、個々の裁判例を検討してその内容と位置づけを明らかにし、裁判例の中から、当該条文の法律要件に関する事実認定で何が重要であるか、何がメルクマールとなるか等を整理・分析し、そこに表れた各種の事実認定のルールや手法、事実認定のポイントと留意点を提示しようと試みるものである。これにより、読者は、民法の当該条文の意義・法律要件・法律効果（あるいは要件事実）とともに、その内容を、裁判例を通じてより具体的に知ることができ、当該条文について考える際の基本的な指針を得ることができるであろう。これらの情報は、弁護士にとって、日常的な法律相談や民事裁判における主張立証方針検討の際の参考となるであろうし、裁判官にとっても、当該条文の、裁判

(3)

例からみた事実認定上の留意点等を知ることは、効果的・効率的な訴訟指揮や合理的な事実認定の助けとなるものと思う。

　本書の特色を述べると、次のようになる。
　第1に、取り上げた契約類型について、民法の条文ごとに、事実認定の対象等として、意義・法律要件・法律効果等（更に要件事実について解説している条文もある。）を分析した上、当該条文に関する事実認定における問題点として法律要件を踏まえた項目立てを行い、問題点ごとに関連する裁判例の要旨とポイントについて説明をし、事実認定のルールや手法、事実認定のポイントや留意点、裁判例の位置付けについて解説を行った。
　第2に、分析・検討の対象とした裁判例は、原則として第一法規株式会社の「D1-Law.com 判例体系」に収録された裁判例（最高裁、高裁、地裁、簡裁、大審院の各裁判例）であるが、このほかにも、「最高裁民事破棄判決の実情」（判例時報）や「民事訴訟における事実認定」（司法研修所編）、後藤勇著「民事裁判における経験則」、「続・民事裁判における経験則」（判例タイムズ社）に登載されたもの、下級審の裁判例は各種判例雑誌等に登載されたものをも対象とした。
　第3に、裁判例の解説にあたっては、具体的な事実への法のあてはめという点を特に重視し、民法の条文ごとに、法律要件事実の認定について、どのような間接事実や証拠が考慮され、どのような経験則が適用されたかを具体的に説明しようと試みることにより、法律実務家が具体的な事実に法をあてはめる際、関係者等からヒアリングをする際、あるいは事実を主張立証する際などに必要・有益な情報が得られるようにした。ただし、紙幅等の都合もあり、裁判例の紹介と解説は簡潔で分かりやすい記載を心掛けたため、読者には、本書を手掛かりに引用裁判例本文を読み、自らの頭でもう一度その内容・位置付け等について考えることをお勧めしたい。
　第4に、裁判例の分析・検討にあたっては、法律要件や事実認定に関する重要な法解釈が示された最高裁判決等のリーディングケースだけでなく、下級審の裁判例であっても、事実認定のルールや手法、裁判例の考え方等を検討する上で有効・有益と思われるものであれば、それらも分析・検討の対象

とし、裁判例の分類にあたっては、原則として時系列によることとしたが、これは、そのほうが裁判例の動きや傾向、大きな裁判例の流れといったものや現在の裁判例の状況が理解しやすいであろうと考えたことによる。

　なお、本書は、裁判例を素材として事実認定の手法等を学ぶことを目的とするものであり、条文の理解を深めることや、判例・学説上の解釈論を展開することを主たる目的とするものではないが、意義・法律要件・法律効果についての裁判例や学説であっても、当該条文の理解のために必要と思われるものは、参考裁判例等として紹介している。

　本書の読者として想定しているのは、法律実務家である裁判官、弁護士のほか、民法と事実認定に関心を持たれている研究者、司法修習生、法科大学院生、司法書士である。本書が多くの方々に受け入れられ、民事事実認定についての理解と議論が更に進むことがあれば幸いである。

2017年9月

村田　渉

編集・執筆者一覧

編集代表

村田　渉（むらた・わたる）　　　　　東京高等裁判所判事（部総括）

執筆者（五十音順）

大野　祐輔（おおの・ゆうすけ）　　　京都地方裁判所判事

齋藤　聡（さいとう・あきら）　　　　大阪高等裁判所判事

村主　隆行（すぐり・たかゆき）　　　仙台地方裁判所判事（部総括）

高島　義行（たかしま・よしゆき）　　大阪地方裁判所判事

中園浩一郎（なかぞの・こういちろう）東京地方裁判所判事（部総括）

廣澤　諭（ひろさわ・さとし）　　　　東京高等裁判所判事

吉岡　茂之（よしおか・しげゆき）　　広島地方・家庭裁判所判事（部総括）

凡　例

1．民法の内容現在について

平成29年7月1日施行日現在の内容によった。民法の一部を改正する法律（平成29年法律第44号）によって改正される部分は新旧対照形式で表示した。

2．裁判例の書誌事項の表示について

裁判例には、原則として判例情報データベース「D1-Law.com 判例体系」（https://www.d1-law.com）の検索項目となる判例IDを［　　］で記載した。

例：最判平成23年10月25日民集65巻7号3114頁［28174474］

判例出典略語

民録	大審院民事判決録
民集	大審院民事判例集、最高裁判所民事判例集
裁判集民	最高裁判所裁判集民事
高裁民集	高等裁判所民事判例集
下級民集	下級裁判所民事裁判例集
労働民例集	労働関係民事裁判例集
新聞	法律新聞
評論	法律学説判例評論全集
裁判例	大審院裁判例
判決全集	大審院判決全集
判タ	判例タイムズ
判時	判例時報
金融法務	金融法務事情
金融商事	金融・商事判例

| 東高民時報 | 東京高等裁判所判決時報（民事） |
| 交通民集 | 交通事故民事裁判例集 |

文献略語

司研・要件事実(1)

　　司法研修所『増補民事訴訟における要件事実第一巻』（1986年）

司研・新問題研究

　　司法研修所編『新問題研究 要件事実』法曹会（2011年）

司研・類型別

　　司法研修所編『紛争類型別の要件事実──民事訴訟における攻撃防御の
　　構造〈改訂〉』法曹会（2015年）

司研・要件事実について

　　司法研修所『民事訴訟における要件事実について』

最判解説

　　「最高裁判所判例解説　民事篇」法曹会

大江・要件事実(1)

　　大江忠『要件事実民法(1)総則（第4版）』第一法規（2015年）

村田＝山野目・30講

　　村田渉＝山野目章夫『要件事実論30講（第3版）』弘文堂（2012年）

川島武宜編・注釈民法(5)

　　川島武宜編『注釈民法(5)総則(5)』有斐閣（1967年）

谷口＝石田編・新版注釈民法(1)〈初版〉

　　谷口知平＝石田喜久夫編『新版注釈民法(1)総則(1)』有斐閣（1988年）

谷口＝石田編・新版注釈民法(1)

　　谷口知平＝石田喜久夫編『新版注釈民法(1)総則(1)〈改訂版〉』有斐閣
　　（2002年）

林＝前田編・新版注釈民法(2)

　　林良平＝前田達明編『新版注釈民法(2)総則(2)』有斐閣（1991年）

川島＝平井編・新版注釈民法(3)

　　川島武宜＝平井宜雄編『新版注釈民法(3)総則(3)』有斐閣（2003年）

於保＝奥田編・新版注釈民法(4)

　　於保不二雄＝奥田昌道編『新注釈民法(4)総則(4)』有斐閣（2015年）

谷口＝五十嵐編・新版注釈民法(13)

　　谷口知平＝五十嵐清編『新版注釈民法(13)債権(4)』有斐閣（1996年）

我妻・民法講義 I

　　我妻榮『新訂民法総則〈民法講義 I〉』岩波書店（1965年）

能見＝加藤編・論点民法 1

　　能見善久＝加藤新太郎編『論点体系　判例民法 1 総則〈第 2 版〉』第一
　　法規（2013年）

我妻＝有泉＝清水＝田山編・コメ

　　我妻榮＝有泉亨＝清水誠＝田山輝明編『我妻・有泉コンメンタール民法
　　―総則・物権・債権　第 4 版』日本評論社（2016年）

川島・民法総則

　　川島武宜『民法総則』有斐閣（1965年）

幾代・民法総則

　　幾代通『民法総則（第 2 版）』青林書院新社（1984年）

内田・民法 I

　　内田貴『民法 I 第 4 版　総則・物権総論』東京大学出版会（2008年）

内田・民法Ⅲ

　　内田貴『民法Ⅲ第 3 版　債権総論・担保物権』東京大学出版会（2005年）

四宮＝能見・民法総則

　　四宮和夫＝能見善久『民法総則（第 8 版）』弘文堂（2010年）

山本・民法講義 I

　　山本敬三『民法講義 I 総則（第 3 版）』有斐閣（2011年）

四宮・民法総則

　　四宮和夫『民法総則〈第4版補正版〉』弘文堂（2014年）

部会資料66A

　　法制審議会民法（債権関係）部会資料66A　民法（債権関係）の改正に
　　関する要綱案のたたき台(1)

部会資料67A

　　法制審議会民法（債権関係）部会資料67A　民法（債権関係）の改正に
　　関する要綱案のたたき台(2)

潮見・改正法案の概要

　　潮見佳男「民法（債権関係）改正法案の概要」金融財政事情研究会
　　（2015年）

目　　次

はしがき

編集・執筆者一覧

凡　　例

第1編　総　則
第1章　通　則 ——————————————————————1
第1条　（基本原則）··· 1

第2条　（解釈の基準）··17

第2章　人
第1節　権利能力 ————————————————————————19
第3条　···19

第2節　意思能力 ————————————————————————22
第3条の2　···22

　　意思能力を欠いていると認められるかどうか　23

第3節　行為能力 ————————————————————————36
第4条　（成年）···36

第5条　（未成年者の法律行為）··38

　　法定代理人の同意の有無が問題となった事例　41

第6条　（未成年者の営業の許可）·····································42

第7条　（後見開始の審判）··44

第8条　（成年被後見人及び成年後見人）·····························47

第9条　（成年被後見人の法律行為）···································49

第10条　（後見開始の審判の取消し）································51

(11)

目　次

第11条　（保佐開始の審判）・・・・・・・・・・・・・・・・・・・・・・・・・・・・・・・・・・・・・52

　　判断能力が著しく不十分であるとの点が問題となった事例　53

第12条　（被保佐人及び保佐人）・・・・・・・・・・・・・・・・・・・・・・・・・・・・・・・・・・55

第13条　（保佐人の同意を要する行為等）・・・・・・・・・・・・・・・・・・・・・・・56

　　保佐人の同意の存否が争われた事例　59

第14条　（保佐開始の審判等の取消し）・・・・・・・・・・・・・・・・・・・・・・・・61

第15条　（補助開始の審判）・・・・・・・・・・・・・・・・・・・・・・・・・・・・・・・・・・・・・63

第16条　（被補助人及び補助人）・・・・・・・・・・・・・・・・・・・・・・・・・・・・・・・・65

第17条　（補助人の同意を要する旨の審判等）・・・・・・・・・・・・・・・・66

第18条　（補助開始の審判等の取消し）・・・・・・・・・・・・・・・・・・・・・・・・68

第19条　（審判相互の関係）・・・・・・・・・・・・・・・・・・・・・・・・・・・・・・・・・・・・・70

第20条　（制限行為能力者の相手方の催告権）・・・・・・・・・・・・・・・71

第21条　（制限行為能力者の詐術）・・・・・・・・・・・・・・・・・・・・・・・・・・・・・75

　　詐術の認定が争われた事例　76

第4節　住　所──────────────────────────81

第22条　（住所）・・81

　　住所の認定　83

第23条　（居所）・・86

第24条　（仮住所）・・・88

第5節　不在者の財産の管理及び失踪の宣告───────89

第25条　（不在者の財産の管理）・・・・・・・・・・・・・・・・・・・・・・・・・・・・・・89

　　不在者の認定　91

第26条　（管理人の改任）・・・・・・・・・・・・・・・・・・・・・・・・・・・・・・・・・・・・・・93

第27条　（管理人の職務）・・・・・・・・・・・・・・・・・・・・・・・・・・・・・・・・・・・・・・95

第28条　（管理人の権限）・・・・・・・・・・・・・・・・・・・・・・・・・・・・・・・・・・・・・・97

　　管理人の権限外行為　99

第29条　（管理人の担保提供及び報酬）・・・・・・・・・・・・・・・・・・・・・・101

目　次

第30条　（失踪の宣告）‥‥‥‥‥‥‥‥‥‥‥‥‥‥‥‥‥‥‥‥103
　　　　　そう
　　本人の遭難の有無　105

第31条　（失踪の宣告の効力）‥‥‥‥‥‥‥‥‥‥‥‥‥‥‥‥‥110

第32条　（失踪の宣告の取消し）‥‥‥‥‥‥‥‥‥‥‥‥‥‥‥‥111

第6節　同時死亡の推定　────────────────113

第32条の2　‥‥‥‥‥‥‥‥‥‥‥‥‥‥‥‥‥‥‥‥‥‥‥‥‥113

　　死亡の先後　114

第3章　法　人　──────────────────────117

第33条　（法人の成立等）‥‥‥‥‥‥‥‥‥‥‥‥‥‥‥‥‥‥‥117

　　1　形骸型　120

　　2　濫用型　124

第34条　（法人の能力）‥‥‥‥‥‥‥‥‥‥‥‥‥‥‥‥‥‥‥‥131

　　1　農業協同組合　135

　　2　信用協同組合　138

　　3　公益性の強い法人　139

第35条　（外国法人）‥‥‥‥‥‥‥‥‥‥‥‥‥‥‥‥‥‥‥‥‥140

第36条　（登記）‥‥‥‥‥‥‥‥‥‥‥‥‥‥‥‥‥‥‥‥‥‥‥142

第37条　（外国法人の登記）‥‥‥‥‥‥‥‥‥‥‥‥‥‥‥‥‥‥143

第38条から第84条まで　　削除‥‥‥‥‥‥‥‥‥‥‥‥‥‥‥‥144

第4章　物　────────────────────────145

第85条　（定義）‥‥‥‥‥‥‥‥‥‥‥‥‥‥‥‥‥‥‥‥‥‥‥145

　　1　海面下の土地等　146

　　2　集合物　150

　　3　その他　151

第86条　（不動産及び動産）‥‥‥‥‥‥‥‥‥‥‥‥‥‥‥‥‥‥153

　　1　建物の独立性　155

(13)

目　次

　　　2　建物の同一性　157

　　　3　建築中の建物等　160

　　　4　建物の滅失　163

　　　5　立木の地盤からの独立性　165

　　　6　土地の定着物該当性等　167

　第87条　（主物及び従物）……………………………………………171

　　　1　従物該当性　172

　　　2　抵当権設定後ないし強制競売開始決定後に生じた従物　175

　　　3　従たる権利該当性　176

　　　4　主物の処分と従物の対抗要件　177

　第88条　（天然果実及び法定果実）…………………………………179

　　　果実に当たるか否か　180

　第89条　（果実の帰属）………………………………………………181

　第5章　法律行為

　第1節　総　則─────────────────────183

　第90条　（公序良俗）…………………………………………………183

　　　1　人倫（社会的倫理）に反するものかどうか　186

　　　2　正義の観念に反するものかどうか　190

　　　3　暴利行為かどうか　200

　　　4　個人の自由を極度に制限するものかどうか　212

　　　5　営業の自由の制限となるかどうか　215

　　　6　著しく射倖的なものかどうか　217

　　　7　その他　219

　第91条　（任意規定と異なる意思表示）……………………………226

　　　1　678条に違反する組合契約の有効性　227

　　　2　取締規定が効力規定であるか否か　228

　　　3　法律行為が脱法行為として無効であるか否か　232

　第92条　（任意規定と異なる慣習）…………………………………235

　　　1　慣習の存否　237

(14)

目　次

2　法律行為の解釈　239

第2節　意思表示────────────────────247

第93条　（心裡留保）‥‥‥‥‥‥‥‥‥‥‥‥‥‥‥‥‥‥‥‥‥247

1　名義貸しによる取引が無効とされる場合　252

2　表示上の効果意思と内心の意思との不一致　259

第94条　（虚偽表示）‥‥‥‥‥‥‥‥‥‥‥‥‥‥‥‥‥‥‥‥‥262

1　虚偽表示の成否──内心の意思を欠くか否か　269

2　本条2項（及び110条）の類推適用の有無　296

第95条　（錯誤）‥‥‥‥‥‥‥‥‥‥‥‥‥‥‥‥‥‥‥‥‥‥‥315

1　表示の錯誤の成否　321

2　動機の錯誤の成否　323

3　表意者の重過失の有無　335

第96条　（詐欺又は強迫）‥‥‥‥‥‥‥‥‥‥‥‥‥‥‥‥‥‥‥344

1　詐欺の成否　348

2　強迫の成否　350

3　第三者による詐欺の成否　352

4　詐欺取消しを対抗されない第三者の範囲　354

第97条　（意思表示の効力発生時期等）‥‥‥‥‥‥‥‥‥‥‥‥‥357

意思表示の到達の成否　359

第98条　（公示による意思表示）‥‥‥‥‥‥‥‥‥‥‥‥‥‥‥363

第98条の2　（意思表示の受領能力）‥‥‥‥‥‥‥‥‥‥‥‥‥365

意思表示の受領能力の有無　366

事項索引‥‥‥‥‥‥‥‥‥‥‥‥‥‥‥‥‥‥‥‥‥‥‥‥‥‥‥369

判例索引（年月日順・審級別）‥‥‥‥‥‥‥‥‥‥‥‥‥‥‥‥‥375

(15)

第1編　総　則
第1章　通　則

（基本原則）

第1条　私権は、公共の福祉に適合しなければならない。

2　権利の行使及び義務の履行は、信義に従い誠実に行わなければならない。

3　権利の濫用は、これを許さない。

事実認定の対象等

■ 意義

　本条は、昭和22年の民法改正に際して置かれた規定である。それ以前から判例法上展開されてきた、「信義誠実の原則」（2項）と「権利濫用禁止法理」（3項）とを明文化し、加えて、憲法29条2項等の規定に照応して私権の内容の社会性を明らかにしたものである（以上につき、谷口＝石田編・新版注釈民法(1)〔安永正昭〕58頁、我妻＝有泉＝清水＝田山編・コメ50頁）。

■ 法律要件及び法律効果等

1　法律要件

(1)　本条各項の法律要件

　本条1項は原理を宣明し、2項と3項はその適用を示すものと解するのが通説的見解と位置付けられている（我妻・民法講義I 33頁、谷口＝石田編・新版注釈民法(1)〔田中実＝安永正昭〕72頁）。この見解によれば、「公共の福祉」という概念自体は、権利の障害ないし阻止事由として機能することはないから、本条1項は要件事実としては機能しないことになる（大江・要件事

実(1)5頁）。これに対し、本条1項、2項、3項がそれぞれ独立して別個の法律関係を規律するものと解すべきであるとする見解もある（谷口＝石田編・新版注釈民法(1)〔田中実＝安永正昭〕72頁）。

本条2項は、権利の行使及び義務の履行は信義誠実の原則に合致しなければならない旨定めているが、権利を行使する権利者又は義務を履行する義務者において、「信義誠実の原則に合致すること」を主張・立証しなければならないわけではないと解するのが相当である（司研・要件事実について4頁）。そうすると、本条2項の法律要件は、

①　権利の行使又は義務の履行が信義誠実の原則に違反すること

となる。

また、本条3項の法律要件は、

①　権利の行使が権利の濫用に当たること

となる。

(2)　規範的要件

「信義誠実の原則に違反すること」（2項）や「権利の濫用に当たること」（3項）は、いずれもその旨の規範的評価の成立が、所定の法律効果（後記2）の発生要件となっている。一般に、実体法規において、事実ではなく規範的評価をもって法律要件が記載される場合、当該要件は規範的要件と呼ばれている（司研・要件事実(1)30頁、村田＝山野目・30講88頁）。信義誠実の原則違反や権利濫用も規範的要件の1つである。

信義誠実の原則違反や権利濫用の主要事実とは何かという問題は、結局、規範的要件の主要事実をどのように考えるべきか、という点に帰着するが、この点については争いがある。

今日、通説的見解とされているのは、規範的要件の主要事実は規範的評価自体ではなく、その判断を基礎付ける評価根拠事実が主要事実であると解する見解である（主要事実説。司研・要件事実(1)30頁以下、村田＝山野目・30講89頁）。主要事実説によれば、信義誠実の原則違反や権利濫用という判断を基礎付ける具体的な事実——評価根拠事実——が主要事実であるということになる。この場合、信義誠実の原則違反や権利濫用という規範的評価その

ものは、評価根拠事実が当該規範的要件に当てはまるという法的判断であって主要事実ではなく、「信義誠実の原則に違反する」とか、「権利の濫用である」旨の当事者の主張は、法律上の意見の陳述にすぎないことになる（司研・要件事実について4頁参照）。

(3) 評価根拠事実と評価障害事実

過失、正当理由、背信性など他の規範的要件におけると同様に、信義誠実の原則違反、権利の濫用についても、その判断を基礎付ける評価根拠事実と両立はするが、その旨の規範的評価の成立を妨げるような事実（評価障害事実）を考えることができる。主要事実説に立つ場合、評価根拠事実のみならず、評価障害事実も主要事実であるということになる（司研・要件事実(1)34頁）。

そして、評価障害事実は、当該規範的評価の成立を争う側の当事者にその主張立証責任があることになり、例えば、権利濫用の評価根拠事実が抗弁として主張される場合には、その評価障害事実は再抗弁として位置付けられることになる（司研・要件事実(1)34頁以下）。

2 法律効果

本条は、要件・効果が明確に規定されていない、いわゆる一般条項である。一般条項は、実定法規範の限界を補完するために用意されたものと解されているから（山本・民法講義Ⅰ625頁）、本条において法律効果をあえて挙げるとすれば、「実定法規範所定の原則どおりの内容の権利の行使又は義務の履行の効果が認められないこと」ということになるものと考えられる。

■■ 参考裁判例

1 公共の福祉

木材を流すために長年河川を使用してきた村民が、その河川の上流にダムを造った電力会社に対して河川使用権の確認等を求めた事案につき、村民は、河川使用権よりもはるかに公益上必要である他の河川使用権である電力会社の発電を目的とする使用権に対しては原則として譲歩することを必要とし、

このことは国民に基本的人権の濫用を禁止し公共の福祉のために利用する責任を負わせた憲法の精神からいっても当然であるとした原審の判断を正当とした最判昭和25年12月1日民集4巻12号625頁［27003500］は、公共の福祉に基づいて直接的に私権の内容・行使が制限され得ることを示した最高裁判所の裁判例と理解されている（谷口＝石田編・新版注釈民法(1)〔田中実＝安永正昭〕69頁）。

2 信義誠実の原則

　実定法規範が社会経済の急速な進展に必ずしも迅速かつ的確に対応してきたとは言い難いこともあって、信義誠実の原則が問題となった最高裁判所の裁判例だけをとってみても、その数が膨大であるというにとどまらず、信義誠実の原則の適用領域は多岐にわたっており（谷口＝石田編・新版注釈民法(1)〔安永正昭〕92頁）、同原則が果たしている機能は一様ではない。そこで、信義誠実の原則が問題とされた最高裁判例を、代表的な機能に即して検討することとしたい。

(1) 法律行為解釈の基準

　判例は、信義誠実の原則は、単に権利の行使、義務の履行についてのみならず、契約の趣旨の解釈についてもその基準となることを認めている（最判昭和32年7月5日民集11巻7号1193頁［27002790］）。

(2) 事情変更の原則

　事情変更の原則とは、「契約締結後、その基礎となった事情が、当事者の予見し得ない事実の発生によって変更し、このため当初の契約内容に当事者を拘束することが極めて過酷になった場合に、契約の解除又は改訂が認められる」という原則である（谷口＝五十嵐編・新版注釈民法(13)〔五十嵐清〕63頁）。

　判例は、事情変更の原則の適用可能性を一般的に否定するものではないと理解されており（最判昭和26年2月6日民集5巻3号36頁［27003492］、最判昭和29年1月28日民集8巻1号234頁［27003220］、最判昭和29年2月12日民集8巻2号448頁［27003206］、最判昭和30年12月20日民集9巻14号2027頁

4

[27002960]）、特に、最判平成9年7月1日民集51巻6号2452頁［28021213］
は、事情変更の原則が適用される要件として、①契約締結後の事情の変更に
ついて契約当事者に予見可能性がないこと、②当該事情の変更について契約
当事者に帰責事由がないこと、③以上の予見可能性及び帰責事由の有無は契
約上の地位の譲渡があった場合でも契約締結時の契約当事者について判断す
ること、以上3点を示した。

　もっとも、大審院及び最高裁判所の各裁判例において事情変更の原則を適
用して実際に契約の解除や改訂を認めたものは戦前の1件（大判昭和19年12
月6日民集23巻613頁［27500030］）のほかには1件もないとされている（山
本・民法講義Ⅰ634頁）。

⑶ 権利失効の原則

　権利失効の原則とは、「権利者が権利を長く行使しないでいると、権利の
行使が信義則により許されなくなることがあるという原則」である（我妻榮
「行使を怠ることによる権利の失効」ジュリスト99号（1956年）2頁、谷口
＝石田編・新版注釈民法⑴〔安永正昭〕104頁）。

　最判昭和30年11月22日民集9巻12号1781頁［27002976］は、解除権を有す
る者が久しきにわたりこれを行使せず、相手方がその権利はもはや行使され
ないものと信頼すべき正当の事由を有するに至ったため、その後にこれを行
使することが信義誠実に反すると認められるような特段の事由がある場合に
は、解除は許されない旨判示し、一般論として権利失効の原則の適用があり
得ることを示唆したが、その後の1件（最判昭和40年4月6日民集19巻3号
564頁［27001314］）を含め、実際に権利の失効を認めた最高裁判所の裁判例
は見当たらない。

⑷ 禁反言の法理

　禁反言の法理とは「権利の行使又は法的地位の主張が、先行行為と直接矛
盾するが故に、又は先行行為により惹起させた信頼に反するが故に、その行
使を認めることが信義則に反するとされる場合」をいう（谷口＝石田編・新
版注釈民法⑴〔安永正昭〕98頁）。

　判例上、禁反言の法理の現れとしての信義則違反が肯定された代表的な事

例を次に挙げる。

　㋐　借地人との間で借地契約を合意解除した土地所有者において、借地人が所有する借地上の建物に居住する建物賃借人に対して前記解除の効果を主張したもの（最判昭和38年2月21日民集17巻1号219頁［27002050］）

　㋑　有体動産に対する仮差押えの執行において、第三者が自己の所有物件を債務者の所有に属する旨主張して、任意に提供して差押えをすることを積極的に容認したような事情があるときに、第三者がその物件の所有権を主張して、第三者異議の訴えの異議事由としたもの（最判昭和41年2月1日民集20巻2号179頁［27001228］）

　㋒　他人の代理人と称して、金銭消費貸借契約を締結するとともに、自らその他人のため連帯保証契約を締結した者が、債権者の提起した連帯保証債務の履行を求める訴訟において、代理権の不存在を主張して連帯保証債務の成立を否定したもの（最判昭和41年11月18日民集20巻9号1845頁［27001145］）

　㋓　共同相続によって不動産の持分しか取得しなかったにもかかわらず、自己が単独相続をしたとしてその旨の所有権移転登記を経由した者が、当該不動産について抵当権設定契約を締結し、その旨の登記を経由したときに、抵当権者に対し、自己が取得した持分を超える持分についての抵当権が無効であると主張して、その抹消（更正）登記手続を請求したもの（最判昭和42年4月7日民集21巻3号551頁［27001093］）

　㋔　主債務の消滅時効完成後に、主債務者が当該債務を承認し、保証人が、主債務者の債務承認を知って、保証債務を承認した場合に、保証人がその後主債務の消滅時効を援用したもの（最判昭和44年3月20日裁判集民94号613頁［27403311］）

　㋕　労働金庫による員外貸付けを受けた債務者が、同貸付債権を担保するために設定された抵当権の実行により競落物件を取得した者に対し、員外貸付けであることを理由に前記抵当権の無効を主張したもの（旧法関係・最判昭和44年7月4日民集23巻8号1347頁［27000803］）

　㋖　未成年者の後見人に就職する以前に後見人と称して売買契約をした無

権代理人において、同人は就職前から未成年者のため事実上後見人の立場で
その財産の管理に当たっており、これに対しては誰からも異議がなく、前記
売買について未成年者と無権代理人との間に利益相反の関係がないときに、
後刻自己がした無権代理行為の追認を拒絶したもの（最判昭和47年2月18日
民集26巻1号46頁［27000586］。なお、後見人による追認拒絶が信義則に反
するか否かの判断要素を明らかにしたものとして、最判平成6年9月13日民
集48巻6号1263頁［27825601］）

　(ｸ)　家屋の賃貸人が、賃借人から転借人への家屋の一部の無断転貸を理由
に賃貸借関係を解除し、その後同家屋を転借人に譲渡した場合において、転
借後約3年間転借部分を独占使用し、転貸借による利益を享受していた転借
人が、賃借人に対し、賃貸借契約解除を主張し、家屋所有権に基づき賃借人
の占有部分の明渡しを求めたもの（最判昭和47年6月15日民集26巻5号1015
頁［27000555］）

　(ｹ)　会社にA、B、Cの代表取締役があり、共同代表の定めがあるにもか
かわらず、A、Bのみによって会社所有の物件が売却された場合において、
会社がAの財産の保全、運営のために設立されたものであり、実質的には共
同代表が行われておらず、前記売却に当たってAがCの合意もあると買主を
信じさせるような言動をなし、かつ契約締結後約5年の間会社において契約
が無効であるとの主張をしなかった等の事情があるときに、会社が売買契約
を共同代表の定めに違背し無効であると主張したもの（最判昭和49年11月14
日民集28巻8号1605頁［27000409］）

　(ｺ)　財団法人が目的の範囲外の事業を行うために財産の売却をした場合で
あっても、1年4か月を経て当該事業のための寄附行為変更の認可があった
後、買主から売買物件の買戻しの交渉を受けながら同法人においてこれを拒
絶したため、買主は物件全部を第三者に譲渡し、第三者が引続き使用してい
るなどの事実関係の下において、同法人が売買の時から7年10か月余りを経
過した後にその無効を主張したもの（最判昭和51年4月23日民集30巻3号
306頁［27000325］）

　(ｻ)　農地の買収処分を受けた者が、その売渡しを受けた者に対し、買戻し

を原因として所有権移転登記手続請求訴訟を提起し、請求棄却の判決が確定した後、さらに、同人に対して買収処分の無効を原因として抹消登記手続に代わる所有権移転登記手続請求の訴えを提起した場合において、後訴が実質的に前訴のむし返しであり、かつ、前訴において後訴の請求をすることに支障はなく、さらに後訴提起時に買収処分後約20年を経過していた等の事情があるもの（最判昭和51年9月30日民集30巻8号799頁［27000312］）

　(シ)　共同相続人の1人が、被相続人名義の土地について、他の相続人に無断で自己の単独相続による所有権移転登記を経由したうえ、これを他に売り渡し、その旨の登記をしながら、その後買受人及び転得者に対し、自己が取得した持分を超える部分の所有権移転が無効であると主張してその抹消（更正）登記手続を請求したもの（最判昭和56年10月30日裁判集民134号153頁［27442195］）

　(ス)　約束手形の振出人の手形金支払義務につき消滅時効が完成した場合には、裏書人の償還義務もこれに伴って消滅するが、裏書人自らが所持人に対して、自己の償還義務についてその時効期間経過後に消滅時効の利益の放棄ないし債務の承認をしたうえ、所持人らに確実にその履行がされるものとの期待を抱かせながら、その信頼を裏切って償還義務を履行しようとせず、やむなく所持人より提起された手形金訴訟においても引延ばしとみられる抗争をすることによりその審理を長引かせ、その間に所持人が専ら裏書人を信頼するあまり振出人に対する手形金請求権についての消滅時効中断の措置を怠ったがため振出人の手形金支払義務が消滅したのに乗じ、自己の裏書人としての償還義務も当然消滅するに至ったとして裏書人としての義務の履行を免れようとしたもの（最判昭和57年7月15日民集36巻6号1113頁［27000082］）

　(セ)　不動産の死因贈与の受贈者において、贈与者の相続人として限定承認した場合に、死因贈与に基づく限定承認者への所有権移転登記が相続債権者による差押登記に先行するとして相続債権者に対して不動産の所有権取得を主張したもの（最判平成10年2月13日民集52巻1号38頁［28030503］）

　(ソ)　事業用ビルの賃貸人において、賃貸借契約が賃借人の更新拒絶により終了したが、賃借人が当該ビルの貸室を第三者に転貸及び再転貸することを

承諾し、現に再転借人がその貸室を占有しているといった事情があるときに、賃貸人が再転借人に対して前記賃貸借の終了を主張したもの（最判平成14年3月28日民集56巻3号662頁［28070519］）

　(タ)　金融機関から自らの相続分を超えた預金金額の払戻しを受けた者が、他の共同相続人からの相続分の支払請求に対しては、金融機関に過失があり、478条の適用がない以上、不当利得上の損失が発生していないと主張したもの（最判平成16年10月26日裁判集民215号473頁［28092692］）

　(チ)　道路（本件道路）を建築基準法42条2項所定の道路（いわゆる2項道路）であるとして建築確認を得て建物を建築所有し、その後も本件道路が2項道路であることを前提に建物を所有してきた者が、本件道路上に通行を妨害する工作物を設置したため、周辺の建物所有者らから通行の自由権に基づく妨害排除請求として同工作物の撤去請求が求められたのに対して、本件道路が2項道路であることを否定する主張をしたもの（最判平成18年3月23日裁判集民219号967頁［28110838］）

(5)　クリーン・ハンズの原則

　クリーン・ハンズの原則とは、不誠実な行為により取得した権利の行使又は地位の主張をすること、あるいは、そのような行為によって相手方に有利な権利又は地位が生ずるのを妨げることは許されないという法原則である（谷口＝石田編・新版注釈民法(1)〔安永正昭〕94頁）。

　判例においてクリーン・ハンズの原則が適用されたものと理解できるものを次に挙げる。

　(ア)　Aとの間でした土地交換契約をAの債務不履行を理由に解除した当事者が、解除前に前記交換に係る土地（本件土地）をAから譲り受けた第三者に対し、①当事者が前記交換によってAから譲り受けた土地を工場敷地として自ら使用していること、②当事者は、前記契約当時本件土地がAから第三者に譲渡されるものであることを了承し、第三者がこれを買い受けて病院敷地として使用するようになった後は、その権利移転を認め、第三者がその地上の建物の建築許可申請手続をすることについても協力していたこと、③当事者、A及び第三者の三者間において、本件土地につき、中間登記を省略し、

当事者から第三者に直接所有権移転登記をする旨の合意がなされたこと、④当事者がA及び第三者から再三にわたり、本件土地につき分筆登記のうえ第三者に対し所有権移転登記手続をすべき旨の請求を受けながら、自己の都合で前記登記手続を遷延し、約4年を経過するうち前記債務不履行に至ったことなどの原審認定の事情のもとにおいて、第三者による本件土地の所有権取得につき登記の欠缺を主張したもの（最判昭和45年3月26日裁判集民98号505頁［27403609］）

(イ)　債権者が、債務者に対する貸金債権の担保として債務者所有の土地を買戻権付きで譲り受けながら、債務の弁済の受領をあらかじめ拒否し、債務額を超える金額の支払の申出を受けながら、買戻しを応諾しないでいたところ、後刻、債権者の相続人が、買戻権行使期間の経過による買戻権の消滅を理由に、債務者に対して、土地の所有権取得を主張したもの（最判昭和45年4月21日裁判集民99号109頁［27441288］）

(ウ)　農地の売買契約につき、知事の許可が得られる前に農地の使用占有を買主に対して承諾した売主が、売主側の事情から前記売買契約は合意解除されたとして、前記許可申請手続を引き延ばしておきながら、買主の占有を不法であるとして、農地の返還を請求したもの（最判昭和46年11月9日裁判集民104号191頁［27441426］）

(エ)　土地の賃借人が、土地上の建物が火災によって滅失した後、賃貸人によって建物の再築を妨げられ、その結果賃貸借期間満了の際土地上に建物を所有することができない状態となるに至った場合において、賃貸人が地上の建物の不存在を理由として賃借人に借地法4条1項に基づく借地権の更新請求権がないと主張したもの（最判昭和52年3月15日裁判集民120号261頁［27441820］）

(オ)　また、原子爆弾被爆者に対する特別措置に関する法律及び原子爆弾被爆者に対する援護に関する法律に基づく健康管理手当の支給認定を受けた者が出国し、支給を打ち切られたため、未支給の同手当の支払を求める訴訟において、支払義務者としての県が、地方自治法236条2項の定める消滅時効を主張したことについて、当該被爆者については通達に基づく失権の取扱い

に対し訴訟を提起するなどして自己の権利を行使することが合理的に期待できる事情があったなどの特段の事情のない限り、信義則に反し許されないと判示した最判平成19年2月6日民集61巻1号122頁［28130401］も、クリーン・ハンズの現れと理解することができる。

(6) **安全配慮義務**

判例は、雇用契約などにおける使用者の労働者に対する安全配慮義務につき、信義則を援用する（最判昭和50年2月25日民集29巻2号143頁［27000387］。下請企業の労働者と元請企業との関係につき最判平成3年4月11日裁判集民162号295頁［27811185］）。

(7) **時効の援用**

判例は、消滅時効完成後に債務者が債務の承認をした場合には、時効完成の事実を知らなかったときでも、後刻その時効を援用することは許されないとするが、その判断は信義則を基礎に置いているものと考えられる（最大判昭和41年4月20日民集20巻4号702頁［27001201］）。

(8) **背信的悪意**

不動産に関する物権の得喪及び変更は、その登記をしなければ、「第三者」に対抗することができないのが原則である（177条）。しかし、形式的には「第三者」に該当する者であっても、その者につき「背信的悪意者」であると判断されれば、登記がなくても対抗することができるというのが確立した判例であるが（最判昭和31年4月24日民集10巻4号417頁［21007341］、最判昭和40年12月21日民集19巻9号2221頁［27001240］、最判昭和43年8月2日民集22巻8号1571頁［27000934］）、背信的悪意者については、登記の欠缺を主張することが信義に反するとの判断が前提となっている（前掲最判昭和31年4月24日参照）。

(9) **説明義務**

判例は、顧客等に対する説明義務違反による不法行為に基づく損害賠償請求において、信義誠実の原則が説明義務の基礎になり得ることを認めている。その例として代表的な事例を次に挙げる。

(ｱ) 住宅・都市整備公団が、その設営に係る団地の建替事業の実施に当た

り、当該団地の元賃借人である優先購入者との間で建替後の分譲住宅につき譲渡契約を締結した事案において、両者間で交わされた覚書には、公団において分譲住宅の一般公募を直ちにすること等を前提とする条項があり、公団は、優先購入者が譲渡契約締結の時点において、条項を前記の意味で認識していたことを容易に知り得たのに、優先購入者に対し、一般公募を直ちにする意思がないことを説明しなかったことが、優先購入者から、分譲住宅の価格の適否について十分に検討したうえで譲渡契約を締結するか否かの意思決定をする機会を奪ったものというべきであって、信義誠実の原則に著しく違反するものとされたもの（最判平成16年11月18日民集58巻8号2225頁［28092898］）

　(イ)　貸金業者は、債務者から取引履歴の開示を求められた場合には、その開示要求が濫用にわたると認められるなど特段の事情のない限り、貸金業の規制等に関する法律の適用を受ける金銭消費貸借契約の付随義務として、信義則上、保存している業務帳簿に基づいて取引履歴を開示すべき義務を負うものとされたもの（最判平成17年7月19日民集59巻6号1783頁［28101455］）

⑽　**消費者契約関係**

　(ア)　加入電話契約者の承諾なしにその未成年の子が加入電話からダイヤルQ₂情報サービスを利用した場合の電話会社による通話料支払請求につき、電話会社がダイヤルQ₂事業を開始するに当たっては、同サービスの内容や通話料金の高額化の危険性等につき具体的かつ十分な周知を図るとともに、その危険の実現化をできるだけ防止するために可能な対策を講じておくべき責務があったというべきであり、料金高額化の事実及びその原因を認識してこれに対する措置を講ずることが可能となるまでの間に発生した通話料についてまで、約款の規定に基づき契約者にその全部を負担させるべきものとすることは、信義則ないし衡平の観念に照らして直ちに是認し難いというべきであって、加入電話の使用とその管理をめぐる事情も考慮すれば、電話会社が前記契約者に対し発生した通話料金の5割を超える部分を請求することは許されないとされたもの（最判平成13年3月27日民集55巻2号434頁［28060671］）

（イ）　個品割賦購入あっせんにおいて、購入者と販売業者との間の売買契約が公序良俗に反し無効とされる場合であっても、販売業者とあっせん業者との関係、販売業者の立替払契約締結手続への関与の内容及び程度、販売業者の公序良俗に反する行為についてのあっせん業者の認識の有無及び程度等に照らし、販売業者による公序良俗に反する行為の結果をあっせん業者に帰せしめ、売買契約と一体的に立替払契約についてもその効力を否定することを信義則上相当とする特段の事情があるときでない限り、売買契約と別個の契約である購入者とあっせん業者との間の立替払契約が無効となる余地はないところ、前記特段の事情があるとはいえないとして、不当利得に基づく既払割賦代金の返還請求が認められなかったもの（最判平成23年10月25日民集65巻7号3114頁［28174474］）

(11)　**使用者からの求償**

　判例は、使用者が、その事業の執行につきなされた被用者の加害行為により、直接損害を被り又は使用者としての損害賠償責任を負担したことに基づき損害を被った場合、使用者は、その事業の性格、規模、施設の状況、被用者の業務の内容、労働条件、勤務態度、加害行為の態様、加害行為の予防若しくは損失の分散についての使用者の配慮の程度その他諸般の事情に照らし、損害の公平な分担という見地から信義則上相当と認められる限度に限って被用者に対する求償できるものとする（最判昭和51年7月8日民集30巻7号689頁［27000317］。なお、本事例では、実際に求償の範囲が制限された）。

(12)　**離婚請求**

　判例は、離婚請求は、身分法をも包含する民法全体の指導理念たる信義誠実の原則に照しても容認され得るものであることを要することを前提に、有責配偶者からの離婚請求が信義誠実の原則に照らして許されるものであるかどうかを判断するに当たっては、有責配偶者の責任の態様・程度のみならず諸々の諸事情が考慮されなければならないのであって、有責配偶者からされた離婚請求であっても、夫婦がその年齢及び同居期間と対比して相当の長期間別居し、その間に未成熟子がいない場合には、相手方配偶者が離婚によって精神的・社会的・経済的に極めて苛酷な状態に置かれる等離婚請求を認容

することが著しく社会正義に反するといえるような特段の事情のない限り、有責配偶者からの請求であるとの一事をもって許されないとすることはできないとする（最大判昭和62年9月2日民集41巻6号1423頁［27800202］）。

3　権利濫用の要件事実

　主要事実説を前提とする場合、権利濫用の評価根拠事実、評価障害事実を抽出する際の着眼点となるべきは、「いかなる権利の行使が正当なる範囲を越えるものとして濫用と評価されることになるのか」という判断基準であると一応はいえる。もっとも、権利濫用の判断基準そのものが、行使される権利の種類、権利が行使される際の諸関係、権利濫用規定の適用が持つ具体的機能のうち何が問題とされているケースかにより異なり、すべてに通ずる具体的な基準を打ち立てることができないという問題がある（谷口＝石田編・新版注釈民法(1)〔安永正昭〕156頁）。

　そのような問題点があることを承認したうえで、判例や学説上、権利濫用と評価するに当たって考慮した（すべき）ファクターとして議論されてきたところを概観することは有益である。

　(1)　判例は、早くから、当事者双方の客観的利益衡量を基準とする態度を確立しているとされている（谷口＝石田編・新版注釈民法(1)〔安永正昭〕157頁、大判昭和10年10月5日民集14巻1965頁［27500753］（宇奈月温泉事件）、大判昭和11年7月10日民集15巻1481頁［27500637］（熊本発電所建設事件）、大判昭和13年10月26日民集17巻2057頁［27500436］（高知鉄道線路敷設事件））。そうであれば、利益衡量の前提となる当事者双方の利益状況をめぐる事実は、権利の濫用についての評価根拠事実又は評価障害事実として抽出されるべきであると考えられる。

　(2)　一方、判例は、所有権に基づく妨害排除請求権の行使を権利濫用であると認定するに当たり「上告人〔引用者注：所有者〕らの加害の意思について判示されていないことは、格段の障害となるものではない」とし、権利濫用の判断にとって権利行使者の主観的事情は不可欠の要素ではない旨を明らかにしている（最判昭和40年3月9日民集19巻2号233頁［27001326］。学説

14

は、そのような判断枠組みには批判的である（谷口＝石田編・新版注釈民法
(1)〔安永正昭〕161頁)）。

　しかし、そのことは、主観的事情を権利濫用の評価根拠事実や評価障害事
実の1つとして取り込むことが許されないことを意味しないことには注意を
要する。実際、①AがBより土地を賃借した後、当該土地の所有権がB、
C、Dと順次譲渡された場合において、CはBの実子であり、DはB、Cそ
の他これと血族又は姻族関係にある者の同族会社であって、その営業の実態
はBの個人営業をそのまま引き継いだものであり、Bがその中心となって
いること、C、Dは、賃借権の存在を知悉しながらAを立ち退かせる企図を
もって土地を買い受けたことなどの事情があるときは、Aの賃借権及びそ
の所有の地上建物につき登記がなくても、Dにおいて、Aの賃借権が対抗
力を有しないことを理由に建物収去、土地明渡しを求めることは、権利の濫
用として許されないとした最判昭和38年5月24日民集17巻5号639頁
[27002024]、②建物の建築に伴って隣家の日照や通風が阻害されたとする損
害賠償請求訴訟において、「南側家屋の建築が北側家屋の日照、通風を妨げ
た場合は、もとより、それだけでただちに不法行為が成立するものではない。
しかし、すべて権利の行使は、その態様ないし結果において、社会観念上妥
当と認められる範囲内でのみこれをなすことを要するのであつて、権利者の
行為が社会的妥当性を欠き、これによつて生じた損害が、社会生活上一般的
に被害者において忍容するを相当とする程度を越えたと認められるときは、
その権利の行使は、社会観念上妥当な範囲を逸脱したものというべく、いわ
ゆる権利の濫用にわたる」とした最判昭和47年6月27日民集26巻5号1067頁
[27000552] のように、権利行使者の害意又は不当図利等主観的事情をも併
せ考慮したと理解される事例がある。

事実認定における問題点

　前述したとおり、信義誠実の原則違反及び権利濫用はいずれも規範的要件
であって、主要事実説によれば、当該規範的判断を基礎付ける評価根拠事実

が主要事実である。したがって、実務上、事実認定の対象となるのは、1つ
ひとつの評価根拠事実や評価障害事実にほかならない。しかし、信義誠実の
原則違反なり権利濫用なりが認められるかどうかは、評価根拠事実と評価障
害事実の総合評価いかんの問題であるし、信義誠実の原則や権利濫用は、様
々な法領域に適用されているのであるから、本条については、信義誠実の原
則及び権利濫用のそれぞれについて取り上げた最高裁判所の前記裁判例をも
とに、評価根拠事実及び評価障害事実を適切に抽出することが重要であろう。

（吉岡茂之）

第2条

（解釈の基準）

第2条 この法律は、個人の尊厳と両性の本質的平等を旨として、解釈しなければならない。

事実認定の対象等

■■ 意義

本条は、1条とともに、昭和22年の親族編・相続編の改正の際に追加された条項であって、憲法13条、14条、24条の定めを受け、民法を解釈する際の指針――「個人の尊厳」と「両性の本質的平等」――を定めたものである（谷口＝石田編・新版注釈民法(1)〔山本敬三〕226頁）。

■■ 法律要件及び法律効果等

本条は、解釈基準を定めたものであるから、本条自体は権利の発生・障害・消滅・阻止などの効果を生じさせるものではない（大江・要件事実(1) 113頁）。

事実認定における問題点

本条に関する事実認定が問題となった裁判例は見当たらない。

（吉岡茂之）

17

第2章　人
第1節　権利能力

第3条　私権の享有は、出生に始まる。

2　外国人は、法令又は条約の規定により禁止される場合を除き、私権を
享有する。

事実認定の対象等

■■ 意義

　本条1項は、すべての人間が権利能力を有する旨定めると同時に、権利能
力の始期は出生であることを規定する（谷口＝石田編・新版注釈民法(1)〔谷
口知平＝湯浅道男〕251頁）。なお、権利能力の終期について、民法に明文の
規定はないけれども、権利能力は死亡とともに消滅するとされている（谷口
＝石田編・新版注釈民法(1)〔谷口知平＝湯浅道男〕252頁）。ただ、不法行為
に基づく損害賠償請求（721条）、相続（886条）及び遺贈（965条）について
は、本条の例外を個別的に認めている。

　本条2項は、外国人に日本において日本人と同等の私権を共有し得る地位
を認めたものである（内外人平等の原則。谷口＝石田編・新版注釈民法(1)
〔野村美明〕263頁）。

■■ 法律要件及び法律効果等

1　法律要件

(1)　本条1項

　法律要件は、「出生」である。甲が乙に対する法律関係を主張するために

19

は、甲に権利能力があることが前提となるから、前記「法律要件」に該当する具体的な事実である「甲が出生したこと」を主張・立証すべきであると解される（大江・要件事実(1)127頁）。もっとも、実際には、甲が現在生きて存在している限り、その権利能力の現在の存在は明白で、特別の証明を要しないものと考えられる（川島・民法総則65頁）。

(2) **本条2項**

　外国人は、本条2項所定の場合を除き、日本人と同様の権利能力を認められる。このような同項の構造に即して考えると、同項に基づいて甲の権利能力が否定されるための法律要件を検討すべきであって、その内容は、

① 　甲が外国人であること

② 　外国人について権利能力を制限する法令又は条約の規定があること

となるものと解される。

　もっとも、前記②は法律問題であるから、裁判所が調査・判断すべき事柄であるが、実務上は、前記②の存在を権利能力を争う者において指摘することになるものと考えられる（大江・要件事実(1)129頁）。

2　法律効果

(1) **本条1項**

　人が出生すると、その人は権利能力を取得することになる。

(2) **本条2項**

　当該外国人には権利能力が認められないことになる。

■■ 参考裁判例

　(1) 　判例（大判昭和7年10月6日民集11巻2023頁［27510360]）は、721条については、胎児は、生まれるまでは権利能力を有せず、生きて生まれた場合に、不法行為時に遡って権利能力を取得するものと解している（停止条件説。山本・民法講義I 35頁）。

　(2) 　また、最判平成18年3月28日民集60巻3号875頁［28110799]は、自家用自動車総合保険契約の記名被保険者の子が、胎児であった時に発生した

交通事故により出生後に傷害を生じ、その結果、後遺障害が残存した場合には、当該子又はその父母は、当該傷害及び後遺障害によってそれぞれが被った損害について、加害者に対して損害賠償請求をすることができるのであるから、同損害について、同契約の無保険車傷害条項が被保険者として定める「記名被保険者の同居の親族」に生じた傷害及び後遺障害による損害に準ずるものとして、同条項に基づく保険金の請求をすることができるとする。

事実認定における問題点

本条に関する事実認定が問題となった裁判例は見当たらない。

（吉岡茂之）

第2節　意思能力

【改正法】

第3条の2　法律行為の当事者が意思表示をした時に意思能力を有しなかったときは、その法律行為は、無効とする。

（新設）　　　　　　　　　　　　　　　　　　　　　　　　　　【現行法】

■■ 改正の趣旨

　意思能力を欠く状態で行われた法律行為は無効であるというのが判例（大判明治38年5月11日民録11輯706頁［27520803］）であり、学説上もその限度では異論がない（内田・民法Ⅰ103頁）。本条は、その旨を法文上明らかにするべく新設されたものである。

《条文・判例の位置付け》　　従前の判例を条文化

　本条は、前記のとおり、判例・通説上異論がなかったところに従って明文化されたものである。もっとも、例えば、意思能力の定義、意思能力を欠く状態で行われた法律行為が有効と扱われる場合があり得るか、あり得るとしてその具体的な要件等、なお解釈に委ねられた課題もある。

事実認定の対象等

■■ 意義

　法律行為がされれば、原則として、当該法律行為に基づく効力が認められる。本条は、その例外の1つとして、当該法律行為をしたときに意思能力を

第3条の2

欠いていたときは当該法律行為が無効になることを定める。

■■ 法律要件及び法律効果等

1 法律要件

ある法律行為が本条に基づいて無効とされるための法律要件は、

① 当該法律行為の当事者が意思表示をした時に意思能力を有しなかったこと

である。

2 法律効果

当該法律行為は無効となる。もっとも、本条に基づく「無効」を主張することができるのは、意思無能力者の側に限られる（いわゆる相対無効）と解するのが現在の通説である（内田・民法Ⅰ103頁、山本・民法講義Ⅰ41頁、四宮＝能見・民法総則31頁ほか）。

事実認定における問題点

意思能力を欠いていると認められるかどうかが問題となる。

事実認定についての裁判例と解説

意思能力を欠いていると認められるかどうか ─────────

[裁判例]

(1) 意思能力を欠いていたとは認められないとしたもの

❶ 東京地判昭和35年4月15日法曹新聞153号11頁〔27440485〕

家屋の売買契約の売主の意思能力が争われた事案について、売主は、売買契約当時妄想型の精神分裂症に罹患していたことを前提としつつ、精神分裂病だからといって定型的にその能力が否定されるものではないとしたうえ、売主は、売買当時、日常の社会生活を営む面において格別適応能力を欠いて

23

いなかったこと、当該家屋の売買代金額は適正な取引価格とさほど懸隔のない金員であったこと、売主が説明した売却の動機も徳義的に非難に値するかどうかはともかく、正常な心理をもって理解することもあながち不可能ではないこと等の事情から、売主が売買当時意思能力を欠いていたとは認められないとしたもの

❷ 札幌地判昭和53年10月31日判タ377号126頁〔27441935〕

不動産売買契約の一方当事者2名（共有者）の意思能力が争われた事案について、両名は、読み書きができず、精神薄弱の基盤のうえに分裂病〔引用者注：統合失調症〕が発現していることが推認される一方で、分裂病そのものは直ちに知能低下を意味するものではないし、両名の精神薄弱の程度も明らかではなく、昭和41年当時の診断書により直ちに本件売買のなされた同45年8月当時の両名の精神状態を判断することはできず、両名はともかくも小学校には入学しており、両名が当事者となった先行の別件訴訟において訴訟上の和解が成立した昭和44年4月10日当時は両名は行為の結果を弁識し判断する能力、すなわち意思能力を有していたと認められること等の事情を指摘して、両名について本件売買当時意思能力がなかったとはいえないとしたもの

❸ 東京地判平成4年3月9日判タ806号172頁〔27814536〕

建物の売買契約の売主の意思能力が争われた事案において、売主が売買契約当時精神分裂病に罹患しており、売買の動機に被害妄想が影響していることを認めながら、引越しをすれば妄想に係る被害から免れられるかもしれないとの意思形成の過程にはそれなりの合理性がないわけではないうえ、詳細に認定した売買契約の交渉経過から、①売主において、売買契約が従前から出ていた立退きの話を実行に移すためのものであることを認識しており、引っ越せば建物を改修する必要もなく、土地の有効利用に協力することになることも動機の1つとなったと解することができること、②売主は売買契約の効果として、建物の所有権が買主に移転するため売主が別途引越先を探して引っ越す必要のあることや、代金請求権の生じることを認識していたこと、③売買代金もそれなりに合理性のある金額であったと解されること、以上の

事情を指摘して、売主が売買契約当時意思無能力の状態にあったとまでは認めることはできないとしたもの

❹ 東京地判平成8年11月27日判時1608号120頁［28021622］

　平成4年11月初めにされた売主の弁護士Aに対する代理権授与とAの代理による不動産売買契約につき、その当時の売主の意思能力が争われた事案において、売主は平成4年9月末から同年12月末まで多発性脳梗塞症の罹患のため入院治療を受けており、当該脳梗塞により痴呆症状も発症し、病院における簡単な計算や質問に答えられなかったり、硬貨を食べようとしたり、その他趣旨不明のことをしゃべったりする様子が現れているものの、自身の生年月日などは正確に答えており、リハビリに意欲をもって参加していることもあり、また特に看護婦の看護記録には気分の良いときは雑談・会話に興じており、本件代理権授与の日には会話が良好であったことが記載されているなど病院の記録からすると、売主が常時判断能力を喪失していたものと断ずることには躊躇を覚えざるを得ず、さらに本件代理委任時におけるAとのやりとりなど具体的状況を検討するに、売主は売買契約の趣旨、目的を理解し、委任状の委任事項も理解し、それゆえに不自由極まりない手で何とか自力で委任状に署名をしようと試みたものと理解するのが合理的であるとして、前記意思能力がないとは認められないとしたもの

❺ 東京地判平成10年10月27日金融法務1546号125頁［28040977］

　銀行から融資を受け、平成2年11月に自己所有の不動産に根抵当権を設定する旨の契約をした設定者（明治34年生）の意思能力が争われた事案において、設定者は、本件契約当時、多発性脳梗塞等で判断に正確性を欠き、歩行等に不自由があったものの、日常生活はそれなりに普通に送っていたものと推定されること、銀行の担当者が金銭消費貸借契約証書の借主の氏名欄に設定者の署名をもらう際に、設定者は衰弱していたものの、同席した設定者の妻の話に反応するなど意識はしっかりしていたものと認められることといった事実に照らすと、根抵当権設定契約当時、設定者が、契約締結に必要な意思能力を欠いていたものと推認することはできず、結局のところ、同契約当時、設定者を診療していた医師等の供述を得られない以上、意思能力の不存

在を認めるに足りる証拠がないとしたもの

❻　福岡地判平成16年1月28日金融商事1204号31頁［28092878］

　貸金業者に対する連帯保証契約について保証人（契約当時28歳）の意思能力が争われた事案について、保証人には、生まれつき知的障害があり、第2種精神薄弱者の認定を受けていたけれども、その精神上の障害の程度は重度のものとはいえず、保証人が就労し、自動車運転免許証の交付を受けていることなどの事情を考慮すると、連帯保証の社会的、法律的意味を理解し得る能力を欠いていたとまでは認められないとしたもの

❼　熊本地判平成17年8月29日判時1932号131頁［28111676］

　日本赤十字社に対する1億4,000万円の寄付（本件寄付）について、その当時における寄付者（被相続人）の意思能力が争われた事案において、①寄付者は寄付当時86歳で、かねてから血管性痴呆の疑いが指摘され、寄付の約1年9か月前には「精神障害者」（精神保健及び精神障害者福祉に関する法律5条）の認定を受けて約3か月間保護入院した履歴もあったが、退院後は基本的には1人で生活し、自己の財産は自分で管理していたというのであるから、精神上の障害の程度はさほど重大な程度には至っていなかったものとみられること、②本件寄付は、兵庫県南部地震の多くの被災者を救済したいとの善意に基づく寄付者からの申出によるものであり、その動機は誠に自然であり問題はないし、日本赤十字社の目的等に照らして寄付者が本件寄付の相手方として選んだことにも問題はないこと、③寄付額は極めて高額であるが、その一方で、寄付者は、本件寄付に係る現金以外にも多額の財産を有し、これを相続人らに相続させる旨の公正証書遺言もするなどそれなりの配慮をしているうえ、本件寄付の手続等においては、自己の行おうとしていた本件寄付の内容を明確に認識し、本件寄付金が被災者の下に確実に送られるように慎重を期する行動を取っているなど特に不自然な点はみられないことなどの事情を総合勘案し、意思能力を欠いていたとは認められないとしたもの

⑵　**意思能力を欠いていたと認められるとしたもの**

❽　東京地判平成4年2月27日判タ797号215頁［27813888］

　金員の贈与契約について、贈与者は、契約当時物忘れがひどくつじつまの

第3条の2

合わないことをたびたび言う状態にあったこと、契約がなされたわずか後の時点における禁治産宣告審判事件に係る鑑定でも知能は8歳2か月程度であり中程度の痴呆状態であるとみられ、結局禁治産宣告がなされているなどの事実を合わせ考えると、贈与契約時意思能力を欠いていたものと推認できるとしたもの

❾ 仙台地判平成5年12月16日判タ864号225頁［27826314］

昭和56年5月から同年8月までの間にした合計1,450万円の貸付けにつき借主の意思能力が争われた事案において、借主は、①昭和55年までに遭った2度の脳出血により知能障害が生じ、異常な言動を経常的にするようになったこと、②鑑定の結果によれば、知能程度は8歳くらい、知能指数は46であって、重症痴愚と同程度であること、③精神状態は良いときと悪いときがあったが、良いときでも高度の痴呆状態にあることには変わりなく、前記貸付け当時も同様の精神状態にあったと考えられること等の事情を指摘して、契約当時意思能力を欠いていたと認定したもの

❿ 東京地判平成8年10月24日判時1607号76頁［28021544］

被相続人の長男の妻らが負う3億5,000万円の債務を担保するために被相続人がした連帯保証契約及び根抵当権設定契約につき、その当時の被相続人の意思能力が争われた事案において、被相続人は、前記契約当時老人性痴呆がある程度発現進行しており、耳も遠くて近くで大声で話さないと人の話を聞き取ることができず、また1日に何回も失禁するため外出することは困難な状態であり、他人の債務につき連帯保証をするとか、物上保証をするなどというやや込み入った処分行為については、平易な言葉で懇切丁寧に繰り返し説明してようやくその意味が若干わかるかどうかという程度の事理弁識能力しかなかったこと、主債務者の知人がその場限りの巧みな説明をして書面の意味も理解することができないまま契約書に極めてたどたどしい署名をさせたものであったことを指摘して、被相続人は前記契約当時意思能力を欠いていたと認めたもの

⓫ 東京地判平成9年2月27日金融商事1036号41頁［28030513］

平成8年3月にされた抵当権設定契約につき設定者の意思能力が争われた

事案において、設定者は、昭和63年頃からアルツハイマー病の初期症状で物忘れがひどくなり、平成3年11月に中等度に進行したアルツハイマー型痴呆と診断され、主治医によって当時の精神状態につき日常生活を自宅で営むことがかろうじて可能であるがそれ以上の判断能力を有するものではないと判断され、平成4年11月に身体の保護目的で入院したときには痴呆はさらに進行しており、主治医により当時の判断能力は事実上皆無と判断されているという事実によれば、前記設定契約は、意思能力を欠いた状態においてなされたものであるとされたもの

⓬　福岡地判平成9年6月11日金融法務1497号27頁［28021905］

　銀行の主債務者に対する平成2年1月から平成4年3月までの3度の貸金につき連帯保証をし、平成4年7月から11月までの手形割引につき600万円を限度とし連帯保証をした保証人について意思能力が争われた事案において、保証人は、昭和62年4月の段階で不可逆的に進行するアルツハイマー型の中程度以上の老人性痴呆症の確定診断を受けており、遅くともその時期までには連帯保証人になることの社会的、法律的意味を理解する能力を欠いていた状態にあったと評価しないわけにはいかないとしたもの

⓭　東京高判平成9年6月11日判タ1011号171頁［28042742］

　明治39年3月生まれの女性が平成元年3月にした不動産の交換契約につき同女性の意思能力が争われた事案において、原審（千葉地判平成8年4月24日平成2年⑺890号公刊物未登載［28172530］）が前記意思能力を欠いていたとは認めなかったのに対し、同女性が既に昭和63年6月に老人性痴呆症との診断を受け、その頃以降、奇行がみられたこと、平成2年4月には老人性痴呆（中等症）との診断を受け、さらに同年8月、他の医師によりアルツハイマー型老年痴呆症状と診断されたこと等を指摘して、同女性は平成元年3月当時、各契約の意味を正確に理解して結果の是非を判断する能力を有せず、意思能力を欠いていたと認定したもの

⓮　東京地判平成9年10月24日判タ979号202頁［28032993］

　全遺産を元養子に遺贈する旨の旧遺言を取り消すとの公正証書遺言がなされた当時、94歳の遺言者には脳梗塞の所見が認められていたうえ、主治医も

遺言書を作成することは不可能だったとの意見を述べていることなどを考慮して、同人は当時判断能力を失っており、公証人も遺言者の意思能力の有無について十分確認したとは認め難いので、本件遺言が公正証書によってされていることをもってしても、本件遺言は無効であるとしたもの

❺ 東京地判平成10年3月19日金融法務1531号69頁［28033333］

　会社に対する事業資金の融資に当たり、自己所有の不動産に担保を設定するとともに、連帯保証人となることを承諾し、本件手形に裏書をした裏書人について意思能力が争われた事案において、裏書人は、①平成3、4年頃老人性痴呆症と診断され、その後、痴呆症は進行し、平成6年頃重度認知機能障害がある旨診断され、平成9年4月頃には氏名、生年月日、住所もわからず、自署もできなくなり、平成9年2月・4月に一時行方不明となったことがあったこと、②裏書人は平成9年9月禁治産宣告を受けたこと、③本件保証契約が裏書人にとってどのような利益があるのか疑問であり、通常の判断力がある人物が安易に締結するとは思われないことなどからすれば、裏書人は平成9年2月頃は高度の老人性痴呆症により通常の判断能力を失っており、自己の行為を弁識する能力がなかったと推認するのが相当であって、このような状態でなされた裏書は、意思無能力により無効であるとしたもの

❻ 東京高判平成10年6月15日判夕1041号212頁［28052546］

　土地建物の売買契約について、売主の意思能力が争われた事案について、原審（長野地判平成8年3月27日平成5年(ワ)97号公刊物未登載［28172358］）が前記意思能力を欠いていたとは認めなかったのに対し、売主の精神病歴と自殺に至るまでの経過を事実認定したうえ、前記売買は、売主が自殺する10日前に締結されたものであるが、精神分裂病であったことから直ちに契約当時意思能力がなかったとすることはできないが、前記事実関係からすると、売主の売却行為は、現実的な事項に対する判断能力が著しく低下しており、本件売買について事理弁識能力（正常な判断能力）のない状態で行われたものと認めるのが相当であるとしたもの

❼ 東京地判平成10年7月30日金融法務1539号79頁［28040637］

　根抵当権設定契約について設定者の意思能力が争われた事案において、設

定者は高齢であり（ただし、判決文からは年齢不詳）、前記契約の約半年前
に自宅付近で転倒して入院し、同1か月前に多発性脳梗塞と診断され、高度
の老人性痴呆症状が出るようになったのであって、前記契約締結に際し、銀
行の担当者の目の前で契約書に自署し、同担当者と日常会話を行ったのでは
あるが、病歴、診察結果及び考察に基づき、多発性脳梗塞の結果、かなり高
度の痴呆症状があり、財産管理処分能力はなかったものと推測され、簡単な
日常会話の中では痴呆症状に気づかれなかった可能性も考えられる旨の鑑定
人の鑑定結果によれば、設定者は前記契約締結当時、意思能力を欠いていた
ものと認めるのが相当であるとしたもの

⓲　東京地判平成10年10月30日判時1679号46頁［28041975］

　平成6年8月から平成7年5月にかけてされた合計4,500万円の贈与につ
き贈与者（被相続人）の意思能力が争われた事案において、贈与者は昭和44
年に精神分裂病を発症して以来4回にわたる入院をし、その後も死亡するに
至るまで精神神経科に通院していたこと、一貫して、自分の葬式埋葬を誰も
やってくれないのではないかという妄想状態にあり、そのため、預貯金が尽
きるまで受贈者に送金し続けたものであること、それまでそれほどの交際が
あったとはいえない受贈者にほぼ全財産を交付すること自体が著しく常軌を
逸していること、贈与者に接触・疎通性障害、自閉、感覚鈍麻、病識欠如、
二重見当識、両価性、連合弛緩、幻覚妄想がみられた旨の担当医師の診断が
あることからすると、本件贈与の各意思表示は、意思能力がない状態でされ
たとしたもの

⓳　大阪地判平成13年3月21日判タ1087号195頁［28071284］

　生命保険契約の保険契約者がした受取人変更手続について、保険契約者の
意思能力が争われた事案において、保険契約者は、平成12年1月6日に脳梗
塞で倒れて入院し、同年2月28日に入院先の病院で死亡したものであるとこ
ろ、同人の病状は、本件変更手続が行われた同月7日には比較的安定した状
態にあり、日常会話を行ったり、保険会社の担当者の質問にも「はい」と返
答していたものの、その頃みられた自らの氏名等が答えられない等の状況に
つき、治療を担当していた脳神経外科医が脳梗塞による近接記憶障害や見当

識障害の現れであり、前記障害により保険金の受取人変更という効果を認識したうえでの正常な意思表示が可能な状況ではなかったとの供述をしているとの事実、保険契約者が行った受取人変更の意思表示は、保険会社の担当者の質問に肯定的に答える態様のものにとどまるとの事実等から、保険契約者が本件変更手続当時意思無能力であったとしたもの

⓴ 福岡高判平成16年7月21日判タ1166号185頁〔28092877〕（判決**❻**の控訴審）

　保証人の生い立ち、職歴、過去の連帯保証契約、本件連帯保証契約の締結経緯・状況に加え、保証人について、①県の精神薄弱者更生相談所が行った判定の内容、②本件訴訟提起後に申し立てられた保佐開始審判事件の手続における精神科医師による診断内容や鑑定内容、③本人尋問の結果（足し算や掛け算はできるが、割り算や小数計算はできなかったこと）を詳細に認定したうえ、保証人の金銭の価値についての理解は、簡単な買物、給料などについては及んでいるが、数百万円以上の理解には及んでいないところ、本件連帯保証契約は簡単な買物や給料額をはるかに超える150万円であること、控訴人は50円の15％は理解できないから、本件連帯保証契約の利息年28.835％、遅延損害金年29.2％の意味を理解できていないこと、にもかかわらず、控訴人が本件消費貸借契約書等に署名したのは、貸金業者従業員からいわれるままに行動した結果であることが認められることなどの事情を考慮すると、控訴人は本件連帯保証契約締結の結果を正しく認識し、これに基づいて正しく意思決定を行う精神能力を有していなかったというべきであるとしたもの

㉑ 東京地判平成17年9月29日判タ1203号173頁〔28110876〕

　主債務者の貸金業者に対する貸金債務を担保するために主債務者の子がした連帯保証契約と根抵当権設定契約につき保証人の意思能力が争われた事案において、保証人は、脳梁部分欠損とこれに伴う著明な脳室拡大などの脳形態変化により非進行性の知的障害に罹患しており、1桁程度の計算をする能力しか有していなかったこと、金銭消費貸借契約証書及び根抵当権設定契約証書の記載内容を読んでその内容を理解する能力はなく、連帯保証契約及び根抵当権設定契約の意味内容を理解していなかったこと、貸金業者の担当者

らは、保証人に知的障害があるとは考えていなかったため、連帯保証契約及び根抵当権設定契約の内容について、一般的な説明をするにとどまったこと、保証人が各証書に署名押印したのは、母が同じ各証書に署名押印しているので、自らも署名押印して大丈夫であると思ったからであること等の事実を認定し、これらの事実から、各契約当時意思能力がなかったものと認めたもの

㉒ 東京地判平成18年2月6日労働判例911号5頁 [28110893]

在職中に低酸素脳症により高次脳機能障害を負った労働者甲が平成6年3月にした退職の意思表示につき意思能力が争われた事案において、退職当時甲の精神的能力は4歳ないし5歳の程度に固定し、それが現在も継続しているのであるが、意思能力とは事理を弁識する能力であり、おおよそ7歳から10歳程度の知的な判断能力であると考えられるところ、甲の判断能力はこの水準に達していないものといわざるを得ず、また、記憶が短時間しか保持されないのであるから、通常の判断に基づき、その後、それに基づいて秩序立った判断をしたり、行動を取ったりできず、自身の取った行為の法的意味を理解することができない常況にあるものと認められるとして、甲が見舞客に対して通常の状態と変わらない受け答えをしていたこと、妻からの離婚の申出を拒絶していることなど意思能力を有していることをうかがわせるような事情があっても、退職時に意思能力を有していなかったものと認めたもの

㉓ 東京地判平成18年7月6日判時1965号75頁 [28131383]

弁護士を後見人とする先行の任意後見契約が締結された後、平成13年6月、本人によってこれが解除されるとともに養子を後見人とする後行の任意後見契約が締結された場合について、本人は高齢であり、平成12年10月の受診時には軽症のアルツハイマー病類縁の病態と判断され、その後、認知機能障害が進行し、同13年4月6日付で「認知機能障害があり、意思決定に支障を認む」との診断書が作成されており、同年7月3日、24日に重ねて受診したところ症状の改善はみられなかったのであるから、本人は同年4月以降意思能力を喪失するに至ったと認めるのが相当であるとして、先行契約の解除と後行契約の締結時にはいずれも意思能力を欠いていたと認めたもの

第3条の2

(3) 意思能力があったことについて疑問があるとの判断が契約書等書証の成
   立をめぐる判断に影響したもの

❷ 東京地判平成10年5月11日判時1659号66頁［28040400］

甲が平成2年8月銀行から1,000万円を借り受け、信販会社に保証委託を
する旨の契約を締結し、各契約書に自署し、その名下に自己の印章による印
影が認められる事案において、甲には平成元年2月くも膜下出血により前頭
葉の機能障害の後遺症が残り、平成2年12月の時点では、記銘力障害が強く
見当識障害もあり、ある程度内容のある話はできず、主治医によれば平成2
年9月から11月にかけて金銭の貸し借りの文字どおりの意味は理解できたと
はいえ、それによって生じる負担や責任を理解する能力があったことについ
ては疑問があり、金銭消費貸借契約書の記載内容を自ら読んだうえで理解す
る能力はなかったなどの事実関係を総合判断すると、金銭消費貸借契約書、
保証委託契約書が真正に成立したものと認めることはできず、したがって、
金銭消費貸借契約及び保証委託契約の成立を認めることもできないとしたも
の（その控訴審である東京高判平成11年12月14日金融法務1586号100頁
［28051838］も原審の判断を是認している）

[解説]

(1) 「意思能力」とは何か、という点について、「自分の行為の結果を正し
く認識し、これに基づいて正しく意思決定する精神能力」（判決❷）とあえ
て判決文において規定しているものもあるが、少なくとも、「自己の行為の
結果を判断するに足るだけの精神能力」（我妻・民法講義Ⅰ60頁）をいう限
度では、どの裁判例も共通の理解に立っているものといってよい。

もっとも、意思能力を欠いていたと認められるかどうかの判断基準という
ことになると、一般的には、財産行為については7歳くらいの、身分行為に
ついては15歳くらいの、各年齢相応の判断能力が備わっていれば意思能力を
欠いていたとはいえないとの理解が示されてはいるが（谷口＝石田編・新版
注釈民法(1)〈初版〉〔高梨公之〕246頁）、必ずしも統一的なものが存在するわ
けではないのが実情である（澤井知子「意思能力の欠缺をめぐる裁判例と問
題点」判例タイムズ1146号（2004年）88頁）。

33

(2)　前記各裁判例は、例えば、統合失調症（精神分裂病）に罹患していることを前提としながら、そのことから直ちに意思能力が否定されることにはならない旨明示するもの（判決❶、❷）も含め、いずれも、意思能力が問われている者が精神的な疾患を患っていることだけでなく、その他の事情を総合考慮して意思能力を欠いていたかどうか検討している点では共通している。

(3)　そこで、前記各裁判例において、精神的な疾患及びその具体的な病状のほかに考慮要素として意識的に説示の中で取り上げられている「その他の事情」のうち、比較的多くの裁判例で指摘されているものを列挙してみると、①当該法律行為の具体的な内容や態様（判決❸、❹、❼、❿、⓬、⓯、⓲～㉑、㉔）、②当該法律行為に至る動機や経緯（判決❶、❷、❹～❼、⓯～⓱、⓴、㉑）、③主治医や鑑定人等医師の見解（判決❽、⓫、⓭、⓮、⓱～⓴、㉓、㉔）、④年齢（ただし、行為者の年齢が説示中に強調されていなくても、いわゆる認知症（痴呆）の発症が指摘されているものについては年齢も暗に考慮されているものといってよいであろう）が挙げられる。特に前記①の事情を考慮要素とする点については、意思能力の定義を前記(1)のとおり理解する以上、民法上要求される精神能力の水準は、対象となる法律行為の内容（難易度等）と無関係ではあり得ないことの現れであろう（内田・民法Ⅰ103頁は「プラモデルを買う売買契約の意思表示と親から相続した土地に抵当権を設定する意思表示とではレベルが違うであろう」と述べる）。

　また、結果として、意思能力を欠いていたとは認められなかったもの（判決❶～❼）と、意思能力を欠いていたと認められたもの（判決❽以下）とを概観すると、後者は主治医や鑑定人等医師の見解を結論に至る決め手の１つにしている例が多いのに対し、前者は、１例（判決❶）を除き、医師の見解を取り上げた形跡がない。前者の事例において、仮に行為者の精神状態に関する医師等の見解が得られていたら結論が変わることがあり得たかどうかはともかく、医師等の供述が得られないことを意思能力が欠けているとは認められない理由の１つとしてわざわざ挙げている事例（判決❺）の存在は示唆に富んでいる。

(4)　なお、判決❶～㉓は、いずれも、各種の考慮要素（前記(3)参照）を総

第3条の2

合考慮した結果として意思能力を欠いていたと認められるかどうかの判断を
導いているのに対し、判決❷は、総合考慮の結果、行為者名義の署名押印が
ある（したがって民事訴訟法238条に基づいて成立の真正が推定されている）
直接証拠たる契約書について、真正な成立が否定される（すなわち、前記推
定は覆される）との認定過程を取っている点が特徴的である。

（吉岡茂之）

第3節　行為能力

（成年）

第4条　年齢20歳をもって、成年とする。

事実認定の対象等

■■ 意義

　民法における成年制度は、成年者に、独立・完全な財産上の行為能力を与えるものである。その反面として、5条において、未成年者が、法定代理人の同意を得ずに行った行為を取り消すことができるものとしている（谷口＝石田編・新版注釈民法(1)〔髙梨公之＝髙梨俊一〕294頁）。

　成人年齢の引き下げに関しては、法制審議会民法成年年齢部会が平成21年7月29日に最終報告書を取りまとめ（http://www.moj.go.jp/shingi1/shingi2_090729-1.html）、同年10月28日の法制審議会総会において、現行の満20歳から満18歳に引き下げること等を内容とする意見が採択され、法務大臣に答申された（http://www.moj.go.jp/shingi1/shingi2_091028-1.html）。この答申を受けて、しかるべき時期に法案化され、国会に提出されるものと見込まれる。

■■ 法律要件及び法律効果等

　年齢は、出生の日から起算し（年齢計算ニ関スル法律1項）、民法143条を準用することとし、暦に従って計算する（年齢計算ニ関スル法律2項）。

　成年に達する日を出生の日と解するか、その前日と解するかについては争いがあるが、判例（最判昭和54年4月19日判タ384号81頁〔27441975〕）は、

後者の立場に立つ。

　主張立証責任に関し、契約に基づく履行を請求される場合を想定すると、当事者が未成年であることを理由に法律行為の取消しがされたときは、5条の規定によりそれが抗弁となる。未成年であること、すなわち、当事者が、満20歳に達していないことが抗弁の一要素となることから、成年に達しているとの主張は、この抗弁に対する否認と位置付けられることとなる（大江・要件事実(1)141頁）。

　なお、未成年者であっても、婚姻をしたときは、これによって成年に達したものとみなされるから（753条）、法律行為に先立って婚姻した事実が前記の抗弁に対する再抗弁となる（大江・要件事実(1)142頁）。

■■ 参考裁判例

　明治45年4月1日生まれの者が満60歳に達するのは、出生日を起算日とし、60年目のこれに応答する日の前日の終了時点である昭和47年3月31日午後12時であるところ、日を単位とする計算の場合には、当該単位の始点から終了点までを1日と数えるべきであるから、この終了時点を含む昭和47年3月31日が満60歳に達する日と解することができると説示した原判決につき、正当として是認することができるとの判断を示したものである（最判昭和54年4月19日判タ384号81頁〔27441975〕）。

事実認定における問題点

　本条に関する事実認定が問題となった裁判例は見当たらない。

（齋藤　聡）

（未成年者の法律行為）

第5条　未成年者が法律行為をするには、その法定代理人の同意を得なければならない。ただし、単に権利を得、又は義務を免れる法律行為については、この限りでない。

2　前項の規定に反する法律行為は、取り消すことができる。

3　第1項の規定にかかわらず、法定代理人が目的を定めて処分を許した財産は、その目的の範囲内において、未成年者が自由に処分することができる。目的を定めないで処分を許した財産を処分するときも、同様とする。

事実認定の対象等

■■ 意義

本条は、未成年者の法律行為について、法定代理人の同意権（1項）、未成年者側の取消権（2項）、法定代理人による財産処分許可の効力（3項）を定めたものである。

■■ 法律要件及び法律効果等

1　法律要件

(1)　未成年を理由とする取消し（抗弁）

一般に契約が完全に有効であるためには、当事者が行為能力を有するか、又はそれを欠く場合にはその能力の補充がされている必要があるが、その主張立証責任は、要件の欠缺を主張する側が負う（司研・要件事実について4頁）。したがって、未成年者が締結した契約（法律行為）に基づき、相手方が未成年者に履行請求をする場合に、未成年者は、抗弁として①法律行為の当時、未成年であったこと（4条参照）、②未成年者又はその法定代理人が、取消しの意思表示（本条2項）をしたことを主張することができる（大江・

要件事実(1)144頁）。取消しの対象となる法律行為は、財産上の行為であることが必要であり、身分上の行為は取消しの対象とならない（大判大正15年6月17日民集5巻468頁［27510793］）。法定代理人による同意の存否については、後記のとおり、同意の存在が再抗弁となる（司研・要件事実について5頁）。

　20歳未満の者でも、例外として婚姻すると成年者とみなされる（753条）。したがって、法律行為に先立って未成年者が婚姻したとの事実は、取消しの抗弁に対する再抗弁となる（司研・要件事実について5頁）。

　無効と取消しの二重効と呼ばれる議論に関し、意思能力のない未成年者の行為を取り消し得るかが問題となるが、通説は、未成年者は、意思無能力を理由とする無効の主張のみならず、未成年を理由とする取消しをすることも可能であるとする（能見＝加藤編・論点民法1〔本田晃〕71頁）。意思無能力の点については、契約の無効原因であるから、契約の履行を求められた側が、障害の抗弁として意思無能力であることを主張立証すべきこととなる（司研・要件事実について4頁）。

(2)　法定代理人による同意（再抗弁）

　(1)の抗弁に対しては、法定代理人が、未成年者の法律行為に先立って、これに同意したこと（本条1項本文）が再抗弁となる（司研・要件事実について4頁、大江・要件事実(1)144頁）。この同意は、方式を問わない（大決昭和5年7月21日新聞3151号10頁［27540105］参照）。

　この再抗弁に対しては、法定代理権が消滅したとの主張が再々抗弁となり得る。具体的には、826条、860条に定める利益相反行為がこれに当たる。また、未成年後見人と後見監督人が選任されている場合に、後見監督人の同意を得る必要があるにもかかわらずこれを欠くこと（864条）も再々抗弁となり得る（司研・要件事実について6頁、大江・要件事実(1)148頁）。

(3)　単に権利を得、又は義務を免れる法律行為であること（再抗弁）

　法律行為が、未成年者にとって、単に権利を得、又は義務を免れる法律行為である場合には、法定代理人の同意がなくても取り消し得ないこととなる（本条1項ただし書）。これは、取消しを主張する抗弁に対する再抗弁に位置

付けられる（司研・要件事実について4頁）。具体的には、負担の付かない贈与の受諾、担保物権の設定を受け、あるいは保証を受ける契約の締結、未成年者が無償寄託の受寄者、無償委任の受任者となっている場合の合意解約、義務の免除を受ける契約の締結などがあり得る（谷口＝石田編・新版注釈民法⑴〔髙梨公之＝髙梨俊一〕310頁）。もっとも、請求原因に契約締結の事実が既に現れている場合、そのことにより再抗弁が存在し、取消し得ないということが既に明らかとなっていて、抗弁が主張自体失当となるため、そのような場合には独立して再抗弁を構成することはない。また、「義務を免れる行為」を未成年者が取り消す場面は想定し難い。したがって、本条1項ただし書の事由が再抗弁として独立して主張される場面は少ないであろう（司研・要件事実について5頁）。

⑷　財産処分許可（再抗弁）

法定代理人が、未成年者に対し処分を許した財産については、未成年者が自由に処分することができる（本条3項）。したがって、①法定代理人が未成年者に対して財産の処分を許した事実、及び②その財産が、取り消し得べき法律行為によって未成年者が処分した財産であるとの事実が再抗弁となり、法定代理人が目的を定め、未成年者の処分がその目的に反していることが再々抗弁となる（大江・要件事実⑴147頁）。

2　法律効果

取消しの意思表示がされると、法律行為は遡及的に無効となる（121条本文）。その効果については121条の解説を参照されたい。

事実認定における問題点

前記のとおり、法定代理人が同意を与えたとの事実は、未成年を理由とする取消しの抗弁に対する再抗弁となり得るところ、この同意は、方式を問わないと解されていることから、この同意の有無の認定が問題になる場合がある。

第5条

事実認定についての裁判例と解説

法定代理人の同意の有無が問題となった事例

[裁判例]

❶　大決昭和5年7月21日新聞3151号10頁［27540105］

　未成年者が単独で代理人を選任し競買の申立てをしたとしても、代理人の出頭した競買の場所に父親も出頭して、別の物件に競買申出をしていた場合には、特別の事情のない限り、父親は未成年者による競買申立てに同意を与えていたものと解すべきところ、その事情を検討することなく同意がないと判断した原決定を取り消した。

[解説]

　未成年者の法律行為に対する法定代理人の同意は、方式を問わず、明示的同意に限らず黙示的同意が認められる余地もある。法定代理人が、未成年者が単独で選任した任意代理人による法律行為を認識し、任意代理人による行為がされる場に同席し、自らも任意代理人と同種の行為をしつつ、異議を唱えることもなかったという事情の下では、特段の事情のない限り、未成年者の行為に同意を与えていたものと推認したものと解される。

（齋藤　聡）

41

（未成年者の営業の許可）

第6条　1種又は数種の営業を許された未成年者は、その営業に関しては、成年者と同一の行為能力を有する。

2　前項の場合において、未成年者がその営業に堪えることができない事由があるときは、その法定代理人は、第4編（親族）の規定に従い、その許可を取り消し、又はこれを制限することができる。

事実認定の対象等

■■ 意義

　本条は、未成年者の営業の許可に関する規定である。営業とは、利益を得る目的で同種の行為を反復・続行することをいうところ（谷口＝石田編・新版注釈民法(1)〔高梨公之＝高梨俊一〕315頁）、本条1項は、未成年者が特定の営業を許されているときは、その営業に関しては、成年者と同一の行為能力を有するものとして、当該法律行為がその営業に関するものであるときに、その法律行為を取り消すことができないとするものである。この規定は、法定代理人により包括的同意が与えられることにより、5条1項本文の同意を要しなくなるという点で、同条3項と共通する。未成年を理由とする取消しが抗弁として主張される場合には、本条1項の事由の存在は再抗弁として機能することになる（大判大正6年10月25日民録23輯1604頁［27522507］）。

　本条2項は、法定代理人が、一定の場合に1項の営業の許可を取り消すことができるとするものである。この事由は、営業許可の効果を滅却させる主張として、前記の再抗弁に対する再々抗弁として機能する（司研・要件事実について7頁）。

■■ 法律要件及び法律効果等

　未成年者から取消しの主張（抗弁）がされた場合に、相手方は、本条1項

に基づく再抗弁として、①取消しの対象となる法律行為に先立ち、法定代理人が、未成年者に対し、一定範囲の営業を許可していたこと、②その法律行為が営業に関するものであること（すなわち、許可された営業を営むのに直接又は間接に必要な行為であること）を主張することができる（司研・要件事実について6頁、大江・要件事実(1)151頁）。

これに対し、未成年者は、本条2項に基づく再々抗弁として、未成年者にその営業に堪えない事由があるため、法律行為に先立ち、営業の許可を取り消したことを主張することができる（司研・要件事実について6頁）。また、同項所定の営業の制限に関しては、①法定代理人が、取り消し得べき法律行為に先立ち、未成年者に対して営業許可につき制限を加えたこと、②取り消し得べき法律行為が、①の制限された営業に属する行為であることを主張立証することができる（大江・要件事実(1)152頁）。

■■ 参考裁判例

未成年者の訴訟能力の有無に関する判断の理由中で、本条の営業と、823条の職業を営むことの許可の関係について言及し、親権者が、未成年者に対し、職業を営むことを許可したからといって直ちに本条の許可をしたものということはできないと判示した原判決（名古屋地判昭和37年6月11日労働民例集14巻4号1001頁［27440647］）を引用している（名古屋高判昭和38年7月30日労働民例集14巻4号968頁［27440741］）。

事実認定における問題点

本条に関する事実認定が問題となった裁判例は見当たらない。

（齋藤　聡）

（後見開始の審判）

> 第７条　精神上の障害により事理を弁識する能力を欠く常況にある者については、家庭裁判所は、本人、配偶者、四親等内の親族、未成年後見人、未成年後見監督人、保佐人、保佐監督人、補助人、補助監督人又は検察官の請求により、後見開始の審判をすることができる。

事実認定の対象等

■■ 意義

　精神上の障害により判断能力が不十分であるため、法律行為における意思決定が困難な者について、その判断能力を補う制度として成年後見制度があり、民法には法定後見の制度として、後見、保佐、補助の３類型が定められている。

　本条は、このうち、後見について規定するもので、精神上の障害によって、判断能力を欠く常況にある本人を保護するため、請求により後見開始の審判をすることができることとし、一定範囲の者にその申立権を認めるとともに、後見開始の審判の実質的要件を定めるものである。

■■ 法律要件及び法律効果等

　精神上の障害とは、身体上の障害を除くすべての精神的障害を含む広義の概念であり、認知症、知的障害、精神障害等を含む。事理を弁識する能力とは、法律効果の結果（法律行為に基づく権利義務の変動）による利害得失についての判断能力をいう。その常況にあるとは、通常は意思無能力の状態にあることを指す。具体的には、①通常は、日常の買物も自分ではできず、誰かに代わってやってもらう必要がある者、②ごく日常的な事柄（家族の名前、自分の居場所等）がわからなくなっている者、③完全な植物状態にある者が挙げられる（小林昭彦＝原司『平成11年民法一部改正法等の解説』法曹会

（2002年）61頁以下）。

後見開始の審判の手続は、家事事件手続法117条～123条が定める。後見の必要が認められるのに、自薦の後見人候補者が後見人として選任されそうもないとみるや、申立人が後見開始の申立てを取り下げようとする場合があるといわれ（能見＝加藤編・論点民法1〔本田晃〕72頁）、任意の取下げを認める裁判例がみられたが（東京高決平成16年3月30日判時1861号43頁［28092037］、東京高決昭和57年11月30日家裁月報36巻4号69頁［27442267］、東京高決昭和56年12月21日高裁民集34巻4号370頁［27442201]）、家事事件手続法121条により、裁判所の許可を得なければ取り下げることができないこととされ、この点については立法的解決が図られた。

本条は、「後見開始の審判をすることができる」と規定しており、これは改正前の禁治産制度における条文の規定ぶりと同様であるが、本人が事理を弁識する能力を欠く常況にある以上、財産行為全般について常に他人の援助を受ける必要があるものと認められるので、別途具体的な代理権・取消権による保護の必要性についての判断を要することなく、後見開始の審判をすべきものと解されている（小林＝原・前掲74頁。改正前の規定に関する同旨の裁判例として、大判大正11年8月4日民集1巻488頁［27511134］（ただし、心神耗弱に関する決定）、広島高決平成10年5月26日家裁月報50巻11号92頁［28033395］参照)。

■■ 参考裁判例

家庭裁判所は、調査の結果、事件本人が心神喪失の常況にあるものと認めた場合には、禁治産制度の目的（本人の財産保護及びその療養看護の必要性）からみて必ず禁治産の宣告をすべきであって、これをするかしないかの裁量の自由を有するものではないと解するのが相当であると判示した（広島高決平成10年5月26日家裁月報50巻11号92頁［28033395]）。

事実認定における問題点

本条に関する事実認定が問題となった裁判例は見当たらない。

（齋藤　聡）

（成年被後見人及び成年後見人）

第8条　後見開始の審判を受けた者は、成年被後見人とし、これに成年後見人を付する。

事実認定の対象等

意義

本条は、後見開始の審判を受けた者を成年被後見人と呼称することと、成年被後見人には成年後見人を付することを定めるものである。

法律要件及び法律効果等

後見開始の審判を受けた者は、成年被後見人と呼ばれる。平成11年の法改正前において、禁治産者と呼ばれていたのを改めたものである。成年被後見人に付けられる後見人を、成年後見人という（838条2号参照）。

成年後見の開始（7条）と成年後見人の指定（本条、843条）は、いずれも家庭裁判所の審判による（家事事件手続法39条、別表第1・1項・3項）。審判に対する不服申立てに関し、後見開始審判には不服がないが、成年後見人の指定（人選）についてのみ、独立して不服を申し立てることができるかという問題がある。旧法下の事案であるが、これをできないとする裁判例がある（家事事件手続法施行前の裁判例として広島高岡山支決平成18年2月17日高裁民集59巻1号3頁［28130511］（「参考裁判例」参照）平成11年改正前の保佐人について名古屋高金沢支決昭和52年6月11日判タ359号279頁［27441844］、広島高岡山支決昭和48年6月13日家裁月報25巻12号23頁［27441556］）。

成年後見人は、後見人の法律行為に関し、9条に定める取消権のほか、包括的な代理権を有する（859条1項）。

47

■■ 参考裁判例

　審判に対しては最高裁判所の定めるところにより即時抗告のみをすることができるところ（当時の家事審判法14条）、成年後見人選任の審判に対し即時抗告をすることができる旨の規定はない。当時の家事審判規則27条１項は、民法７条に掲げる者は後見開始の審判に対し即時抗告をすることができる旨を規定しているが、その趣旨は、同条に掲げる者で後見開始の審判に不服のある者に即時抗告の権利を認めたものであり、これと同時にされた成年後見人選任の審判に対し即時抗告を認めたものではない。

　したがって、後見開始審判に対する即時抗告において、後見人選任の不当を抗告理由とすることはできず、抗告裁判所も原審判中の成年後見人選任部分の当否を審査することはできない（広島高岡山支決平成18年２月17日高裁民集59巻１号３頁［28130511］）。

事実認定における問題点

　本条に関する事実認定が問題となった裁判例は見当たらない。

（齋藤　聡）

（成年被後見人の法律行為）

第9条　成年被後見人の法律行為は、取り消すことができる。ただし、日
用品の購入その他日常生活に関する行為については、この限りでない。

事実認定の対象等

意義

本条本文は、成年後見開始の審判を受けた者、すなわち成年被後見人の法
律行為は、取り消すことができるものとする。法律行為は、取消しにより遡
及的に無効となるが（121条）、成年被後見人の法律行為につき、取消権発生
の根拠となる規定である。

本条ただし書は、成年被後見人の法律行為のうち、日常生活に関する行為
については、取り消すことができないとするものである。法律行為の性格に
より、取消権の例外を定めたものといえる。

法律要件及び法律効果等

成年被後見人が、自ら締結した法律行為（財産行為）の履行を求められた
ときは、抗弁として、その法律行為の取消しを主張して、履行を免れること
ができる。この場合には、取消権を有する者による取消しの意思表示の事実
（120条1項参照）のほか、成年被後見人が、法律行為に先立ち、成年後見開
始の審判を受け、確定した事実を主張立証する。

取消しの対象となる法律行為が、日用品の購入その他日常生活に関する行
為であるときは、取り消すことができないから、その主張は再抗弁となる
（司研・要件事実について7頁、大江・要件事実(1)161頁）。

49

事実認定における問題点

本条に関する事実認定が問題となった裁判例は見当たらない。

（齋藤　聡）

第10条

> **（後見開始の審判の取消し）**
>
> **第10条　第7条に規定する原因が消滅したときは、家庭裁判所は、本人、配偶者、四親等内の親族、後見人（未成年後見人及び成年後見人をいう。以下同じ。）、後見監督人（未成年後見監督人及び成年後見監督人をいう。以下同じ。）又は検察官の請求により、後見開始の審判を取り消さなければならない。**

事実認定の対象等

■■ 意義

　本条は、7条に規定する原因が消滅したときは、家庭裁判所は、一定の者の請求により、後見開始の審判を取り消さなければならないものと規定し、後見開始の審判を家庭裁判所が取り消すための実質的要件を定めたものである。

■■ 法律要件及び法律効果等

　成年被後見人のした法律行為に基づき、その履行を求められた場合、成年被後見人は、抗弁として、法律行為に先立ち後見開始審判の確定したことと、所定の取消権者が取消しの意思表示をしたことを主張立証して、その履行を免れることができるが（9条参照）、本条に基づき、法律行為に先立って、後見開始審判が取り消されたことを主張立証することにより、取消しの効果を覆滅させることができるから、その事実は再抗弁と位置付けられる。

事実認定における問題点

　本条に関する事実認定が問題となった裁判例は見当たらない。

（齋藤　聡）

51

（保佐開始の審判）

第11条　精神上の障害により事理を弁識する能力が著しく不十分である者
　　　については、家庭裁判所は、本人、配偶者、四親等内の親族、後見人、
　　　後見監督人、補助人、補助監督人又は検察官の請求により、保佐開始の
　　　審判をすることができる。ただし、第7条に規定する原因がある者につ
　　　いては、この限りでない。

事実認定の対象等

■■ 意義

　本条は、法定後見のうち、保佐について定める。その本文は、精神上の障
害によって、判断能力が著しく不十分である本人を保護するため、請求によ
り後見開始の審判をすることができることとし、一定範囲の者にその申立権
を認めるとともに、保佐開始の審判の実質的要件を定めるものである。本条
ただし書は、判断能力が著しく不十分であるとしても、後見開始の実質的要
件がある者については、本条を適用しないとするものである。

■■ 法律要件及び法律効果等

　精神上の障害及び事理弁識能力については、7条での解説と同様である。
後見及び補助とは、判断能力の程度によって区別される。保佐の制度は、事
理弁識能力が著しく不十分であることが要求される点で、補助と区別され、
事理弁識能力を欠く常況にあるとの程度にまで至っている者は、本条ただし
書により、保佐の対象から除外される（小林昭彦＝原司『平成11年民法一部
改正法等の解説』法曹会（2002年）90頁以下）。

　保佐開始の審判の申立てがあり、精神上の障害によって判断能力が著しく
不十分であると認められる場合に、なお申立てを認めない余地があるかが問
題となることがある。旧法下において、そのような場合に準禁治産宣告は必

要的であるとする裁判例がある一方で（仙台高決昭和27年３月１日家裁月報５巻４号37頁［27440069］）、精神障害は認めつつも、準禁治産宣告の必要性及び相当性が欠如しているとして、準禁治産宣告をしなかった原審を維持した事案（東京高決平成３年５月31日家裁月報44巻９号69頁［27809273］）もある。

　保佐開始の審判の手続は、家事事件手続法128条～133条が定める。手続に関する要件については、７条の解説を参照されたい。

事実認定における問題点

　保佐開始の要件は、精神上の障害によって判断能力が著しく不十分であることであるところ、これは、後見開始の要件及び補助開始の要件とは、判断能力の程度によって区分されており、法定後見の３類型のうち、いずれに該当するのかの判断に迷うこともあるものと思われる。また、本人の行為能力の制限をめぐり、親族間に意見の対立がある場合もあろうし、本人が行為能力の制限を嫌がることもあり得る。そのような状況下では、精神上の障害による判断能力が不十分であること及びその程度について、的確な認定が求められることになる。

事実認定についての裁判例と解説

判断能力が著しく不十分であるとの点が問題となった事例 ─────

裁判例

❶　東京高決昭和43年10月26日家裁月報21巻５号53頁［27441152］

　旧法下で、浪費者として準禁治産宣告の審判を受けた者が抗告した事案である。準禁治産宣告の申立人（本人の兄）及び本人の妻は、家裁調査官に対し、本人は競輪に狂い、プロパンガス販売営業による売上金を競輪に費消し、多額の借財を負い、昭和42年９月12日には妻子を放置して家出をしたまま行方不明となった等の陳述をしたが、これらについての本人の弁解は原審では

53

ついに聴取されなかった。しかも、抗告審における本人（抗告人）の審尋の結果によれば、抗告人が家出をしたのは競輪に凝ったためではなく、抗告人が兄とともに始めた石油販売会社が昭和39年経営状態の悪化で倒産し、会社の債務や土地の帰属をめぐって兄と悶着があり、妻とも仕事のことで意見が合わなかったことによるもので、抗告人が競輪、競馬に凝ったり、売上金を濫費したことはなく、会社の借財は既に清算がつき、抗告人個人の債務40万円ほどは、本人の事業出資者に対する債務であり、兄との間の土地紛争も昭和43年7月30日和解が成立し、また同年9月15日からは現住所で妻子とともに暮しているという。そうすると、前記調査官に対する兄及び妻の各陳述をもって直ちに本人を浪費者と認めるに足りず、他に抗告人が浪費者であることを肯認するに足る十分な資料はないとして、原審判を取り消した。

❷ 東京高決平成元年9月21日家裁月報42巻2号166頁［27807980］

　2通の鑑定書に基づき、準禁治産宣告及び保佐人選任の申立てを認容した審判に対する即時抗告事件において、2通の鑑定意見、1通の症状経過報告書の内容を踏まえ、事件本人の経済活動や相手方その他の関係者に対する訴訟の経過等につき検討し、抗告人は心神耗弱の常況にあるとは認められないから原審判は取消を免れないとした事例である。

> 解説

　精神上の障害により判断能力が著しく不十分か、その程度はどうかという点については、適切な資料に基づき認定されることとなろう。もっとも、親族その他の関係者同士の対立や、本人も交えた対立がある場合、必ずしも多くないとはいえ、真実に反する申立てや、精神上の障害の程度を過大に申告する申立てがされるケースもあろう。決定❶、❷ともそのようなケースである。そのような場合には、対立当事者間の交渉経緯その他の背景事情も含めた事実認定が必要となる場合もあり得るところである。

（齋藤　聡）

第12条

（被保佐人及び保佐人）

第12条　保佐開始の審判を受けた者は、被保佐人とし、これに保佐人を付する。

事実認定の対象等

意義

本条は、保佐開始の審判を受けた者を被保佐人と呼称することと、被保佐人には保佐人を付することを定めるものである。

法律要件及び法律効果等

保佐開始の審判を受けた者は、被保佐人と呼ばれる。平成11年の改正前において、準禁治産者と呼ばれていたが、浪費者を除外するとともに、呼称が改められた。

保佐の開始（11条）と保佐人の指定（本条、876条の2）は、いずれも家庭裁判所の審判による（家事事件手続法39条、別表第1・17項・22項）。審判に対する不服申立てに関する問題は、8条の解説を参照されたい。

保佐人は、被保佐人の法律行為に関し、次条に定める同意権及び取消権を有するほか、家庭裁判所が、特定の法律行為について保佐人に代理権を付与することができる（876条の4）。

事実認定における問題点

本条に関する事実認定が問題となった裁判例は見当たらない。

（齋藤　聡）

55

（保佐人の同意を要する行為等）　　　　　　　　　　　【改正法】

第13条　被保佐人が次に掲げる行為をするには、その保佐人の同意を得な
　　ければならない。ただし、第９条ただし書に規定する行為については、
　　この限りでない。

　　一　元本を領収し、又は利用すること。

　　二　借財又は保証をすること。

　　三　不動産その他重要な財産に関する権利の得喪を目的とする行為をす
　　　ること。

　　四　訴訟行為をすること。

　　五　贈与、和解又は仲裁合意（仲裁法（平成15年法律第138号）第２条
　　　第１項に規定する仲裁合意をいう。）をすること。

　　六　相続の承認若しくは放棄又は遺産の分割をすること。

　　七　贈与の申込みを拒絶し、遺贈を放棄し、負担付贈与の申込みを承諾
　　　し、又は負担付遺贈を承認すること。

　　八　新築、改築、増築又は大修繕をすること。

　　九　第602条に定める期間を超える賃貸借をすること。

　　十　前各号に掲げる行為を制限行為能力者（未成年者、成年被後見人、
　　　被保佐人及び第17条第１項の審判を受けた被補助人をいう。以下同
　　　じ。）の法定代理人としてすること。

　２　家庭裁判所は、第11条本文に規定する者又は保佐人若しくは保佐監督
　　人の請求により、被保佐人が前項各号に掲げる行為以外の行為をする場
　　合であってもその保佐人の同意を得なければならない旨の審判をするこ
　　とができる。ただし、第９条ただし書に規定する行為については、この
　　限りでない。

　３　保佐人の同意を得なければならない行為について、保佐人が被保佐人
　　の利益を害するおそれがないにもかかわらず同意をしないときは、家庭
　　裁判所は、被保佐人の請求により、保佐人の同意に代わる許可を与える
　　ことができる。

4 保佐人の同意を得なければならない行為であって、その同意又はこれに代わる許可を得ないでしたものは、取り消すことができる。

（保佐人の同意を要する行為等）	【現行法】

第13条 被保佐人が次に掲げる行為をするには、その保佐人の同意を得なければならない。ただし、第9条ただし書に規定する行為については、この限りでない。

一〜九 （同上）

（新設）

2〜4 （同上）

■■ 改正の趣旨

本条1項に10号を追加した。この改正は、制限行為能力者（未成年者、成年被後見人、被保佐人及び17条1項の審判を受けた被補助人）が他の制限行為能力者の法定代理人として行為をする場合には、本人（制限行為能力者）の保護に配慮して、法定代理人の行為能力の制限を理由として取り消すことができるとされた改正（102条ただし書参照）に対応し、被保佐人については、保佐人の同意を要することとしたものである。

《条文・判例の位置付け》　要件・効果の変容

事実認定の対象等

■■ 意義

本条は、被保佐人の法律行為につき、一定の重要なもの及び特に家庭裁判所が審判をした行為について保佐人の同意を得なければならないものとし（1項本文、2項本文）、保佐人又は本人は、保佐人の同意を得ずにした法律行為を取り消すことができる（4項）とするものである。

法律要件及び法律効果等

　本条1項各号所定の法律行為に基づき、被保佐人がその履行を求められた場合、被保佐人は、本条4項に基づく抗弁として、①被保佐人が、保佐開始の審判を受け、その審判が確定したこと、②取消しの意思表示をしたことを主張立証することができる。本条1項に基づく保佐人の同意の要件については、その不存在を抗弁とする考え方（司研・要件事実について8頁、大判大正6年10月11日民録23輯1576頁［27522503］。ただし、その事案は、後見人が被後見人に代わって債務を負担したという場合に、取消しを主張する側が親族会の同意を得なかったという事実を主張立証すべきとするもの）と、保佐人の同意の存在を再抗弁とする考え方（「事実摘示記載例集」司法研修所編『10訂　民事判決起案の手引』法曹会（2006年）23頁。大判昭和12年11月20日民集16巻1635頁［27500549］。ただし、その事案は、親権を行う母が、未成年の子に代わって重要な動産に関する権利の喪失を目的とする行為をする場合に、動産を取得する側が、親族会の同意を得た事実を主張立証すべきとするもの）がある。

　同意の時期は、被保佐人の行為の事前であっても、事後であってもよい（準禁治産者に係る事後の同意を認めたものとして、大判大正5年2月2日民録22輯210頁［27522118］）。保佐人の同意は、法律行為の相手方に対してされる必要はなく、被保佐人に対してされれば足りるが（準禁治産者に関し、大判明治41年5月7日民録14輯542頁［27521219］）、被保佐人の行為の後に、保佐人が同意を与える場合には、相手方に対してするのでもよい（前掲大判大正5年2月2日）。

参考裁判例

　本条1項に定める行為に関し、旧法下で、親族会の同意を要するものとされていた後見人の行為に関する事案ではあるが、約束手形の振出は、一定の金額を支払うべき債務を負担するものであり、その行為者が金銭支払の債務を負担する点においては、金銭の消費貸借と異ならないとして、同項2号の借財に約束手形の振出も包含するとされた（大判明治39年5月17日民録12輯

758頁［27520963］、大判明治39年5月17日民録12輯837頁［27520964]）。同様に、時効完成後の債務承認に関し、後見人が被後見人に代わって債務の承認をする際に、本条1項各号所定の行為と同様に扱うべきか（親族会の同意を要するか）が問題となった事案で、時効完成後の債務承認は、消滅した権利をいまだ消滅しないものとするものだから、借財と同一視すべき行為であるとして、民法12条1項に掲げる行為のいずれにも該当しないものの、同項2号の規定を類推適用すべきものとされた（大判大正8年5月12日民録25輯851頁［27522847]）。

　時効中断事由としての債務承認については、相手方の有する権利の存在を認める観念の表示であるから、準禁治産者といえども単独でこれをすることができ、保佐人の同意を得ることを要しない（大判大正7年10月9日民録24輯1886頁［27522722]）。時効中断事由との関係で、保佐人の同意を得られないため、訴えを提起できず、このため裁判上の請求ができないことは、法律上の障害ということはできず、事実上の障害にすぎないから、消滅時効の進行は妨げられない（最判昭和49年12月20日民集28巻10号2072頁［27000400]）。

事実認定における問題点

　準禁治産者の法律行為に関し、保佐人の同意の有無が問題となる事例があり、従前の裁判例では、浪費者に関するものが多かったように見受けられるところ、平成11年改正の際、浪費者が保佐開始の原因から除外されたことから、現行の保佐制度の下で、保佐人の同意の存否をめぐる紛争は従前ほど頻発しないものと思われるが、事実認定の問題として、以下に紹介する。

事実認定についての裁判例と解説

保佐人の同意の存否が争われた事例

　保佐人の同意の存否が争われた事案として、以下の例がある。

裁判例

❶ 名古屋地判平成 4 年10月 7 日家裁月報45巻10号77頁 ［27814826］

　妻Aを保佐人とする準禁治産者である被告が、貸金業者である原告と金銭消費貸借契約を締結した場合において、原告の従業員が被告の自宅を訪れ、Aに対し債務の弁済を求めたのに対し、Aが「何とかする、待ってほしい」と述べたという事案において、Aの発言をもって、保佐人の事後の同意と認められるかどうかが問題となった。判決は、Aのこの発言文句は、極めて漠然としていて、それ自体から一義的にその意味内容を確定することは困難であるから、それがされたときの状況等に照らし、確定するほかないとし、Aは、原告に早く帰ってほしかったためそのように発言した旨証言していること、原告は被告が準禁治産者であることを知っており、保佐人Aの同意を得ることが肝要であることを十分認識していたことがうかがわれるにもかかわらず、Aから同意した旨の念書を徴することもなかったこと等を挙げ、Aの発言をもって、直ちに前記消費貸借契約についての同意があったと評価することはできないとした。

解説

　同意の存否は、発言内容が一義的に明確であれば認定上の問題は少ないが、それが漠然としている場合には、発言時の状況等に照らし確定することとなる。その際には、発言者（保佐人）がどのような意図で発言したのかといった点や、相手方が、保佐人の発言を同意と受け取り、その際にそれを前提とした言動があったかといった点が考慮されることを示した事案である。

（齋藤　聡）

第14条

（保佐開始の審判等の取消し）

第14条　第11条本文に規定する原因が消滅したときは、家庭裁判所は、本
　　人、配偶者、四親等内の親族、未成年後見人、未成年後見監督人、保佐
　　人、保佐監督人又は検察官の請求により、保佐開始の審判を取り消さな
　　ければならない。
　2　　家庭裁判所は、前項に規定する者の請求により、前条第2項の審判の
　　全部又は一部を取り消すことができる。

事実認定の対象等

■■ 意義

　本条は、保佐の原因が消滅したときは、一定の者の請求により、保佐開始
の審判が取り消されることを定めたものである。

■■ 法律要件及び法律効果等

　保佐開始審判の取消しについては、家事事件手続法による（同法39条、別
表第1・20項）。

　被保佐人が、抗弁として、保佐開始を理由とする法律行為取消しを主張し
た場合に、取り消し得べき法律行為に先立って、保佐開始の審判が取り消さ
れたとの事実が再抗弁となる。

■■ 参考裁判例

　準禁治産者が申し立てた、準禁治産宣告の取消申立てを却下した原審判に
対し、準禁治産者が抗告した事案につき、現在も、抗告人の知能発育には多
少欠陥があり軽度ではあるが精神遅滞があり、幼少の時からこの症状は軽快
したり、治癒したりすることもなく今後も続くと認められるとして、抗告を
棄却した事例がある（東京高決昭和26年10月5日家裁月報3巻12号16頁

61

［27440060］。

事実認定における問題点

本条に関する事実認定が問題となった裁判例は見当たらない。

（齋藤　聡）

第15条

（補助開始の審判）

第15条　精神上の障害により事理を弁識する能力が不十分である者について
　　　は、家庭裁判所は、本人、配偶者、四親等内の親族、後見人、後見監
　　　督人、保佐人、保佐監督人又は検察官の請求により、補助開始の審判を
　　　することができる。ただし、第7条又は第11条本文に規定する原因があ
　　　る者については、この限りでない。
　2　本人以外の者の請求により補助開始の審判をするには、本人の同意が
　　　なければならない。
　3　補助開始の審判は、第17条第1項の審判又は第876条の9第1項の審
　　　判とともにしなければならない。

事実認定の対象等

■■ 意義

　補助の制度は、後見及び保佐の制度の対象とはならない、軽度の精神上の
障害により判断能力が不十分な者を対象として、補助人を選任し、具体的な
必要性に応じて、特定の法律行為についての同意権・取消権又は代理権の付
与による保護を与えるという、新たな制度として、平成11年改正により導入
された。

　本条は、法定後見のうち、補助について定める。1項本文は、精神上の障
害によって、判断能力が不十分である本人を保護するため、請求により補助
開始の審判をすることができることとし、一定範囲の者にその申立権を認め
るとともに、補助開始の審判の実質的要件を定めるものである。1項ただし
書は、判断能力が不十分であるとしても、後見又は保佐開始の実質的要件が
ある者については、本条を適用しないとするものである。

63

法律要件及び法律効果等

　精神上の障害及び事理弁識能力については、7条での解説と同様である。後見及び保佐とは、判断能力の程度によって区別される。補助の制度は、事理弁識能力が不十分であることが要求される点で、後見及び保佐と区別され、事理弁識能力が著しく不十分な者は、本条1項ただし書により、補助の対象から除外される（小林昭彦＝原司『平成11年民法一部改正法等の解説』法曹会（2002年）130頁）。

　精神上の障害によって判断能力が不十分な者について、家庭裁判所は、一定の者の請求により、補助開始の審判をすることができるが（本条1項）、本人以外の者の請求により補助開始の審判をするには、本人の同意が必要である（本条2項）。補助開始の審判は、同意権又は代理権付与の審判を伴うことが手続的要件とされている（本条3項）。

参考裁判例

　本人以外の者からの補助開始の申立てにつき、事件本人が補助開始に同意していないことが明らかである以上、仮に事件本人の財産の管理に関する疑念・危惧を抱く事情が認められるとしても、補助開始の要件を欠き、補助開始の申立ては認められないとした裁判例がある（札幌高決平成13年5月30日家裁月報53巻11号112頁［28062494］）。

事実認定における問題点

本条に関する事実認定が問題となった裁判例は見当たらない。

（齋藤　聡）

第16条

（被補助人及び補助人）

第16条　補助開始の審判を受けた者は、被補助人とし、これに補助人を付する。

事実認定の対象等

意義

本条は、補助開始の審判を受けた者を被補助人と呼称することと、被補助人には補助人を付することを定めるものである。

法律要件及び法律効果等

補助開始の審判を受けた者は、被補助人と呼ばれる。平成11年の改正により、新たに設けられた類型である。

補助の開始（15条）と補助人の指定（本条、876条の7）は、いずれも家庭裁判所の審判による（家事事件手続法39条、別表第1・36項・41項）。審判に対する不服申立てに関する問題は、8条の解説を参照されたい。

補助人は、被補助人の法律行為に関し、17条に定める同意権及び取消権を有するほか、家庭裁判所は、特定の法律行為について補助人に代理権を付与することができる（876条の9）。

事実認定における問題点

本条に関する事実認定が問題となった裁判例は見当たらない。

（齋藤　聡）

65

（補助人の同意を要する旨の審判等）

第17条　家庭裁判所は、第15条第１項本文に規定する者又は補助人若しく
は補助監督人の請求により、被補助人が特定の法律行為をするにはその
補助人の同意を得なければならない旨の審判をすることができる。ただ
し、その審判によりその同意を得なければならないものとすることがで
きる行為は、第13条第１項に規定する行為の一部に限る。

2　本人以外の者の請求により前項の審判をするには、本人の同意がなけ
ればならない。

3　補助人の同意を得なければならない行為について、補助人が被補助人
の利益を害するおそれがないにもかかわらず同意をしないときは、家庭
裁判所は、被補助人の請求により、補助人の同意に代わる許可を与える
ことができる。

4　補助人の同意を得なければならない行為であって、その同意又はこれ
に代わる許可を得ないでしたものは、取り消すことができる。

事実認定の対象等

■■ 意義

　補助の制度は、後見及び保佐の制度とは異なり、自己決定の尊重の観点か
ら、同意権・取消権の付与を選択的な保護方法とし、本人が自己の意思によ
りその付与を選択した場合にのみ、請求の範囲内の具体的な保護の必要性が
示された特定の法律行為に限って、補助人に同意権を付与することとされた
ものである（小林昭彦＝原司『平成11年民法一部改正法等の解説』法曹会
（2002年）142頁）。

■■ 法律要件及び法律効果等

　本条１項は、家庭裁判所が、被補助人の保護を図る必要がある場合に限定

して、被補助人が特定の法律行為を行うには、補助人の同意を得ることを要する旨の審判をすることができると規定するものである。同意権付与の対象となる法律行為は、13条1項に定める行為の一部に限られる。

本条2項は、自己決定尊重の観点から、同意権付与の審判をするには、本人の請求又はその同意のあることが要求されている。

本条3項は、補助人が取消権を有することを前提に（120条1項）、被補助人の法律行為につき、被補助人の利益を害するおそれがないにもかかわらず同意をしないときは、家庭裁判所が、被補助人の請求により、補助人の同意に代わる許可を与えることができるとする。

本条4項は、保佐の制度に関する13条4項と同様に、補助人の同意又はこれに代わる許可を得ないでした行為が取消しの対象となることとされている。

被補助人のした法律行為に基づき、被補助人がその履行を求められた場合、被補助人は、本条4項に基づく抗弁として、①被補助人が、補助開始及び特定の法律行為につき補助人の同意を得なければならない旨の審判を受け、その審判が確定したこと、②取消しの意思表示をしたことを主張立証することができる。この場合の本条1項に基づく補助人の同意の要件の主張立証責任については、13条の解説を参照されたい。

事実認定における問題点

本条に関する事実認定が問題となった裁判例は見当たらない。

（齋藤　聡）

> **（補助開始の審判等の取消し）**

第18条　第15条第１項本文に規定する原因が消滅したときは、家庭裁判所
　　は、本人、配偶者、四親等内の親族、未成年後見人、未成年後見監督人、
　　補助人、補助監督人又は検察官の請求により、補助開始の審判を取り消
　　さなければならない。
　2　家庭裁判所は、前項に規定する者の請求により、前条第１項の審判の
　　全部又は一部を取り消すことができる。
　3　前条第１項の審判及び第876条の９第１項の審判をすべて取り消す場
　　合には、家庭裁判所は、補助開始の審判を取り消さなければならない。

事実認定の対象等

■■ 意義

　本条は、補助の原因が消滅した場合に、一定の者の請求により、補助開始
の審判等を取り消すべき旨を定めるものである。１項は、補助の原因が消滅
した場合の補助開始の審判の取消しは必要的であることを、２項は、補助人
の同意を要する旨の審判（17条１項）の全部又は一部の取消しが可能である
ことを、３項は、同意を要する旨の審判（17条１項）及び代理権付与の審判
（876条の９第１項）をすべて取り消す場合には補助開始の審判を取り消さな
ければならないことを規定する。

■■ 法律要件及び法律効果等

　補助人が、抗弁として、被補助人の法律行為を取り消す旨の主張をする場
合に、法律行為に先立って補助開始の審判の取消審判がされていたことが再
抗弁となる（大江・要件事実(1)198頁）。

第18条

事実認定における問題点

本条に関する事実認定が問題となった裁判例は見当たらない。

（齋藤　聡）

（審判相互の関係）

第19条　後見開始の審判をする場合において、本人が被保佐人又は被補助人であるときは、家庭裁判所は、その本人に係る保佐開始又は補助開始の審判を取り消さなければならない。

2　前項の規定は、保佐開始の審判をする場合において本人が成年被後見人若しくは被補助人であるとき、又は補助開始の審判をする場合において本人が成年被後見人若しくは被保佐人であるときについて準用する。

事実認定の対象等

意義

　平成11年改正法は、法定後見制度の3類型を、判断能力の程度と保護の態様とを対応させて、類型間に明確な区分をしているため、ある類型から他の類型に移行するに当たって、家庭裁判所が職権で前者の裁判を取り消すことを要するとされたものである（小林昭彦＝原司『平成11年民法一部改正法等の解説』法曹会（2002年）160頁）。

法律要件及び法律効果等

　本条は、1項において、後見開始の審判をする場合における保佐開始又は補助開始の審判の取消しを、2項において、保佐開始の審判をする場合又は補助開始の審判をする場合について1項の規定を準用することを、それぞれ規定したものである。

事実認定における問題点

　本条に関する事実認定が問題となった裁判例は見当たらない。

（齋藤　聡）

（制限行為能力者の相手方の催告権）　　　　　　　　　　　【改正法】

第20条　制限行為能力者の相手方は、その制限行為能力者が行為能力者
　　（行為能力の制限を受けない者をいう。以下同じ。）となった後、その者
　　に対し、1箇月以上の期間を定めて、その期間内にその取り消すことが
　　できる行為を追認するかどうかを確答すべき旨の催告をすることができ
　　る。この場合において、その者がその期間内に確答を発しないときは、
　　その行為を追認したものとみなす。

2　　制限行為能力者の相手方が、制限行為能力者が行為能力者とならない
　　間に、その法定代理人、保佐人又は補助人に対し、その権限内の行為に
　　ついて前項に規定する催告をした場合において、これらの者が同項の期
　　間内に確答を発しないときも、同項後段と同様とする。

3　　特別の方式を要する行為については、前2項の期間内にその方式を具
　　備した旨の通知を発しないときは、その行為を取り消したものとみなす。

4　　制限行為能力者の相手方は、被保佐人又は第17条第1項の審判を受け
　　た被補助人に対しては、第1項の期間内にその保佐人又は補助人の追認
　　を得るべき旨の催告をすることができる。この場合において、その被保
　　佐人又は被補助人がその期間内にその追認を得た旨の通知を発しないと
　　きは、その行為を取り消したものとみなす。

（制限行為能力者の相手方の催告権）　　　　　　　　　　　【現行法】

第20条　制限行為能力者（<u>未成年者、成年被後見人、被保佐人及び第17条
　　第1項の審判を受けた被補助人をいう。以下同じ。</u>）の相手方は、その
　　制限行為能力者が行為能力者（行為能力の制限を受けない者をいう。以
　　下同じ。）となった後、その者に対し、1箇月以上の期間を定めて、そ
　　の期間内にその取り消すことができる行為を追認するかどうかを確答す
　　べき旨の催告をすることができる。この場合において、その者がその期
　　間内に確答を発しないときは、その行為を追認したものとみなす。

2〜4　（同上）

■■ 改正の趣旨

　本条1項の文言に改正があるが、制限行為能力者の定義を13条1項10号に規定したことによる形式的な改正である。

《条文・判例の位置付け》　要件・効果の変更なし

事実認定の対象等

■■ 意義

　本条所定の制限行為能力者と法律行為をした相手方は、制限行為能力者本人又はその法定代理人から法律行為を取り消されるかもしれない立場に立たされる。この意味で相手方は不安定な地位にあるため、本条は、相手方が行為能力者（行為能力を制限を受けない者）となった制限行為能力者（1項）又は法定代理人、保佐人又は補助人（2項）に対し、取り消され得る行為を追認するかどうかを、一定期間内に確答することを催告し、その期間内に確答を発しないときには、法律行為を追認したものとみなすこととした。ただし、特別の方式を要する行為については、その期間内に方式を具備した旨の通知をしないときは、その行為を取り消したものとみなすこととした（3項）。また、被保佐人又は被補助人に対しては、一定の期間内に保佐人又は補助人の追認を得るよう催告し、期間内に追認を得た旨の通知を発しないときには、法律行為を取り消したものとみなすこととした（4項）。

■■ 法律要件及び法律効果等

　本条1項及び2項によって追認擬制の効果が生じるところ、制限行為能力者の相手方が契約上の債務の履行請求をし、これに対して、制限行為能力者が抗弁として取消しを主張した場合を想定すると、前各項の事由が再抗弁として機能することとなる（司研・要件事実について8頁、大江・要件事実(1)

202頁以下）。この規定に基づき追認の効果を主張する者は、①制限行為能力者が、取り消し得べき行為をしたこと、②その行為の相手方が、その後行為能力者になった本人に対し、あるいは依然として制限行為能力者であるときにはその法定代理人等に対し、１か月以上の期間を定め、その期間内にその取り消すことのできる行為を追認するかどうか確答せよと催告したこと、③②の期間が経過したこと、以上の事実を主張すべきこととなる。１項後段及び２項の文言上、催告を受けた行為能力者本人又は法定代理人等が前記期間内に確答を発しなかったという事実も要件のようにみえるが、仮に追認する旨の確答が発せられていれば、相手方としては別に追認の効果を争う利益はなく、確答を発したことが相手方の主張立証責任に属すると解すべきであるし、追認しない旨の確答をしたのであれば、これは取消しの意思表示と同視すべきであるから、取消しを主張する側の主張立証責任に属すると考えるべきだからである（司研・要件事実について８頁）。

　本条３項は、特別の方式を要する行為について定めており、１項、２項による期間内にその方式を具備した旨の通知を発しないときは、その行為を取り消したものとみなすとするものであり、例えば、未成年被後見人が13条１項各号に掲げる行為をしたときに、未成年後見人がこれを追認するためには、後見監督人が置かれているのであれば、さらにその同意が必要となると解される（864条）。したがって、未成年被後見人から家屋を買い受けた者がその引渡しを請求したという事例において、未成年被後見人側が抗弁として取消しを主張した場合、相手方は、前記の①〜③の事実を再抗弁として主張することができ、これに対し、未成年被後見人側は、未成年者には後見監督人が置かれている事実を再々抗弁として主張することができる（司研・要件事実について９頁）。

　本条４項は、取消しの意思表示がなくても、取消しが擬制されることを定める。その要件は、①制限行為能力者が法律行為をした場合に、相手方が、被保佐人又は17条１項の審判を受けた被補助人に対し、１項の期間内に保佐人又は補助人の追認を得るよう催告をしたこと、②その期間が経過したことである。制限行為能力者が期間内に追認を得た旨の通知を発したこと（同項

後段）についての主張立証責任は、追認と同様、取消しの効果を争う側に属すると考えられる（司研・要件事実について9頁）。

事実認定における問題点

本条に関する事実認定が問題となった裁判例は見当たらない。

（齋藤　聡）

第21条

（制限行為能力者の詐術）

第21条　制限行為能力者が行為能力者であることを信じさせるため詐術を用いたときは、その行為を取り消すことができない。

事実認定の対象等

■■ 意義

　行為能力を制限する制度は、その一面において、制限行為能力者本人の保護を図る目的を有し、そのため一定の場合には相手方に不利益を甘受させることもやむなしとするものであるところ、制限行為能力者が、完全な行為能力を有することを信じさせるため詐術を用いた場合には、相手方を保護すべきであるから、制限行為能力者の側で法律行為を取り消すことができないとしたものである。

■■ 法律要件及び法律効果等

　前記のように、制限行為能力者が、能力者であることを信じさせるため詐術を用いたときは、その行為を取り消すことができない。この場合は、制限行為能力者の側には取消権が認められないから、制限行為能力者の側が取消しの主張をしたとしても、相手方は、①制限行為能力者が自ら能力者であることを相手方に信じさせるため詐術を用いたこと、②その結果、相手方がその旨誤信したことを主張立証すれば、取消しの効果を否定することができる（司研・要件事実について9頁）。

■■ 参考裁判例

　詐術の意義について「思うに、民法20条〔引用者注：現21条〕にいう『詐術ヲ用ヰタルトキ』とは、無能力者が能力者であることを誤信させるために、相手方に対し積極的術策を用いた場合にかぎるものではなく、無能力者が、

75

ふつうに人を欺くに足りる言動を用いて相手方の誤信を誘起し、または誤信を強めた場合をも包含すると解すべきである。したがつて、無能力者であることを黙秘していた場合でも、それが、無能力者の他の言動などと相俟つて、相手方を誤信させ、または誤信を強めたものと認められるときは、なお詐術に当たるというべきであるが、単に無能力者であることを黙秘していたことの一事をもつて、右にいう詐術に当たるとするのは相当ではない」と判示した（最判昭和44年2月13日民集23巻2号291頁〔27000850〕）。

事実認定における問題点

　制限行為能力者が、行為能力の制限について沈黙している場合に、それが詐術に当たるかどうかにより、後に取り消すことの可否が左右される。どのような場合に、他の言動と相まって、相手方を誤信させ、又は誤信を強めたと認められるといえるのか、が問題となる。

事実認定についての裁判例と解説

詐術の認定が争われた事例

〔 裁判例 〕

⑴ **準禁治産者であることを沈黙していた場合に、詐術を認めなかったもの**

❶ 最判昭和44年2月13日民集23巻2号291頁〔27000850〕

　この最判は、詐術の意義に関する前記の一般論に続けて、「原判示によれば、Ｂ〔引用者注：準禁治産者である〕は、所論のように、その所有にかかる農地に抵当権を設定して金員を借り受け、ついで、利息を支払わなかつたところから、本件土地の売買をするにいたつたのであり、同人は、その間終始自己が準禁治産者であることを黙秘していたというのであるが、原審の認定した右売買にいたるまでの経緯に照らせば、右黙秘の事実は、詐術に当たらないというべきである。それ故、Ｂが、本件売買契約に当たり、自己が能力者であることを信ぜしめるため詐術を用いたものと認めることはできない

とした原審の認定判断は、相当として是認できる」とした。

　原判決（大阪高判昭和42年2月17日民集23巻2号308頁［27201909］）は、本件売買に当たって、準禁治産者Bが、その代金額の決定、登記関係書類の作成、本件土地の所有権移転及び転用についての知事に対する許可申請などに関してある程度積極的に行動した事実を認定したうえ、Bがこれまでにもたびたび所有不動産を他へ処分した経験を持っており、その手続についても明るかったものと推認されるので、自己の秘密の借銭の始末をつけるための本件土地の売却に当たって自ら売主として積極的にその手続を進めたからといって別に不自然でなく、特に同人において自己を能力者であると信じさせる目的でこれらの行動をしたものと認めるに足る証拠のない本件においては、直ちにこれをもって詐術を用いたものというには当らないというべきであるとし、Bが、売買契約の仲介者に対し、「自分のものを自分が売るのに何故妻に遠慮がいるか」と答えたとの事実を認定しつつ、「畑（本件土地）は奥さんも作っているのに相談しなくともよいか」と質したのに対して答えたもので、Bの能力に関しての言辞ではなかったし、買主側が仲介者からこの出来事を聞知したのは本件訴訟提起後であったとして、この事実も、詐術を用いたというには当たらないとした。なお、原判決は、準禁治産者の知能の程度が低く、尋常小学4年で学業を放擲し、以後、遊興や賭事に耽り、その資金を得るため伝来の相続財産を次々に処分していったため、準禁治産宣告を受け、その妻が保佐人となったことを指摘している。

❷　名古屋高判昭和61年1月30日判タ612号47頁［27800384］

　控訴人は、結婚し子4人をもうけたが、知能が低く、平仮名は読めるものの漢字の読み書きはできず、簡単な足し算はできるが、少し複雑な四則計算はできず、自己の住所氏名を漢字で書くのが精一杯であり、妻が申し立てた準禁治産宣告申立事件では、鑑定の結果、8、9歳程度の知能の精神薄弱とされ、財産管理能力はほとんど薄弱とされていた。本件では、控訴人は、自己が準禁治産者であることは知っていたが、その認識の程度は薄弱であると評価された。また、控訴人は、初対面の相手方に運転免許証を提示しているが、それは経験上、自己の同一性を示す手段として有効であることを知って

いたからであって、詐術の一要素と位置付けて評価するのは相当でないとした。自ら署名して売買契約書や領収書を作成した点についても、意味を理解して署名したものか疑問であるとし、売買契約に当たり印鑑登録証明書や登記簿謄本を提示したことも、売買代金の大半は、高利貸しへの返済や、売買契約に関与した者（正業に就いているとは認められない複数の者である）の手に渡っていることをも考慮し、自らの意思に基づくものとは認め難いとし、詐術と認めなかった。

(2) **準禁治産者であることを沈黙していた場合であっても、詐術を認めたもの**

❸ 東京地判昭和58年7月19日判タ509号163頁［27490656］

　準禁治産者が、継続的取引に係る基本契約の連帯保証人となる目的で、債権者の下を訪れた際の言動が詐術に当たるかが問題とされた事案において、準禁治産者は、自らが完全行為能力者ではないことを十分に認識し、相手方が自らを能力者であると信じていると容易に認識し得た状況の下で、同行者（別の連帯保証人候補者）に対し、相手方店長の面前で、相手方との間の基本契約の信用限度額をもっと多くしておく必要はないのかといった発言をしたり、自らの肩書を取締役副社長と記載された名刺を交付したといった事情が、自己が完全能力者であることへの相手方の信頼を強めた事情となるものと評価し、準禁治産者であることの不告知という不作為を、その客観的な状況と主観的な意図からして、詐術を用いたと判断した。

❹ 名古屋高判平成4年6月25日判タ801号172頁［27814196］

　被控訴人は、従前の借金を完済するため、新たな融資を必要としていたところ、自己が準禁治産者であること及び保佐人の同意のない借入れや担保提供は取り消され得るものであることを経験的に十分知っていたこと、控訴人から土地の権利証について尋ねられたとき、真実は保佐人である妻に取り上げられていたのにこれを秘し、紛失したなどと偽ったこと、借入れ及び根抵当権設定について妻の承諾の有無を問われたのに対しても、事実に反して、承諾を得られている旨答えたこと、控訴人に対する借入申込書には、被控訴人の勤め先、年収等を実際どおりに記載しなかったこと、株券やゴルフ会員権も担保に入れることができるなど真実味のないことを話したことなどを認

定し、控訴人からの融資を断られるおそれのあるような事情は可能な限り隠ぺいするなどしていたものと認めた。そして、被控訴人の控訴人に対する借入れの申込み及び根抵当権設定契約締結に至るまでの経緯に徴すると、契約等の締結に際して被控訴人のした言動は、自己が準禁治産者であることを進んで告知せず、かえってこれを秘匿していたことと相まって、被控訴人が能力者であると控訴人に誤信させ、又はその誤信を強めるに足りるものであったとして、契約等の締結に当たり、詐術を用いたと判断した。

　なお、原判決（名古屋地判平成 3 年10月30日判時1444号83頁［27814515］）は、前記の各事実が、借入れに際して通常行われる行為であり、被控訴人の行為能力を誤信させるような事情とはいえない等と評価し、詐術を用いたものとは認めなかった事案であった。

解説

　詐術の意義については、判決❶の説示するとおり、無能力者が能力者であることを誤信させるために、相手方に対し積極的術策を用いた場合がこれに当たるほか、無能力者であることを黙秘していた場合でも、それが、無能力者の他の言動などと相まって、相手方を誤信させ、又は誤信を強めたものと認められるときは、なお詐術に当たるというべきであるが、単に無能力者であることを黙秘していたことの一事をもって、詐術には当たらない。

　紹介した前記の裁判例は、いずれも、準禁治産者が無能力者であることを黙秘していた事案であり、「無能力者の他の言動」として認定されるのは、行為能力の有無とは直接関わりのない、契約締結の過程では一般に生じ得る出来事であるから、詐術の認定には困難が伴う。詐術の認定に当たっては、主観的に、制限行為能力者の側が欺く意図を有していたかどうかという点や、客観的に事実に反する事実を制限行為能力者が述べていたかといった点が重視されよう。なお、かつての準禁治産者には浪費者が含まれ、必ずしも精神の障害が準禁治産の要件とはされていなかったことから、そのような浪費者については詐術が認定されやすい一方、精神の障害を伴う準禁治産者については、詐術を認定しない（すなわち法律行為の取消しを認める）傾向が見てとれるところであり、後見、保佐及び補助の 3 類型を設ける現行法の下にお

いても、本人の精神上の障害の軽重も、詐術の判断に当たっては十分に考慮されることとなろう。

（齋藤　聡）

第4節　住　所

（住所）

第22条　各人の生活の本拠をその者の住所とする。

事実認定の対象等

■■ 意義

　本条は、自然人の住所の一般的定義を示したものである。住所について、本籍や住民登録といった形式的な基準により定めるのではなく、実質的な生活関係に基づいて定めるとの考え方を採用した。

■■ 法律要件及び法律効果等

　住所を要件とする実体法、手続法の規定は各法にまたがるが（詳細は、谷口＝石田編・新版注釈民法(1)〔石田喜久夫＝石田剛〕421頁）、民事裁判では、弁済の場所（民法484条）、普通裁判籍による管轄（民事訴訟法4条）、書類の送達場所（同法103条）において、「住所」の概念が用いられており、住所の認定が問題になることが少なくない。

　住所を要件として法律効果が定められている規定の適用を主張する者は、「当該場所が住所であること」の主張・立証責任がある。例えば、売主甲が買主乙に対して売買代金とともに代金債務の遅延損害金を請求してきたのに対し、乙は、抗弁として、売買代金債務の弁済の提供をしたことを主張・立証することができるが（民法492条）、その際、乙は提供の場所が甲の住所であることを主張・立証しなければならない（同法484条1項）。

■■ 参考裁判例

　(1)　生活の本拠といえるためには、生活の本拠たる事実のほかに生活の本拠とする意思を要するかという問題がある。

　判例は、住所とは、生活の本拠、すなわち、その者の生活に最も関係の深い一般的生活、全生活の中心を指すものであり、一定の場所がある者の住所であるか否かは、客観的に生活の本拠たる実体を具備しているか否かにより決すべきものと解している（最判平成9年8月25日裁判集民184号1頁［28021645]）。それゆえ、住所を移転させる目的で転出届がされたとしても、実際に生活の本拠を移転していなかったときは、住所を移転したものとして扱うことはできない。

　裁判実務上も、客観的に生活の本拠たる実体を具備しているかという客観的な事実関係をもとに、住所を判断している。

　(2)　また、生活の本拠たる事実があるといえるためには、単に一定の場所において日常生活が営まれているだけで足りるかという問題もある。

　都市公園内に設置したテントの所在地は住民基本台帳法における住所たり得るかが問題になった事案において、控訴審判決（大阪高判平成19年1月23日判時1976号34頁［28132091]）は、第一審の判決を覆し、生活の本拠たる実体があるというためには、その形態が健全な社会通念に基礎づけられた住所としての定型性を具備していることを要するとして、都市公園法上の公園にテントを設置して居住してきた者について、テント所在地に住所を有するとはいえないと判断しており、最高裁（最判平成20年10月3日裁判集民229号1頁［28142030]）もこの判断を是認している。

　なお、住んでいる建物が複数の自治体にまたがって建築されている場合に、いずれの自治体に住所があることになるのかという点については、居宅の主たる生活の本拠となる居室の大部分及び出入口が存在する自治体の方にあると判断した裁判例（大阪地判平成23年6月24日判例地方自治353号14頁［28180326]）がある。

第22条

事実認定における問題点

　裁判例では、本人の所在に関係する複数の場所がある場合に、どこを「住所」と認定するかが問題となったものがある。

事実認定についての裁判例と解説

住所の認定

裁判例

❶　最大判昭和29年10月20日民集 8 巻10号1907頁［27003120］

　大学の学生寮で生活している大学生らについて、休暇に際しては実家に帰省し、また、一部の者が学生寮に住民登録をしていなかったとしても、在寮期間が最も長期の者は 4 年間、最も短期の者でも 1 年間在寮の予定の下に寮に居住し、現に最も長期の者は約 3 年、最も短期の者でも 5 か月間を経過しており、配偶者や管理すべき財産を持っていないために休暇以外は実家に帰る必要もなく、またその事実もないなどの事実関係の下では、大学生らの生活の本拠は学生寮にあったものと解すべきであるとしたもの

❷　大阪地判昭和40年10月30日民集28巻 4 号608頁［27200826］

　肺結核で約 1 年 4 か月入院しており、治癒による退院の見込みがたっておらず、子どもは実家に預け、仕事や管理すべき資産がないなどの事実関係の下では、入院先を住所とする意思はなく、一時退院があったとしても、入院先の所在地が住所であるとしたもの

❸　山口地萩支判昭和43年 7 月12日訟務月報14巻 8 号875頁［27441111］

　職権による住民票の消除が違法であるかが問題となった事案において、昭和25年に元住所登録地を離れ、以後、別の場所に自宅を構えて事業を行い、元住民登録地には年に 2 度 3 度帰るのみであり、同所には弟家族が居住し、所有している居宅や敷地・農地については、弟に使用させて収穫を一部得ているにすぎず、固定資産税も弟が納めており、元住民登録地に掲げられていた表札には氏名が記載されていなかったなどの事実関係の下で、昭和41年の

83

職権消除時において、元住民登録地には住所はなかったとしたもの

❹　東京高決昭和57年5月24日判夕476号92頁［27442237］

　出稼ぎとして上京し、その後、17、8年間近くにわたって、同一場所に居住して同一の勤め先で働き、年間を通じて40日程度帰省するにすぎないとの事実関係の下では、帰省先に住民登録がされていたとしても、出稼先に住所があるとしたもの

❺　東京高決平成5年1月22日家裁月報46巻2号166頁［27814901］

　夫婦の最後の共通の住所地が問題になった事案において、一方配偶者が転居して子らとともに生活し、近くの会社に勤めていたが、いったんは住民票を相手方配偶者のもとに移し、それと前後して、4か月間に少なくとも5、6回にわたりそれぞれ数日ずつ転入先に泊まり込み、布団や食器等を持ち込んだりしたことがあるなどの事実関係において、継続的に居住し、子らとともに生活していた場所に住所があるというべきであり、住民票上の届出をしている場所には住所はないとしたもの

| 解説 |

　本籍や住民登録といった形式的な基準により住所を定めるのではなく、実質的な生活関係に基づいて住所を定めることを前提としたとしても、生活の本拠（その者の生活に最も関係の深い一般的生活、全生活の中心）がどこにあるかを判断するにおいては、住民基本台帳法による住民票が基本的な証拠資料となる。もちろん、転居等もあるから、住民票上の住所が実際の住所と一致するとは限らない。住民票上の住所から転居している場合には、住民票上の住所が「住所」になることはない。転居については、表札、郵便の配達、電力・ガス等の契約状況、周辺住民の認識等から推知できる。

　ただ、複数の生活拠点がある場合や住民票上の住所に何らかのつながりが残っている場合などには、前記裁判例のとおり、どこを住所と認定するかという事実認定上の問題が生じる。

　住所の事実認定は、前記裁判例に共通しているとおり、生活全般にわたり具体的な事情に基づいて実質的に考察し、客観的に当該場所が生活の中心をなしているかを総合判断することになる。

第22条

　前記裁判例からは、①住民票移転等の経緯、②実際に起臥している場所、③滞在日数、滞在地の契約関係や滞在予定、④扶養家族の生活場所、⑤所有財産の所在等が、事実認定上のポイントになっていることがうかがえる。裁判実務においては、それらの事情が重要であると考えてよいであろう。

（大野祐輔）

（居所）

第23条　住所が知れない場合には、居所を住所とみなす。

2　日本に住所を有しない者は、その者が日本人又は外国人のいずれであ
るかを問わず、日本における居所をその者の住所とみなす。ただし、準
拠法を定める法律に従いその者の住所地法によるべき場合は、この限り
でない。

事実認定の対象等

意義

　本条は、「住所が知れない場合」と「日本に住所を有しない場合」におい
て、居所に、住所と同じ法律効果を付与した規定である。2項ただし書につ
いては、住所が準拠法決定の基準とされている場合には、我が国にある居所
をもって住所とみなさず、外国にある住所が準拠法決定の基準となるという
ことを注意した当然の規定であると解されている（谷口＝石田編・新版注釈
民法(1)〔田村精一〕424頁）。

法律要件及び法律効果等

　「居所」とは、自然人が多少の期間継続して居住しているが、生活の本拠
といえる程度に至っていない場所をいう。住所と居所の区別は、住所に関す
る裁判例を前提とすると、客観的にみてその人の当該生活関係の中心をなし
ているか否かによって区別されることになる。「住所が知れない場合」とは、
住所が存在するがわからない場合のほか、住所がない場合を含む趣旨と解さ
れている。

　本条によれば、当該場所が住所であることを主張・立証する代わりに、住
所（生活の本拠）が知れないこと、当該場所が居所であること（多少の期間
継続して居住していること）を主張・立証することになる。例えば、売主甲

が買主乙に対して売買代金とともに代金債務の遅延損害金を請求してきたのに対し、乙は、抗弁として、売買代金債務の弁済の提供をしたことを主張・立証することができるが（492条）、その際、乙は甲の住所を探索したが知り得なかったこと、甲の居所で弁済の提供がされたことを主張・立証することになる。

事実認定における問題点

本条に関する事実認定が問題となった裁判例は見当たらない。

（大野祐輔）

（仮住所）

第24条　ある行為について仮住所を選定したときは、その行為に関しては、その仮住所を住所とみなす。

事実認定の対象等

■■ 意義

本条は、特定の行為のみについては、当事者の意思により仮住所を選定できるとし、これに住所におけるのと同じ法律効果を付与した規定である。

■■ 法律要件及び法律効果等

仮住所の選定は法律行為であり、原則として当事者間の契約によってなされる。仮住所が選定されると、当該取引関係に関する限りでは、住所とみなされ、住所におけると同様の法的効果が仮住所に与えられる。

本条によれば、当該場所が住所であることを主張・立証する代わりに、当該取引において仮住所を選定する合意をしたこと、当該場所がその仮住所であることを主張・立証することになる。例えば、売主甲が買主乙に対して売買代金とともに代金債務の遅延損害金を請求してきたのに対し、乙は、抗弁として、売買代金債務の弁済の提供をしたことを主張・立証することができるが（492条）、その際、甲と乙は、売買契約に関し、甲の仮住所を選定する合意をしたこと、その仮住所で弁済の提供がされたことを主張・立証することになる。

事実認定における問題点

本条に関する事実認定が問題となった裁判例は見当たらない。

（大野祐輔）

第5節　不在者の財産の管理及び失踪の宣告

（不在者の財産の管理）

第25条　従来の住所又は居所を去った者（以下「不在者」という。）がその財産の管理人（以下この節において単に「管理人」という。）を置かなかったときは、家庭裁判所は、利害関係人又は検察官の請求により、その財産の管理について必要な処分を命ずることができる。本人の不在中に管理人の権限が消滅したときも、同様とする。

2　前項の規定による命令後、本人が管理人を置いたときは、家庭裁判所は、その管理人、利害関係人又は検察官の請求により、その命令を取り消さなければならない。

事実認定の対象等

■ 意義

不在者の財産の保全と利害関係人の保護、ひいては国民経済上の利益を保護する趣旨から、民法は、家庭裁判所の後見的監督の下で不在者の財産の管理・保存を図る制度を設けている。本条は、不在者が不在者となる前に財産の管理人を置いていない場合、本人の不在中に管理人の権限が消滅した場合に、家庭裁判所が財産管理に必要な処分を命じること、その処分は、不在者が後に自ら管理人を置いたときは取り消されることを定めている。

本条による必要な処分とは、不在者財産管理人の選任等や27条3項及び28条に基づく行為である。

家庭裁判所における手続は、家事事件手続法145条〜147条に定められている（同法別表第1・55項に掲げる家事審判事項）。

89

■■ 法律要件及び法律効果等

1 本条1項

不在者財産管理開始の要件は、

① 不在者において財産を管理することができないこと

② 利害関係人又は検察官からの申立てがあること

③ 管理すべき財産があること

であり、その要件を充足しているときは、家庭裁判所は、審判により、必要な処分をする。処分の中心は、不在者の財産の管理人の選任であり、不在者財産管理人は、本人の法定代理人と位置付けられ、103条の権限を有する。

①の「不在者」とは、従来の住所又は居所を去って、容易に帰る見込みがない者をいう。行方不明や生死不明は要件ではないとされている（谷口＝石田編・新版注釈民法(1)〔田山輝明〕441頁）。①の「財産を管理することができないこと」とは、不在者に財産の管理人がいないこと又は不在者の管理人の権限が消滅（死亡等）したことである。

②の「利害関係人」とは、不在者の財産の管理保存について法律上の利害関係を有する者である（例えば、不在者の推定相続人、不在者とともに共同相続人となっている者、不在者の債権者、不在者の財産を買収しようとする国・地方公共団体。なお、大決昭和7年7月26日民集11巻1658頁［27510346］参照）。

2 本条2項

本人が管理人を置いた場合の取消しの要件は、

① 家庭裁判所が不在者の財産の管理に必要な処分を命じる審判をしたこと

② その後に、不在者が管理人を置いたこと

③ 本人が置いた管理人、利害関係人又は検察官からの申立てがあること

であり、その要件を充足するときは、家庭裁判所は、既にした管理処分の命令を取り消すことになる。

事実認定における問題点

　不在者財産の管理においては、実務的には、財産を誰がどのように管理処分するのが相当かという点が重要となるが、「不在者」といえるか否かが問題になることもある。

　家庭裁判所は、申立人が提出した不在の事実を証する資料（捜索願受理証明書等）のほかに、関係者への照会、関係機関への調査嘱託（前科照会、運転免許照会等）等により調査し、不在者の該当性（従来の住所又は居所を去って、容易に帰る見込みがない）を判断するが、その判断が後に裁判で争われることがある。

事実認定についての裁判例と解説

不在者の認定

> 裁判例

❶　大阪高判平成26年10月16日訟務月報61巻5号992頁［28230832］

　家事審判官がＡに対し不在者財産管理人を選任する審判をするに当たり、既にＡが死亡しているにもかかわらず、不在者であるか否かの調査を怠って不在者財産管理人を選任し、Ａの土地を売却に至らしめたとして、Ａの相続人が国に対して国家賠償法に基づく損害賠償を求めた事件において、①申立人がＡにつき本件土地の不動産登記情報から判明したＡの住所を手掛かりに戸籍謄本及び住民票の写しを市役所から取り寄せようとしたが取得できなかったこと、②申立人が郵便物の送付及び現況調査の方法により前記住所を調査したがＡに係る情報は取得できなかったこと、③Ａにつき、前記住所について住民基本台帳に記録がないこと、④警察においてもＡの運転免許の取得の事実が確認できないことを確認したことからすると、家事審判官がＡには従来の住所又は居所を去って容易に帰来する見込みがないといえるかどうかという観点から合理的な範囲で調査を行ったうえで不在者に当たると判断したものと認めることができ、家事審判官がＡの土地の閉鎖登

記簿謄本から A の所有権取得原因事実や閉鎖前の不動産登記の状況等を調査しなかったことをもって合理的な範囲の調査を怠ったものとはいえず、国家賠償法上の違法はないとしたもの

解説

　本条の適用においては、不在者の認定が問題になる。

　判決❶は、国家賠償法適用の前提として裁判官の職務上の義務違反が問題となっているため、不在者財産管理人選任の判断において、家事審判官が違法又は不当な目的をもって権限を行使し、又は家事審判官の権限の行使の方法が甚だしく不当であるなど、家事審判官がその付与された趣旨に背いて権限を行使し、又は行使しなかったと認め得るような特別の事情があるかという枠組み（最判昭和57年 3 月12日民集36巻 3 号329頁〔27000099〕参照）からの考察となっているが、いかなる事情の検討が必要かを示しているものとも評価できる。

　判決❶における不在者調査は、前述した家庭裁判所での一般的審査に沿ったものであるが、「従来の住所又は居所を去って、容易に帰る見込みがない者」に当たるかの認定においては、申立人の申立内容を吟味することのほか、関係機関への調査等により関連する資料の収集に努めたうえで判断することが重要であることを示しているものといえよう。

（大野祐輔）

（管理人の改任）

第26条 不在者が管理人を置いた場合において、その不在者の生死が明らかでないときは、家庭裁判所は、利害関係人又は検察官の請求により、管理人を改任することができる。

事実認定の対象等

意義

本人が委任した管理人がいる場合でも、不在者の生死が不明になると、本人によるコントロールができなくなり、管理が適切に行われない可能性があることから、家庭裁判所が、後見的立場から、利害関係人又は検察官の請求により、管理人を改任（委任管理人の解任と不在者財産管理人の選任）することができることを定めた規定である。

法律要件及び法律効果等

不在者の置いた管理人の改任の要件は、

① 不在者が管理人を置いたこと

② 不在者の生死が明らかでないこと

③ 利害関係人又は検察官からの申立てがあること

④ 管理すべき財産があること

であり、その要件を充足しているときは、家庭裁判所は、審判により、改任、すなわち、本人が委任した管理人の解任と財産管理人の選任をすることができる。家庭裁判所は、改任をせず、監督だけをすることもできる（27条の解説参照）。

本条は、25条とともに不在者の財産管理人が選任される要件を規定するとともに、委任者（不在者）が死亡しなくとも委任契約が終了する要件を規定している。

93

本条による委任管理人の改任については、家庭裁判所は、職権で行えず、利害関係人等の申立てが必要的である。他方、25条又は本条で家庭裁判所が選任した不在者財産管理人の改任については、家事事件手続法146条1項により、職権で行うことができる。家庭裁判所の選任に係る不在者財産管理人の改任については、利害関係人には申立権がなく、職権発動を促すにすぎないと解されている（東京高決昭和60年3月25日家裁月報37巻11号41頁［27490608］）。

事実認定における問題点

本条に関する事実認定が問題となった裁判例は見当たらない。

（大野祐輔）

（管理人の職務）

第27条 前2条の規定により家庭裁判所が選任した管理人は、その管理すべき財産の目録を作成しなければならない。この場合において、その費用は、不在者の財産の中から支弁する。

2 不在者の生死が明らかでない場合において、利害関係人又は検察官の請求があるときは、家庭裁判所は、不在者が置いた管理人にも、前項の目録の作成を命ずることができる。

3 前2項に定めるもののほか、家庭裁判所は、管理人に対し、不在者の財産の保存に必要と認める処分を命ずることができる。

事実認定の対象等

■■ 意義

本条は、管理人の職務、管理人に対する家庭裁判所の監督権を規定した条文である。

家庭裁判所が選任した不在者財産管理人は、法定代理人であり、委任の規定が準用され、財産管理人は、善管注意義務、報告義務、受取物引渡義務を負い、費用償還請求権を有することになるが（家事事件手続法146条6項）、本条により、財産目録作成義務を負い、家庭裁判所から不在者の財産の保存に必要な処分を命じられることになる。

家庭裁判所が選任した管理人は、管理すべき財産の目録を作成しなければならず（1項）、家庭裁判所は、不在者が置いた管理人に対しても、不在者の生死が明らかでないときには、申立てにより、財産目録の作成を命ずることができる（2項）。なお、家事事件手続法146条2項、3項は、本条を補充しており、家庭裁判所は、財産の状況の報告及び管理の計算を命じることもでき、その費用は不在者の財産の中から支弁される。

さらに、家庭裁判所は、職権で、家庭裁判所が選任した管理人に対して、

不在者の財産の保存に必要と認める処分を命ずることができ、不在者の置い
た管理人に対しても、不在者の生死不明かを問わず、同様の処分を命ずるこ
とができる（3項）。

■■ 法律要件及び法律効果等

　不在者の置いた管理人に対する財産目録作成命令の要件は、

① 　不在者が管理人を置いたこと

② 　不在者の生死が明らかでないこと

③ 　利害関係人又は検察官からの申立てがあること

であり、その要件を充足しているときは、家庭裁判所は、裁量に基づき、財
産目録の作成を命ずることができる（家事事件手続法別表第1・55項）。

　また、財産の保存に必要な処分の命令の要件は、

① 　不在者が置いた管理人又は家庭裁判所が選任した管理人がいること

② 　不在者の財産の保存のために必要があること

であり、その要件を充足しているときは、家庭裁判所は、必要な処分を命ず
ることができる（必要な処分については、谷口＝石田編・新版注釈民法(1)
〔田山輝明〕455頁参照）。

事実認定における問題点

　本条に関する事実認定が問題となった裁判例は見当たらない。

（大野祐輔）

（管理人の権限）

第28条　管理人は、第103条に規定する権限を超える行為を必要とするときは、家庭裁判所の許可を得て、その行為をすることができる。不在者の生死が明らかでない場合において、その管理人が不在者が定めた権限を超える行為を必要とするときも、同様とする。

事実認定の対象等

意義

　本条は、管理人が、財産管理の必要から、家庭裁判所の許可を得て、権限外の行為をすることができることを定めた条文である。

　裁判所の選任した管理人は、不在者の法定代理人として、103条の権限のみを有するとされている。それゆえ、保存行為と、性質を変えない範囲内において利用又は改良を目的とする行為はできるが、それ以外の権限外の行為を必要とするときは、本条により家庭裁判所の許可を求めることになる（本条前段）。

　また、不在者が置いた管理人も、不在者と管理人との委任契約により権限が定まるが（不在者が定めなかったときは103条）、不在者らのために権限外の行為をする必要が生じるときがあり、不在者の生死が明らかでない場合には、不在者の許諾を求めることができないので、本条により家庭裁判所の許可を求めることができる（本条後段）。

　実務における詳細は、伊東正彦ほか『財産管理人選任等事件の実務上の諸問題』（司法研究報告書第55輯第1号）司法研修所（2003年）139頁等を参照されたい。

法律要件及び法律効果等

　不在者財産管理人の権限外行為の許可は、家庭裁判所の審判でされる（家

事事件手続法別表第1・55項）。

　本条前段の要件は、

① 　不在者財産管理人の申立てがあること

② 　権限外行為を必要とする事情があること

であり、

　本条後段の要件は、

① 　不在者が置いた管理人の申立てがあること

② 　不在者の生死が明らかでないこと

③ 　権限外行為を必要とする事情があること

であり、その要件を充足しているときは、家庭裁判所は、権限外行為を許可
する。

■■ 参考裁判例

　管理人の権限外の行為か否か（許可を求める事項か否か）が問題になるが、
これは103条の解釈・適用の問題である。抽象的に行為の種類によって決せ
られるべきものではないが、不在者財産管理の実務上は、本条前段の許可を
求める事項としては、遺産分割協議、相続放棄、管理不動産の売却があり、
許可が不要な事項としては、既存債務の履行がある。

　裁判所が選任した不在者の財産管理人は、応訴については、裁判所の許可
を要しないとされており（大判昭和15年7月16日民集19巻1185頁
［27819557］）、上訴についても同様である（最判昭和47年9月1日民集26巻
7号1289頁［27000544］）。

事実認定における問題点

　管理不動産の売却といった管理人の権限外の行為について、その権限外行
為を許可すべき必要性があるかが問題になることがある。

事実認定についての裁判例と解説

管理人の権限外行為

[裁判例]

❶　大阪高決昭和42年 7 月27日家裁月報20巻 2 号32頁［27441047］

　不在者の締結した買戻特約付の不動産売買契約において、買戻期限を経過してから買戻しの意思表示がされても、所有権移転登記手続に応じる必要はなく、移転登記は不在者の債務の履行行為ではないから、家庭裁判所が権限外行為として許可を与えるのも相当ではない、新たに売買することの許可申請だとしても、代金額は現在の価額を多分に考慮に入れて定めるべきであり、買戻期限当時の価額を許容するのは、不在者の財産につき不在者の損失において契約相手方に利益を与えるおそれが極めて濃厚であるとして、本条前段に該当しないとして権限外行為許可の申立てを認めなかったもの

❷　新潟家三条支審昭和45年 9 月14日家裁月報23巻 5 号78頁［27441320］

　不在者が相続した土地の共有持分を売却するため、その財産管理人が権限を超える行為の許可を申し立てた場合において、土地の価額の変動が激しいときには、土地の売却代金の不在者の取得分を銀行預金その他有利な利殖方法で管理するとしても、現金は散逸しやすく、財産保全の方法としては土地のままで管理するのが安全確実であり、他に同土地を直ちに売却しないと不在者のために不利益であると認める特別な事情はないとして、申立てを却下したもの

[解説]

　許可を与えるかどうかは、行為の性質、不在者の財産の状況等を総合考慮して、家庭裁判所が合理的な裁量によって決定する。

　不在者財産管理人の権限外行為の必要性については、不在者の立場からみるか、利害関係人の立場でみるかによって、異なるが、前記裁判例は、いずれも、不在者にとって経済的に不利益であり、管理人の勝手にすぎるケースであったようである。

　不在者財産管理は、利害関係人の保護もその目的とするのであるから、不

在者だけの利益ではなく、関係者の状況をみて総合的に判断することが必要であると考える。

（大野祐輔）

第29条

（管理人の担保提供及び報酬）

第29条　家庭裁判所は、管理人に財産の管理及び返還について相当の担保を立てさせることができる。

2　家庭裁判所は、管理人と不在者との関係その他の事情により、不在者の財産の中から、相当な報酬を管理人に与えることができる。

事実認定の対象等

■■ 意義

　本条は、家庭裁判所が、管理人に対し、管理人について将来発生し得る債務（善管注意義務違反の損害賠償債務や管理財産の返還債務等）を担保するために担保提供を命じることができること（本条前段）、不在者の財産の中から相当の報酬を与えることができること（本条後段）を定めた規定である。

　管理人は不在者の財産を管理するのであるから、管理事務の遂行に当たって、不在者等に損害を与えることがあり得るので、家庭裁判所は、必要に応じて、管理人に担保提供義務を課することができる。他方で、管理人は不在者の財産を管理しても、委任が準用される関係にあるから（家事事件手続法146条6項）、当然には報酬請求権は生じないと解されるが（648条1項）、家庭裁判所は、管理事務遂行の対価として、管理人に相当な報酬を付与することができる。

　なお、担保提供については、実例は乏しいようである（伊東正彦ほか『財産管理人選任等事件の実務上の諸問題』（司法研究報告書第55輯第1号）司法研修所（2003年）133頁）。

■■ 法律要件及び法律効果等

　管理人の担保提供義務は、不在者の管理人がいることを前提に、職権で、家庭裁判所の審判により生じる。

101

管理人の報酬請求権は、家庭裁判所が選任した管理人が不在者の財産の管理をしたことを前提に、家庭裁判所の審判により生じる。付与するか否か、付与する報酬額は、家庭裁判所の裁量による。

事実認定における問題点

　本条に関する事実認定が問題となった裁判例は見当たらない。

（大野祐輔）

（失踪の宣告）

第30条 不在者の生死が７年間明らかでないときは、家庭裁判所は、利害
関係人の請求により、失踪の宣告をすることができる。

2 戦地に臨んだ者、沈没した船舶の中に在った者その他死亡の原因とな
るべき危難に遭遇した者の生死が、それぞれ、戦争が止んだ後、船舶が
沈没した後又はその他の危難が去った後１年間明らかでないときも、前
項と同様とする。

事実認定の対象等

■■ 意義

　民法は、不在者（25条）や危難に遭遇した者の生死が長期間不明な場合に、
家庭裁判所が失踪の宣告をし、その者が死亡したとみなす制度（失踪宣告制
度）を設けている。本条１項は、不在者の生死不明の場合の失踪（普通失
踪）の要件を、本条２項は、危難による生死不明の場合の失踪（特別失踪・
危難失踪）の要件を定めたものであり、本条の効果は、31条が定めている。

　家庭裁判所における失踪宣告の手続は、家事事件手続法148条に定められ
ている（同法別表第１・56項に掲げる家事審判事項）。

■■ 法律要件及び法律効果等

1 普通失踪の要件

　失踪宣告の申立要件は、

① 本人が従来の住所又は居所を去ったこと

② 本人（不在者）につき、①の後、７年間継続して、生存しているとも死
亡したとも明らかでないこと

③ ②の後、利害関係人が申し立てたこと

であり、家庭裁判所は、

④　家事事件手続法148条3項の公告の手続をとり、所定の公告期間が経過
　　しても、生死が明らかでないこと

が認められるときは、失踪宣告の審判をする。②の7年間の起算点は、不在
者が生存していると知られた最後の時（最後の音信の時）と解されている。

2　特別失踪（危難失踪）の要件

　特別失踪（危難失踪）の申立要件は、

①　本人が死亡の原因となるべき危難に遭遇したこと

②　本人につき、①の危難が去った後、1年間継続して、生存しているとも
　　死亡したとも明らかでないこと

③　②の後、利害関係人が申し立てたこと

であり、家庭裁判所は、

④　家事事件手続法148条3項の公告の手続をとり、所定の公告期間が経過
　　しても、生死が明らかでないこと

が認められるときは、失踪宣告の審判をする。

　特別失踪（危難失踪）の要件である「死亡の原因となるべき危難」に、戦
争、沈没のほか、地震、津波、洪水等の事変が含まれるが、実務上は、個人
的な遭難も含まれるものと解されている。そのため、裁判例では、本人の遭
難の事実が証明できているかが後記のとおり問題となる。

事実認定における問題点

　不在者の調査（25条の解説参照）のほか、公告の手続をとるなどして、要
件を満たすかについて慎重に審理がされているが、危難失踪・特別失踪にお
ける、本人の遭難の有無の認定が、問題となる（以下の裁判例では失踪者を
Aと表記する）。

第30条

事実認定についての裁判例と解説

本人の遭難の有無

[裁判例]

❶　名古屋家審平成元年12月22日家裁月報42巻11号44頁［27806417］

　Ａが台風の接近時に旅先の岬で海釣りをして海に落ちて遭難し以降１年以上生死不明であるとして、Ａの妻がなした危難失踪宣告の申立てについて（Ａが加入した保険会社が参加し、Ａが失踪したとされる日時にＡが海に転落したものとは考えられないとの意見を提出している）、Ａが釣りをしていたとされる場所は直接高波が打ち寄せる状況ではないこと、Ａが海に転落した可能性については、現場の地形・波の状況・天候及びＡの釣りの経歴や平素の慎重な性格からみれば低いこと、Ａの遺留品の所在場所が波によって運ばれたものとはみられずＡ自身が置いたとしか考えられないこと、海に落ちて遭難死した場合に遺体が上がらない可能性はかなり低いといえること、当時Ａはかなりの負債を抱えその経営する会社も倒産しているなどからしてＡが長期間の旅をしていたと判断することに不自然があること、Ａは失踪前に多額の保険を掛け加入時に事故を想定した言動がみられたこと、海難事故に遭遇して死亡扱いになると申立人（Ａの妻）は多額の保険金を受領できることなどの事情を考え合わせると、結局、本件では、真相は不明であるけれども、Ａが当時海に落ちて遭難したと推認するには疑問が多く、Ａがかかる海難事故に遭遇したとの推認をすることはできないとして、失踪宣告の申立てを却下したもの

❷　仙台高決平成２年９月18日家裁月報44巻３号70頁［27809153］

　釣りに行ったまま同行者と消息を絶ったＡについて、Ａの妻から早期に遺族年金や生命保険金を受給することを求めてされた危難失踪宣告の申立てについて、失踪当時及びその前後におけるＡの状況・失踪付近現場の地形・気象条件・捜索の経緯と状況等を総合考慮しても、Ａが危難に遭遇したかは明らかでなく、Ａにつき危難失踪の存否及び公示催告手続の要否を判断するに当たっては、さらに同行者との交友関係、同行者の家族は失踪宣

告の申立てをしない事情、Aの会社での勤務状況、各種保険契約締結の有無・時期・内容、現場付近の写真図面等の資料が不十分であるから、危難に遭遇したかの証拠資料等の調査を進める必要があるものと認められるとして、申立てを却下した原審判を取り消し、さらに審理を尽くさせるべく差し戻したもの

❸　大阪高決平成5年3月8日家裁月報46巻5号28頁　[28019339]

　Aは、妻と妻の妹とグアム島の観光旅行にでかけ、ビーチで泳ぎを楽しんでいたところ、妻と妻の妹が波をかぶり、流され始めたため、沖に向かって助けにいったが、外海に流され行方不明となり、妻と妻の妹は潮の流れにより岩場にたどりついて助かったとして、Aの妻からAの危難失踪宣告が申し立てられた事案において、原審判は申立てを却下したところ、捜索によりダイバーが海中でAの海水パンツを発見していること、AとAの妻とは円満な家庭生活を送り、Aの勤務態度はまじめで、職場での人間関係も良好であり、借金もなく、自ら進んで所在を隠したりする理由は見当たらないこと、Aの妻は、まだ年も若く、不確定な身分関係を明確にするために本件申立てをした旨を述べていること、事故時の旅行にはAの妻の妹が同行しており、多くの目撃者と捜査記録があること、Aについては仮葬儀を済ませ、自宅に位牌を祭っていること、当日は入江の地形や潮の流れなどから、普段から死に至る危険の高い海域において、台風通過後の荒波が治まっていない状況であったことなどの事実関係の下において、Aは水難事故に遭ったということができるとして、申立てを却下した原審判を取り消して差し戻したもの

❹　福岡高決平成8年9月19日家裁月報49巻1号126頁　[28020251]

　漁船の漁船員であるAが、停泊していた港から他の乗組員らとともに上陸し、飲酒遊興した後、係留場所の岸壁まで戻ってきたものの、帰船せず、そのまま行方不明になったとして、Aの父親からAの危難失踪宣告が申し立てられた事案において、Aが帰船に際し乗降梯子から誤って足を滑らせるか岸壁から転落するなどして、海中に転落したかが問題となったが、原審判は、Aの転落音や悲鳴を聞いた者がいないこと、大規模な捜索がなされ

たにもかかわらず、Aの死体や、片方のサンダル（Aのものとは断定できないが浮いていたもの）以外の遺留品が発見されていないことなどから、決定的とはいえず、別の理由により所在をくらまし、あるいは全く別個の原因により帰船することができなくなったという可能性を証拠上排斥することは困難であるとして申立てを却下したところ、Aは当時かなり酔っていたうえ、船へ降りる梯子は急角度になっており、岸壁と船の甲板の高低差もかなりあったことから、Aが、乗降梯子又はその付近の岸壁から足を滑らせて海中に転落する危険性は十分あったこと、海上で発見されたサンダルは、断定はできないにせよ、当時、Aが履いていたサンダルである蓋然性が極めて高いこと、Aは、負債もなく、夫婦間の折り合いは良好で、自らの意思によって所在不明となる動機は全く見当たらないこと、生命保険の加入状況についても、特段、不審な点は認められないこと、Aの海中への転落音や悲鳴を聞いた者はいないが、Aは、当時、かなり酔っており、海中に転落したからといって必ずしも悲鳴を上げるとは限らないし、船室の中にいた乗組員に転落音が聞こえなかったとしても、格別、異とするには当たらないこと、大規模な海中捜索がなされたにもかかわらず、不在者の遺体は発見されていないが、捜索は、危険なため、防波堤のテトラポットの隙間にまでは及んでおらず、同所に遺体が流されたため、発見に至らなかった可能性も少なくないことなどから、Aは、帰船する際、乗降梯子又は付近の岸壁から誤って海中に転落したものと推認することができるとして、危難に遭遇したと認定し、申立てを却下した原審判を取り消して差し戻したもの

❺　大阪高決平成17年12月14日家裁月報58巻9号44頁〔28111929〕

　自殺者の多い断崖において、当時うつ病に罹患していたAのセカンドバックが発見され、Aが同地を訪れ、その後、生死不分明の状態にあることが認められるところ、Aが自殺を考えていた蓋然性は高く、同地で入水したことも考えられるが、Aの入水が目撃されたわけではなく、Aが同地を訪れてからの具体的な行動を認めるに足りる資料がないことから、Aの失踪の理由として最初に考えられるのは何らかの方法による自殺であるものの、失踪直前に同地を訪れた後の具体的な行動を確定することはできず、Aが

実際に同地で入水をしたとまでは認められないとして、Ａの子が申し立てた危難失踪宣告の申立ては理由のないものとして却下をした原審判を維持し、自殺の場合に危難失踪が認められるためには、Ａが自殺をした可能性が高いというだけでは足りず、さらに高度の蓋然性が肯定されることが必要であり、Ａの当日の具体的な行動は確定できず、それゆえ死亡の原因となるべき危難に遭遇したと認めることはできないとしたもの

❻　広島高決平成24年３月14日家裁月報65巻１号66頁［28210110］

　Ａは、子を友人宅に自動車で送った後に行方が知れなくなり、後日自動車が海沿いの道路横の法面で横転しているのが発見され、警察、消防、海上保安部が付近一帯及び付近海上、海底の捜索を行ったがＡの発見には至らず、その１年後、Ａの夫がＡの危難失踪宣告を求める申立てをした事件について、原審は、Ａが、死亡の蓋然性の高い具体的な危難あるいは具体的な死亡原因となるべきものに遭遇したかどうかは不明であるといわざるを得ないとして申立てを却下したところ、Ａの両方の靴、身の回り品が本件発見場所付近に遺留されていたこと、Ａのうつ病は回復傾向にあり、借金の存在等の失踪や自殺の原因となり得る事情もうかがわれないことからすれば、Ａが何らかの理由で現場から立ち去ったり、自殺を図ったとは考え難く、Ａは、交通事故後、車外に放り出され、急傾斜地を滑落して崖際近くに至り、交通事故による傷害のため、意識水準が低下した状態のまま徘徊しているうちに、誤ってその先の崖から転落し、海中に没したと推認されるとして、危難に遭遇したと認定し、申立てを却下した原審判を取り消して差し戻したもの

解説

　⑴　水難、火災その他の事変によって死亡したが、遺体が見つからない場合には、戸籍法89条の認定死亡の制度が用いられるから、特別失踪が問題になるのは、取調べをした官庁において認定死亡が認められていない事案ということになる。また、特別失踪は普通失踪より速やかに本人が死亡したことになり、失踪宣告を申し立てる利害関係人には、相続、生命保険金の支払や年金等の支給がされることになるから、遭難の事実認定は慎重にならざるを得ないが、事柄の性質上、個人的な遭難には、直接証拠が乏しい。他原因

（遭難の偽装、出奔、自殺、別事故）との関係を考慮しつつ、間接事実を積み重ねて、本人が遭遇した具体的な危難を証明できるかが問題になる。

　(2)　前記裁判例は、いずれも、捜索しても失踪者の遺体が見つからず、危難を目撃した者がいない危難失踪の事案である。

　決定❶、❷、❺は申立人主張の危難の遭遇の事実は証明されていないとしたもの（ただし、決定❷は、さらに調査を進める必要があるとして差し戻されたもの）、決定❸、④、❻は申立人主張の危難の遭遇の事実は証明されていないとした家庭裁判所の審判を取り消して、高等裁判所で証明がされていると判断されたものであり、いずれも間接事実を細かく認定して総合判断している。

　前記裁判例によると、「危難に遭遇した」との事実を裏付ける間接事実としては、次のものが挙げられる。

①　事故現場の状況

　　事故現場の時刻、天候、地形、状況等から、危難遭遇の可能性の考察

②　失踪者の直前までの行動

　　直前までの行動から危難遭遇に至る可能性を考察

③　失踪者の当時の状態

　　勤務・経済状態、精神状態、保険契約の締結時期と内容、周囲との人間関係・家族関係等から、失踪原因（偽装遭難・自殺・出奔・別事故）の考察

④　事故現場での失踪者の捜索結果

　　遺留品の発見状況、捜索により遺体が発見できなかった理由等から、危難遭遇の可能性の考察

⑤　失踪後申立てに至る事情

　　失踪者と申立人の関係、普通失踪の期間を待たずに危難失踪を申し立てた理由、失踪後の周囲の対応・意見等から、失踪原因の考察

　失踪宣告を申し立てた利害関係人は、死亡の原因となる具体的な危難を日時場所方法で明確にしなければならないが、これらの間接事実を総合して「証明」にまで至っているかが、事実認定のポイントとなる。

（大野祐輔）

（失踪の宣告の効力）

第31条　前条第１項の規定により失踪の宣告を受けた者は同項の期間が満
　　了した時に、同条第２項の規定により失踪の宣告を受けた者はその危難
　　が去った時に、死亡したものとみなす。

事実認定の対象等

意義

本条は、失踪宣告（30条）の効果を定めた規定である。

不在者につき生死の情報が存在しなくなった時点から一定期間（普通失踪の失踪期間は７年間、特別失踪・危難失踪の失踪期間は１年間）の生死不明の状態が継続した際に、普通失踪の場合は、不在者は失踪期間満了時に、危難失踪の場合は、不在者は危難が去った時に、死亡したものとみなされる。

法律要件及び法律効果等

普通失踪の宣告が確定すると７年間の期間が満了した日に、特別失踪（危難失踪）の宣告が確定すると危難が去ったときに、死亡したものとみなされる。その結果、死亡を要件とする法律効果（相続の開始、婚姻の解消、死亡保険金請求権の発生等）が発生する。

仮に別の時点で死亡していた、実際は生存しているといった事実があっても、失踪宣告が取り消されない限り（32条）、失踪宣告の効果、すなわち死亡を要件とする法律効果の発生は覆らない。

事実認定における問題点

本条に関する事実認定が問題となった裁判例は見当たらない。

（大野祐輔）

第32条

（失踪の宣告の取消し）

第32条　失踪者が生存すること又は前条に規定する時と異なる時に死亡したことの証明があったときは、家庭裁判所は、本人又は利害関係人の請求により、失踪の宣告を取り消さなければならない。この場合において、その取消しは、失踪の宣告後その取消し前に善意でした行為の効力に影響を及ぼさない。

2　失踪の宣告によって財産を得た者は、その取消しによって権利を失う。ただし、現に利益を受けている限度においてのみ、その財産を返還する義務を負う。

事実認定の対象等

■■ 意義

本条は、失踪宣告の取消しの要件とその効果を定めている。失踪者の生存又は異時死亡の事実が証明されたときは、失踪宣告の取消しの審判がされること（本条1項前段）、その効果は遡及的無効であるが、善意でされた取引は保護されること（本条1項後段）、失踪宣告によって直接に財産を得た場合は取消しにより権利を失うが（本条2項前段）、その返還義務は現存利益に限られること（本条2項後段）を規定している。

家庭裁判所における失踪宣告取消しの審判の手続は、家事事件手続法149条に定められている（同法別表第1・57項に掲げる家事審判事項）。

■■ 法律要件及び法律効果等

1　失踪宣告取消しの要件（本条1項前段）

失踪宣告の取消しの要件は、

① 本人（不在者）につき失踪宣告がされ、確定していること

② 失踪者が生存していること又は失踪宣告により死亡したものとみなされ

111

る時と異なる時に死亡したこと

③　本人又は利害関係人の申立て

であり、それらが認められるときは、家庭裁判所は、失踪宣告の取消しの審判をしなければならない。

2　失踪宣告取消しの効果

(1)　遡及効（本条1項後段）

失踪宣告取消しの効果は遡及的無効であるが（121条参照）、善意で取引に関与した者の保護のために、失踪宣告後その取消し前に当事者が善意でした行為の効力に影響を及ぼさない。善意の当事者とは、取引の当事者双方であり（大判昭和13年2月7日民集17巻59頁［27500353］）、善意とは、当該取引時において前記要件②の事実を知らないことである。

(2)　返還義務の範囲（本条2項）

失踪宣告により直接に財産を受けた者（相続人、受遺者、生命保険金受取人など）は、取消しにより権利を失うから、失踪者に返還義務を負うが、返還範囲は現存利益で足りる。なお、悪意の直接受益者も現存利益の返還で足りるかは見解が対立している（詳細は、谷口＝石田編・新版注釈民法(1)〔谷口知平＝湯浅道男〕488頁）。

事実認定における問題点

本条に関して公刊されている裁判例は、事実認定に関するものは、戦時死亡宣告をされた者といわゆる中国残留日本人孤児が同一人物であるかが問題になった昭和期の裁判例である。本人の同一性（申立人との親子・きょうだい関係の存否）の判断は、鑑定技術の進歩とも関係するので、紹介は割愛する。

（大野祐輔）

第6節　同時死亡の推定

第32条の2　数人の者が死亡した場合において、そのうちの1人が他の者の死亡後になお生存していたことが明らかでないときは、これらの者は、同時に死亡したものと推定する。

事実認定の対象等

■■ 意義

本条は、数人の死亡者の間でその死亡の先後が明らかでない場合は、同時に死亡したものと推定されることを定めた規定である。人が同一時刻に死亡することはまれであるが、死亡時刻の証明が困難な場合もあり、昭和37年の改正により、死亡の先後が不明な場合は同時に死亡したものとして取り扱うルールが定められた。

■■ 法律要件及び法律効果等

同一の危難により死亡した場合に限られず、別の場所で死亡した場合でも適用される。

同時に死亡した者相互間では相続は発生しないと解されているから、数人死亡者の先後が明らかでない場合は、結局、互いに相続しないことになる。

例えば、父方の祖父、父、母、子がいる場合に、父と子が同一の交通事故で死亡した場合に、①子が父より先に死亡した場合は、子の死亡により、父と母が相続し、父の死亡により、祖父と母が相続することになるのに対し、②子が父より後に死亡した場合は、父の死亡により、母と子が相続し、子の

113

死亡により、母が全部相続することになる。そして、③父と子の死亡の先後が不明の場合は、父の財産は祖父と母に、子の財産は母に相続されることになる。

ところで、裁判実務上は、相続の効果を主張する者が、被相続人死亡時に当該相続人が生存していたことを主張・立証しなければならず、かつ、相続の主張において、相続人の全員を明らかにする必要はない（いわゆる「非のみ説」）とされている。そのため、前記設例で、例えば父の預金を祖父の相続分も含めて母が横領したとして祖父が母に損害賠償を請求した場合を想定すると、祖父は、請求原因として、父が死亡したときに母と祖父が相続人として生存していたことを主張・立証すれば足り、母が、抗弁として、父死亡時に子が生存していたこと（子が父より後に死亡したこと。その結果、祖父への相続はないことになる）を主張・立証しなければならず、その立証ができないときは、祖父の請求が認められることになる。そうすると、父と子が同時に死亡したとの説明をしなくとも（本条の適用とは無関係に）、父と子の死亡の先後が不明な場合の立証責任の帰結により、同じ結論を説明することができる。

事実認定における問題点

死亡の先後の事実認定が、問題となる。

事実認定についての裁判例と解説

死亡の先後

［裁判例］

❶ 秋田地判平成22年 7 月16日交通民集43巻 4 号879頁 ［28173945］

自動車の交通事故における不法行為に基づく損害賠償で、運転者（親）と同乗者（子）の死亡の先後関係が問題となった事案において、同時死亡とする死亡診断書の記載にもかかわらず、同乗者は即死であったが、運転者は、

114

失血死であり、失血死には一般に受傷から死亡までには多少の時間的間隔が
生じるのが通常と考えられること、事故直後にうめき声を出しているのを目
撃者が確認していることなどを総合考慮すれば、運転者は、少なくとも目撃
者が救出作業をした際には生存していたと認められるとして、同乗者は運転
者より先に死亡したとしたもの

___解説___

　戸籍、死亡診断書又は検案書により死亡時刻を認定することが一般的であ
るが、死亡の先後が問題となる場合は、前記判決❶のように、死因と死亡時
の状況、同一の危難による場合は危難の影響の先後関係（例えば、津波の到
達の先後）を検討することが重要となる。

（大野祐輔）

第3章　法　人

（法人の成立等）

第33条　法人は、この法律その他の法律の規定によらなければ、成立しない。

2　学術、技芸、慈善、祭祀、宗教その他の公益を目的とする法人、営利事業を営むことを目的とする法人その他の法人の設立、組織、運営及び管理については、この法律その他の法律の定めるところによる。

事実認定の対象等

意義

　本条は、法人に関する基本的事項として、法人の成立を法律による承認の場合に限ること（1項）、各種の法人に関する事項がその種別に応じて特別法によって定められること（2項）を規定する（林＝前田編・新版注釈民法(2)〔林良平〕181頁、我妻＝有泉＝清水＝田山編・コメ142頁）。

法律要件及び法律効果等

　本条1項、2項によれば、要するに、法人は、当該法人の種別に応じて特別法の定めによらない限り成立しないということになる。各種の法人が成立するための要件については、当該特別法（例えば、一般社団法人及び一般財団法人に関する法律、公益社団法人及び公益財団法人の認定等に関する法律、会社法等）の定めを参照されたい。

■■ 参考裁判例

1 権利能力なき社団・財団

⑴ 社団ではあるけれども、法人格が認められない団体を「権利能力なき社団」という（山本・民法講義Ⅰ512頁）。判例は、権利能力なき社団が成立するためには、①団体としての組織を備え、②多数決の原則が行われ、③構成員の変更にかかわらず団体が存続し、④その組織において代表の方法、総会の運営、財産の管理等団体としての主要な点が確定していることを要するとする（最判昭和39年10月15日民集18巻8号1671頁［27001362］）。

権利能力なき社団の財産関係については、財産は構成員の総有であって（最判昭和32年11月14日民集11巻12号1943頁［27002749］等）、社団の代表者が社団の名においてした取引上の債務は、社団の構成員全員に1個の義務として総有的に帰属し、社団の総有財産だけがその責任財産となり、構成員各自は、取引の相手方に対し個人的債務ないし責任を負わず、社団債務が履行されないときは社団の総有財産だけが責任財産となる（最判昭和48年10月9日民集27巻9号1129頁［27000475］）とするのが判例である。

⑵ 同様に、財団についても、「権利能力なき財団」が判例上認められており（最判昭和44年6月26日民集23巻7号1175頁［27000808］）、権利能力なき財団の代表者として振り出した約束手形については、同代表者は個人として当然に手形振出しの責任を負ういわれはないとされる（最判昭和44年11月4日民集23巻11号1951頁［27000775］）。

⑶ これまで、最高裁の裁判例によって権利能力なき社団とされた主な団体の例としては、商店会（最判昭和39年10月15日民集18巻8号1671頁［27001362］）、町内会（最判昭和42年10月19日民集21巻8号2078頁［27001034］）、同胞団体（最判昭和47年6月2日民集26巻5号957頁［27000558］）、栄養士が設立した団体（最判昭和48年10月9日民集27巻9号1129頁［27000475］）、労働組合の下部組織（最判昭和49年9月30日民集28巻6号1382頁［27000414］）、血縁団体（最判昭和55年2月8日民集34巻2号138頁［27000180］）、入会団体（最判平成6年5月31日民集48巻4号1065頁［27819952］）、会員制ゴルフクラブ（最判平成12年10月20日裁判集民200号69

頁〔28052196〕）がある。

　もっとも、現在では、一般社団法人及び一般財団法人に関する法律が制定されたことから、これらの団体の多くは、現時点で所定の手続を取れば法人格を取得することが可能になっているとの指摘がある（山本・民法講義Ⅰ513頁）。

2　法人格否認の法理

　(1)　判例は、法人格が全くの形骸にすぎない場合（形骸型）、又はそれが法律の適用を回避するために濫用されるような場合（濫用型）には、法人格を認めることは、法人格なるものの本来の目的に照らして許すべからざるものというべきであり、法人格を否認すべきことが要請される場合を生じるとする（最判昭和44年2月27日民集23巻2号511頁〔27000839〕、最判昭和48年10月26日民集27巻9号1240頁〔27000471〕）。

　(2)　一方、最判昭和49年9月26日民集28巻6号1306頁〔27000416〕は、法人格否認の法理の適用は慎重にされるべきであるとして、「原審認定の会社の設立の経緯、株式、資産の所有関係、経営の実体等前記事実〔引用者注：もともと個人企業であったものを同族5人によって会社とし、あるいはその資産の保全、運営等のために会社を設立し、株式、資産は前記5人が所有し、会社運営も前記5人によって行われていた〕によつて直ちに前記各会社の法人格を否認し、これを民法上の組合であるとした原審の判断は、にわかに首肯することはできない」と判示し、法人格否認の法理が適用される限界を示している。

　判決文からは明らかではないが、法人格否認の法理を適用した原審の判断に前記最判が与しなかった理由として、①前記の程度の事実関係の下で同法理の適用を認めれば、我が国の大半の会社の法人格が否認される結果になりかねないこと、②法の適用を回避するために法人格を濫用されているという点が定かでなかったこと、③原審が別の争点の関係では法人格を有することを前提として判断していることとの整合性を見出し難いこと、④当事者が同法理の適用あるべきことを主張していなかったこと、⑤法人格否認の法理は

他の法解釈や法理によって賄いきれないときに伝家の宝刀として用いるべきであるところ、前記事例では他の法理によっても賄えたこと、以上の諸点が指摘されている（田尾桃二・最判解説〈昭和49年度〉121頁）。

事実認定における問題点

　法人格否認の法理が適用されるかどうかが問題となる。判例は、法人格否認の法理の適用を肯定するとともに、その限界を画しはしたけれども（最判昭和44年2月27日民集23巻2号511頁［27000839］、最判昭和48年10月26日民集27巻9号1240頁［27000471］、最判昭和49年9月26日民集28巻6号1306頁［27000416］）、それが適用されるための要件を具体的に示したとはいえず、事例の集積に待つところが大きい。

　実務において法人格否認の法理が主張される場合、1　形骸型と2　濫用型がともに主張されることが多いが、主として主張された類型ごとに分類したうえで、比較的最近の裁判例について概観することとしたい。

事実認定についての裁判例と解説

1　形骸型

裁判例

❶　熊本地判平成2年1月18日判タ753号199頁［27808534］

　建設機械の運転に従事した労働者に対して雇用主たる会社が安全配慮義務の懈怠を理由とする損害賠償責任を負う場合について、会社は、その代表取締役である被告らが営んでいた事業が法人成りしたものであり、その業務も被告らが中心となって行っていたし、その本店所在地は被告らの住所地であったこと、使用されていた機械は被告ら共同で経営していた事業で使用されていたものが被告らの資金援助の下に購入されたものであったことなどからして、会社が与えた損害を被告らが賠償すべき義務があると認めるのが相当であるとされたもの

❷　東京地判平成２年10月29日判タ757号232頁［27808948］

　会社との間における餅の継続的売買契約に基づく売掛代金請求につき、も
ともと被告（個人）との間では餅の取引の実質的な責任は被告が負うもので
あることが了解されていたこと、会社は営業を再開する当時何の資産も有し
ておらず完全に被告の自由になる会社であったこと、資金はすべて被告が出
捐し会社としての経理も極めて不完全で、会社としての経理の形態を備えて
いなかったことなどからして、被告に対する売掛代金の請求が認められたも
の

❸　千葉地判平成５年３月22日判例地方自治121号51頁［27970293］

　①Ａ社とＢ社との間に会社の目的に共通する要素があり、本店が同一の
場所にあることなどが認められるものの、Ｂ社が大きな資本金を持ち、必ず
しも同一人物が代表取締役となっていたわけでもなく、独自に契約主体とな
るなど独自の営業活動をし、経理の混同もなく、別の従業員を有しているな
どの事情があるときは、Ｂ社につき、Ａ社に完全に支配管理されている形骸
化した法人格であるとみるのは困難であり、また、②Ａ社がその所有する
土地の一部を売却してＢ社の従業員の給与の支払やＢ社の債権者への弁済
に充てたということだけではＢ社の法人格が濫用されているとするのは困
難であるとされたもの

❹　東京地判平成11年３月15日労働判例766号64頁［28042457］

　Ａ社がＡ社・Ｂ社・被告の３社に分社化したうちのＢ社に出向していた
労働者が、Ａ社・Ｂ社の２社が破産宣告を受けたことに伴い、残存した被告
に対し、従業員としての地位確認を請求した場合につき、３社はそれぞれ実
質的に業務を行い、営業収入を得ていた事実が認められるから、３社の法人
格が形骸にすぎないということはできないとなどとされたもの

❺　東京地判平成11年３月16日労経速報1710号９頁［28042621］

　Ａ社を解雇された元従業員が、法人格を否認して、被告（会社）に対し、
解雇無効、地位確認等を求めた場合において、Ａ社と被告とは、事務所所
在地を共通にし、役員構成が同一であり、Ａ社の従業員は、雇用後は専ら
被告の業務を遂行していて、事務所内の備品、電話加入権及び営業用自動車

についても両者が共用していたものであるから、Ａ社と被告とが密接な関
係にあったことは否定することができないが、他方、Ａ社と被告とは経理
処理及び銀行取引を明確に区別して処理しており、両者の財務関係は混同し
ていなかったものであるとして、Ａ社と被告とが法律上同一の会社である
として両者の法人格を同一視することはできないとされたもの

❻　大阪地判平成11年12月8日労働判例777号25頁［28051034］

　Ａ社の経営不振による解散により解雇された元労働者が、解雇の有効性
を争い、Ａ社は被告（会社）と実質的に同一であるなどと主張して、被告
における労働契約上の地位の確認等を求めた場合につき、被告とＡ社の間
に密接な関係があることは明らかであるが、Ａ社・被告間の資本関係は両
者間にいわゆる親子関係があることを示すにすぎないこと、被告がＡ社の
負債整理に関わったのは、被告自身がその保証債務を負担していたからであ
ること、被告の事業部の所在地がＡ社と同一であるのも、被告がＡ社から
資産等を買い受けて営業活動を継続した以上、当然であること、被告がＡ
社の経営に主体的に関与する体制はとられておらず、Ａ社は被告と別個に
事業所を有し、株主総会の開催、財務会計等も被告とは別個に行い、就業規
則も別に定めて被告とは異なる労務管理を行っていたこと等からすれば、Ａ
社の経営や営業活動は、被告とは別個に独立して行われていたというべきで
あり、Ａ社が実質的には被告と同一でその一営業部門にすぎなかったとい
うことはできず、Ａ社の法人格が形骸化していたとは認められないとされ
たもの

❼　東京地判平成13年7月25日労働判例813号15頁［28062537］

　ある企業グループに属するＡ社を退職した元労働者らが、Ａ社は、代表
取締役でありグループの社主であるＢ（個人）及びグループの中核企業であ
る被告に実質的に支配されているから法人格否認の法理が適用されるべきで
あると主張した事案につき、Ａ社は、外形的には独立の法主体であるとは
いうものの、実質的には、設立の当初から、事業の執行及び財産管理、人事
その他内部的及び外部的な業務執行の主要なものについて、極めて制限され
た範囲内でしか独自の決定権限を与えられていない会社であり、被告の一事

業部門と何ら変わるものではなく、Bが自己の意のままに自由に支配・操作して事業活動を継続していたとの事情から、元労働者らのB及び被告への未払賃金及び退職金の支払請求を認容したもの

❽ 佐賀地判平成22年3月26日労働判例1005号31頁［28162182］

A社はB社によって設立され、その資本金は、B社によって全額出資されており、その役員の大半はB社と兼任であり、A社の専務取締役を兼任していた被告が同社の人事に強い影響力を行使していたものと認められるけれども、B社は自己の売上金から代金や賃金の支払をしていたこと、A社とB社との間に財産又は事業活動の混同あるいは会計区分の欠如等が存在した事実は認められないなどとして、法人格が形骸化しているとは認められないとされたもの

❾ 東京高判平成24年6月4日判タ1386号212頁［28182143］

資金調達を必要とする会社が、同一の個人（被告F）が支配する2つの会社（被告D、被告E）との間で、資金調達が成功した場合に成功報酬を支払う旨のアドバイザリー契約を締結したうえ、同じく被告Fが支配する会社（被告A〜被告C）から貸付けを受けた場合につき、①被告A・被告B・被告Dは、いわゆるペーパーカンパニーであり、いずれも本店所在地に営業の実体がないし、これを含む被告ら各社の日本における支店や本店の所在地が被告Fと密接な関係のある場所にあるとされるが、同所にこれらの法人の実体のある営業所は存在しないこと、②被告Fは、これらの唯一の出資者及び日本における代表者、被告Eの唯一の取締役であって、被告Eの唯一の出資者は、被告Fと生計をともにする妻であること、③被告Cは実質的に休止に近い状況にあり、現在の本店所在地は、名前を置いているだけで、専従の従業員の常駐はなく、常時業務に携わっている役職員はいないこと、④被告Fは、被告ら各社を利用し、本件各貸付けにつき、貸主を始め、貸付けの準備、貸付けの実行及び貸付金の回収に至るまで一連の過程を1人で決定し、実行していたこと、⑤被告ら法人間の財産の混同がみられることから、被告Fが被告ら法人を実質的に支配していたことが推認されるうえ、両者の財産の混同があることの徴表と認められる。また、⑥被告ら各社は、

被告Ｆの税務対策上、ある事業を転々と移していたが、事業が他に移されたにもかかわらず、被告Ｅからこの事業のスタッフに対し、一定の金員が支払われるなど法人間で業務の混同がみられるし、⑦平成13年３月に被告Ｃで取締役会が開催された以外、被告ら各社における取締役会、株主総会等が開催された事実は認められないこと、⑧被告Ｃは活動休止状態にあるほか、決算報告書上、期首現在の繰越損益金は欠損があり、企業会計上求められるルールの無視がみられること、⑨被告Ａ・被告Ｂ・被告Ｄの各社債引受人は被告Ｆ又は被告法人らであることからして、いずれも法人形式を無視する徴表であると評価すべきであるとして、被告らの法人格は形骸化しているとされたもの

 解説

法人格の形骸化が肯定された裁判例（判決❶、❷、❼、❾）では、単に背後者が当該法人を実質的に支配していることのみならず、①本店や営業所の同一や当該法人の本店の実態欠如（判決❶、❾）、資産の混同（判決❶、❷）及び会計区分の欠如（判決❷、❾）等、両者の財産関係が混同し、又は不分明であるというべき事情があること、②両者間に業務の混同がみられること（判決❶、❾）、③当該法人に株主総会の不開催等の法定手続の無視がみられること（判決❾）といった事情が勘案されている。一方、法人格の形骸化が否定された裁判例（判決❸〜❻、❽）を概観すると、両者で会計の混同がみられないことを指摘するものが多い（判決❸、❺、❻、❽）。

もちろん、形骸化が認められるかどうかは、前記の切り口を踏まえた総合判断ではあるけれども、前記の各切り口は全く等価値ではなく、会計区分をはじめとする財産関係の混同の有無が相応の重要性を持っているといえるのではないかと考えられる。

2　濫用型

 裁判例

❶　東京地判昭和58年４月18日判時1087号94頁［27412195］

被告の営業の１部門を独立させて設立された出版業を営むＡ社（後刻破

産した）が原告とした取引につき、被告はＡ社の全株式を保有し、被告の取締役がＡ社の代表取締役に就いていたものの、現実に被告がＡ社に対して資金繰り、人事、営業方針等について指揮・命令等してこれを支配・管理していたとはいえないこと、組織・財産及び業務活動等について混同が生じているともいえないこと、Ａ社設立の経緯、被告からＡ社への営業譲渡の内容、その後のＡ社の負債の状況等からして、被告にその債務をＡ社に転嫁し、これを免脱する目的であったとはいえないことなどの事情から、Ａ社が形骸化しているとも、被告がＡ社の法人格を濫用しているともいえないとされたもの

❷　福岡地判昭和60年１月31日判タ565号130頁［27413041］

　被告の商号・目的・役員構成が変更された時期及び内容、Ａ（個人）と被告との鮮魚小売業の実質的同一性、Ａの債権者詐害的行為などを総合して判断すれば、Ａと被告とは形式的には別個の法人格としての形態を備えているが、被告はＡの個人営業と実質的には異ならず、Ａの既存債務の支払を免れることを主たる目的として被告の法人格が利用されたものと認めるべきであるとして、原告とＡとの間の確定判決の内容である鮮魚類売掛代金債権の支払を被告に対して請求できるものと解するのが相当であるとされたもの

❸　東京地判昭和62年11月13日判時1285号133頁［27802280］

　被告は、解散されたＡ社と全く同一の商号を持ち、その目的、営業内容、事務所、従業員などはＡ社のそれと同一であり、Ａ社の代表者であったＢ（個人）が実権を握っているなどの事実関係の下では、Ａ社と被告とは実質的に同一の会社であり、被告は、Ａ社が負担する契約上の義務を免れる目的で会社制度を濫用して設立した会社に当たるものといわざるを得ないのであるから、いわゆる法人格否認の法理により、一手販売契約存在確認を求める訴えにおいて、被告がＡ社と別異の会社であると主張することは信義則に反して許されないとされたもの

❹　千葉地判平成３年７月26日判時1413号122頁［27811219］

　被告は、これまで休眠会社であったものがＡ社の倒産後営業を開始した

ものであって、Ａ社と同一の営業内容であり、営業形態においても一部連続性があり、Ａ社の使用していた一部工場建物や機械類を引き続き使用しており、従業員の一部に共通性があることなどからして、Ａ社と被告には会社の内容に実質的な同一性があり、被告は、原告らＡ社の債権者の追及を免れつつその事業を継続するためにその法人格を利用し、Ａ社の実体を被告に移転したものというべきであるから、被告がＡ社とは別の法人であるとして請求を拒むことは信義則上許されないとされたもの

❺ 高知地判平成３年１月24日判タ854号273頁 [27825570]

　Ａ社振出しの手形等の所持人がＡ社が倒産した約40日後に同社と代表取締役を同じくして設立された被告に対し、手形金を請求したという場合について、Ａ社と被告とは、別個の法人格を有するもので両会社には多少の相違は存在するものの、その目的及び営業内容はほぼ同一であること、役員構成においても代表取締役が同一であるほか、会社の実体は同族会社であること、本店所在地は実質的には同一であり、営業用の建物、事務机・椅子、その他什器備品、電話が全く同一であること、従業員も大部分は引き継いでいること、多数の取引先を継承していること、Ａ社は、その有する多額の債権の回収が困難となる一方、多額の債務の返済に困難を来していたこと等に鑑みると、Ａ社と被告の実質は同一であって、被告の設立は、Ａ社の債務を免れるためになされたものと認められ、被告の設立は、会社制度の濫用であるというほかはないとされたもの

❻ 高松高判平成５年８月３日判タ854号270頁 [27825569]（判決❺の控訴審）

　判決❺の事例について、なるほど被告とＡ社とは、代表取締役が同一であり、本店所在地も実質的に同一であり、被告はＡ社から営業用の電話・什器備品も引き継いではいるが、両者の事業目的、営業内容は全く異なり、従業員も一部は引き継いだものの営業内容が異なるので新規採用を実施し、仕入先も全く異なり、また被告の設立の動きは取引先の倒産以前からあり第２会社設立による旧企業の移行を企画したというより新規企業の開発転進にあるなどからすると、被告とＡ社の両者が実質的には同一会社であり被告

の設立が専らＡ社の債務を免れるために法人格を濫用してなされたものとは認めることができないとされたもの

❼　大分地佐伯支判平成6年8月31日判時1517号152頁　[27826602]

会計の帳簿・書類の閲覧に関する間接強制決定がなされた直後に会社が解散され、ほぼ同時に商号、代表者、営業目的が同一で従業員、営業所敷地、建物、工場設備一式等を承継する新会社が設立された場合につき、新会社が旧会社と法人格が異なることを主張することは法人格の濫用に当たり、新会社は旧会社の債務である間接強制金の支払義務を負うと認められたもの

❽　名古屋地判平成6年9月26日判タ881号196頁　[27825791]

被告が設立されたのは原野商法を行ったＡ社が宅地建物取引業法違反により営業免許の取消しが確実になった後のことであること、被告はＡ社の使用していた事務所を使用し、事務所の備品、電話加入権、電話番号、従業員はすべてＡ社から引き継ぎ、これによってＡ社の実体は消滅していること、被告はＡ社の銀行に対する債務を事実上引き受けて支払っていることなどの事実を総合すると、被告とＡ社は経済的には同一の企業体であり、被告がＡ社と法人格を異にすることを主張することは権利の濫用といわなければならないとされたもの

❾　東京地判平成7年9月7日判タ918号233頁　[28011380]

Ａ社（代表取締役Ｂ）が振り出した手形の所持人が、手形振出し後設立された被告（代表取締役ＣはＢの長男）に対して手形金の請求をした場合について、被告とＡ社とが取締役及び監査役を同族で構成し、営業目的もほぼ同一であって、営業上の屋号、取引先及び従業員関係、什器備品を共通にし、Ａ社の倒産のおそれが必至とみられるときに本件手形債務等を除く営業の一切を譲渡したことを鑑みれば、営業譲渡が債務の支払を免れる目的をもってされたもので、被告はＡ社の債権者に対して別人格であることをもって当該債務を免れることはできないとされたもの

❿　東京地判平成8年4月18日判タ919号234頁　[28011415]

Ａ社と継続的売買契約を締結していた売主が、法人格否認の法理を援用して、被告に対して売買代金を請求したという場合について、Ａと被告の

両社は、当初におけるそれぞれの設立の時期と経緯、代表取締役、本店所在地等について異にする点があったものの、売主からの仕入れについての担当を両社が入れ替わってきた経緯があること、平成5年5月以降両社が同一場所に事務所を置き、A社が仕入れを担当し、被告がその販売を担当してきたこと、両者ともB（個人）が実権を握るいわゆる同族会社であり、Bはワンマン経営者として2社分の接待交遊費を使用してきたことなどからすると、A社と被告の両社は平成5年5月以降、Bが支配する実質的に同一の法人であり、かつ、買掛金債務についての対外的責任をA社のみに負わせるという不当な目的から便宜的に法人格を使い分けるために利用されていたものということができるから、被告がA社とは法人格が異なる旨を主張して原告に対するA社の債務を免れようとすることは信義則上許されないとされたもの

⓫ 岡山地判平成12年8月23日判タ1054号180頁［28060824］

A社の経営していたゴルフクラブの土地・建物が、同社に融資していたB（個人）を経由して、Bが実質的に経営する被告に譲渡され、被告がゴルフクラブを経営することとなった場合につき、A社及び被告はいずれもその全株式及び主たる不動産で営業財産であるゴルフ場施設敷地及び建物をBに掌握されており、両社の実質的経営者あるいは背後にある者はBであったと評価できること、A社と被告は、その営業内容、営業目的、営業財産たるゴルフ場施設及び什器備品、従業員、ゴルフクラブの名称及びマーク、株主の点からして実質的に同一であると考えられること、被告の設立につき、Bが旧ゴルフクラブの会員に対する債務を免れることを意図した不当な濫用の目的も認められることからすれば、被告がA社とは別法人であることを根拠に、旧ゴルフクラブの会員であった原告らのゴルフクラブの会員権を否定することは、法人格の濫用として許されないとされたもの

⓬ 東京地判平成13年1月31日判タ1088号225頁［28061627］

経営が破綻したA社に原料を販売した債権者が、A社の破綻後、同一の本店所在地で営業用財産・従業員・販売先等の相当部分を引き継いだ被告に対して売掛金を請求した場合について、被告とA社とは商号を全く異にし、

主たる業務活動も異なっていたこと、A社の創業者が被告の経営に関与した形跡がないこと、被告が雇用したA社の元従業員は一部にすぎないこと、被告はA社で使用していた加工機械について、対価を支払って、リース会社から購入していること、被告がA社に対して賃料を支払って工場の使用を継続していること等の事情も認められるとして、A社と被告とが実質的に同一であるとか、A社の代表者が債務の支払を免れる目的で被告においてA社と同一の事業内容を展開しているとかいうことはできないとされたもの

⓭ 大阪地堺支判平成18年5月31日判タ1252号223頁 [28132437]

会社解散を理由に解雇された子会社A（タクシー会社）の従業員らが、法人格否認の法理に基づいて、親会社である被告（タクシー会社）ほか1名に対して雇用契約上の地位の確認を求めたことにつき、被告はA社の全株式を所有し、役員を派遣し、労務管理や経理業務を管理するなどかなりの程度A社を支配していたこと、被告は、A社に導入しようとした新賃金体系に反対するA社の労働組合を排斥するとの不当な目的を実現するため、A社に対する支配力を利用してA社を解散したものと認められることなどから、被告によるA社の法人格の濫用が認められるとして、被告らの雇用責任が認められたもの

> **解説**

法人格が濫用されたと評価されるのは、法人格が、背後者により意のままに道具として支配され（支配要件）、その法人格を利用することにつき、背後者に違法又は不当な目的（目的要件）がある場合であると解されている。

このうち、支配要件についてみると、代表者が同一であることや同族会社であることなどの人的な関係性（判決❸、❺～❼、❾、❿、⓬）、背後者による株式の保有等資本の関係性（判決❶、⓫、⓭）をめぐる検討が加えられていることがわかる。なお、判決❶では、新会社の代表者が旧会社の取締役であるなど一定の人的関係があり、かつ、旧会社が新会社の全株式を保有していると認めながら、現実には人事、営業方針等をめぐる指揮命令等が行われているとはいえないなどの実情に着目して、支配要件が認められない旨説

示している。

　一方、目的要件は、それが「目的」という背後者の主観を立証命題とするものであるから、相手方においてこれを立証するのは容易なことではない。目的要件を肯定した裁判例（判決❷〜❺、❼〜⓫、⓭）、否定した裁判例（判決❶、❻、⓬）のいずれにおいても、支配要件で検討した、人的な、又は資本の関係性に加え、商号、本店所在地及び営業目的の各同一性、財産や従業員の引継ぎ状況等の認定・検討はもちろんであるが、濫用されたとされる法人が設立されるに至った契機（判決❶、❻、⓫）や時期（判決❷、❼〜❾）が重視されているようである。旧会社の経営が立ち行かなくなった場合に、その経営資源（商号、営業所、従業員等）を引き継ぐ新会社を設立すること自体はそれほど非難すべきことではなく、要は、前記の検討を通じて、例えば、旧会社の債務履行が不可能ではないのに、ことさらに旧会社の営業を停止したり、これを解散したりしたと評価できるかどうかが目的要件の判断の核心部分となっているものと考えられる（同旨の指摘をするものとして、後藤勇「法人格否認の法理適用の具体的要件——旧会社の債務を新会社に請求する場合について」判例タイムズ699号（1989年）19頁）。

（吉岡茂之）

第34条

（法人の能力）

第34条　法人は、法令の規定に従い、定款その他の基本約款で定められた目的の範囲内において、権利を有し、義務を負う。

事実認定の対象等

■■ 意義

本条は、法人の権利能力の範囲及び行為能力の範囲の双方を定めるものと解するのが多数説である（司研・要件事実について9頁、我妻・民法講義I 155頁、幾代・民法総則125頁）。

もっとも、現在では、本条は、代表者の代理権の範囲を定めるものと解する見解が有力である（山本・民法講義I 485頁、川島・民法総則112、123頁、星野英一『民法概論I』良書普及会（1971年）132頁、四宮＝能見・民法総則116頁、内田・民法I 248頁ほか）。

■■ 法律要件及び法律効果等

1　法律要件

法人がある行為をしたということが主張された場合、当該行為の効力を争う者は、

① 当該行為が法人の目的の範囲外であること

を主張・立証することができる（司研・要件事実について10頁、大江・要件事実(1)250頁。なお、当該行為の効果が法人に帰属することを主張する者が「当該行為が法人の目的の範囲内にあること」を主張・立証すべきであるとする見解もある。山本・民法講義I 487頁）。

2　法律効果

本条の意義につき、法人の権利能力の範囲及び行為能力の範囲の双方を定

131

めるものと解する限り、法人の目的の範囲外の行為は無効であり、また、法人にその行為から直接に生ずる効果を負わせる余地はないことになる（林＝前田編・新版注釈民法(2)〔高木多喜男〕273頁）。そのような場合において法人に帰属する責任は、専ら不法行為責任（一般社団法人及び一般財団法人に関する法律78条）又は不当利得の関係にとどまることになるものと考えられる。

■■ 参考裁判例

1 本条の適用範囲

通説・判例は、会社のほか（大判明治36年1月29日民録9輯102頁［27520430］、大判明治37年5月10日民録10輯638頁［27520630］）、すべての法人に対して本条の適用を肯定する（我妻＝有泉＝清水＝田山編・コメ146頁、林＝前田編・新版注釈民法(2)〔高木多喜男〕242頁）。

2 「目的の範囲」の判断基準

(1) 一般的基準

判例は、①定款に記載された目的自体に包含されない行為であっても、目的遂行に必要な行為は、すべて目的の範囲に属するものと解すべきであるとし、②目的遂行に必要であるかどうかは、当該行為が、定款記載の目的に現実に必要であるかどうかの基準ではなく、定款の記載自体から観察して、客観的・抽象的に必要であり得べきかどうかという基準に従って決すべきものと解すべきであるとする（最判昭和27年2月15日民集6巻2号77頁［27003432］）。

(2) 営利法人（会社）の場合

判例は、会社がした連帯保証契約が定款所定の目的の範囲内かどうかが争われた事案について、「特段の反証の見るべきもののない本件においては、（中略）目的遂行に必要な事項と解すべきである」と判示しており（最判昭和30年10月28日民集9巻11号1748頁［27002978］）、会社の行為は原則としてすべて会社の目的の範囲内に属するという一般的建前に立ち、特に反証があ

った場合に限って例外的に目的の範囲外と認められることがあり得るとの立場を取るものと理解されている（林＝前田編・新版注釈民法(2)〔高木多喜男〕247頁）。

　具体的には、判例は、①会社を維持するため必要のある行為（例えば、鉱物の採掘売買等を目的とする会社が床板を売買した行為につき、最判昭和30年3月22日裁判集民17号711頁［27410234］）、②会社の営業目的を遂行するに必要な行為（例えば、食肉・加工品の販売等を目的とする会社が、取引先を援助するため、その金銭債務につき、会社所有の建物に抵当権を設定するなどした行為につき、最判昭和33年3月28日民集12巻4号648頁［27002690］）のみならず、③会社に社会通念上期待ないし要請される行為（例えば、会社が政治献金した行為につき、最大判昭和45年6月24日民集24巻6号625頁［27000715］）も、目的の範囲内に属する行為であることを肯定する（以上の分類・整理につき、山本・民法講義Ⅰ488頁以下参照）。

⑶　非営利法人の場合

　⑺　判例は、非営利法人の「目的の範囲」内かどうかの判断につき、会社の場合に比して厳格な解釈をする。例えば、農業協同組合が組合員以外の者に対し、組合の目的事業と全く関係のない土建業の人夫賃の支払のため金員を貸し付けた行為（最判昭和41年4月26日民集20巻4号849頁［27001193］）や、労働金庫の会員外の者に対する貸付行為（最判昭和44年7月4日民集23巻8号1347頁［27000803］）を目的の範囲外であるとする。これら判例の厳格な態度は、営利法人との比較において、非営利法人においては、取引の相手方の保護よりも、当該法人の構成員の利益の保護を優先しようとする姿勢の現れであると考えられる。

　そうであれば、形式的には目的の範囲に属するとはいえない行為であっても、その行為を実質的に観察すると法人の構成員全員に経済的利益をもたらすものと解されるときは、目的の範囲内に属することを肯定してよいものと解される。実際に、判例は、農業協同組合が、その経済的基礎を確立するため、移出業者との間で、移出業者が集荷したりんごを農業協同組合が有償で委託販売をする旨の契約を締結し、移出業者に対してりんごの集荷に要する

資金を貸し付け、後日その帳尻を準消費貸借に改めた行為（最判昭和33年9月18日民集12巻13号2027頁［27002629］）や、信用協同組合が組合員以外の者から預金を受け入れた行為（最判昭和35年7月27日民集14巻10号1871頁［27002422］）については、これを当該組合の目的の範囲内と判示している。

　(イ)　なお、前記(ア)において、ある行為が目的の範囲内に属しないとされても、当該行為をめぐる事情のいかんによっては、その行為は無効である旨の主張が信義則に反するとされる場合がある（前掲最判昭和44年7月4日は、貸付けについて目的の範囲外であるとしながら、当該貸付債権を確保するため設定された抵当権の実行により競落物件を取得した者に対し、前記貸付けを受けた債務者は、信義則上、前記抵当権の無効を主張して、競落による所有権の取得を否定することは許されないとした）。

(4)　公益性の強い法人の場合

　最判平成8年3月19日民集50巻3号615頁［28010412］は、税理士会が政党など政治資金規正法上の政治団体に金員を寄付することは税理士会の目的の範囲外の行為であるとしたが、最判平成14年4月25日裁判集民206号233頁［28070836］は、司法書士会が「他の司法書士会に対して震災復興支援拠出金を送金するため会員から登記申請事件1件当たり50円の復興支援特別負担金の徴収を行う」旨の決議は、司法書士会の目的の範囲外の行為とはいえないと判示した。

　税理士会と司法書士会は、いずれも法律に基づいて設立が義務付けられている法人であって（税理士法49条1項・7項、司法書士法52条1項・3項）、会則による定めを待たず、その目的の範囲が法定されているうえ（税理士法49条6項、司法書士法52条2項）、いわゆる強制加入団体である（税理士法49条の6、司法書士法57条）。このように、両者は、公益性が特に強い法人である点で共通しているにもかかわらず、結論に差があるのは、政治団体に対する寄付と被災した他の司法書士会に対する寄付とでは、行為の性質が大きく異なることによるものと考えられる。すなわち、前者については、それを強制加入団体内部における多数決によって決することは構成員の政治的思想に基づく決定権を侵害するおそれがあるのに対し、後者については、構成

員の政治的又は宗教的立場や思想信条の自由を害する行為であるとはいえないものと考えられる。

　なお、前掲最判平成8年3月19日に先立つ最判平成5年5月27日裁判集民169号57頁［27815441］は、税理士会がした会費増額決議は特別会費の徴収を目的としたものではない旨の原審の判断を是認したうえ、会費の一部を日本税理士連合会に納入する旨及び大阪合同税理士政治連盟に拠出金を支出する旨の各決議は、会費の使途を定めたものにすぎず、これに相当する金員を会員から徴収することを定めたものではないから、仮にこれらが無効であるとしても、そのことは、税理士会の構成員が税理士会に対し前記金員の支払を求める法的根拠にはならないと判示し、税理士会の政治団体への金員の寄付が目的の範囲内であるといえるかどうかについて確定した判断を示していない。

事実認定における問題点

　本条の関係では、ある法人がした行為が当該法人の目的の範囲内にあるといえるかどうかが問われる事例が多い。

　最高裁判所の裁判例において、本条の適用が「無意味といっていい」（林＝前田編・新版注釈民法(2)〔髙木多喜男〕243頁）ほどに「目的の範囲」が拡大されているとされる営利法人はともかく、それ以外の法人について、「目的の範囲」内にあるといえるかどうかが問題とされた下級審の裁判例としては、1　農業協同組合と2　信用協同組合について、裁判例の相応の蓄積がみられる。

事実認定についての裁判例と解説

1　農業協同組合

[裁判例]

❶　東京高判昭和48年1月30日高裁民集26巻1号52頁［27441527］

　農業協同組合が他人の債務について保証をすることは、農業協同組合法10

135

条1項各号にいう組合の目的たる事業に含まれないとしたもの

❷　大阪地判昭和50年12月22日下級民集26巻9＝12号975頁［27441718］

　農業協同組合が非組合員に対してした貸付けについて、いわゆる員外貸付けに当たるばかりでなく、当該組合の目的事業と全く関係のない非組合員たる個人の事業のために、農業協同組合所定の貸付限度額をはるかに超えてなされ、そのため当該組合に多大の損失を与え、ひいては当該組合の基礎を危うくするものであり、また貸付けの当事者双方が前記の諸事情を知悉していたとして、目的範囲内に属しないものであって無効であるとしたもの

❸　東京地判昭和59年1月30日下級民集35巻1＝4号13頁［27406065］

　農業協同組合が、その存続のため組合所有の土地建物を非組合員に売却し、同非組合員の債務についてした連帯保証につき、当該連帯保証は同非組合員による病院の設立運営に協力することにより前記売買代金の回収を図るために必要不可欠であるとして、組合の定款所定の事業の範囲内に属するとしたもの

❹　東京高判昭和60年6月26日判時1161号118頁［27443024］（判決❸の控訴審）

　農業協同組合が員外保証をすることは、その行為が組合の経済的基礎を危うくせず、組合員の利害に反しないなど、組合の本来の業務遂行のため不適当とはいえない特段の事情がある場合を除き、農業協同組合の助成団体性に反し、組合の事業遂行のため必要な範囲を逸脱するものであって無効と解するのが相当であるところ、判決❸の連帯保証は、営利を目的とした多分に損失の危険を伴う投機的行為であって、担保物の換価のため通常必要とされる行為の限界を逸脱するものといわざるを得ず、組合の存立を維持するため必要やむを得ない行為であったものと認めることはできないとしたもの

❺　山口地宇部支判昭和62年7月13日判夕647号160頁［27800486］

　農業協同組合が養鶏飼料の供給元である会社の債務を担保すべく同社の債権者のためにした物上保証について、当該物上保証は専ら会社のためにされたもので、しかも組合の経済的基礎を危うくするものであるから、定款所定の事業の範囲外の行為として無効であるとしたもの

❻　神戸地判昭和62年12月24日判タ674号138頁［27802286］

　農業協同組合が農業協同組合法10条6項の制限を超えて保証する行為は目的事業の範囲に属しない行為として無効であるが、農業協同組合が不正融資を隠ぺいするため前記保証をし、相手方が前記保証が無効であることについて善意であった等の事情がある場合には、農業協同組合において無効を主張することは、信義則に照らし許されないとしたもの

❼　名古屋高判昭和63年8月30日判時1300号56頁［27803226］

　農業協同組合が、非組合員とともに連帯債務者として受けた5,000万円の貸付けについて、組合の債務負担行為の実質は非組合員の債務の保証に該当するものであり、仮にこれを組合の借入れとみても借入金を直ちに目的範囲外の使途に充てることが予定されており貸主もそれを熟知しており、組合に対価・対償のない一方的な債務負担を生ぜしめるものであるとして、農業協同組合法10条6項2号により目的の範囲外にあって無効であるとしたもの

> 解説

　農業協同組合については、実務上、いわゆる員外貸付け、員外保証の効力が争われる事例が多いものと思われる。裁判例では、員外貸付けや員外保証について格別の留保もなく無効である旨判示するものもあるが（判決❶、❻）、そのような事案も含め、実際には、当該員外貸付けや員外保証ごとに、その態様（判決❷、❹、❼）、それが組合にもたらす影響（判決❷、❸、❺）、当事者の認識内容（判決❷、❼）をも考慮しているものと考えられる。

　なお、判決❻は、組合においてある行為が目的の範囲に属しないとしてその無効を主張することが信義則に反するとされた例である。信義則に反するとの判断を決定的にしたのは、組合の振る舞い（不正融資の隠ぺい）と相手方の善意であったものと考えられる（信用協同組合について後記2判決❸参照）。

2 信用協同組合

[裁判例]

❶ 大阪地判昭和55年4月23日金融商事611号31頁 [27442068]

❷ 大阪地判昭和55年6月25日判タ424号151頁 [27442084]

信用組合が組合員のために組合員の負担する債務につき保証することは、その事業に付帯する業務として、その目的の範囲内に属し有効であるとしたもの

❸ 前橋地判昭和57年6月17日判時1076号121頁 [27423888]

信用組合が非組合員のためにその債務の保証をする趣旨で締結した債務引受契約につき、信用組合の目的の範囲外の行為として無効としたもの

❹ 東京高判昭和59年8月30日下級民集35巻5＝8号538頁 [27490573]（判決❸の控訴審）

判決❸の債務引受けは、信用組合の目的の範囲内に属しないが、組合は非組合員である債務者が債権者と取引を開始するに際し、その営業資金を融資するなど、実質的には組合員として扱ってきたし、債務引受契約の締結に際して債権者に対し当事者が組合員でないことを告げたようなことはなかったばかりか、組合員であることを当然の前提にするかのようにして債権者との契約締結の交渉に臨んでいたため、債権者は債務者が組合員でないことを知らなかったなどの事情が認められる以上、組合は、信義則上、債務引受契約がその目的業務の範囲内に属しないことを理由としてその効力を否定することができないものと解するのが相当であるとしたもの

[解説]

信用協同組合についても、組合員のためにする保証は目的の範囲内とされ（判決❶、❷）、員外保証は目的の範囲外とされている（判決❸、❹）。

このうち、判決❹は、組合においてある行為が目的の範囲に属しないとしてその無効を主張することが信義則に反するとされた例である。この事例において信義則に反するとの判断を決定付けたのが、組合の振る舞いと相手方の善意であると考えられる点は、農業協同組合におけるそれ（前記1判決❻）と通じるものがあるといってよいであろう。

3 公益性の強い法人

　最近の事例として、行政書士会が政治団体に対して寄付をする行為が行政書士会の目的の範囲外の行為であるとされた事例がある（神戸地尼崎支判平成19年7月17日判時1995号104頁［28140740］）。この事例は、税理士会の政治団体へ寄付に関する最判平成8年3月19日民集50巻3号615頁［28010412］で示された枠組みを行政書士会に適用したものと理解することができよう。

（吉岡茂之）

（外国法人）

第35条　外国法人は、国、国の行政区画及び外国会社を除き、その成立を認許しない。ただし、法律又は条約の規定により認許された外国法人は、この限りでない。

2　前項の規定により認許された外国法人は、日本において成立する同種の法人と同一の私権を有する。ただし、外国人が享有することのできない権利及び法律又は条約中に特別の規定がある権利については、この限りでない。

事実認定の対象等

■■ 意義

本条は、1項において、認許された外国法人のみが我が国において法人として行動することを許されるものとしたうえ、2項において、認許された外国法人の我が国における私権の享有について定めるものである（林＝前田編・新版注釈民法(2)〔溜池良夫〕195、200頁）。

■■ 法律要件及び法律効果等

1　法律要件

本条1項、2項に基づき、外国法人に対し日本法の権利義務を主張し、又は外国法人が日本法の権利義務を主張するためには、当該外国法人が、

① 外国国家

② 外国の行政区画

③ 外国会社

④ 法律又は条約の規定により認許された者

のいずれかに該当することが要件となる（大江・要件事実(1)254頁）。

2 法律効果

当該外国法人は日本法人と同じ私権を享有する。

事実認定における問題点

本条に関する事実認定が問題となった裁判例は見当たらない。

（吉岡茂之）

（登記）

第36条　法人及び外国法人は、この法律その他の法令の定めるところにより、登記をするものとする。

事実認定の対象等

■■ 意義

　日本法によるすべての法人及び外国法人についての通則として、法人の登記がされるべき旨を定める（我妻＝有泉＝清水＝田山編・コメ149頁）。

事実認定における問題点

　本条に関する事実認定が問題となった裁判例は見当たらない。

（吉岡茂之）

（外国法人の登記）

第37条　外国法人（第35条第1項ただし書に規定する外国法人に限る。以下この条において同じ。）が日本に事務所を設けたときは、3週間以内に、その事務所の所在地において、次に掲げる事項を登記しなければならない。

一　外国法人の設立の準拠法

二　目的

三　名称

四　事務所の所在場所

五　存続期間を定めたときは、その定め

六　代表者の氏名及び住所

2　前項各号に掲げる事項に変更を生じたときは、3週間以内に、変更の登記をしなければならない。この場合において、登記前にあっては、その変更をもって第三者に対抗することができない。

3　代表者の職務の執行を停止し、若しくはその職務を代行する者を選任する仮処分命令又はその仮処分命令を変更し、若しくは取り消す決定がされたときは、その登記をしなければならない。この場合においては、前項後段の規定を準用する。

4　前2項の規定により登記すべき事項が外国において生じたときは、登記の期間は、その通知が到達した日から起算する。

5　外国法人が初めて日本に事務所を設けたときは、その事務所の所在地において登記するまでは、第三者は、その法人の成立を否認することができる。

6　外国法人が事務所を移転したときは、旧所在地においては3週間以内に移転の登記をし、新所在地においては4週間以内に第1項各号に掲げる事項を登記しなければならない。

7　同一の登記所の管轄区域内において事務所を移転したときは、その移転を登記すれば足りる。

8 外国法人の代表者が、この条に規定する登記を怠ったときは、50万円
以下の過料に処する。

事実認定の対象等

意義

本条は、35条1項ただし書に規定する外国法人のみについて、その組織・
内容を公示するために日本法人と同様に登記しなければならないことを定め
る。

事実認定における問題点

本条に関する事実認定が問題となった裁判例は見当たらない。

（吉岡茂之）

第38条から第84条まで　削除〔平成18年6月法律第50号〕

第4章　物

（定義）

第85条　この法律において「物」とは、有体物をいう。

事実認定の対象等

■■ 意義

民法総則第4章は、権利の客体としての「物」について定める。

そして、本条は、その「物」を有体物と定義する。

■■ 法律要件及び法律効果等

法律要件は、有体物である。

有体物について、通説は、無体物と対立する概念であり、空間の一部を占める有形的存在、すなわち液体、気体、固体をいうとする。

これに対し、有力説は、有体物を法律上の排他的支配の可能性のあるものをいうとする（我妻・民法講義 I 202頁）。

もっとも、通説によれば、本条は有体物に権利の客体としての必要条件を付与するにとどまり、十分条件としては、排他的支配に適することが必要であり、そこから、有体性のほかに、支配可能性が要求され、また、独立性、単一性や特定性が要求されることになる（四宮・民法総則130頁）。

有体物に該当すれば、「物」という法律効果が発生し、それは権利の客体となる適格を得ることになる。

事実認定における問題点

　本条に関する事実認定については、1　海面下の土地等（排他的支配可能性の要件）、2　集合物（単一性・特定性の要件）、3　その他について、物権の客体になり得るか否かが問題となったものがある。

事実認定についての裁判例と解説

1　海面下の土地等

裁判例

❶　大判大正 4 年12月28日民録21輯2274頁［27522093］

　海面は行政上の処分により一定の区域を限り私人に使用又は埋立開墾の権利を得させることはあるが、海面のまま私人の所有とすることはできない。

❷　最判昭和52年12月12日裁判集民122号323頁［27431693］

　明治 4 年 8 月大蔵省達第39号「荒蕪不毛地払下ニ付一般ニ入札セシム」に基づき海岸寄洲及び海面として払下げを受けた地域について、前記大蔵省達による本件払下げの対象は、国がそれまで有していた払下地所に対する排他的総括支配権であり、当時の法制によれば、海水の常時侵入する地所についても、これを払下げにより私人の取得し得る権利の対象としていたと解することができるから、本件払下げにより取得された権利は排他的総括支配権というべきであり、これは明治32年 7 月民法（明治29年法律第89号）が施行されるとともに民法上の土地所有権に当然に移行したから、海面下の土地所有権が成立したものと認めることができる。

❸　最判昭和61年12月16日民集40巻 7 号1236頁［27100055］

　(1)　海は古来より自然の状態のままで一般公衆の共同使用に供されてきたところのいわゆる公共用物であって、国の直接の公法的支配管理に服し、特定人による排他的支配の許されないものであるから、そのままの状態においては、所有権の客体たる土地に当たらないが、およそ人の支配の及ばない深海を除き、その性質上当然に私法上の所有権の客体となり得ないというもの

146

ではなく、国が行政行為などによって一定範囲を区画し、他の海面から区別してこれに対する排他的支配を可能としたうえで、その公用を廃止して私人の所有に帰属させることが不可能であるということはできず、そうするかどうかは立法政策の問題であって、かかる措置をとった場合の当該区画部分は所有権の客体たる土地に当たると解することができる。

　(2)　徳川幕府から新田開発の許可を得ただけで埋立を行っていない状態では海の一定区画たる該土地につき幕府が私人の所有に帰属させたものということはできず、また該土地につき地券の下付がなされていても、新田開発の許可を得ただけで埋立を行っていない状態では排他的総括的支配権を取得するいわれはなく、前記地券は実体関係に符合しないものであり、せいぜいが開発権を証明するものでしかないといわざるを得ず、これによって国が該土地につき人の所有に帰属させたものということはできないから、該土地が所有権の客体たる土地としての性格を取得したものということはできない。

❹　高知地判平成 7 年 5 月22日判時1566号119頁［28010795］

　被告市の市道敷の隣地を有する原告が前記市道敷の所有権の確認を求めたという事案につき、前記市道敷は道の体裁を形成する以前はいわゆる磯であり、潮の状態いかんでは満潮時には完全に海面下に没する状態であったのであるから、原則として海の一部として国の直接の公法的支配管理に服し、およそ私人の所有権の客体たる土地に当たらないものと認めざるを得ず、私有の陸地が自然現象により海没した場合において当該海没地がなお人による支配利用が可能でありかつ他の海面と区別しての認識が可能であるというその例外的場合にも当たらないから、もともと原告所有土地の一部を構成していなかったものというべきである。

❺　名古屋高判平成 9 年 1 月30日行裁例集48巻 1 = 2 号 1 頁［28022350］

　海面下の土地に係り、滅失登記処分及び土地滅失登記抹消登記申請却下決定の各取消請求がなされたという事案につき、当該土地は、国が過去において他の海面から区別して区画し私人の所有に帰属させたことがあるとも、所有権の客体と認められる土地（陸地）であったものが自然現象等により海没した土地であるとも認められないから、本件処分当時私人の所有の対象にな

る土地（陸地）ではなかったというべきであり、本件滅失登記処分は、本件係争地が登記されるべき土地として実在しないという実体的な法律状態に符合した処分であるということができるのであって、これを違法ということはできない。

❻　福岡高那覇支判平成11年12月21日訟務月報47巻12号3587頁［28070091］

⑴　いったん海没した私有地が、自然の堆積により、再度陸地化した場合には、元の所有者の所有権が肯定される。

⑵　土砂採取により私有地全体が海没した後、土砂が自然に堆積して再度隆起した場合につき、現行法上、当該海没地の所有権が当然に消滅する旨の立法は存しないから、当該海没地について、特定性と支配可能性がある限り、所有権の客体としての土地であるという性格を失うものではない。

⑶　私有地がいったん海没した後、自然の堆積により再度陸地化した場合につき、その所有者らが、海没後にも、位置及び地積等を特定して、土地所有権申請をし、これに基づき登記簿が作成されるなどしたほか、干潮時に地上に浮き出していたことから舟置場等として利用されてきたとの事情の下では、本件各土地については、特定性と支配可能性が存続していたものというべきである。

❼　静岡地判平成13年9月14日判夕1086号143頁［28071051］

船舶の泊地として使用されている人工海没地につき、支配利用可能性及び他の海面との区別認識可能性があるから、私人による土地所有権の存続が認められる。

❽　名古屋高判平成15年6月27日平成13年（行コ）29号裁判所ウェブサイト［28082427］

本件土地は、現状においては干潟が満ち潮により海没する状態で、海というべきものであるが、一度も陸地といえる状態にはならなかったとはいえず、少なくとも本件地券が発行された時期から起返が行われた明治31年頃までの間は陸地であって、その後海没した土地であり、かつ、人による支配利用が可能で、他の海面と区別しての認識も可能であるから、所有権の客体となり得ないものとはいえない。

❾　最判平成17年12月16日民集59巻10号2931頁［28110087］

　公有水面埋立法に基づく埋立免許を受けて埋立工事が完成した後竣功認可
がされていない埋立地であっても、長年にわたり当該埋立地が事実上公の目
的に使用されることもなく放置され、公共用財産としての形態、機能を完全
に喪失し、その上に他人の平穏かつ公然の占有が継続したがそのため実際上
公の目的が害されるようなこともなく、これを公共用財産として維持すべき
理由がなくなり、同法に基づく原状回復義務の対象とならなくなった場合に
は、私法上所有権の客体となる土地として取得時効の対象となる。

[解説]

　判決❶が説示するとおり、海面は、排他的支配可能性がないから、そのま
までは私人の所有権の客体にならない。

　この点については、海面下の土地も同様であるが、海面下の土地は、行政
行為等によって一定の範囲を区画すれば、排他的支配可能性を獲得し得る。

　判決❷は、海面下の土地が大蔵省達に基づき払下げの対象とされた場合に
おいて、大蔵省達をはじめとする当時の法制の解釈によって、払下げの対象
は「排他的総括支配権」であり、これが民法上の所有権に移行したとして、
海面下の土地について所有権の成立を認めたものである。

　他方、判決❸は、海面下の土地について、新田開発の許可を得ただけで埋
立を行っていない状態では「排他的総括的支配権」を取得することはできな
いから、所有権の客体としての性格を取得したとはいえないとしたものであ
る。

　なお、公有水面埋立法22条、24条1項によれば、埋立免許を受けた者は、
原則として、都道府県知事による竣功認可の告示の日に埋立地の所有権を取
得するものとされているが、判決❾は、竣功未認可埋立地であっても、黙示
の公用廃止の要件（最判昭和51年12月24日民集30巻11号1104頁［27000298]）
を満たせば、私法上所有権の客体となるとしたものである。

　判決❹及び❺は、海面下の土地が所有権の客体となり得る場合としては、
行政行為等によって他の海面から区別して区画し私人の所有に帰属させた場
合や、もともと陸地であったものが自然現象等により海没した場合が考えら

れるが、当該事案はこれに該当しないとしたものである。

　他方、判決❻〜❽は、私有地が海没しても、特定性と支配可能性がある限り、所有権の客体としての性格を失わないと解すべきところ、当該事案はそのような事案であるとしたものである。

2　集合物

裁判例

❶　最判昭和54年2月15日民集33巻1号51頁［27000210］

　⑴　構成部分の変動する集合動産であっても、その種類、所在場所及び量的範囲を指定するなどの方法により目的物の範囲が特定される場合には、1個の集合物として譲渡担保の目的となり得る。

　⑵　Aが、継続的倉庫寄託契約に基づきCに寄託中の構成部分の変動する集合動産の一部をBに対する債務の譲渡担保とすることを約し、在庫証明の趣旨でCが作成した預り証をBに交付したが、その後の処分においては大部分がAからBに直送され、残部はAがCから受け出してBに送付されたなど判示の事実関係の下では、AがBに対しCに寄託中の前記集合動産の一部を特定して譲渡担保に供したものとはいえない。

❷　福岡地判昭和57年10月8日判時1079号77頁［27442258］

　構成部分の変動する集合動産についても、目的物の範囲が特定される場合には、1個の集合物として譲渡担保の目的とし得るものと解されるが、その目的物の範囲の特定は、客観的、一義的に目的物の範囲が確定される方法をもってすべきところ、担保物の種類、その所在場所及び量的範囲の指定によってすることが可能であって、ことに、一定の所在場所にある物の全部を担保目的物とするという指定の場合には、それだけで客観的一義的に目的物の範囲が確定されたということができる。

❸　最判昭和62年11月10日民集41巻8号1559頁［27801490］

　⑴　構成部分の変動する集合動産を目的とする集合物譲渡担保権の設定者がその構成部分である動産の占有を取得したときは譲渡担保権者が占有改定の方法によって占有権を取得する旨の合意があり、譲渡担保権設定者がその

150

構成部分として現に存在する動産の占有を取得した場合には、譲渡担保権者は前記譲渡担保権につき対抗力を具備するに至り、前記対抗要件具備の効力は、新たにその構成部分となった動産を包含する集合物に及ぶ。

(2) 構成部分の変動する集合動産を目的とする集合物譲渡担保権設定契約において、目的動産の種類及び量的範囲が普通棒鋼、異形棒鋼等一切の在庫商品と、その所在場所が譲渡担保権設定者の倉庫内及び同敷地・ヤード内と指定されているときは、目的物が特定されているものというべきである。

[解説]

「1つの所有権の客体は1つの物である」という一物一権主義からは、物権の客体としての物には単一性が求められるが、これを厳格に貫けば、集合物は、単一性を具備しないものとして、物権の客体になり得ないことになる。

判決❶は、経済活動の実態や経済的要求を踏まえて、前記原則を修正し、構成部分の変動する集合動産であっても、種類、数量、所在場所等によって特定される場合には、1個の集合物として物権の対象となり得ることを認めたものである。

もっとも、その事案へのあてはめにおいては、目的物の量的範囲の指定が部分的限定であるうえ、所在場所の限定を欠くため、目的物の範囲が特定されていないとして、譲渡担保権設定契約は無効であるとした。

これに対し、判決❷及び❸は、目的物が、種類、量的範囲及び所在場所の指定によって特定されているから、譲渡担保権設定契約は有効であるとしたものである。

3　その他

[裁判例]

❶　最判昭和30年6月24日民集9巻7号919頁［27003033］

1筆の土地の一部といえども、売買の目的とすることができるのであり、その部分が具体的に特定している限りは、前記部分につき分筆手続未了前においても、買主はその部分につき所有権を取得することができる。

❷　大阪高判昭和38年7月4日高裁民集16巻6号423頁［27430689］

⑴　空間は独立してそれ自体占有権の客体と認めることは困難であるが、物理的実体を媒介としてそれとともに、社会的秩序に照らし排他的支配が可能であるとされる限り、占有権の客体たるに妨げない。

⑵　特別高圧架空電線を架設占有し、これに7万Vの高圧電流を送電使用している場合には、電気工作物規程の認める空間は電気事業者が現実に支配しているという客観的な関係があるから、前記の者はその空間を占有し、占有権を行使していると認めるのが相当である。

> 解説

権利の客体である物は排他的支配に服する必要があるから、原則として独立性を具備しなければならず、この観点から、1筆の土地の一部について売買契約や時効取得（大判大正13年10月7日民集3巻509頁［27510983］）の対象となり得るかが問題となる。判決❶は、1筆の土地の一部であっても、特定している限り、売買契約の対象となり得ることを認めたものである。

判決❷は、空間を占有権の客体となり得るとしたものであるが、有体物について、空間の一部を占める有形的存在、すなわち液体、気体、固体をいうとする通説の立場からは説明が困難である。有体物を法律上の排他的支配の可能性のあるものと解する有力説に立ったうえで、占有権が、他の物権のように物資の利用という社会的作用を営むものではなく、事実的な支配そのものを法律要件として成立するという特性を有する（我妻榮（有泉亨補訂）『新訂物権法（民法講義Ⅱ）』岩波書店（1983年）17、460頁）ことを考慮したものと思われる。

（中園浩一郎）

（不動産及び動産）　　　　　　　　　　　　　　　　　　　【改正法】

　第86条　土地及びその定着物は、不動産とする。

　2　不動産以外の物は、すべて動産とする。

　（削る）

（不動産及び動産）　　　　　　　　　　　　　　　　　　　【現行法】

　第86条　土地及びその定着物は、不動産とする。

　2　不動産以外の物は、すべて動産とする。

　3　無記名債権は、動産とみなす。

改正の趣旨

　電車の乗車券やデパートの商品券等によって表される無記名債権について、改正前の本条3項はこれを動産とみなしていたが、改正法においては、同項等は削除され、無記名債権に、記名式所持人払証券に関する規定が準用されることになる（改正後の520条の20）。

《条文・判例の位置付け》　　3項につき、要件・効果の消滅

事実認定の対象等

意義

　本条1項は不動産の、2項は動産の定義をそれぞれ定める。

　後記のとおり、不動産であるか動産であるかによって、もたらされる法律効果に差異が生じることがある。

法律要件及び法律効果等

　本条1項の不動産に該当するための要件は、85条の「物」であって、かつ、

土地であるか又は土地の定着物であることである。土地とは、一定の範囲の地面に、正当な範囲においてその上下（空中と地中）を含めたものをいい、土地の定着物とは、土地の構成部分ではないが、土地に付着させられ、かつ、その土地に永続的に付着させられた状態において使用されることがその物の取引上の性質であるものをいう（最判昭和37年3月29日民集16巻3号643頁［21015992］）。

本条2項の動産に該当するための要件は、85条の「物」であって、かつ、不動産以外であることである。

不動産であるか動産であるかによって、対抗要件、即時取得や無主物先占の可否、付合の適用規定、担保物権の種類、先取特権の要件や追及効、質権の成立要件、法定地上権の成否、買戻し制度の利用の可否等について、異なる帰結をもたらす。

■■ 参考裁判例

建物が増築された場合の建物の独立性の判断基準について、最判昭和39年1月30日民集18巻1号196頁［27001943］は、建物に加えられた築造が、従前の建物と一体となって全体として1個の建物を構成するか、あるいは、築造部分が従前の建物とは別個独立の建物となるかについては、単に建物の物理的構造のみからこれを決すべきではなく、従前の建物と前記築造部分のそれぞれの種類・構造・面積、造作、周辺の建物との接著の程度、四辺の状況等の客観的事情並びに現在建物が1個の建物として登録・登記されるに至った所有者側の事情を総合し、もって、前記築造部分が従前の建物から独立して取引又は利用され得るか否かの点をも勘案しなければならないとした。

建物が改造された場合の建物の同一性の判断基準について、最判昭和50年7月14日裁判集民115号379頁［27431514］は、建物につき改造が施され、物理的変化が生じた場合、新旧の建物の同一性が失われたかどうかは、新旧の建物の材料、構造、規模等の異同に基づき社会観念に照らして判断すべきで、建物の物理的変化の程度によっては、新旧の建物の同一性が失われることもあり得るとした。

第86条

事実認定における問題点

　本条に関する事実認定については、1　建物の独立性、2　建物の同一性、3　建築中の建物等、4　建物の滅失、5　立木の地盤からの独立性、6　土地の定着物該当性等が問題となったものがある。

事実認定についての裁判例と解説

1　建物の独立性

[裁判例]

❶　最判昭和31年10月9日裁判集民23号421頁［27440267］

　(1)　既設部分と新設部分とを区分する障壁がなく、既設部分には便所・湯殿の施設がないが増築部分にはそれらが施設され、その他間取り及び既設建物の客室とこれらのものとの連絡状態や設備の関係からみても、新設部分の既設部分への従属性及び部分性なる性格が払拭されておらず、客観的な独立性を有しないと原審が判断したのは正当である。

　(2)　前記のような増築部分が独立の建物と同一の経済上の効用を全うすることができるとしても、増築部分を除いては、既設部分が経済上の独立性を失うことが明らかである場合には、増築部分をもって独立の建物とすることはできない。

❷　東京高判昭和31年12月19日判タ67号72頁［27430269］

　前に建てた9坪の家屋の棟木に棟木を接続して6坪を建て増し、屋根の高さも勾配も同じであって、内部の境目は障子が立てられていただけで自由に行き来することができ、居住者がこれを一体として使用していたという場合は、後の建増し部分は独立の建物ではない。

❸　東京高決昭和32年9月5日東高民時報8巻9号211頁［27430322］

　3度にわたって増築した場合に、接着部分において柱を共通にしてこれを区分する何らの障壁がなく、屋根の部分も両者の間に何ら境界らしきものがないので、経済的に独立の効用を有するものでなく、増築部分が独立の建物

155

として別個の所有権ないし抵当権の対象となる余地は存しない。

❹　前橋地判昭和38年9月16日下級民集14巻9号1821頁［27421163］

　増築部分は既設部分とは一応別棟であるが、両者の屋根の接合部分はトタン板で接合され、両者の柱と柱は密接しており、内部には両者を区画する障壁もなく通り抜けは自由であり、既設部分は18坪余で店舗及び居室に使用され、増設部分は約5坪で専ら勝手、風呂場として利用されているときは、増設した部分を独立した建物と認めることはできない。

❺　最判昭和50年5月27日裁判集民115号7頁［27441680］

　相隣接する2個の建物のそれぞれの2階部分の隔壁のうち幅1.8mの部分を除去し、その部分を通行可能にしたという程度では、前記両建物が、既に所有権及び抵当権に関する登記がされて取引の対象となっている以上、一般取引の通念に照らし、その独立性を失ったとすることは相当でない。

❻　東京高判昭和54年2月13日東高民時報30巻2号22頁［27441955］

　家屋の附属建物たる「店舗部分」及び「庇部分」は、増改築後の形状、構造及びその経済的効用並びに本件家屋そのものの主たる部分の滅失等からみて、現在においては、区分所有権の対象たるべき一個独立の建物であると認めるのが相当である。

> 解説

　建物は土地の定着物であるが、常に土地とは独立の不動産と取り扱われる。
　判決❶は既設部分に従属している新設部分について、判決❷は既設部分と一体となった建増し部分について、決定❸及び判決❹は既設部分と障壁のない増設部分について、判決❺は隣接する建物の隔壁の一部が除去されて通行可能となった両建物について、判決❻はもともとは附属建物であった部分の増改築後の評価について、それぞれ建物としての独立性が問題となった事案である。
　判決❶、❷及び❹並びに決定❸はいずれも独立性を否定したものであるのに対し、判決❺及び❻はいずれも肯定したものである。
　前記各判決とも、基本的に、建物の物理的構造のほか、従前の建物との種類・構造の異同等の客観的状況や、独立して経済的効用を発揮し得るもので

あるか否かを勘案して決定すべきという最判昭和39年1月30日民集18巻1号196頁［27001943］の判断基準に沿うものと考えられる。

2　建物の同一性

裁判例

❶　大阪地判昭和29年11月12日下級民集5巻11号1879頁［27430153］

　2階を増築し、階上と階下とが同坪数であり、階下を通らずに階上に通ずる階段があって、建物の構造上別個独立の存在であるような場合は、建物の同一性を保持しているとはいえない。

❷　東京高判昭和30年1月21日下級民集6巻1号64頁［27440181］

　とんとん葺、荒壁で荒廃の著しい建物の屋根、荒壁を落として棟上程度の家組のものとし、これを旧位置から約1間のところに作ったコンクリート土台の上に移し、古材木を1、2割程度利用したにすぎず、柱や棟木を取り替えたうえ瓦葺とし、壁はすべて新しくした場合には、建物の同一性を欠く。

❸　最判昭和31年7月20日民集10巻8号1045頁［27002894］

　木造瓦葺2階建工場建坪12坪2合5勺、2階同の建物について、4、5間移動させたうえで、周壁の腰板の一部を外し、屋根上まで突き抜けていた空気穴を抜き取り、階段や便所を移し、6畳1室を増築したとしても、建物の同一性を失わない。

❹　東京高判昭和31年12月25日高裁民集9巻11号714頁［27440284］

　移築後の建物が移築前の建物より減坪されており、移築の完了に引き続きそれをそば屋に適するように改築し、改築した現存建物が2階建になり、しかも建物の向きが変えられ、旧建物の材料はわずかに柱2本、ガラス戸1枚、ねだ程度のものを使用しただけで、その他は全部新材料を用いたような場合は、改築後の建物は移築前の建物と別個の建物であるとみるのが社会通念上相当である。

❺　東京地判昭和37年3月6日法曹新聞173号9頁［27430598］

　平家建の建物を2階建の建物に増改築し、旧来の部分と増築した部分とが区別することができないまでに変更されたため、新旧両建物の間には同一性

を欠く。

❻ 大阪地判昭和37年 9 月25日判時327号43頁 ［27402123］

人の住居に使用し得ない工場について、従来の板張りの外側を一部張り替え、新たに柱を付け加えてこれに内壁を作り、天井、床、間仕切壁を設け、さらに玄関、便所、廊下、押入れを加設し、階段、窓等をつけ替え、階下屋根板、のじ板の一部を張り替え、これに畳、建具、造作を造り加えて新たに階下 2 戸、階上 1 戸の共同住宅用建物として 3 世帯の居住に適するように大改造を施し、旧工場当時のまま残っているものは外側の板張と柱の各一部及び瓦葺屋根のみにすぎない場合には、本件建物は、旧建物と同一性を失い、新築されたものとみなすべきである。

❼ 大阪高判昭和39年 8 月 5 日判時394号68頁 ［27440825］

2 階建家屋の 2 階が焼失したが、階下部分は消失せず、それを補修し、平屋建家屋として使用する場合には、建物は同一性を保っている。

❽ 最判昭和44年 3 月25日裁判集民94号629頁 ［27431093］

旧建物と新建物とは、ともに木造平家建一棟の居宅であって、旧建物は、その相当部分が取り壊されたが、その主要部分である 8 畳間と押入れは一部改造されたものの、元の場所に存置され、旧建物を支えていた柱も 8 畳間の四囲にあった相当数のものが残って新建物の支柱となっており、旧建物の残存部分が新建物の主たる構成部分を形成しているような場合には、新・旧建物は社会通念上同一性を有する。

❾ 大阪高判昭和45年11月30日判時625号52頁 ［27431231］

バラック建 3 戸 2 棟であった旧建物と本建築 3 階建の建物とが、その構造を著しく異にし、建築材料もほとんどが入れ替わっているとしても、それが旧建物の数次にわたる増改築の結果であって、その間に、取壊し、新築が行われた事実はない場合、増改築により旧建物に付属された物は旧建物と一体化してその構造部分となり、これに付合したとみるべきで、両建物は物権の客体として同一性を有する。

❿ 大阪高判平成元年 7 月18日判タ713号176頁 ［27805349］

改築前の乙建物は、甲建物の一部を取り壊し、 4 階を 2 階とし、屋根の形

態を変える等して改築されたものであるが、改築の前後を通じ、甲建物の主要構造部分にはほとんど手が加えられていないから、法的にはなお同一性がある。

┌─────┐
│ 解説 │
└─────┘

建物は、独立の不動産であるが、崩壊すれば不動産ではなくなり、その上の抵当権等は消滅する。したがって、従前の建物を取り壊してその跡に新しい材料を用いて建物を建築した場合には、新建物は旧建物と別個の建物である（大判昭和 7 年 5 月17日民集11巻975頁［27510310］）。

しかし、改築をし又は場所を移しても、必ずしも建物の同一性がなくなるものではない。建物に大改造が加えられた場合に、新旧両建物の間に同一性があるか否かは、社会通念に従って決せられる。一般的には、旧建物の柱、梁、壁、屋根の相当部分を残し、これを利用して改造工事をした場合には、新旧両建物の間に同一性があるといい得る（後藤勇『民事裁判における経験則──その実証的研究』判例タイムズ社（1990年）27頁）。

判決❶は、旧建物と、これに 2 階を増築したが階上と階下とが構造上別個独立の存在となった新建物について、判決❷は、旧建物と、その屋根や荒壁を取り払って約 1 間移動させたうえ、大改築した新建物について、判決❸は、旧建物と、これを 4 、 5 間移動させたうえ、 1 室を増築するなどした新建物について、判決❹は、旧建物と、これを移築したうえ、ほとんど新材料を用いて改築した新建物について、判決❺は、平家建であった旧建物と、これを 2 階建に増改築したが増築部分を区別できなくなった新建物について、判決❻は、工場であった旧建物と、これを大改造して階下 2 戸、階上 1 戸の共同住宅とした新建物について、判決❼は、 2 階建家屋であった旧建物と、 2 階が焼失したがその階下部分を補修して平屋建家屋とした新建物について、判決❽は、旧建物と、その主要部分や相当数の支柱が残存しこれらが主たる構成部分を形成している新建物について、判決❾は、バラック建 3 戸 2 棟であった旧建物と、その数次にわたる増改築の結果、本建築 3 階建になった新建物について、判決❿は、 4 階建の旧建物と、改築の結果 2 階建になったがその前後を通じて主要構造部分にほとんど手が加えられていない新建物につい

て、それぞれ建物の同一性が問題となった事案である。

判決❶、❷及び❹～❻は、新旧建物の同一性を否定したものであるのに対し、判決❸及び❼～❿は、同一性を肯定したものである。

このうち、判決❾は、旧建物と新建物を単純に現時点において対比するにとどまらず、旧建物の数次にわたる増改築の結果として新建物が成立したという変化の経緯にも着目しており、参考になる。

前記各判決とも、基本的に、新旧の建物の材料、構造、規模等の異同に基づき社会観念に照らして判断すべきという最判昭和50年7月14日裁判集民115号379頁［27431514］の判断基準に沿うものと考えられる。

3　建築中の建物等

❶　大判大正15年2月22日民集5巻99頁［27510758］

木材を組み立てて地上に定着させ屋根を葺き上げただけでは、建物になったとはいえない。

❷　大判昭和8年3月24日民集12巻490頁［27510148］

単に切組を済ませ降雨をしのぎ得る程度に土居葺きを終えた程度で、荒壁の仕事に着手したかどうかも的確でない状態では、不動産たる建物とは認められない。

❸　大判昭和10年10月1日民集14巻1671頁［27500750］

建物はその使用目的に応じて構造を異にするものであり、これを新築する場合には、建物がその目的とする使用に適当な構成部分を具備する程度に達すれば、不動産の部類に入るというべきであるから、住宅用建物であって、屋根瓦を葺き荒壁を塗り終えた建物は、まだ床及び天井を張るに至らなくても、不動産たる建物といえる。

❹　東京高判昭和31年1月30日民集13巻1号58頁［27203944］

アパートの階下の建物を他に賃貸するために、2階を支える柱、基礎工事、隣の建物との境界の壁、屋根になる2階の床等を残して取り壊して、骨格のみを残したものでも、所有権の客体として1つの不動産である。

160

❺　東京高判昭和33年2月27日高裁民集11巻2号109頁［21009692］

　工事中途で地階部分と地上1、2階部分の外壁等のコンクリートが打たれ、他は鉄骨が立っている状態の場合は、既に建物としての形体を備え、不動産の部類に入っているものといわなければならない。

❻　札幌地判昭和33年8月28日下級民集9巻8号1686頁［27440385］

　屋根を上げてまさを葺き、周囲の壁は木舞を打って建築紙を張り付けかつその上に金網を張り、また、内部天井は階上階下ともさんの打付けが終り一部を残して板が張られ、床及びフローリングは全部張り終え、壁も木舞が張り付けられ電気の配線は完了し、既に七分どおり竣工しており、壁の上塗り、便所・湯殿の設備をすればほとんど完成の程度に達している建物は、不動産である建物というべきである。

❼　東京地判昭和34年2月17日下級民集10巻2号296頁［27401419］

　建物の内部及び外部は壁を塗る下地を完成し、屋根は下地を全部完成してその一部には既に鉄板を葺き終わり、床・廊下・階段も最後の仕上げを除き大部分が、また天井も壁を塗るだけの状態に完成し、2階の配線工事も終わった未完成建物は、既に独立の建物である。

❽　東京高判昭和39年5月11日下級民集15巻5号1055頁［27440795］

　本件建物は、国鉄駅ホームを天井にし、鉄道高架線の橋脚を多く側壁に利用し、床も土間であるが、板張りで仕切りをし、出入口、窓を取り付け、一部を階上階下に分って階段を設け、印刷工場として使用されているのであるから、独立した建物としての効用を有し、法律上1個の不動産といい得る。

❾　東京高判昭和51年10月5日判時841号44頁［27431608］

　不動産の付合の基礎となった建物が、工事の過程において、残余の建物と接続する部分の柱及び屋根を残しただけの状態になった場合、それのみでは前記建物がそれ自体建物としての実体を保持していたものとみることはできない。

❿　大阪高判昭和52年9月20日高裁民集30巻3号286頁［27431674］

　7階建のいわゆる貸ビルの建築において、屋根及び周壁又はこれに類するものが土地に定着して備わり、各階に通ずる階段が設けられ、人が内部に常時出入りできる程度の規模にまで工事が完成するなど、貸ビル用建物として

の目的に応じた最低の経済的効用を果たし得る程度に工事が進んだ場合には、たとえエレベーター又は冷暖房の設備工事が未完成であっても、建物としての成立は妨げられない。

⓫　神戸地判平成5年9月22日判タ858号162頁［27825862］

　被告₁が原告の先代Ａらから賃借した昭和28年当時の本件工作物は、いわばふたのない大きな長方形の木の箱を逆さにして単に地面の上に置いてあるだけの工作物であり、定着性に欠け動産であったというべきであるが、その後、昭和32、33年頃、被告₁において、支柱を取り替え、床を張り、支柱の下部をコンクリートで塗り固め地面に結合するなどの動揺防止措置が施され、昭和50年前後には、本件物件の周囲にコンクリート舗装が施されていることなどからすると、本件物件は容易には移動できず、またその利用状況をみると、物件内に6つの椅子とカウンターを設置し、西側の流しを利用してカウンター内で料理を作るなどして本件物件を利用し、被告₁から転借した被告₂にあっては、昭和51、52年頃、雨漏りのため本件物件の屋根を修理し床板を張り替え、南側の中障子をガラス戸に替えるなどしながら、昭和35年頃以降、靴修理用のミシン等を設置し靴磨き、靴修理業を行って、本件物件を利用してきたことが認められるのであり、これらの事実からすると、本件物件は土地の上に永続的に付着せしめられた状態において使用されることが予定され始めたものといえること、Ａらの共同相続人らも、こうしたことに対し異議を唱えるでもなく賃料を受領してきたのであって、少なくとも昭和54年頃までには本件賃貸借の目的物が不動産化したことについて黙示的に承認していること、そして現在の物件の形状は、床が板張りで上部は合板の上にトタンを張り、北側と西側と板壁で囲まれ東側と南側に雨戸が用意されているが、東側に靴を並べ南側を出入口として利用し、被告₂がこの内で靴修理業等を行っている状況からすれば、本件物件は、現時点においては、動産ではなく、建物として独立の不動産となっていると認めることができる。

⓬　静岡地浜松支判平成10年12月22日判タ1029号215頁［28051589］

　被告所有の土地及び建物を賃借した原告が、従前建物の柱2本とその基礎のみを利用して改装し、ほとんどの費用を負担して、独立の不動産である建

物に仕上げた場合について、2本ばかりの柱を残すのみとなり、何らの効用も果たし得なくなった従前建物は独立の不動産としての存在を失い、その敷地たる土地の定着物となったにすぎず、これについては付合に関する242条ではなく、加工に関する246条2項が適用されるのであって、改装後の建物の所有権は原告に帰属するものといわざるを得ない。

解説

判決❶～❸によれば、木材を組み立てて屋根を葺いただけでは建物とはいえないが、屋根瓦を葺き荒壁を塗り終えていれば建物といえるとされており、通説は、これらを踏まえ、独立に風雨をしのげる程度に達していれば建物といえるとする（内田・民法 I 355頁）。

判決❹、❻～❽、❿及び⓫は建物であることを肯定したものであり、判決❾及び⓬は否定したものであるが、いずれも、判決❶～❸及び通説の理論に沿うものということができる。

これに対し、判決❺は、判決文を見る限り、いまだ、屋根が葺かれておらず、独立に風雨をしのげる程度には達していないようであるが、それにもかかわらず、不動産の部類に入っていると判断しており、前記理論に沿わないもののように思われる。

また、判決⓫の判示のうち、Aらの共同相続人らの黙示の承認をいう部分は、前記の建物の要件に照らし、蛇足のように思われる。

4　建物の滅失

裁判例

❶　東京高判昭和29年2月26日高裁民集7巻1号118頁 [27430117]

戦災にあって焼けたビルが、鉄骨の屋根張、外壁が残り、窓が外壁の穴とわかる程度で、内部の間仕切りがわずかに残る程度であっても、当時、焼ビルの売買が行われていたことを考えれば、建物というべきである。

❷　大阪地判昭和43年6月26日判タ226号173頁 [27441108]

戦災によってコンクリートの外壁部分のみが残り、一時的に居住に耐え難い状況に立ち至ったとしても、残存部分を利用して短期間に比較的安価に修

復が可能であり、かつ取り壊し収去して単なる建築材料あるいは瓦礫とすることが社会経済的に損失であると考えられる状況にある場合には、土地に附着したままでこれと別個独立した不動産と評価すべく、社会通念上なお建物とみるのが相当である。

❸ 札幌地判昭和53年12月11日判夕394号132頁［27404988］

強度不健全な木造3階建の建物について、火災により2、3階がほとんど全面にわたり焼け落ち、屋根の欠落により雨露を防ぐ機能を失い、法令上許される2階建に修復するには多額の費用を要することが明らかであり、さらに修復したとしても固有の欠陥がなおも残存することを免れないならば、火災により同建物は全体としてその効用を喪失し、滅失したものと解するのが相当である。

❹ 最判昭和62年7月9日民集41巻5号1145頁［27801461］

土地区画整理法77条に基づいて従前地上の建物を仮換地上に移築するために解体した場合において、その移築後の建物が、従前の建物の解体材料の大部分を用い、規模・構造もほとんど同一であるとしても、その解体は、不動産登記法（昭和58年法律第51号改正前）93条ノ6第1項にいう建物の「滅失」に当たる。

❺ 神戸地決平成7年10月17日判夕880号165頁［28010389］

本件建物1階部分の柱脚アンカーボルトが切断されて本件建物が移動し、1階の柱に歪みが多いなどの阪神・淡路大震災による被災の事実はあるが、本件建物の地下構造物には変形、ひび割れ等はないこと、2階部分以上は目視では大きな損害は見られなかったことなどの事実に加え、被告は前記被災の事実を認識し、切断されたアンカーボルトを健全な部分まではつり出し新しいアンカーボルトを溶接で継ぎ足した後、建物の傾きを水平にし、1階の柱をすべて新しい柱に取り替えたうえ、本件建物を元の位置に戻し、さらに新しい柱の柱脚を固定したこと、1、2階の天井の梁を超音波探傷検査で発見された損傷に応じ補強したこと、前記修復工事に要した費用は建物取壊し・新築工事に要する費用の約4分の1で済んだことからすれば、本件建物の躯体部分は新築工事の約4分の1の費用で修復されたものであるうえ、少

なくとも建築当初の強度は確保されたと考えられ、本件建物は滅失していないといわざるを得ない。

[解説]

前記各判決は、建物が災害等によって経済的効用の一部を喪失した場合に、なお建物といえるか否かが問題となった事案に関するものであり、判決❶、❷及び決定❺はこれを肯定し、判決❸及び❹は否定したものである。

前記の建物の定義によれば、独立に風雨をしのげない状況にある判決❷の事案については建物とはいえないように思われるが、同判決は、物理的構造のみならず、修復の容易性や社会経済的考慮をも踏まえて、建物に当たるとしている。

5　立木の地盤からの独立性

[裁判例]

❶　最判昭和30年9月23日民集9巻10号1376頁［27003001］

土地及びその上に生立する立木を共に買い受けた者が、土地につき所有権取得登記をしたときは、たとえその後立木につき前所有者のため保存登記がなされても、この登記は無効である。

❷　最判昭和33年2月13日民集12巻2号227頁［27002709］

自作農創設特別措置法15条の規定により宅地を付帯買収する場合において、その宅地上に生立する樹木が、買収対価の算定上宅地自体の買収対価とは別に考慮を払うことを必要とする程度の価額を有するものであるときは、前記宅地の買収処分の効果は、前記樹木には及ばないと解するのが相当である。

❸　最判昭和35年3月1日民集14巻3号307頁［27002493］

地盤所有権の取得につき未登記のままその地盤上に植栽した場合、242条ただし書の類推により、譲渡人以外の地盤所有者に対する関係では立木の地盤への付合は遡って否定され、当該立木は前記未登記の地盤所有者の独立の所有権の客体となるが、これを第三者に対抗するには公示方法を必要とする。

❹　最判昭和36年3月14日民集15巻3号396頁［27002336］

自作農創設特別措置法3条（昭和22年法律第241号改正前）の規定により

農地が買収されたときは、その地上に生立する樹木は、特に買収処分の対象から除外されていない限り、原則として、地盤とともに国の所有に帰する。

❺ 最判昭和40年8月2日民集19巻6号1337頁［27001280］

果樹は土地から分離独立した権利の客体ではなく、地盤たる土地の構成部分として1個の所有権の客体と認めるのを相当とし、したがって自作農創設特別措置法による農地の買収においても、併せて買収されるものと解すべきである。

❻ 最判昭和44年12月2日民集23巻12号2374頁［27000759］

自作農創設特別措置法30条1項1号により国が未墾地を買収する場合において、当該未墾地上に、立木ニ関スル法律の適用も受けず、いわゆる明認方法も施されていないが、独立した取引価値のある樹木が生立するにもかかわらず、当該買収対価中に前記樹木の価格が算定されていないときは、当該未墾地買収処分の効力は、前記樹木に及ばないものと解すべきである。

❼ 東京地判昭和54年3月27日訟務月報25巻8号2044頁［27431780］

土地とともに立木を買い受けた場合に、立木だけに明認方法を施したとしても、土地につき所有権移転登記を経由しない以上、前記明認方法は土地の一部としての立木に対し独立の不動産性を与えたものということはできない。

[解説]

立木は、立木ニ関スル法律の適用を受けるものや、取引に当たって特に土地から独立させて明認方法が施されたものを除き、地盤である土地の構成部分としてこれとともに1個の所有権の客体となるものであり、地盤の所有権が移転するときはこれと一体としてその所有権も移転するのが原則である。

判決❹及び❺はこの理をいうものであり、判決❶及び❼もこれを前提とするものである。

これに対し、判決❷及び❻は、例外的に立木とその地盤が運命を異にすることを肯定するものであるが、それは、自作農創設特別措置法に基づく土地の買収において、独立した取引価値のある立木が存在するにもかかわらず、買収対価中に立木の価格が算定されていない場合に、前記立木も買収の対象に含まれると解するとすれば、前記立木については正当な補償なくその所有

権を侵害することになり憲法29条に違反することになりかねないし、また、そのような場合には、立木は買収の対象から除外されたものと認めるのが買収者たる国の合理的意思に合致すると解されるからである。

判決❸も、立木の植栽者の所有権は、地盤については未登記であるため第三者に対抗できないが、立木については242条ただし書の類推適用によって所有権の客体となり得るとしており、立木とその地盤が運命を異にすることを肯定する点で前記原則の例外的な場合に関するものである。しかし、そのうえで、植栽者が立木の所有権を第三者に対抗するためには公示方法が必要であるとし、結論として、公示方法を具備していない植栽者の所有権は否定されるとするものである。なお、この事案についての判断枠組みとして、判決❸のように対抗問題（177条）とするのではなく、第三者は94条2項の類推適用により保護されるにすぎないという見解もある（広中俊雄『現代法律学全集6　物権法（第2版増補）』青林書院（1987年）216頁）。

6　土地の定着物該当性等

[裁判例]

❶　東京地判昭和31年12月12日下級民集7巻12号3605頁［27440280］

庭石、庭木は、土地に定着したままでは、一般取引上においても独立した物とされず、強制執行上独立して、有体動産又はこれに準ずるものとして取り扱われるべきではない。

❷　釧路地判昭和32年4月3日訟務月報3巻5号29頁［27440298］

旧陸軍が使用していた滑走路は、土地に附着し、かつ継続的に附着せしめられた状態で使用されることをもってその取引上の性質を有する以上、土地の定着物と解するのが相当である。

❸　最判昭和37年3月29日民集16巻3号643頁［21015992］

地上に置かれるものとして設計、製作された鋼製丸型の石油タンク（貯油施設、5,000kℓから100kℓまでのタンク）であっても、土地に砂を盛ってその上に置かれているにすぎないものは、その自重、荷重によって若干沈下しているとしても、定着物とは認められず、旧地方税法の不動産取得税の対象と

はならない。

❹ 岐阜地判昭和37年7月30日下級民集13巻7号1587頁［27430625］

地中にある石灰石（旧鉱業法施行当時、鉱物ではなかった）の売買契約によって、買主は前記埋蔵石灰石について所有権を取得するものではなく、前記契約によって単に石灰石を採掘する権利（採掘に必要な範囲で本件山林を使用する権利を含む）、すなわち一種の債権を取得したものとみるべきである。

❺ 東京地判昭和47年12月1日判タ298号389頁［27441514］

プレハブの飯場建物は、形体上、構造上は通常の建物と何ら変わりなく、堅牢性、耐久性もあり、人の居住に十分耐え得、現に宿舎として利用していたものであり、土地に相当期間継続的に附着され、使用される予定のもとに構築されたものであるから、土地の定着物すなわち不動産と認めるのが相当である。

❻ 釧路地判昭和54年3月27日下級民集30巻1＝4号146頁［27441963］

本件物件は、移設に適するような構造に作られたいわゆるプレハブ式の建物であって土地に対する附着状況も土地に附着したというよりは単に地上に置かれていたにすぎないとみるのが相当であり、他に取引観念上土地に永続的に附着していることを示すような特段の事情は見当たらず、かえって以前には移設を前提とした取引がなされたこともうかがわれるので、不動産たる建物とは認められず、有体動産に該当する。

❼ 最判昭和57年6月17日民集36巻5号824頁［27000085］

公有水面を埋め立てるため投入された土砂は、その投入によって直ちに公有水面の地盤に付合して国の所有となることはなく、原則として、埋立工事の竣功認可の時に埋立権者の取得する埋立地に付合するものであって、その時までは、独立した動産としての存在を失わない。

❽ 京都地判平成6年12月19日判タ883号167頁［27827827］

第三セクターAとB市との間の売買契約の対象とされた球技場等の体育施設について、パーゴラは周囲に壁はないが屋根がありシンボルロード上に付着されており、モニュメントはシンボルロード上に付着されており煉瓦造り

の塔で先端部には時計が埋め込まれており、便所は本件土地に付着されており屋根があって周囲を壁で囲まれており風雨をしのげる構造となっているので、独立の経済的価値があるといえ、他方、土地に固定的に付着して容易に移動し得ず取引観念上継続的にその土地に付着せしめた状態で使用されると認められるので本件土地の定着物といえる。

❾ 東京地判平成15年9月30日判タ1155号291頁［28092392］

　登記船舶であろうとも、船舶は土地及びその定着物以外の物であることに変わりはなく、その不動産に準ずる取扱いは、法の規定によってはじめて実現されるものであって、登記船舶が動産たる性質そのものを喪失するものでないことは明らかであるから、登記船舶についても動産先取特権の成立を否定する理由はない。

解説

　未採掘の鉱物は、土地の構成部分にすぎず、独立の不動産ではないから、独立して所有権の対象となるものではない（大判大正7年3月13日民録24輯523頁［27522611］）。判決❹は、この理を前提にして、埋蔵石灰石の売買契約によって買主が取得する権利は、石灰石の所有権ではなく、石灰石の採掘権という一種の債権であるとしたものである。

　前記のとおり、土地の定着物とは、土地の構成部分ではないが、土地に付着させられ、かつ、その土地に永続的に付着させられた状態において使用されることがその物の取引上の性質であるものをいうが、土地の定着物が独立の不動産であることを要するか否かについては争いがある（林＝前田編・新版注釈民法(2)〔田中整爾〕615頁）。

　ある物が土地の定着物に当たるか否かは、その大きさ・重量、土地等への付着の程度、その物の用法、独立の社会・経済的価値の有無・程度等を基に、取引通念に照らして判断されることになる（能見＝加藤編・論点民法1〔関口剛弘〕196頁）。

　判決❶における庭石及び庭木並びに判決❷における滑走路は、土地の定着物であるが、独立の不動産ではないとされたもの、判決❸における石油タンクは、土地への付着の程度から、土地の定着物ではないとされたもの、判決

❽におけるパーゴラ、モニュメント及び便所は、土地の定着物であり、独立の不動産であるとされたものである。また、判決❺及び❻は、いずれもプレハブ式の建物が土地の定着物に当たるか否かが問題となったものであるが、土地への付着の程度・態様やその継続性によって結論が分かれたものと思われる。

判決❼は、公有水面を埋め立てるために投入された、もともとは動産である土砂が、公有水面の地盤に付合して（242条）不動産となる時期について判示したものであり、判決❾は、登記された船舶が不動産に当たるか否かについて判示したものである。

（中園浩一郎）

第87条

（主物及び従物）

第87条　物の所有者が、その物の常用に供するため、自己の所有に属する
他の物をこれに附属させたときは、その附属させた物を従物とする。
2　従物は、主物の処分に従う。

事実認定の対象等

■■ 意義

独立の物でありながら、客観的・経済的には他の物（主物）に従属してその効用を助ける物を従物という。

本条1項は従物の定義を定め、2項は従物は主物の処分に従うという法律効果を定める。

本条が定める従物制度の趣旨については、物の社会経済上の意義を全うさせることにあるという見解（我妻・民法講義Ⅰ222頁）と交換価値保持の観点からする当事者の意思解釈の規定であるいう見解（四宮・民法総則144頁）がある。

■■ 法律要件及び法律効果等

本条の従物に該当するための要件は、

①　主物の常用に供されていること

②　特定の主物に附属すると認められる程度の場所的関係にあること

③　主物とは独立の物であること

④　主物と従物がともに同一の所有者に属すること

である。

ある物が従物の要件を満たす場合、主物と法律的運命をともにすることになる。

171

■∙ 参考裁判例

抵当権の効力が従物に及ぶか否かについて、大判大正 8 年 3 月15日民録25輯473頁［27522811］は、建物について抵当権を設定したときは、反対の意思表示がない限り、前記抵当権の効力は、抵当権設定当時その建物の常用のためこれに附属させられた債務者所有の動産にも及び、これらの物は建物とともに抵当権の目的の範囲に属するとした。

事実認定における問題点

本条に関する事実認定については、1　従物該当性、2　抵当権設定後ないし強制競売開始決定後に生じた従物、3　従たる権利該当性、4　主物の処分と従物の対抗要件が問題となったものがある。

事実認定についての裁判例と解説

1　従物該当性

　裁判例

❶　大阪地判昭和28年 5 月 8 日下級民集 4 巻 5 号677頁［27440106］

(1)　納屋は主たる家屋に独立した工作物であることも、それに附属したものであることもあるが、いずれも主たる家屋の効用のために造られているものというべく、それが譲渡されたような場合には、特別の事情のない限り、納屋もこれに従って移転する。

(2)　主たる家屋が分割されて数個の家屋として譲渡された場合、それに従属していた納屋は、主たる家屋の分割の態様、それと納屋との関連、納屋の位置、状態、周囲の事情等より、各家屋の所有者の共有関係となることもあるが、その内の 1 個にのみ従属する場合も存する。

❷　仙台地判昭和29年10月11日下級民集 5 巻10号1697頁［27430149］

押入れにはめ込むように製作されたたんすは、建物の従物と認められる。

❸ 名古屋高判昭和32年10月 9 日下級民集 8 巻10号1886頁［27430327］

建物の中のふすま、化粧ガラス戸、並ガラス戸、並障子は、建物の常用に供するいわゆる従物たる関係にある独立の動産と認定するのを相当とする。

❹ 東京地判昭和35年 3 月19日判タ106号50頁［27401651］

土地及び建物が賃貸借の目的物となっている場合、庭園池に放流されている観賞用鯉は法律上土地の従物とみられ、土地とともに賃貸借の目的物となる。

❺ 函館地判昭和42年 3 月10日判タ205号107頁［27430962］

甲乙両地の中間にあって、両方の建物とそれぞれ廊下でつながれている浴室が、両建物所有者の共同利用を目的として建てられたものであり、一方の建物が譲渡された後も、新所有者との間で共同利用関係が長期間円満に続いていたという場合、浴室部分の共有持分は建物の従物と認めるのが相当であるから、新所有者が設定した建物抵当権の効力は、前記共有部分に及ぶ。

❻ 最判昭和44年 3 月28日民集23巻 3 号699頁［27000830］

石燈籠及び取外しのできる庭石等は宅地の従物であり、植木及び取外しの困難な庭石等は宅地の構成部分であるが、前記宅地に対する抵当権の効力が構成部分に及ぶことはもちろん、特段の事情のない限り、抵当権設定当時前記宅地の従物であった石燈籠及び庭石にも及び、前記抵当権の設定登記による対抗力は従物についても生ずる。

❼ 東京高判昭和63年12月15日金融法務1240号35頁［27808512］

作業所兼居宅乙は、これに隣接する甲建物に居住して材木業を営むAが営業のための作業所として建築したものであり、現にそのように利用されており、居室があるもののごく狭く、人が独立して居住するのに必要な便所、台所、風呂場もなく、甲建物に隣接して同一敷地内に建っているのであって、現況調査を命ぜられた執行官も乙建物を甲建物の付属建物と認定し執行裁判所も前記認定に沿った手続を進めたのであって、これらの事情に鑑みると、乙建物は甲建物の付属建物として甲建物の処分に随うべきものであると認めるのが相当である。

❽ 最判平成 2 年 4 月19日裁判集民159号461頁［27806925］

地下タンク、ノンスペース計量機、洗車機などは、ガソリンスタンドの店

舗用の建物に根抵当権が設定された当時、前記建物内の設備と一部管によって連通し、前記建物の敷地上又は地下に近接して設置され、これらを前記建物に付属させて経済的に一体としてガソリンスタンド営業に使用していたというのであるから、前記建物の従物ということができ、前記根抵当権の実行によって前記建物を競落した者は、同時に前記地下タンク他の諸設備の所有権をも取得したとする原審の判断は、正当として是認できる。

❾ 東京高判平成12年11月7日判時1734号16頁〔28060481〕

　抵当権の設定された土地建物と同一の敷地上にあり、抵当権設定当時は未登記であったが、その後保存登記がされ、第三者に売却されたうえ、抵当権の実行による競売手続においても件外建物とされた車庫につき、住居の付属物であるというその経済的用途、また事実上本件土地の擁壁としての役割を果たし、本件土地の崩落と本件建物の倒壊を防いでいることから、本件建物の従物であるとともに本件土地の一部になっていることが認められるのであって、同車庫についても本件土地及び建物に設定された抵当権の効力が及び、競落により本件土地建物の所有権を取得した競落人は同車庫の所有権も取得したものと解される。

> 解説

　判決❶は納屋（主物は主たる家屋）を、判決❷は押入れにはめ込むように製作されたたんす（同じく建物）を、判決❸は建物内のふすま、化粧ガラス戸、並ガラス戸、並障子（同じく建物）を、判決❹は庭園池に放流されている観賞用鯉（同じく土地）を、判決❺は2つの建物と廊下でつながれている浴室の共有持分（同じく建物）を、判決❻は石燈籠及び取外しのできる庭石（同じく宅地）を、判決❼は作業所兼居宅（同じく居住用建物）を、判決❽は地下タンク、ノンスペース計量機、洗車機（同じくガソリンスタンドの店舗用の建物）を、判決❾は車庫（同じく住居）をそれぞれ従物と認めたものである。

　このうち、判決❷については、通常のたんすは、独立の経済的効用を有するものであり、主物である建物の常用に供されているとはいい難いところ、同事例のたんすが従物に該当するとされたのは、押入れにはめ込むように製

作されたものであって、その形状が当該建物に適合することが重視されたものと思われるし、判決❻の庭石については、取外しの容易さいかんによって宅地の構成部分となるか従物となるかが分かれると判示されているし、判決❼の作業所兼居宅については、建築目的、具体的利用状況、甲建物との機能分担や位置関係等を考慮して、従物に当たるとされている。

なお、判決❸は「建物内の」化粧ガラス戸や並ガラス戸を従物に当たるとしたが、これに対して、建物の内外を遮断するのに役立ち、建物の構成部分とみられる雨戸や戸扉のようなものは、取引の客体である建物の効用においてその外部を構成する壁又は羽目と何ら異ならないから、従物ではない（大判昭和5年12月18日民集9巻1147頁［27510543］）。

このように、従物に該当するか否かの判断においては、当該物の一般的・類型的な評価によるだけではなく、具体的状況下における主物との関係や利用状況を検討する必要がある。

2 抵当権設定後ないし強制競売開始決定後に生じた従物 ─────

［裁判例］

❶ 大阪高判昭和35年11月29日高裁民集13巻9号822頁［27440525］

建物に対する強制競売開始決定のあった後、建物の所有者によりこれに附加された畳・建具その他の造作については、差押えの効力は及ばない。

❷ 神戸地判昭和37年8月4日下級民集13巻8号1621頁［27440659］

強制競売開始決定のときに未完成であった建物が、競落許可決定に至るまでの間に完成し、畳、建具などの造作が備え付けられた場合において、競落人はそれらの物の所有権を取得する。

❸ 東京高判昭和53年12月26日下級民集29巻9＝12号397頁［27431769］

競落による主物の所有権移転については、従物も運命をともにするのであるから、抵当権設定後競売開始決定前に主物たる建物の所有者が従物たる物件を備付した場合にも、抵当権の効力はこれに及ぶと解するのが相当である。

［解説］

判決❶及び❷は強制競売に関する事例、判決❸は抵当権実行としての競売

に関する事例である。

　抵当権設定後に生じた従物については、抵当権の効力が及ぶとするのが学説の大勢であり（内田・民法Ⅲ397頁）、判決❸もこれと軌を一にするものである。

　強制競売開始決定後に生じた従物について、判決❶は、時間的・物理的な観点から差押えの効力は及び得ないとするのに対し、判決❷は及び得るものとする。

　学説においては、後者の見解が支配的のようである（能見＝加藤編・論点民法1〔関口剛弘〕206頁）。

3　従たる権利該当性

[裁判例]

❶　最判昭和40年5月4日民集19巻4号811頁［27001303］

　土地賃借人が当該土地上に所有する建物について抵当権を設定した場合には、原則として、前記抵当権の効力は当該土地の賃借権に及び、前記建物の競落人と賃借人との関係においては、前記建物の所有権とともに土地の賃借権も競落人に移転するものと解するのが相当である。

❷　東京地判昭和44年11月20日判時579号40頁［21031720］

　会社所有地が建物所有の目的で専務取締役に賃貸され、その後前記建物を会社が買い受け、再び同取締役に売り渡されたが、前記各売買に際しては、借地権自体独立して相当の価格を有するにもかかわらず、その取扱いについて何らの約定がされず、また、取締役が家賃として会社に支払うようになった額も従前の地代と同額であったという場合には、借地権は売買に伴って移転しなかったものと認めるのを相当とする。

❸　最判昭和47年3月9日民集26巻2号213頁［27000580］

　賃借地上にある建物の売買契約が締結された場合においては、特別の事情のない限り、売主は、買主に対しその建物の賃借権をも譲渡したものであって、それに伴い、その賃借権譲渡につき賃貸人の承諾を得る義務を負うものと解すべきである。

176

第87条

❹　東京地判昭和49年4月22日判時755号79頁［27404193］

　借地上の建物を目的とする代物弁済により建物の所有権を取得した場合、前記建物につき所有権移転登記がされていなくとも、特に借地権を留保すべき合理的理由のない限り、両者の経済的一体性からみて、敷地の賃借権も同時に取得したというべきである。

［解説］

　建物を所有するために必要な敷地の賃借権は、建物所有権に付随し、これと一体となって財産的価値を形成するものであるから、建物に抵当権が設定されたとき（判決❶）、建物が売買契約の目的となったとき（判決❸）、建物が代物弁済の目的となったとき（判決❹）には、原則として、敷地の賃借権もその目的物に包含されるものと認めるべきである。

　しかし、当事者が、特に、従物である敷地の賃借権を、主物である建物の所有権の運命に従わせない旨の意思表示をしたときは、その効力が認められるべきであり、判決❷は、諸般の事情を考慮して、そのような黙示の意思表示を認めたものである。

4　主物の処分と従物の対抗要件

［裁判例］

❶　東京高判平成15年3月25日判時1829号79頁［28082540］

　農家であるA所有の土地・建物について根抵当権が設定され、その後根抵当権が実行され、これを競落した原告が、その根抵当権が前記建物（母屋ほか）の従物である本件建物（母屋と同一敷地内にあり、一体的に利用されてきた畜舎）にも及ぶとして、根抵当権設定後に本件建物をAから贈与され、所有権移転登記を受けた被告に対し、真正な登記名義の回復を求めた事案につき、主たる建物について根抵当権が設定されると、その従物である附属建物にも表示登記の有無にかかわらず根抵当権の効力が及び、その根抵当権の登記は、附属建物をも含んだ全体としての1個の建物についての公示たる意義を有するのであって、その後、その附属建物が第三者に譲渡され、所有権移転登記がされても、それによって当該根抵当権の負担を免れるものではな

177

く、当該根抵当権が実行され、主たる建物を競落した買受人は、従物について
てもその所有権を取得するところ、本件建物はそれ自体独立して何らかの用
途に用いられる構造物ではなく母屋の常用に供されている従物であると認め
られるから、その競売手続で件外建物とされていても、原告が競落によって
所有権を取得したものというべきである。

解説

　主物の処分について対抗要件が具備されれば、これによって従物の処分に
ついての対抗要件も具備されたことになると解すべきであり（最判昭和44年
３月28日民集23巻３号699頁［27000830］参照）、判決❶はこの理に基づくも
のである。

(中園浩一郎)

第88条

（天然果実及び法定果実）

第88条　物の用法に従い収取する産出物を天然果実とする。
2　物の使用の対価として受けるべき金銭その他の物を法定果実とする。

事実認定の対象等

■■ 意義

物から生ずる収益を果実といい、収益を生じさせる物を元物という。

そして、果実には、天然果実と法定果実がある。

本条1項は天然果実の定義を、2項は法定果実の定義をそれぞれ定める。

天然果実とは元物から直接産出され元物の経済的使命に従って収取された経済的収益をいい、法定果実とは元物を他人に利用させた対価としての経済的収益をいう。

■■ 法律要件及び法律効果等

本条は天然果実及び法定果実の定義を定めるのみであり、法律効果を定めていない。

本条を法律要件として、89条その他の規定により、一定の法律効果が発生するという構造になっている。

事実認定における問題点

本条に関する事実認定については、果実に当たるか否かが問題となったものがある。

179

事実認定についての裁判例と解説

果実に当たるか否か

[裁判例]

❶　大判大正14年1月20日民集4巻1頁［27510836］

賃料は建物の法定果実である。

❷　最判昭和35年11月29日裁判集民46号563頁［27440524］

隣地から竹の根（地下茎）が延びてきて生えた竹は、土地の天然果実である。

❸　最判昭和42年11月9日判時506号36頁［27421675］

貸布団の賃貸料は本条2項にいう法定果実に当たる。

❹　東京高判昭和55年11月13日判時989号46頁［27442109］

株主が増資に際して割り当てられる新株は、本条の果実に該当するものとは認められない。

[解説]

判決❶〜❹のいずれも、前記の各定義に照らし、果実に当たるか否かを判断したものである。

判決❹に関連して、株主に対する会社の利益配当が株式の法定果実であるか否かについて、使用の対価とは、他人に物を使用させて使用後元物そのもの又はその物と同種・同量の物を返還すべき法律関係がある場合に認められるところ、株主は会社に払い込んだ株金の返還を請求し得ないことからすれば、法律上、利益配当は払込株金の使用の対価とはいえないことになるから、利益配当は、法定果実ではなく、物の使用の結果たる利益の分配にすぎないとされる（林＝前田編・新版注釈民法(2)〔田中整爾〕646頁）。

（中園浩一郎）

第89条

（果実の帰属）

第89条　天然果実は、その元物から分離する時に、これを収取する権利を
　有する者に帰属する。
2　法定果実は、これを収取する権利の存続期間に応じて、日割計算によ
　りこれを取得する。

事実認定の対象等

意義

本条は、88条で定義される天然果実及び法定果実の帰属について定める。

本条1項は、天然果実の所有権を元物から分離するときの収取権者に帰属
させることとする。

この収取権者とは、善意占有者（189条1項）、元物の所有者（206条）、地
上権者（265条）、永小作権者（270条）、不動産質権者（356条）、売主（575
条1項）、使用借主（593条）、賃借人（601条）、受遺者（992条）等である。

本条2項は、法定果実の分配について、収取権の存続期間に応じた日割計
算を採用したものである。

参考裁判例

本条1項の「これを収取する権利を有する者」の認定に関し、大判大正5
年4月19日民録22輯770頁［27522165］は、土地の産出物たる果実は、土地
の使用収益につき正当権原を有する者がいてその耕作物を収取する権利を有
することの立証をしない限り、土地所有者の所有に属するものと推定される
とした。

181

事実認定における問題点

[裁判例]

❶　大判昭和 6 年10月30日民集10巻982頁［27510451］

　田地の所有者たる賃貸人の承諾なしに田畑が転借され、無断転借人が稲苗を植え付けたときは、権原により附属させたものとはいえないから、果実である稲毛の所有権は賃貸人に帰属する。

[解説]

　判決❶は、本条 1 項の「収取する権利を有する者」の解釈に関する裁判例であるが、土地の無断転借人はこれに当たらないとしたものである。

（中園浩一郎）

第5章　法律行為
第1節　総　則

| （公序良俗） | 【改正法】 |

第90条　公の秩序又は善良の風俗に反する法律行為は、無効とする。

| （公序良俗） | 【現行法】 |

第90条　公の秩序又は善良の風俗に反する事項を目的とする法律行為は、無効とする。

■■ 改正の趣旨

　改正法においては、改正前の本条のうち「事項を目的とする」という文言が削除されたが、それ以外は維持されている。

　改正前の本条に関する裁判例は、公序良俗に反するかどうかの判断に当たって、法律行為がどのような事項を目的としているかという内容にのみ着目しているわけではなく、法律行為が行われた過程や結果その他の諸事情を考慮しており（四宮・民法総則209頁）、このような裁判例の考え方を条文上も明確にしようとするものである。

《条文・判例の位置付け》　　従前の判例を条文化

事実認定の対象等

■■ 意義

　本条は、公の秩序又は善良の風俗に反する法律行為は無効であることを規定する。

183

法律要件及び法律効果等

　法律要件は、法律行為が公の秩序又は善良の風俗に反することである。

　公の秩序とは国家社会の一般的利益をいい、善良の風俗とは社会の一般的道徳観念をいう（我妻・民法講義Ⅰ271頁）。

　ただし、公序良俗違反は規範的要件（司研・要件事実(1)30頁）であるから、その規範的評価の成立を根拠付ける具体的事実（評価根拠事実）が主要事実（要件事実）となる。

　法律効果は、その法律行為の効力が無効となることである。

参考裁判例

　憲法の私人間効力に関し、最大判昭和48年12月12日民集27巻11号1536頁［27000458］は、私的支配関係においては、個人の基本的な自由や平等に対する具体的な侵害又はそのおそれがあり、その態様、程度が社会的に許容し得る限度を超えるときは、場合によっては、私的自治に対する一般的制限規定である民法1条、本条や不法行為に関する諸規定等の適切な運用によって、一面で私的自治の原則を尊重しながら、他面で社会的許容性の限度を超える侵害に対し基本的な自由や平等の利益を保護し、その間の適切な調整を図る方途も存するとして、いわゆる間接適用説を採用するリーディングケースとなった。

　暴利行為に関し、大判昭和9年5月1日民集13巻875頁［27510035］は、他人の窮迫、軽率又は無経験を利用して著しく過当な利益の獲得を目的とする法律行為は善良の風俗に反する事項を目的とするものとして無効であるとして、暴利行為論を承認し、最判昭和46年3月25日民集25巻2号208頁［27000646］は、譲渡担保において、債務不履行があれば債権者が目的不動産の所有権を確定的に取得する旨の合意が存在していても、債権者は、目的不動産を換価処分し、又は適正に評価して、清算しなければならないとして、清算義務を一般に肯定した。

　競業避止義務に関し、大判昭和7年10月29日民集11巻1947頁［27510368］は、牛乳販売を営業とする被告会社が、大正10年11月17日、原告を牛乳配達

人として雇い入れた際、原告に解雇後も被告会社の営業区域である静岡市及びその隣接町村において被告会社の存立時期の満了する昭和23年12月15日まで牛乳販売業を営まないことを約束させたものであり、このような期間・区域をもってする競争禁止の特約は原告の営業の自由を過当に制限するものとは認め難く、この程度の制限を約束したとしても、これをもって公序良俗には反しないものと解するのが正当であるとした。

公序良俗違反の判断の基準時に関し、最判平成15年4月18日民集57巻4号366頁［28081212］は、民事上の法律行為の効力は、特別の規定がない限り、行為当時の法令に照らして判定すべきものであるが、この理は、公序が法律行為の後に変化した場合においても同様であり、法律行為の後の経緯によって公序の内容が変化した場合であっても、行為時に有効であった法律行為が無効になったり、無効であった法律行為が有効になったりすることは相当でないから、法律行為が公序に反することを目的とするものであるとして無効になるかどうかは、法律行為がされた時点の公序に照らして判断すべきであるとした。

事実認定における問題点

本条に関しては、1　人倫（社会的倫理）に反するものかどうか、2　正義の観念に反するものかどうか、3　暴利行為かどうか、4　個人の自由を極度に制限するものかどうか、5　営業の自由の制限となるかどうか、6　著しく射倖的なものかどうか、7　その他について、問題となったものがある。

なお、前記の分類は、基本的に、伝統的な見解（我妻・民法講義Ⅰ272頁）に従ったものであるが、公序良俗論を再構成しようとする試みがある（山本・民法講義Ⅰ268頁）。

事実認定についての裁判例と解説

1 人倫（社会的倫理）に反するものかどうか

[裁判例]

❶ 大判明治32年3月25日民録5輯3巻37頁 ［27520023］

不貞行為により父と離婚した母と成年の子が同居した場合には子が父に対し違約金を支払う旨の父子間の和解契約は、公の秩序に反し無効である。

❷ 大判大正9年5月28日民録26輯773頁 ［27523064］

配偶者のある者と、それを知っている第三者との間の将来婚姻する旨の予約は無効であり、その婚姻予約に基づき婚姻入籍まで扶養料を支払う旨の契約は、その予約の維持を目的内容とするものであるから、善良の風俗に反するもので無効である。

❸ 大判大正12年12月12日民集2巻668頁 ［27511070］

金銭的利益を得て私通関係をやめることを約束するのは、善良の風俗に反する無効の行為である。

❹ 大判昭和9年10月23日新聞3784号8頁 ［27543267］

私通関係の存続する限り貸主は返還を請求せず、それが断絶したときは直ちに請求する趣旨の金銭消費貸借は、善良の風俗に反する事項を目的とするものとして無効である。

❺ 大判昭和12年4月20日新聞4133号12頁 ［27545094］

私通関係をやめる際、男が女に慰謝の目的で金銭の贈与を約束することは、公序良俗に反しない。

❻ 大判昭和18年3月19日民集22巻185頁 ［27500046］

妾として主人の死亡するまで同棲生活を続けることを条件として主人がした1万円の遺贈は、妾関係の継続維持を条件とするものであって善良の風俗に反する。

❼ 最判昭和61年11月20日民集40巻7号1167頁 ［27100053］

妻子のある男性が約7年間いわば半同棲のような形で不倫な関係を継続してきた女性に対し遺産の3分の1を包括遺贈した場合であっても、前記遺贈

が、妻との婚姻の実体をある程度失った状態の下で前記の関係が約6年間継続した後に、不倫な関係の維持継続を目的とせず、専ら同女の生活を保全するためにされたものであり、当該遺言において相続人である妻子もそれぞれ遺産の3分の1ずつを取得するものとされていて、前記遺贈により相続人の生活の基盤が脅かされるものとはいえないなどの事情があるときは、前記遺贈は公序良俗に反するものとはいえない。

❽ 東京高判平成11年9月21日金融商事1080号30頁［28042852］

Aを被保険者、被告を保険者とするA・被告間の生命保険契約において、Aが保険外交員であり不倫相手である原告を死亡保険金の受取人に指定したことが原告の生活の保障を主目的として行われたと認めるに足りる事情はなく、また、本件保険契約の締結が原告の保険外交員としての成績向上を図る趣旨であったとも認められないのであって、本件の死亡保険金の受取人の指定は、不倫関係の維持継続を目的とし、不倫関係の対価としてされたものであるから、公序良俗に反し無効であるといわざるを得ない。

❾ 東京高判平成12年11月30日判タ1107号232頁［28080211］

原告₁（女）、原告₂（男）と被告（女）との三者による同棲生活は、仮に各人が同意していたとしても、それは単に好奇心と性愛の赴くままに任せた場当たり的で、刹那的、享楽的な生活であって、健全な性道徳にもとり、善良の風俗に反する反社会的な行為といわざるを得ず、社会的にも法的にも到底容認されるものではないこと、そして、こうした生活が本来の愛情と信頼に基づくものでないからこそ、生活費の分担を含めた取決めが必要となり、その取決めによって各人の自由を制限し、その収入を管理してまでも、異常な共同生活の維持継続を図り、かつ共同生活からの離脱を阻もうとすることとなるのであり、このような取決めや合意を有効として、それに基づく請求を訴訟手続によって認めることは、社会的、法的に容認され得ない善良な風俗に反する行為を、裁判所が法の名の下に擁護し助長することにほかならず、許されるものではないことからすれば、原告₁、原告₂が生活費の立替金の支払請求の根拠とする生活費負担の取決めないし合意は、仮にその事実があったとしても、善良な風俗に反するものとして無効というべきである。

⑩ 大阪高決平成17年 5 月20日判時1919号107頁 [28110794]

　生殖補助医療の発展により、借り腹（不妊夫婦の精子と卵子を体外で受精させてその胚を妻以外の女性に移植するもの）や代理母（妻以外の女性に夫の精子を人工授精して出産させるもの、夫の精子と妻以外の女性から提供された卵子を用いて受精卵を得、これをさらに別の女性に移植して出産させるもの）による出産（代理懐胎）も可能となっているが、これらは人を専ら生殖の手段として扱い第三者に懐胎・分娩による多大な危険性を負わせるもので、人道上問題があるばかりか、代理懐胎を依頼した夫婦と代理懐胎を行った女性との間で生まれた子をめぐる深刻な争いが生じる危険性を胚胎しており、代理懐胎契約は公序良俗に反するものと解されること、母子関係の発生を分娩という外形的事実に係らせることは、その法律関係を客観的な基準により明確に決することができること、子の福祉の観点からみても分娩した女性を母とすることには合理性があるばかりか、分娩の事実により母子関係の有無を決する従前の基準は、生殖補助医療の発展を考慮に入れてもなお維持されるのが相当であること、例外的に分娩者以外の者を母と認めることは生殖補助医療を容認するに等しい結果を認めることになることから、少なくとも生殖補助医療により出生した子の親子関係について特別の法制が整備されていない本件子らの出生時においては、その例外を認めるべきではないことからすれば、夫の精子を用いて代理懐胎の方法により分娩した子と妻との間には法律上の母子関係を認めることができないから、出生届に対して市長がした受理しない旨の処分は適法である。

⑪ 最決平成19年 3 月23日民集61巻 2 号619頁 [28130826]

　現行民法の解釈としては、出生した子を懐胎し、出産した女性をその子の母と解さざるを得ず、その子を懐胎、出産していない女性との間には、その女性が卵子を提供した場合であっても、母子関係の成立を認めることはできないところ、民法が実親子関係を認めていない者の間にその成立を認める内容の外国裁判所の裁判は、我が国の法秩序の基本原則ないし基本理念と相いれないものであり、民事訴訟法118条 3 号にいう公の秩序に反するといわなければならない。

第90条

解説

　親子間の人情・道義に反する法律行為は無効とされ、合法的な関係を違約罰によって禁じることも無効とされており、判決❶はその例である。

　婚姻秩序（一夫一婦制）に反する法律行為も無効とされる。

　不倫関係の維持を目的とすることを理由に法律行為が無効とされた事例として、判決❷（実質的な重婚状態）、❹、❻（反対、我妻・民法講義Ⅰ273頁）及び❽があり、不倫関係の維持を目的とするものではないことを理由に法律行為が無効とされなかった事例として、判決❼がある。

　判決❼及び❽においては、財産的利益供与の意思表示が不倫相手である女性の生活保障を主目的とするものであるか否かが重要な考慮要素とされている。判決❼の事案においては、財産的利益供与の意思表示が、不倫相手である女性の生活保障を目的とすると同時に、事実上不倫関係を維持する機能をも有しており、いずれを重視するかによって結論が分かれ得るところであろう。

　判決❸と❺の区別は実際上困難であり、不倫関係の廃止を目的とするものである以上、判決❸における財産的利益供与の約束も有効とみるべきという見解がある（我妻・民法講義Ⅰ272頁、四宮・民法総則210頁、内田・民法Ⅰ284頁）。

　判決❾は、健全な性道徳に反する法律行為が無効とされたものである。

　生殖補助医療が目覚ましい発達を遂げる反面、これを倫理的に規制する立法が遅れているため、親子関係の根幹に関わる事案が増加している。決定❿及び⓫は、そのような事案について、公益及び子の福祉に深く関わる実親子関係の存否は、一義的に明確な基準によって一律に決せられるべきで、具体的な事情によって個別的に決せられるべき事柄ではないというスタンスに立ったうえ、慎重に検討を加え、伝統的な立場を維持した裁判例である（土谷裕子＝中村心・最判解説〈平成19年度（上）〉279頁）。

2 正義の観念に反するものかどうか

裁判例

❶ 最判昭和29年 8 月31日民集 8 巻 8 号1557頁［27003137］

　密輸出の準備のために15万円を貸与してもらいたいということで貸与した
場合に（実際は遊蕩に費消）、利益の分配を受けることも、損失の分担もす
ることなく、借主も密輸出に使用する義務を負担したとか、密輸出に使用す
ることを貸借の要件としたとかいうのでもない事情のあるときは、密輸出に
使用することが契約の内容とされたわけでないから、本条、708条の適用は
ないと解すべきである。

❷ 最判昭和45年 4 月21日裁判集民99号99頁［27422161］

　証人等が真実を陳述しなければならないことはもともと当然のことなので
あるから、証人等が虚偽の陳述をしたため、一方の当事者が自己に不利な判
決を予測するに至ったが、その後、証人等が翻意して、前記当事者に対し、
改めて真実を陳述する旨申し出るとともに、その対価として金員を要求した
場合、前記当事者が、自己の権利を守るため必要であると考えて、前記証人
等との間で、真実を陳述することの対価として金員を支払う旨の契約を締結
したとしても、前記契約はいわゆる公序良俗に反するものといわなければな
らない。

❸ 最判昭和56年 3 月24日民集35巻 2 号300頁［27000144］

　会社がその就業規則中に定年年齢を男子60歳、女子55歳と定めた場合にお
いて、担当職務が相当広範囲にわたっていて女子従業員全体を会社に対する
貢献度の上がらない従業員とみるべき根拠はなく、労働の質量が向上しない
のに実質賃金が上昇するという不均衡は生じておらず、少なくとも60歳前後
までは男女とも前記会社の通常の職務であれば職務遂行能力に欠けるところ
はなく、一律に従業員として不適格とみて企業外へ排除するまでの理由はな
いなどの事情があって、会社の企業経営上定年年齢において女子を差別しな
ければならない合理的理由が認められないときは、前記就業規則中女子の定
年年齢を男子より低く定めた部分は、性別のみによる不合理な差別を定めた
ものとして本条の規定により無効である。

❹　最判平成元年6月20日民集43巻6号385頁［27804472］

　憲法9条の宣明する国家の統治活動に対する規範は、そのままの内容で本条にいう「公ノ秩序」の内容を形成し、それに反する私法上の行為の効力を一律に否定する法的作用を営むということはなく、私法的な価値秩序のもとで確立された私的自治の原則、契約における信義則、取引の安全等の私法上の規範によって相対化され、「公ノ秩序」の内容の一部を形成するのであり、したがって、私法的な価値秩序のもとにおいて、社会的に許容されない反社会的な行為であるとの認識が、社会の一般的な観念として確立しているか否かが、私法上の効力の有無を判断する基準になるものというべきであるところ、自衛隊の基地建設を目的ないし動機とする本件売買が締結された当時、私法的な価値秩序のもとにおいては、自衛隊のために国と私人との間で私法上の契約を締結することは社会的に許容されない反社会的な行為であるとの認識が社会の一般的な観念として確立していたということはできないから、前記売買契約がその私法上の契約としての効力を否定されるような行為であったとはいえない。

❺　最判平成元年12月14日民集43巻12号1895頁［27805324］

　すべての原因による不就労を基礎として算出した前年の稼働率が80％以下の従業員を翌年度のベースアップを含む賃金引上げの対象者から除外する旨の労働協約条項は、そのうち労働基準法又は労働組合法上の権利に基づくもの以外の不就労を稼働率算定の基礎とする部分は有効であるが、前記各権利に基づく不就労を稼働率算定の基礎とする部分は公序に反し無効である。

❻　最判平成元年12月14日民集43巻12号2051頁［27805325］

　ユニオン・ショップ協定のうち、締結組合以外の他の労働組合に加入している者及び締結組合から脱退し又は除名されたが、他の労働組合に加入し又は新たな労働組合を結成した者について使用者の解雇義務を定める部分は、本条の規定により、これを無効と解すべきである。

❼　東京高判平成3年9月30日判タ787号217頁［27811639］

　身元保証等の引受を業とし保証証券を発行する会社（受託協会）である被告₁及び前記保証証券を発行する会社（保証協会）である被告₂と原告の間の

総代理店契約について、この契約は、総代理店が保証証券を販売できる可能性は極めて小さいから、その実質において多額の収入を上げようとする者、あるいはせめて自己が支出した資格取得金だけでも取り戻そうとする者は、他の者を勧誘して指導料を得るほかない一種のマルチ商法といわざるを得ないものであり、被告₁らにおいて本件契約を締結するに当たり契約の相手方に対し重要な事項を告知せず、保証証券の有効性が争点となっていない訴訟において成立した和解調書の写しを貼付するなどしてあたかも裁判所が保証証券の有効性を積極的に認定したかのような宣伝をするなど、正常な取引とは評価し難い点がいくつも見受けられるのであって、公序良俗に反する無効な契約といわざるを得ない。

❽ 東京高判平成３年12月16日判夕781号169頁［27811318］

不動産競売において、裁判所との関係ではその名義を表に出さず正式の共同競買人とはならないが、正式の共同競買人との関係では実質上共同競買人と扱われるといういわゆるカゲノリで処理する合意がなされた場合について、この方法で競買人となったと主張する者が他の共同競買人との間において競落物件について適法な競買人と同一の権利を取得する地位にあるとして保護することは談合行為を助長するものであるから、かかる合意は公序良俗に反する契約というべきであって無効である。

❾ 仙台高判平成４年１月10日労働民例集43巻１号１頁［27810971］

銀行の給与規定において、扶養親族を有する世帯主に支給する家族手当等について、配偶者が所得税法に規定されている扶養控除対象限度額を超える所得を有する場合は夫を世帯主とすると規定している場合について、この規定によって、男子行員に対しては妻に収入があっても家族手当等を支給するのに、共働きの女子行員に対しては夫に所定額以上の収入があると家族手当等を支給しないとする取扱いは、男女の性別のみによる賃金の差別扱いであって、合理的根拠もなく、前記給与規定部分は、労働基準法４条に違反し、本条により無効である。

❿ 最判平成５年３月30日民集47巻４号3262頁［25000040］

故意によって生じた損害を塡補しない旨の自家用自動車保険普通保険約款

第90条

の条項について、傷害の故意しかなかったのに予期しなかった死の結果を生じた場合についてまで保険契約者、記名被保険者等が自ら招致した保険事故として免責の効果が及ぶことはないと解しても、一般に損害保険契約において本件免責条項のような免責約款が定められる趣旨、すなわち故意によって保険事故を招致した場合に被保険者に保険金請求権を認めるのは保険契約当事者間の信義則あるいは公序良俗に反するものであるという趣旨を没却することになるとはいえない。

⓫ 東京高判平成13年5月23日判タ1127号184頁［28062373］

平成9年当時の総会屋であった原告会社の代表者が被告会社の株主でもあったことから、被告会社から原告会社への本件贈与契約は、株主が代表者となっている法人に対して会社が金銭を交付するものであって、商法294条ノ2（平成15年法律第134号改正前）の株主の権利行使に関する利益供与の禁止条項に触れるおそれがあるものと考えられ、また、平成9年当時は、官民を挙げていわゆる総会屋対策がとられた時期であり、その一環として、いわゆる総会屋等に対する寄付金や賛助金の提供、情報誌の購読等を行わないこととするため、関係閣僚会議申合せや経団連による会員企業への働きかけ等が行われていて、広告掲載や新聞、雑誌等の購読の形態を採った賛助金の交付に対しても厳しい目が向けられていたという当時の社会情勢に鑑みれば、株主に対する利益供与と推定されるおそれのある賛助金の交付を約した本件贈与契約は、公序良俗に反するものとして無効となるものと認められる。

⓬ 高松高判平成14年2月26日判タ1116号172頁［28081231］

(1) 漁業協同組合である被告が第三者から交付された海砂利採取等による漁業補償金を組合員に配分するにつき、男性正組合員に対してのみ配分し、女性正組合員に対して配分しなかったことは不合理な男女差別に当たるというべきであり、被告の女性正組合員である原告に対し砂利採取同意料を配分しない旨の決定は、男女の不合理な性差別を禁止する憲法の趣旨に反し、民法上、公序良俗に反するものとして無効というべきである。

(2) 仮に、原告が被告から正組合員の認定を受ける条件として、将来の砂利採取同意料の配分請求権の放棄又は不行使約束をしたとすれば、この請求

193

権放棄又は不行使約束は、不合理な性差別を禁止した憲法の趣旨にも反し、公序良俗に違反するものとして無効と解すべきである。

⓭ 大阪高判平成14年7月3日判時1801号38頁［28080136］

阪神・淡路大震災の被災女性である原告が結婚により世帯主でなくなった場合に、原告（被災者でない夫Ａが提訴したが控訴後Ａが死亡し妻である原告が承継）が世帯主でないことのみを理由として被告が支援金の支給を行わないのは、合理性のない世帯間差別及び男女間差別というべきであり、本件自立支援金制度における世帯主被災要件はその裁量権を逸脱・濫用したもので公序良俗に違反し無効なものと解されるし、仮に世帯主被災要件が常に公序良俗に反するものではないとしても、少なくとも本件の原告のような場合に世帯主被災要件を適用することは公序良俗に反し許されないから、信義則上、被告が応答をなし得る相当期間経過時に贈与契約の成立が擬制される。

⓮ 東京高判平成15年6月24日金融商事1179号46頁［28082894］

ゴルフクラブからその経営の委任を受けた会社がゴルフクラブとの間で締結した契約で、ゴルフクラブから預託金の立替返済の委託を受けるとともに、預託金返還債務を代位弁済した場合の求償金及び保証料の支払を担保するために、ゴルフクラブが有する売上金請求債権を一括して経営委任した会社に譲渡することなどを内容とする保証委託契約及び譲渡担保設定契約は、ゴルフクラブに対する預託金返還請求権を有する者がその売上金に対して強制執行を行うことを封ずるための脱法行為というべきものであり、公序良俗に違反して無効というべきである。

⓯ 東京高判平成15年7月31日判時1845号68頁［28090731］

（1）　34条によって設立された社団法人が、①国又は地方公共団体から法令に基づいて指定を受け、②法令により定められた事業を行うことにより、③その社員が、社員でない者よりも法令の適用上優遇措置を受ける場合には、当該社団法人は、その目的及び行おうとする法令により定められた事業の性質との関係で具体的に合理性のある社員資格を定めることができるにとどまり、前記合理性の認められない社員資格の定めは、公序良俗に反するものとして効力がないものと解するのが相当である。

(2) 宅地建物取引業法64条の2により宅地建物取引業保証協会として指定された社団法人である被告は、当時の建設大臣（現国土交通大臣）の指定を受けて同法64条の3の業務を行っているものであり、被告の社員（会員）は、弁済業務保証金分担金60万円を被告に納付することによって、一般の宅地建物取引業者が同法25条に基づいて必要とされる営業保証金1,000万円を供託することを要しないという極めて大きな経済的利益を享受することができるものであることからすれば、被告は、その目的及び行おうとする法令により定められた事業の性質との関係で具体的に合理性のある社員資格を定めることができるにとどまり、前記合理性の認められない被告の社員資格の定めは、法の下の平等を定める憲法の下の私法秩序に反し、公序良俗に反するものとして効力がないものと解するのが相当であるところ、被告の社員の資格について、「本会の会員は、全宅連会員の所属構成員（各都道府県宅地建物取引業協会の会員）でなければならない」と規定している定款施行規則3条1項は、前記合理性が認められないので、効力を有しないものと解する。

⓰ 東京高判平成17年4月27日金融商事1225号31頁 [28101779]

A社（破産管財人被告）は選定した一定の商品を原告会社に仕入価格の10分の1で売却するが、原告会社は当該商品のすべてをA社に販売委託し、当該商品が消費者に販売されたときはA社は仕入価格（本件廉価売却価格の10倍の価格）で原告会社から買い取るという在庫宝飾品の廉価処分をめぐる継続的取引に関し、本件取引については経済的合理性がないのみならず、この取引はA社の経営者Bが私的蓄財目的で行った特別背任行為であり、取引の相手方である原告会社についても、その代表者であるCがその目的を認識しつつ少なくともBと黙示に意思を通じたうえ、同取引を継続させてきたものであるから、同取引は公序良俗に違反する取引であるといわざるを得ないのであって、その根拠は、暴利行為に当たることを理由とするのではなく、本件取引に効力を認めることが社会の経済秩序を著しく損ねる重大な行為であることにより、その効力が否定されるべきことを理由とする。

⓱ 東京高判平成17年5月31日労働判例898号16頁 [28101956]

A社（譲渡人）と被告会社（譲受人）との間で遅くとも本件営業譲渡契約

の締結時までに、①A社と従業員との労働契約を被告会社との関係で移行させる、②賃金等の労働条件がA社を相当程度下回る水準に改訂されることに異議のあるA社の従業員については前記移行を個別に排除する、③この目的を達成する手段としてA社の従業員全員に退職届を提出させ、退職届を提出した者を被告会社が再雇用するという形式を採るものとし、退職届を提出しない従業員に対しては、A社において会社解散を理由とする解雇に付する、との合意がなされた場合において、②、③の合意部分は本条に違反するものとして無効である。

⑱ 広島高岡山支判平成18年1月31日判タ1216号162頁［28111016］

　本件モニター商法は、モニタープランを主力として展開する販売方法であるところ、この販売方法によれば、健康寝具の販売会社が本件寝具の代金全額を信販会社から立替払を受けたとしても、モニター会員のレポート提出により、24回に分けるにせよ、前記金額を大幅に上回る金員を支払わなければならないものであるから、このような取引を継続しても販売会社において利益を留保する余地はなく、客観的に見ればいずれ経営破綻を招くことが明らかな商法であったこと、販売会社は、本件モニター商法を連鎖販売取引であるビジネス会員制度と結び合わせて、本件モニター商法を全国に展開し、モニター会員の急増に拍車をかけ、その結果、モニター会員はその総数1万4,272名にも及んだこと、販売会社は、ビジネス会員を通じて、顧客に対し、本件のモニター会員制度が成立する理由について虚偽の説明を行って、その勧誘を行い、多数の顧客が、その説明に半信半疑ながらもこれを信じ、勧誘に応じて本件寝具に係る売買契約及びモニター契約を締結したこと、その結果、販売会社は、当然の経過として、自己破産するに至り、多数の顧客に損害を被らせたことが認められるのであり、これらの点からすると、本件モニター商法は、詐欺的商法であり、自由取引の枠組みを超える反社会的なものであって、公序良俗に反するものであるというべきであり、これを法的に構成するところの本件売買契約及び本件モニター契約は不可分一体の契約であると認められるから、両契約は公序良俗に反し全部無効であるといわなければならない。

❶ 最判平成18年 3 月17日民集60巻 3 号773頁 [28110762]

　本件入会地の入会権の得喪についての本件部落の慣習のうち、各世帯の代表者にのみ入会権者の地位を認めるという世帯主要件は、入会団体の団体としての統制の維持という点からも、入会権行使における各世帯間の平等という点からも、不合理ということはできないが、入会権者の資格を原則として男子孫に限り、本件部落民以外の男性と婚姻した女子孫は離婚して旧姓に復しない限り入会権者の資格を認めないとする男子孫要件は、前記 2 点のいずれからも何ら合理性を有さず、男女の本質的平等を定める日本国憲法の基本的理念に照らし、遅くとも本件で補償金の請求がされている平成 4 年以降においては、性別のみによる不合理な差別として本条の規定により無効である。

❷ 東京高判平成18年10月25日金融商事1254号12頁 [28112437]

　原告が、貸金業者である被告から、利息制限法所定の制限利率を超える利息を支払うとの約定で金員を借り受けたが、その後、原告が、被告との間で、この残債務を消費貸借の目的とし、これを分割して支払う旨の準消費貸借契約を締結した場合において、本件準消費貸借契約は、被告が、取引履歴の一部を開示しないことにより、利息制限法所定の利息制限を潜脱して、原告の損失により不正な利益を得るため、事情を知らないＡ弁護士を欺罔して締結させたものであるから、このような契約は、取引社会において許されるものではなく、公序良俗に違反して無効というべきである（欺罔により確認された誤った残債務額を基に、分割債務の額と期間を定めているから、本件準消費貸借契約全体が無効になるといわざるを得ない）。

❸ 大阪高判平成19年 8 月24日判時1992号72頁 [28140596]

　自治会（地縁による団体として認可を受け法人格を取得した団体）による本件決議に基づく増額会費名目の募金及び寄付金の徴収は、募金及び寄付金に応じるか否か、どの団体等になすべきか等について、会員の任意の態度、決定を十分尊重すべきであるにもかかわらず、会員の生活上不可欠な存在である地縁団体により、会員の意思、決定とは関係なく一律に、事実上の強制をもってなされるものであり、その強制は社会的に許容される限度を超え、自治会会員の思想、信条の自由を侵害するものであり、本条の公序良俗に反

し無効である。

㉒ 東京高決平成20年2月28日判夕1266号226頁 [28141155]

建物の屋上に建てられたプレハブ式建物についてされた保存登記は、仮装の売買契約に基づくものであるか、又は、当該建物の競売手続を妨害する目的でなされたものであって、公序良俗に違反する無効なものである。

解説

犯罪行為に関連する法律行為は公序良俗に反するとされる場合がある。もっとも、貸金を犯罪行為に使用することが消費貸借契約の内容になっていなければ、同契約は無効となるものではなく、判決❶はこのような事例である。

132条は、不法な条件を付した法律行為だけでなく、不法な行為をしないことを条件とする法律行為も無効とする。後者の場合、条件それ自体は不法ではないが、不法を企てることで金員を得ることを認めてしまう結果になることを防止しようとするものと考えられ（川島＝平井編・新版注釈民法(3)〔森田修〕125頁）、判決❷はこのような事例である。

憲法14条1項は合理的な理由のない性差別を禁じる。判決❸は就業規則中の定年年齢を男子60歳、女子55歳と定めた部分について、判決⓬は漁業協同組合が海砂利採取等による漁業補償金を男性正組合員にのみ配分し、女性正組合員に配分しなかったことなどについて、判決⓭は阪神・淡路大震災についての自立支援金制度における世帯主被災要件について、判決⓳は入会権者の資格を原則として男子孫に限るなどとする男子孫要件について、いずれも合理的な理由のない性差別であるなどとして公序良俗違反としたものである。ほかに憲法14条1項が問題となったものとして、法令により定められた事業を行う社団法人における社員資格の定めに合理性がなく、公序良俗に反するとした判決⓯がある。

憲法28条は勤労者の団結権等を定める。判決❻は、ユニオン・ショップ協定（使用者が、労働協約において、従業員のうち当該労働組合に加入しない者及び当該労働組合の組合員でなくなった者を解雇する義務を負うというものであり、組織強制の一形態である）のうち締結組合以外の他の労働組合に加入している者等について使用者の解雇義務を定める部分については、労働

者の組合選択の自由及び他の労働組合の団結権を保障する観点から、公序良俗に反するとしたものである。

労働関係に関するその他の裁判例として、判決❺は、労働協約条項中の労働基準法又は労働組合法上の権利に基づく不就労を稼働率（80％以下の従業員を翌年度の賃金引上げの対象者から除外する）算定の基礎とする部分について（一部無効の法理）、権利行使に対する事実上の抑制力が相当強いから、公序に反するとしたものである。同判決については、このような私法上の不利益取扱いが、直ちに当該権利を保障した労働組合法や労働基準法に違反するものではないために、これらの権利保障規定が形成する公序を侵害するという構成が必要とされており、公序良俗規範の補充性が顕著であるという評価がある（川島＝平井編・新版注釈民法(3)〔森田修〕197頁）。また、判決❾は、銀行の給与規定中の、扶養親族を有する世帯主に支給する家族手当等に関し、配偶者が扶養控除対象限度額を超える所得を有する場合は夫を世帯主とすると規定している部分について、性別のみによる賃金の差別扱いであるから、労働基準法４条に違反し、本条により無効であるとし、判決⓱は、営業譲渡及び会社解散を利用することによって、労働条件の切下げに異議を唱える労働者を排除する旨の営業譲渡契約の合意部分について、公序良俗に反して無効であるとして、いずれも個別労働契約における労働者の権利を保護したものである。

事業者による不当勧誘行為は存在するが、取引の法的形式が複雑で、その全体構造そのものが危険性を隠ぺいする作用を営んでいるため、その危険性が明確でない取引による消費者の被害が後を絶たないが、そのような事例に関する裁判例として、判決❼及び⓲は、その仕組み自体が一種のマルチ商法というべき契約について、しかも勧誘行為が詐欺的である場合について、公序良俗に反するとしたものである。

判決❽、⓮及び決定㉒は、正常な民事執行秩序を乱す行為について、公序良俗に反するとしたものである。

判決❿は、故意によって生じた損害を塡補しない旨の保険約款の免責条項について、傷害の故意しかなかったのに予期しなかった死の結果を生じた場

合についてまで免責の効果は及ばないと解しても、公序良俗に反するもので
はないとしたものであるが、同判決は、約款の不当条項規制において、その
条項の内容を契約解釈という作業によって制限的に解することによって、条
項を無効とすることなく、当事者を約款の不当な内容から解放するという手
法（制限的解釈）を採ったものとされている（川島＝平井編・新版注釈民法
(3)〔森田修〕115頁）。

　判決⓫は、株主に対する利益供与と推定されるおそれのある賛助金の交付
を約した贈与契約は公序良俗に反するとしたものであるが、当時の法令のみ
ならず、社会情勢をも詳細に認定したうえで判断しており、参考になる。

　経済取引の秩序に反するものとして、判決⓰は、経済的合理性がなく、か
つ、経営者による私的蓄財目的の特別背任行為に当たる取引について、公序
良俗に反するとしたものであり、判決⓴は、貸金業者が、取引履歴の一部を
開示しないで締結した準消費貸借契約について、事情を知らない代理人弁護
士を欺罔して締結させたものであるから、公序良俗に反するとしたものであ
る（もっとも、判決⓰については通謀虚偽表示という法律構成も可能であっ
たようにも思われるし、判決⓴については錯誤無効ないし詐欺取消しという
法律構成も可能であったようにも思われる）。

　判決㉑は、強制加入団体に近い団体（自治会）の方針とその構成員の意思
が異なる場合に、公序良俗概念を用いて、後者を保護したものである。

　判決❸、⓬、⓯及び⓳（いずれも憲法14条1項）、判決❹（同法9条）、判
決❻（同法28条）並びに判決㉑（同法19条）は、憲法の私人間効力について
いわゆる間接適用説（最大判昭和48年12月12日民集27巻11号1536頁
[27000458]）に立つものである。

3　暴利行為かどうか

裁判例

❶　最判昭和27年3月6日民集6巻3号320頁 [27003421]

　利息月8分の約束が利息制限法に違反することはいうまでもないが、この
ために消費貸借自体が無効となると解すべきではない。

200

第90条

❷　最判昭和27年11月20日民集 6 巻10号1015頁［27003375］

　貸主が、病気中の借主の窮迫に乗じて短期間の弁済期を定め、5,000円の借金を期限に弁済しないときは時価 3 万円に近い不動産を代物弁済することを約束させるのは、公序良俗に反して無効である。

❸　最判昭和29年11月 5 日民集 8 巻11号2014頁［27003115］

　昭和25年 2 月20日に元金を 3 万円、弁済期を同年 5 月25日、支払うべき利息及び損害金の割合を月 1 割とする約定で、商人の営業資金に供するために成立した消費貸借は、特別の事情のない限り、公序良俗に反し無効であるということはできない。

❹　最判昭和32年 2 月15日民集11巻 2 号286頁［27002834］

　元金35万円、弁済期30日後、利息30日につき 1 割、利息を支払えば借主の希望により弁済期を延期するとの約旨の消費貸借契約に附随し、借主が弁済期に元金を支払わないときは、時価306万7,000円相当の不動産の所有権を代物弁済として貸主に移転する旨を約したときは、前記代物弁済の予約は、特別な事情のない限り、貸主が借主の窮迫に乗じて締結したものと認めるべきであって、公序良俗に反し無効と解するのが相当である。

❺　最判昭和32年 9 月 5 日民集11巻 9 号1479頁［27002775］

　消費貸借上の貸主が、借主の窮迫、軽率若しくは無経験を利用し、著しく過当な利益の獲得を目的としたことが認められない限り、利息が月 1 割と定められたという一事だけでは、この約定を公序良俗に反するものということはできない。

❻　最判昭和34年12月28日民集13巻13号1678頁［27002510］

　身元保証ニ関スル法律 5 条には裁判所において身元保証人の責任及びその範囲を制限すべき場合についての規定が置かれており、本件身元保証契約中に保証人の責任の限度が約定されていなくても、直ちに保証人が無制限に損害賠償の責任を負担すべきものであるとはいえないから、本件契約は前記責任の限度に関する条項を欠いているとの一事により公序良俗に反し無効であると解すべきではない。

201

❼ 最判昭和35年6月2日民集14巻7号1192頁［27002450］

金融業者が、パチンコ屋経営の資金として金20万円を、弁済期1か月後、利息1か月9分の約で貸し付けるに当たり、借主が前記債務の支払を怠ったときは、貸主は時価80万円を下らない不動産の所有権を取得することができる旨の代物弁済の予約をした場合でも、貸主が巨利を博すべく、債務者の窮迫に乗じ、そのような担保物を初めから処分する目的で提供させたものと認め難いときは、直ちに前記予約を公序良俗に反し無効のものと解することはできない。

❽ 最判昭和38年1月18日民集17巻1号25頁［27002061］

債務者の経済的困窮に乗じて、元利金7万7,000円の債務のため、その約8倍の価格の不動産を譲渡担保として差し入れさせ、債務不履行のときには債権者において担保物を債務の弁済に代え債務者はその返還を請求できない旨を約束させた場合には、その特約の部分は公序良俗に反して無効であるが、譲渡担保契約全部が無効となるとは限らないのであって、いわゆる弱い譲渡担保としての効力まで否定することはかえって当事者の意思に反することになる場合もある。

❾ 大阪高判平成8年1月23日判時1569号62頁［28010921］

消費貸借契約において、借主の申入れにより弁済期前に支払った場合には借主は弁済期までの約定利息を支払わなければならない旨の早期完済特約の条項があり、その合意があったものといえるが、例文にすぎず、貸主の担当者は借主が前記特約のあることに気付いていないことを知りながらあえて借主に前記特約のあることを教えなかったこと、前記特約が適用されると借主が弁済期前に元金残額を返還しようとする場合、借入日から返還までの期間が短ければ短いほど支払うべき未経過利息は多額となり、約定どおり支払った場合（実質年利は131.2019％）はもちろんのこと減額されて支払っても（同93.5131％）、出資の受入れ、預り金及び金利等の取締りに関する法律所定の最高限度額を超える過大な利率となることを総合勘案すると、前記早期完済特約は、信義誠実の原則に照らして不当な約款であり、公序良俗に反して無効である。

第90条

❿ 東京高判平成8年3月28日判時1573号29頁［28011209］

　契約期間を10年とするコンビニエンスストアのフランチャイズ契約において、フランチャイジーの競業避止義務違反に基づく損害賠償額の予定が契約期間10年分に相当するロイヤリティ120か月分とされることは、社会的に相当とはいえず、ロイヤリティ30か月分相当額を超える部分は公序良俗に反するものとして無効と解すべきである。

⓫ 東京高判平成12年6月8日判時1717号90頁［28052004］

　原告と被告との間で締結された雇用請負契約と称する契約は、被告が原告らAの相続人に代わって、Aの遺産の調査、処分等をすることを主要な目的とするものであるが、①弁護士や司法書士でもなく、税理士や不動産取引主任者等の資格があるわけでもない被告が、原告ら相続人に代わって、Aの遺産である土地を管理していたAの弟Bとの間の紛議の解決、同土地の占有者との賃貸借契約の解消や明渡しをめぐる交渉、これらの不動産の処分、相続税及び譲渡所得税その他の税の納付に関する法律事務等をすることについて委任を受け、あるいはその事務の処理をすることを請け負い、これに対し、原告から日本弁護士連合会の報酬基準、宅地建物取引業法46条、建設省告示第1552号の報酬基準のいずれと比較しても、異常に高額の報酬の支払を受けることを内容とするものであり、被告は報酬を受けてこれらの法律事務等を第三者に代わってすることを業として行っていたものと認められ、その行為は弁護士法72条本文に抵触するものというべきであること、②本件雇用請負契約を証する書面の記載は、平均的な読解力及び理解力のある日本人でも、その内容、特に、従前の契約との異同を正確に理解することが決して容易であるとはいい難いものであるうえ、原告は幼いころブラジルに移住して以来同地に居住しており、日本語の読み書きの能力が著しく低く、日本における法的あるいは社会的制度や慣行等の諸事情には極めて疎い状態にあり、日本にあるAの遺産の処理に当たって頼りにできるのは被告のみであるという特殊な立場に置かれていたものであって、被告は、これらの事情を熟知しながらこれに乗じて、原告において理解することが容易ではない書面を作成して、原告との間で本件雇用請負契約を締結したことが認められること、③契約ど

おりの報酬額では、当初原告が相続財産を処分し、相続税や譲渡所得税を納付した後の余剰を取得したいと考えていたこととはおよそ異なり、原告の手元には、税金分も残らないという結果になってしまうことが明らかであることといった事情を総合すると、本件雇用請負契約は、公序良俗に違反し、無効のものであるといわなければならない。

⓬　東京高判平成13年2月20日判時1740号46頁［28060617］

　勤務先の会社に出入りする取引業者Ａから借金の連帯保証人になることを依頼された被告が、商工ローン業者である原告との間でＡを主債務者とする根保証契約を締結した場合において、①原告の貸付業務の場合、根保証の法形式は、保証の対象である個別の債権の内容を保証人に不明確なものとする道具として使われている疑いが濃厚であること、②被告のようにＡの事業内容を知り得る立場になく、Ａの事業によって直接間接に利益を得る立場にもない者の場合は、保証をするかどうかの判断に当たって、保証の対象である債権が弁済される可能性があるかが、ほぼ唯一の判断基準であるところ、根保証の法形式の採用と既存債務の内容を説明しないという原告の取扱いによって、保証の対象がどの債権であるかという重要事実が曖昧にされれば、保証人は、容易に騙され、保証の対象である債権は確実に弁済されるとの錯誤に陥るといえること、③原告が根保証を求める背景には、債権の回収不能のリスクを保証人に付け替えるうえでの便宜の問題が存在していること、④貸金業の規制等に関する法律の一部改正で、根保証の法形式の利用による保証対象の不明確化の弊害を防止する措置がとられたが、前記法改正の前でも、根保証の法形式をこのように保証対象を不明確化するために利用すること自体が許されていたわけではないこと、⑤原告の貸付業務の場合、根保証の法形式の利用は、保証の対象の不明確化を通じて、保証の対象である債権のその後の変化、特に弁済その他による消滅や利息制限法の適用による債権額の減少を保証人に隠ぺいする道具として使われていることからすれば、原告による根保証の法形式の利用は、公の秩序である法律の弱点を逆手に取って自己の不法な利益を図ろうとするものであり、公序良俗に反するもので、本条の適用により、その契約は、根保証としては無効であるということができる。

第90条

⑬ 東京高判平成14年10月3日判夕1127号152頁［28080413］

　原告は、住宅ローンを含めた債務の借換えとして被告$_1$から3,160万円の融資を受け、本件各不動産（9,000万円を超える価値を有する）に極度額6,300万円の根抵当権を設定したが、被告$_1$は共謀していた被告$_2$、被告$_3$にその貸金債権を担保権とともに根質入れした後、被告$_2$が根質権に基づいて根抵当権を実行し不動産競売を申し立てた場合において、被告$_1$は、原告の軽率、無経験、法律の不知につけ込み、必ずしも借換えをする必要がなかった原告に対し、従前よりも有利な条件で借換えが可能などと虚偽の事実を申し向けて借入れを決断させたうえ、本件金銭消費貸借契約書が仮のもので半年以内に長期低利の借換えができると欺いてその弁済期を約半年後とし、本件各不動産に貸金債権のほぼ2倍に相当する極度額の根抵当権を設定させたもので、その意図したところは、原告をして本件貸金債務の返済を遅滞に陥らせ、高率の遅延損害金を支払わざるを得ない立場に追い込んで、自らあるいは被告$_2$、被告$_3$を通じて大きな利益を得ようとする一方、相互に密接な関係を有し利益を同じくする被告$_2$、被告$_3$に貸金債権と担保権を形式上帰属させ、それにより原告の貸主である被告$_1$に対する抗議や苦情の申入れあるいは抗弁の主張を封じたものと認められるところ、借主の思慮の乏しさと法的知識の欠如を利用し、詐欺的な手段、方法を用いて、複雑巧妙にその抗弁の主張を封じながら、高額の利益を得ることが、取引上許されないことはいうまでもなく、本件は、一見すると通常の金融取引の外観を呈しているけれども、その実質は社会の一般的秩序に反する形で借主の資産を侵奪し、借主である原告に多大な財産的損害と精神的苦痛を与えるものであって、その反社会性は顕著であることに鑑み、本件金銭消費貸借契約及びこれと事実上一体を成す本件根抵当権設定契約は、公序良俗に反し無効である。

⑭ 高松高判平成15年3月27日判時1830号63頁［28082615］

　原告が、被告$_1$から本件土地建物を代金2,000万円で買い受けたと主張し、本件建物の所有者及び占有者である被告$_2$〜被告$_5$に対し、建物収去土地明渡し又は建物退去土地明渡しを求めた事案について、①本件土地の固定資産税証明書における評価額及び本件土地建物の不動産鑑定評価書における鑑定評

205

価額と比べてみても、売買代金額の2,000万円はその4割にも満たない金額であり、両者の乖離は非常に大きいこと、②原告は、売買契約における代金額が不動産の実勢価格より著しく低いものであり被告₁にとって著しく不利なものであることを認識しながら、そのことを認識していない被告₁に、同契約を受け入れさせたものであること、③原告の行為は、直ちに被告₁に対する軟禁行為、強迫行為に当たるとまでは評価できないとしても、被告₁が重要な財産である本件土地等を売り渡すについて、自由かつ合理的な判断をするための前提を損なわせるおそれが極めて強い行為を行ったということができ、原告が被告₁と本件売買契約を締結する前後にとった行動は、全体としても、契約自由の原則の範囲を超え、社会的相当性を著しく逸脱したものであること、④被告₁の知的能力は正常範囲にあるが、正常値の最下位級に属しており、適当な相談者なくして、合理的に自己の重要な財産の処分をする能力にやや欠ける面があり、原告も被告₁の不動産取引等の能力、経験等が格段に低いこと自体は認識していたこと、⑤被告₁は当時消費者金融業者等に対し600万円近くの借金を負っていたが原告はこのことを知っており、被告₁は勤務先を無断欠勤し家出するなど精神的にも不安定な状況にあったことなどに鑑みると、本件売買契約は、その内容及び契約締結の経過に照らし、公序良俗に反し無効というべきである。

⓯　福岡高判平成17年1月27日判夕1177号188頁〔28100376〕

　平成15年法律第136号による貸金業の規制等に関する法律の改正法施行前において、無登録の貸金業者による月1割（年利率は120％になるが、貸付け時に天引きがなされており、天引き後の金額を元金とする実質年利率は133.3％を超える）という高金利の金銭消費貸借契約・連帯保証契約は、前記改正の約11か月から9か月前という時期からして、極めて違法性の高い犯罪行為であり、いわゆる「闇金融」をめぐる問題状況は改正の前後を問わずに変わりないことからすると、もはやそのこと自体でもって、既に公序良俗に反する行為といっても過言ではないこと、これに加えて、債務者の窮迫、無思慮、知識の乏しさに乗じて犯罪行為に該当する本件各契約を成立させ違法な高金利による利益を得ようとしていたことから、本件各契約は、公序良

俗に反する契約として無効であるといわなければならない。

⓰ 福岡高判平成18年11月９日判タ1255号255頁 [28130058]

　建設工事請負業を営む原告において、その被用者であったＡが集金した工事代金等を着服、横領したため、被告₁（Ａの母）、被告₂（Ａの兄）、被告₃（Ａの姉）をして、将来、再びＡが同様の行為をした場合等には、Ａと連帯して既発生の損害金3,506万1,830円の支払をすることを約束（連帯保証契約）させていたところ、Ａがその後再び工事代金を着服、横領したと主張して、被告らに対し、前記損害金を請求した場合において、本件連帯保証契約が直ちに公序良俗違反により無効であるとはいえないが、本件連帯保証は、一種の身元保証であり、その変型であるともみなされること、いかにＡが引き起こした不始末であるとはいえ、3,500万円余の連帯保証債務を被告らに負わせるというのは酷に過ぎ相当でないこと、Ａが給料から毎月６万円を損害賠償充当分として原告に支払っていたこと、将来の退職金も放棄することを約していたこと、被告₁、被告₃は主婦で収入がなく、被告₂も会社員で年収が380万円程度にすぎないこと、原告はＡが多額の横領金の使途などを明らかにしないにもかかわらずＡを旧来の職務に復帰させたことなどを考慮し、身元保証ニ関スル法律５条の趣旨に従い、700万円を超える部分については公序良俗違反により無効とするのが相当である。

⓱ 最判平成18年11月27日民集60巻９号3732頁 [28112528]

⑴　大学の入学試験の合格者が納付する入学金は、その額が不相当に高額であるなど他の性質を有するものと認められる特段の事情のない限り、合格者が当該大学に入学し得る地位を取得するための対価としての性質を有し、当該大学が合格者を学生として受け入れるための事務手続等に要する費用にも充てられることが予定されているものであるところ、在学契約等を締結するに当たってそのような入学金の納付を義務付けていることが公序良俗に反するということはできない。

⑵　私立医科大学の平成13年度の入学試験の合格者が、同大学に授業料等を含む所定の納付金を納付して、同大学との間で、平成13年３月21日正午よりも後に入学辞退を申し出た場合には授業料等を返還しない旨の特約の付さ

207

れた在学契約を締結した後、同月27日頃同契約を解除した場合において、医科大学においては入学辞退によって欠員が生ずる可能性が潜在的に高く、欠員が生じた場合に生ずる損失が多額になることは否定し難いこと、前記特約が当時の私立大学の医学関係の学部におけるそれとの比較において格別合格者に不利益な内容のものであることがうかがわれないことなど判示の事情の下では、前記授業料等の金額が614万円であり、このうち教育充実費については6年間に納付することとされている合計額950万円のうち500万円を在学契約締結時に納付すべきものとされていることや、同大学に定員割れが生じていないことなどを考慮しても、前記特約は、その目的、意義に照らして、合格者の大学選択に関する自由な意思決定を過度に制約し、その他合格者の著しい不利益において大学が過大な利益を得ることになるような著しく合理性を欠くものとまでは認め難く、公序良俗に反するものとはいえないし、同大学が前記授業料等の返還を拒むことが信義に反するともいえず、前記合格者から同大学に対する前記授業料等の返還請求は認められない。

⓲　東京高判平成19年4月26日労働判例940号33頁 [28132022]

原告と被告会社の本件業務換え及び本件賃金減額（賃金総額では43％、基本給では46％の減額）の合意は、病気のため従前どおりの仕事ができなくなった原告を、仕事を失うかもしれないという不安な状態に追い込み、一家の生計を支えるためにはとりあえず被告会社の提案を入れて就業するほかないと思わせ、書面に署名させたものと認めるほかなく、また、原告に従前の経緯を一切無視した業務換え及び賃金減額を提示し、これを受け入れざるを得ない立場に追い込んだ被告会社の対応には、支部組合員を嫌悪して、組合員を不利益に扱おうとする動機があることがうかがわれるのであって、前記合意は公序良俗に違反するものとして無効であるといわざるを得ない。

⓳　高松高判平成20年1月29日判時2012号79頁 [28140689]

本件着物の取引の中には1件当たりの代金額が100万円を超えるものが14件も含まれているのみならず、顧客の収入、資産状況やこれまでの生活状況等に照らし、これらは短期間に多数購入する必要性の乏しい商品であったといわざるを得ず、現に購入した着物等の大半は未着用のままとなっており、

しかも、本件取引を含む本件全取引は顧客の肝臓疾患ないしこれによる肝不全期における肝性脳症に伴う精神神経障害に起因するものであって、いわば顧客の購買行動の異常性の発露ともいうべきものであるにもかかわらず、販売店において、顧客の前記状態を何ら顧慮することなく本件取引を継続してきているのであり、こうした本件取引の期間、回数及び取引金額等の状況、顧客の購買行動の異常性の原因、販売店の担当者による前記異常性の認識可能性及び本件取引への対応等の諸事情に鑑みれば、本件取引においては、過量販売ないし過剰与信に該当するものとして、顧客に対する販売ないし与信取引を差し控えるべき信義則上の義務があったというべきであり、この時期以降の取引は公序良俗に反するものとして無効となるとともに、これらの取引に係る販売店の行為は不法行為法上も違法となると解するのが相当である。

⓴ 福岡高判平成20年3月28日判時2024号32頁［28150135］

不動産（マンションの1室）の売買における違約金特約について、その約定の内容が当事者にとって著しく苛酷であったり、約定の損害賠償の額が不当に過大であるなどの事情のあるときは、公序良俗に反するものとしてその効力が否定されることがあり、また、公序良俗に反するとまではいえないとしても、約定の内容、約定がされるに至った経緯等の具体的な事情に照らし、約定の効力をそのまま認めることが不当であるときは、信義誠実の原則によりその約定の一部を無効とし、その額を減額することができるところ、本件において違約金として請求できるのは、約定の違約金728万円全額ではなく、400万円（既に授受されている手付金200万円に加え200万円）と認めるのが相当である。

―――― 解説 ――――

他人の窮迫、軽率又は無経験を利用して（主観的要件）、著しく過当な利益の獲得を目的とする（客観的給付不均衡）法律行為（暴利行為）は、公序良俗に反して無効である（なお、大判昭和9年5月1日民集13巻875頁［27510035］）。

暴利行為論の特色は、客観的な給付の不均衡という契約内容が問題にされるだけでなく、契約締結過程における一方当事者の働きかけや相手方の弱い

地位が問題にされる点にある（川島＝平井編・新版注釈民法(3)〔森田修〕106頁）。

　高利の消費貸借が典型で、判決❷はその例であり、判決⓯（実質年利率133.3％超）は比較的最近のものである。

　他方、判決❶（利息月8分）、判決❸（同1割）、判決❺（同1割）及び判決❼（同9分）は相当の高利であるにもかかわらず、公序良俗違反とされていない。

　前記のとおり、利率の高さ（客観的給付不均衡）のみを基準とするのではなく、当事者の職業その他の事情、金銭の利用目的（判決❸は商人の営業資金、判決❼はパチンコ屋の経営資金）、高利率によって達成しようとする目的など諸般の事情を考慮し、また、借主の窮迫、軽率又は無経験を利用したものであるか否か（主観的要件）によって、結論が分かれているものと思われる。

　前記の主観的要件の立証責任に関して、判決❹は、消費貸借契約及びそれに付随する代物弁済予約の内容に照らし、同予約は貸主が借主の窮迫に乗じて締結したものと推認するという手法を採っている。

　なお、昭和29年の利息制限法の制定によって、制限利息超過部分については一部無効とする解決が法定されたために、利息の支払請求を斥けるために公序良俗違反を持ち出す必要はなくなった。

　被用者の行為により使用者の受けた損害を賠償することを約する契約を身元保証契約という（身元保証ニ関スル法律1条）。身元保証契約には2種類があり、1つは、被用者に帰責事由のある損害賠償債務が発生した場合にこれを保証する狭義の身元保証であり、もう1つは、賠償義務の存否とは無関係に、被用者の病気その他の事由のために使用者に損害を負担させないという一種の損害担保契約である身元引受である。

　身元保証契約においては、親戚関係や情宜関係から、軽い気持ちで保証人になることが多い反面、その永続性、不定量性ないし広汎性のために、保証人の責任が過酷なものになることがある。

　判決❻は、責任限度が定められていない身元保証契約について、その過酷さを理由として公序良俗違反の成否が問題とされた事案において、契約自体

に責任限度が定められていないとしても、身元保証の前記性質を踏まえて制定された身元保証ニ関スル法律5条が裁判所による保証人の責任制限を認めており、これに基づき裁判所が保証人の責任を制限することができる以上、前記契約は公序良俗に反しないとしたものである。

他方、判決⓰は、一種の身元保証とみなされる連帯保証契約について、具体的事情に照らし、契約自体が直ちに公序良俗に反するとはいえないが、同条の趣旨に従い、一定額を超える部分については公序良俗に反するとしたものである。

判決❽は、暴利行為を理由として代物弁済の約定を無効としたものであるが、そこから直ちに譲渡担保契約の全部を無効とすることは当事者の合理的意思に合致しないとして、一部無効の法理の採用を示唆している。なお、最判昭和46年3月25日民集25巻2号208頁［27000646］は不動産譲渡担保権者の清算義務を一般に肯定し、昭和53年に制定された仮登記担保契約に関する法律においては、仮登記担保権者の清算義務が法定された（同法3条1項）。

裁判例上、暴利行為として公序良俗に反するか否かが問題とされた事例には、前記のほかにも様々なバリエーションがある。

判決❾は、早期完済特約について、貸主が借主の不知を知りながらあえて告知せず（主観的要件）、また、その効力を維持した場合に相当の高利になる（客観的給付不均衡）ことなどを考慮して、公序良俗に反するとしたものである。

判決❿はコンビニエンスストアのフランチャイズ契約におけるフランチャイジーの競業避止義務違反（なお、大判昭和7年10月29日民集11巻1947頁［27510368］参照）に基づく損害賠償額の予定金額を契約期間と同期間のロイヤリティとする約定について、判決⓴はマンションの売買契約における違約金特約について、いずれも、具体的事情の下では過大であり、公序良俗に反するとして、約定中の一定金額を超える部分を無効としたものである。

判決⓫は、一定の事務を他人に委託する契約について、受託者は高額の報酬の支払を受けるとされているが、その行為は弁護士法72条本文に抵触すること、委託者の日本語の読み書き能力が著しく低いことに乗じて締結された

ものであること、委託者に利益が残存しない結果となることなどの事情を総合考慮して、公序良俗に反するとしたものである。主観的要件及び客観的給付不均衡のほか、強行法規違反が考慮されている。

判決⓬は、商工ローン業者の求めによって締結された根保証契約は、根保証の法形式を利用することによって保証の対象を不明確にし、法律の弱点を逆手に取って自己の不法な利益を図ろうとするものであるから、公序良俗に反するとしたものである。

判決⓭（金銭消費貸借契約及び根抵当権設定契約）、判決⓮（土地建物の売買契約）、判決⓲（業務替え及び賃金減額の合意）及び判決⓳（着物の売買契約）は、いずれも、相手方の軽率、無経験、法律の不知、病気、不安につけ込み、詐欺的・強迫的な手段、方法を用いて、高額の利益を得たり、相手方に不当な不利益を被らせたりする行為について、公序良俗に反するとしたものである。なお、判決⓲では、主観的要件として、組合差別の動機の存在が指摘されている。

判決⓱は、大学の入学金の納付義務については、入学金の性質や使途に照らし、公序良俗に反しないとし、また、合格者が入学を辞退した場合の授業料等の不返還特約については、不返還特約の目的や意義に照らし、合格者の大学選択の自由を過度に制約するものでもなく、暴利行為に当たるともいえないとして、公序良俗に反しないとしたものである。

4 　個人の自由を極度に制限するものかどうか

［ 裁判例 ］

❶ 　最判昭和30年10月 7 日民集 9 巻11号1616頁 ［27002987］

16歳に達しない娘の親が、妻名義で料理屋業をしている者から 4 万円を借り、その弁済として娘を料理屋の酌婦として働かせ、その報酬の半分を弁済に充てると約したような場合は、その酌婦として働く契約の部分は公序良俗に反して無効であり、また、金銭貸借と酌婦としての稼働とは、密接に関連して互いに不可分の関係にあるから、契約の一部たる稼働契約の無効は、契約全部の無効を来すものと解するのが相当である。

❷　最判平成16年11月5日民集58巻8号1997頁［28092813］

　原告が、「無所有共用一体社会」の実現を活動の目的としている団体である被告に加入するに当たり、被告との約定に基づき被告に対し全財産を出捐し、その後被告から脱退した場合において、原告と被告との間の参画に係る契約には、原告が出捐した財産の返還請求等を一切しない旨の約定があるが、このような約定は、その全財産を被告に対して出捐し、被告の下を離れて生活をするための資力を全く失っている原告に対し、事実上、被告からの脱退を断念させ、被告の下での生活を強制するものであり、原告の被告からの脱退の自由を著しく制約するものであるから、原告の脱退の時点で、原告への返還を肯認するのが合理的、かつ、相当と認められる範囲の不当利得返還請求権を制限する約定部分は、公序良俗に反し、無効というべきである。

❸　最判平成19年2月2日民集61巻1号86頁［28130353］

　従業員と使用者との間において従業員が特定の労働組合に所属し続けることを義務付ける内容の合意がされた場合において、同合意のうち、従業員に前記労働組合から脱退する権利をおよそ行使しないことを義務付けて脱退の効力そのものを生じさせないとする部分は、脱退の自由という重要な権利を奪い、組合の統制への永続的な服従を強いるものであるから、公序良俗に反し無効である。

❹　名古屋高判平成20年10月23日判夕1305号171頁［28151342］

　原告会社と被告の間の契約関係がどのようなものであるかは、契約の形式によって定められるのではなく、当該契約の実態によって判定されるべき問題であるところ、①被告はいわゆる水商売の雇われママであるホステスに当たり、被告と原告会社との契約関係は、実質的に雇用契約に基づくものであったと認めるのが相当であること、②飲食店経営や人材派遣業等を営む本件企業グループの場合、被告のように客から人気のあるホステスである女性従業員について、退職されると売上げに大きな影響があることから、その稼働の実態が雇用契約に基づくものにすぎないにもかかわらず、本件企業グループを支配するAやBらは、当該従業員と委任契約を締結してこの者に取締役ないし代表取締役との外観を付与し、会社経営に責任を有するとの法形式を

利用することにより、労働基準法等の労働保護法規を潜脱することとしていたこと、③各種連帯保証契約や違約罰の定めによって、経済的に退職を阻止し、事実上就労を強制していたこと、④被告には、原告会社の代表取締役の肩書を付与されたとの認識はあったが、本件グループの副代表、原告会社のための個人としての連帯保証等は、契約書を無断で作成されていたため、その有無、内容等を正確に認識する機会もなかったことから、原告会社と被告とは、委任関係になく、雇用関係にあること、そして雇用関係といっても、③のような事情があるから、法を遵守した雇用関係ではなく、労働基準法16条ないし公序良俗に違反するような関係にあったというのが相当である。

［解説］

かつて、未成年の女子を芸娼妓として働かせる際に、親が代理して雇い主との間で稼働契約を締結し、親が金銭を受領して前借金契約（金銭消費貸借契約）を締結し、この金員を芸娼妓としての労働で弁済する債務弁済契約が結ばれ、芸娼妓の人身を拘束するために様々な違約金契約が結ばれるという複合的契約関係（芸娼妓契約）が形成されることがあった。

戦前の判例は、芸娼妓契約について、芸娼妓として稼働することを義務付け強制する部分と金銭消費貸借の部分に分けて、前者は無効であるが、後者は前者と不可分であれば無効であり、そうでなければ有効であるとしていた。全部無効としない理由としては、悪質な親が、娘を売り飛ばして借金をしておきながら途中で逃げ帰らせ契約全体を無効とする判決を得て借金を踏み倒し、再び別の雇い主に売り飛ばすことを繰り返すおそれがあることなどが挙げられていた。

これに対し、判決❶は、芸娼妓としての稼働契約を無効とするにとどまらず、同契約の契機となった金銭消費貸借契約をも無効としたものである。同判決は、理由付けとして、①後者が前者の対価としての性格を有し（対価性）、②前者が後者の担保となっており（担保性）、③しかも後者が損害賠償額の予定・違約金条項として前者の拘束性を強化していること（拘束性）を挙げている（川島＝平井編・新版注釈民法(3)〔森田修〕198、212頁）。

判決❷及び❸は、団体からの脱退の事由を著しく制約する約定について公

序良俗に反するとしたものであり、最判平成元年12月14日民集43巻12号2051頁［27805325］も類似の事案である。なお、判決❷は、当初は法律上の原因があったが後に消滅した場合にも、不当利得返還請求が認められるとしたものである。

判決❹は、実質的には雇用契約に基づく契約関係でありながら、使用者において、形式上、被用者が委任契約に基づく代表取締役の地位を有するという外観を作出することにより、労働保護法規を潜脱して、事実上、被用者の退職を阻止し、就労を強制していた事案について、その実態を直視して、公序良俗に反するとしたものである。

5　営業の自由の制限となるかどうか

［裁判例］

❶　最判昭和44年10月7日裁判集民97号9頁［27441223］

2年間同一町内において同一業種のパチンコ店を営業しない旨の契約のように、期間及び区域を限定しかつ営業の種類を特定して競業を禁止する契約は、特段の事情の認められない限り営業の自由を制限するものではなく、公序良俗に違反するものではないと解すべきである。

❷　大阪高判平成10年6月17日判時1665号73頁［28040859］

クリーニング業者である原告が、その取次店をしていた被告との間で取り交わしていたクリーニング取次業務委託契約書には、違約金条項があり、受託者は「契約解除等に基づき本契約終了後1年以内に於いて」、競業者の受託行為を行ってはならない旨を定め、これに違反した場合、過去3か月間の平均売上高の12か月分の違約金を支払うことが定められていたところ、原告の債務不履行により被告が契約を解除した後、被告が競業避止義務に違反したとして、原告が前記違約金を請求した場合につき、違約金特約が社会的に相当と認められる金額を超えて著しく高額である場合は、営業の自由を奪うものとして、その超過部分は公序良俗に反し無効となるのであり、本件委託契約では、被告が受領できる手数料は売上高の25％弱であるから、1年間の売上高を違約金とするということは、4年間に受領できる手数料額以上の金

215

額を違約金とするものであり、本件違約金条項は、著しく高額で過酷な違約金特約といわざるを得ないが、条項自体については、金額の点はともかくとして、一定の合理的な基礎を有していることが認められることから、原告側・被告側双方の各諸事情を総合して、本件違約金条項のうち、売上高4か月分の違約金（被告が、本件競業禁止条項に違反して、A社の取次店となって営業をしていた期間が2か月間であり、その違反期間の2倍の期間に相当し、これは1年4か月分の手数料収入に当たる）を超える違約金（約2年8か月分の手数料収入に当たる売上高8か月分の違約金）は、営業の自由を極端に制約するもので、社会的に著しく不相当な金額であると認められ、前記超過部分は公序良俗に反し無効である。

❸　大阪高決平成18年10月5日労働判例927号23頁［28130391］

　本件就職禁止条項（弁理士の経営する本件特許事務所を退職後2年間は、本件事務所の顧客にとって競合関係を構成する特許事務所・法律事務所への就職を禁止する）が記載された誓約書に基づいて、相手方らが誓約したことは認められるので、再就職先を制限すること自体についての誓約（合意）が成立していたと解する余地はあるが、①誓約の態様が、法律的義務を負担することを承諾したものであったというより、注意喚起の趣旨でされたとみられるものであること、②再就職が禁止される就職先の範囲が文言上特定されていないので、結局は範囲を明確に画することができないこと、③相手方らの担当職務は、本件事務所の業務の一部分であるから、本件事務所の顧客全部との関係で就職先を制限する必要性はないこと、④再就職先の制限をしなければ本件事務所の顧客の技術秘密が漏洩する可能性が高いとも認められないことを総合すると、本件就職禁止条項に労働者の職業選択の自由に優先する効力を認めるのは相当ではなく、同条項は公序良俗に違反して無効であるというべきである。

解説

　判決❶は、競業禁止特約が公序良俗に反せず有効とされる要件について、最高裁判所が、大判昭和7年10月29日民集11巻1947頁［27510368］を踏襲して、一般論を述べたものである。

競業禁止に関する利益状況を詳細に分析し、元被用者の基本権の保護の観点から、被用者の職業の自由の重要度やその侵害の程度（期間・場所の限定及び補償の有無）を考慮するとともに、元使用者の基本権に対する配慮の観点から、投下資本の回収や営業秘密の保護等を考慮すべきであるとする見解がある（山本・民法講義Ⅰ273頁）。

判決❷は、クリーニング取次業務委託契約書における違約金条項は、具体的事情の下では過大であり、公序良俗に反するとして、約定中の一定金額を超える部分を無効としたものである。

決定❸は、特許関係の競合事務所への就職禁止条項について、①誓約書について例文解釈を採用したうえ、②就職先の範囲が特定されていないこと、③就職先を制限する範囲が過大であること、④秘密漏洩の可能性が乏しいことなどを理由として、公序良俗に反するとしたものである。

6　著しく射倖的なものかどうか

[裁判例]

❶　大判昭和13年3月30日民集17巻578頁［27500377］

賭博によって負担した債務の弁済に充てる資金を貸す契約は、公序良俗に反して無効である。

❷　最判昭和46年4月9日民集25巻3号264頁［27000644］

賭博による債務の履行のために交付された第三者振出しの小切手の支払につき、所持人と振出人との間に和解契約が成立しても、前記小切手金の支払を求めることは公序良俗に反して許されないと解されるから、同じく前記和解上の金銭支払の約束も公序良俗違反のゆえをもって無効である。

❸　最判昭和47年4月25日裁判集民105号855頁［27441470］

賭博の用に供されるものであることを知りながら金員を貸与する行為は、公序良俗に反し無効である。

❹　最判昭和61年9月4日裁判集民148号417頁［27802166］

原告は、被告に対し賭博開帳の資金に供されるものであることを知りながら、金銭を貸与したというのであるから、原告・被告間の金銭消費貸借は公

序良俗に違反し無効であるというべきである。

❺ 最判平成9年11月11日民集51巻10号4077頁［28022345］

　賭博行為は公の秩序及び善良の風俗に反すること甚だしく、賭博債権が直接的にせよ間接的にせよ満足を受けることを禁止すべきことは法の強い要請であって、この要請は、債務者の異議なき承諾による抗弁喪失の制度の基礎にある債権譲受人の利益保護の要請を上回るものと解されるから、賭博の勝ち負けによって生じた債権が譲渡された場合においては、前記債権の債務者が異議をとどめずに前記債権譲渡を承諾したときであっても、債務者に信義則に反する行為があるなどの特段の事情のない限り、債務者は、前記債権の譲受人に対して前記債権の発生に係る契約の公序良俗違反による無効を主張してその履行を拒むことができるというべきである。

❻ 東京高判平成18年9月21日金融商事1254号35頁［28112070］

　原告は、外国為替取引等を目的とするA社との間で外国為替証拠金取引を行ったが、その取引は、外国為替市場の外国為替直物取引とされ、外国為替市場におけるインターバンクレートを基準としてA社が独自に提示する為替レートによってA社と顧客との間で行われる相対取引であって、証拠金の10倍ないし20倍の外国為替直物取引が可能であり、米ドル、ユーロ、英ポンド、豪ドル、ニュージーランドドルの取引通貨の最小取引単位は各通貨の1万倍とされていることから、総額は多額に上り、したがって、極めてハイリスク、ハイリターンの商品であること、外国為替市場におけるインターバンクレートの変動それ自体は当事者において予見し得ない事実であること、ロールオーバー（通貨の交換日の繰延べ）を行うことにより建玉（売買成立した未決済の売り契約又は買い契約）を継続することができ、顧客が建玉を決済する方法は反対売買により差金決済をするのが通常の方法であること、直物取引とされてはいるが、実際には証拠金による信用取引であり、ロールオーバーが原則であって、実際は、反対売買による差金決済による財産的利益を目的としたものであると認められることから、本件外国為替証拠金取引は、原告とA社が相互に財産上の利益を賭け、偶然の勝敗によってその得失を決めるものであるので、賭博に当たり、公序良俗に違反するものというべきである。

第90条

解説

　射倖とは偶然に利益を得ようとすることである。

　射倖行為の代表が賭博であるが、刑法は、賭博を禁止し、違反者を処罰することとしている（同法185条）。賭博は、人々の勤労意欲を失わせ、また、著しい損害を発生させて生計を破綻させる可能性を有するからである。

　判決❶は賭博によって負担した債務の弁済に充てるための金銭の貸借について、判決❸は賭博の用に供するための金銭の貸借について、判決❹は賭博開帳の資金に充てるための金銭の貸借について、いずれも公序良俗に反するとしたものである。なお、判決❶に対しては、「もう博打には手を出しません」と反省している人に、更生させてやろうというつもりでお金を貸す場合もあるから、一概に無効とすることには疑問があるという批判もある（内田・民法Ⅰ284頁）。

　そして、判決❷は、賭博により負担した債務の履行のために交付された小切手上の債務の支払についての和解契約は公序良俗に反するとし、判決❺は、賭博により負担した債務の債権譲渡について異議なく承諾した債務者であっても、前記債権の発生に係る契約の公序良俗違反を主張することができるとしており、賭博の公序良俗違反性は、賭博と直接的に関係する法律行為のみならず、それを前提として形成された法律行為にも及ぶものとされている。

　判決❻は、外国為替証拠金取引が実質的に賭博に当たるか否かが問題となり、これを肯定して公序良俗に反するとしたものである。

7　その他

裁判例

❶　大判昭和19年5月18日民集23巻308頁［27500013］

　数百年前から甲部落の水田を灌漑して来た流水を引くための唯一無二の堰に関して、その堰の上流沿岸にある乙部落道路の修理費の支払を甲部落において延滞したときはその水閘（水門）を取り払う旨を約するのは、本条によって無効である。

219

❷　最判昭和25年3月28日民集4巻3号117頁［27003539］

　無縁の墓石、地蔵石等があるからといって、自作農創設特別措置法による買収計画は必ずしも善良の風俗を害し違法であるとはいえない。

❸　最判昭和25年4月28日民集4巻4号152頁［27003537］

　養子があるにもかかわらず、養父が、実子を持たない後妻の将来を心配して、後妻に対し所有する一切の不動産・動産を贈与するのは、家督相続人に遺留分減殺請求権を認めた当時の民法の趣意からしても、長子相続制の下においても公序良俗に反するものではない。

❹　最判昭和28年1月22日民集7巻1号56頁［27003347］

　不法原因給付の受領者が、その給付を受けたものを任意返還することはもちろん、先に給付を受けた不法原因契約を合意のうえ解除してその返還する特約をすることは、本条に反し無効であると解することはできない。

❺　最判昭和30年7月15日民集9巻9号1086頁［27003022］

　甲は乙から受けた情誼を無視し、いわれなき義務不履行によって乙を困惑させ、結局、乙にその旅館経営上重要不可欠な帳場に充てるべき玄関脇1室を甲に無償で使用させるとの苛酷な条項をやむなく受諾させたという事情等を総合すれば、前記室の無償使用に関する契約は、本条に照らし無効と解するのが相当である。

❻　最判昭和38年6月13日民集17巻5号744頁［27002019］

　弁護士でない者が、報酬を得る目的で法律事件について法律事務を取り扱う以上は、業としてこれを取り扱ったものであると否とを問わず、弁護士法72条本文前段に違反し、同条本文前段に抵触する委任契約は本条に照らし無効である。

❼　最判昭和39年1月23日民集18巻1号37頁［27001952］

　アラレ菓子の製造販売業者が、有毒性物質である硼砂の混入したアラレ菓子の販売が食品衛生法に違反することを知りながら、あえてこれを製造し、販売業者にこれを継続的に売り渡す契約をしたときは、前記契約は、本条に違反し無効である。

第90条

❽ 最判昭和50年11月28日民集29巻10号1554頁 [27000347]

国際海上物品運送契約に基づく荷主の運送人に対する損害賠償請求訴訟につき国際的海運業者である被告の本店のあるオランダ国の裁判所を第一審の専属的管轄裁判所と指定する国際的専属的裁判管轄の合意は、「原告は被告の法廷に従う」との普遍的な原理と、被告が国際的海運業者である場合には渉外的取引から生ずる紛争につき特定の国の裁判所にのみ管轄の限定をはかろうとするのも経営政策として保護するに足りるものであることを考慮するときは、たとえそれが被告の発行した船荷証券上の管轄約款に基づくものであり、また前記合意に従うときは荷主の負うこととなる費用及び手数が増大するとしても、それだけでは公序違反として無効とはいえない。

❾ 最判昭和52年6月20日民集31巻4号449頁 [27000280]

いわゆる拘束された即時両建預金を取引条件とする信用協同組合の貸付が私的独占の禁止及び公正取引の確保に関する法律19条に違反する場合について、同法は、公正かつ自由な競争経済秩序を維持していくことによって一般消費者の利益を確保するとともに、国民経済の民主的で健全な発達を促進することを目的とするものであり、同法20条は、専門的機関である公正取引委員会をして、取引行為につき同法19条違反の事実の有無及びその違法性の程度を判定し、その違法状態の具体的かつ妥当な収拾、排除を図るに適した内容の勧告、差止命令を出すなど弾力的な措置をとらせることによって、同法の目的を達成することを予定しているのであるから、同法条の趣旨に鑑みると、同法19条に違反する不公正な取引方法による行為の私法上の効力についてこれを直ちに無効とすることは同法の目的に合致するとはいい難いから、同条に違反した契約の私法上の効力については、同条が強行法規であるからとの理由で直ちに無効であると解すべきではなく、また、本件のように、前記取引条件のゆえに実質金利が利息制限法に違反する結果を生ずるとしても、その違法な結果については是正され得ることを勘案すると、本件貸付並びにその取引条件を構成する本件別口貸付、本件定期預金及び本件むつみ定期預金の各契約は、いまだ本条にいう公序良俗に反するものということはできない。

221

❿　最判平成 9 年 9 月 4 日民集51巻 8 号3619頁　[28021754]

　平成 3 年法律第96号による改正前の証券取引法の下においては、損失保証は違法な行為とされていたものの、行政処分を科せられていたにすぎず、学説の多くも損失保証契約は私法上有効であると解していたことからすれば、従前は、損失保証が反社会性の強い行為であると明確に認識されてはいなかったところ、平成元年12月には、大蔵省証券局長通達が発せられ、また、日本証券業協会も前記通達を受けて同協会の規則を改正し、事後的な損失補てんを慎むよう求めるとともに、損失保証が法令上の禁止行為であることにつき改めて注意が喚起されたなどの経過からすれば、この過程を通じて、次第に、損失保証が証券取引の公正を害し、社会的に強い非難に値する行為であることの認識が形成されていったものというべきであり、遅くとも、平成 2 年 8 月当時においては、既に、損失保証が証券取引秩序において許容されない反社会性の強い行為であるとの社会的認識が存在していたものとみるのが相当であるから、平成 2 年 8 月15日に締結された本件損失保証契約は、公序に反し無効といわなければならない。

⓫　最判平成13年 6 月11日裁判集民202号433頁　[28061233]

　本件商品の販売は不正競争防止法に違反し、かつ、遅くとも平成 6 年 8 月以降は商標法にも違反するところ、本件商品の取引は、衣料品の卸売業者である原告会社と小売業者である被告会社との間において、本件商品が周知性のある A 社の商品等表示と同一又は類似のものを使用したものであることを互いに十分に認識しながら、あえてこれを消費者の購買のルートに乗せ、A 社の真正な商品であると誤信させるなどして大量に販売して利益を上げようと企てたものというべきであり、この目的を達成するために継続的かつ大量に行われ、警察から商標法違反及び不正競争防止法違反の疑いで強制捜査を受けるに至るまで継続されたものであることからすれば、その犯意は強固なものであったといわなければならないし、また、不正の目的をもって周知性のある他人の商品等表示と同一又は類似のものを使用した商品を販売して、他人の商品と混同を生じさせる不正競争を行い、商標権を侵害した者は、不正競争防止法及び商標法により処罰を免れないところ、本件商品の取引は、

単に前記各法律に違反するというだけでなく、経済取引における商品の信用の保持と公正な経済秩序の確保を害する著しく反社会性の強い行為であるといわなければならず、そのような取引を内容とする本件商品の売買契約は本条により無効であると解するのが相当である。

⓬ 東京高判平成19年4月26日東高民時報58巻1＝12号7頁［28131254］

会員となった顧客に対して不動産競売物件の詳細記録を提供したりする業務を行う者が、顧客に対し、本件物件に関する競売手続の情報を提供したうえで、前記顧客との間で、本件建物の占有者に対し本件建物の占有部分の明渡しに関する和解交渉を行い、各占有部分につき明渡しを内容とする和解を成立させることなどを請け負う旨の請負契約を締結し、約定の業務を遂行したとして報酬の支払を請求した事案につき、前記請負契約は、弁護士法72条本文に違反する事項を目的とする契約として、本条により無効である。

―――― 解説 ――――

財産は、生存の基礎であるから、自分の将来取得する全財産を譲渡する契約等は、生存を不可能にするものとして許されず、判決❶はこのような事例である。他方、判決❸は、被相続人が全財産を実子を持たない後妻に贈与する契約について、家督相続人（養子）には遺留分減殺請求権が認められていて、被相続人の財産を一切取得できないわけではないことに照らし、公序良俗に反しないとしたものである。

民法は、系譜、祭具及び墳墓の所有権等の祭祀は相続財産を構成せず、その承継については相続法理に服さないことを定めているが（897条）、祭祀承継のしきたりは我が国の習俗として一般に行き渡っており、公序良俗を構成するものと考えられる。しかし、判決❷が説示するとおり、無縁の墓石、地蔵石等は、祭祀に該当しないから、これらが自作農創設特別措置法に基づき買収が計画された土地上に存在して土地とともに買収の対象になるとしても、同計画が違法になるとは解されない。

不法原因給付をした者は、その給付したものの返還を請求することができない（708条）。しかし、不法原因給付を受領者が任意に返還することは差し支えないし、不法原因給付を合意解除して返還する特約をすることも公序良

俗に反しない。不法原因給付については、国家はその復旧に協力せず法の保護の外に置くにとどまるという趣旨であり、判決❹はこの理を説くものである。

判決❺は、義理人情に反する行為をして不当な利益を得る行為について、公序良俗に反するとしたものである。

判決❻及び⓬は、資格を持たない者が法律業務を行うことを放任すれば、法律生活における国民の正当な利益を害するおそれがあり、司法の健全な運用や訴訟の能率向上、人権の擁護等の要請に反するという考慮に基づき、その目的の重要性から、弁護士法72条に反してされた委任契約を無効としたものである（山本・民法講義Ⅰ270頁。なお、司法書士が司法書士法9条の業務の範囲を超えて行った訴訟上の和解を有効と判断した最判昭和46年4月20日民集25巻3号290頁［27000642］参照）。

判決❼及び⓫は、保護法益の重大性及び行為者の主観的態様の悪質性に照らし、違反行為に対する社会の倫理的非難の程度が高いことから、公序良俗に反するとしたものである。

判決❽は、一般論として、国際的専属的裁判管轄の合意が甚だしく不合理で公序法に違反するとき等の場合は合意が無効になると判示し、前記合意の効力に歯止めをかけたうえで、「原告は被告の法廷に従う」との普遍的な原理と、国際的海運業者の経営政策としての合理性、さらには、本件が商人間に成立した合意であること等を考慮して、管轄約款は公序良俗に反しないとしたものである。

判決❾は、私的独占の禁止及び公正取引の確保に関する法律（以下「独占禁止法」という）20条が公正取引委員会に違法性の程度の判定、排除機能を委ねており、また、本件貸付契約においては実質金利が利息制限法の制限利率を超えているが、これを是正することは可能であるから、本件貸付契約及びその取引条件を構成する各契約は公序良俗に反するとはいえないとしたものである（田尾桃二・最判解説〈昭和52年度〉203頁）。なお、同判決が独占禁止法の違法判断と公序良俗違反の判断とを直結させていないことが注目されるが、その後の下級審判決においては、取締法規たる同法によって設定さ

れた規制は、そのまま私法上の経済的指導的公序になっていると見ることが
できるという指摘がある（川島＝平井編・新版注釈民法(3)〔森田修〕163頁）。

　判決❿は、損失保証が、証券市場における価格形成機能を歪め、証券取引
の公正及び証券市場に対する信頼を損なうものであるところ、刑罰が設けら
れた平成３年の法改正前の時点においても、事実経過からすれば、強い社会
的非難に値する行為であると認識されていたとして、本件損失保証契約を公
序良俗に反するとしたものである。

（中園浩一郎）

（任意規定と異なる意思表示）

第91条　法律行為の当事者が法令中の公の秩序に関しない規定と異なる意思を表示したときは、その意思に従う。

事実認定の対象等

■ 意義

　本条は、任意規定（公の秩序に関しない規定。「任意法規」ともいう）と意思表示の関係を定める。

　権利の発生根拠について、権利の発生根拠は法律であり契約の拘束力の根拠も法律であるという法規説（通説。我妻・民法講義Ⅰ242頁、倉田卓次監修『要件事実の証明責任　契約法上巻』西神田編集室（1993年）〔岡久幸治〕43頁、村田＝山野目・30講100頁）と、権利は当事者の合意に基づいて発生するという合意説がある。合意説は、非典型契約（無名契約）が法的効力を有することの説明が容易であることを自説の根拠の1つとするが、法規説は、この点の説明は本条を援用することによって可能であるとする（大江・要件事実(1)291頁、川島＝平井編・新版注釈民法(3)〔森田修〕229頁）。

■ 法律要件及び法律効果等

　本条によれば、法律行為の当事者の意思表示が任意規定と異なる場合には、意思表示が優先し意思表示は有効となる。

　本条を反対解釈すると、法律行為の当事者の意思表示が強行規定（公の秩序に関する規定。「強行法規」ともいう）と異なる場合には、強行規定が優先し意思表示は無効ということになる。

第91条

事実認定における問題点

本条については、1　678条に違反する組合契約の有効性、2　取締規定が効力規定であるか否か、3　法律行為が脱法行為として無効であるか否かが問題となったものがある。

事実認定についての裁判例と解説

1　678条に違反する組合契約の有効性

［裁判例］

❶　最判平成11年2月23日民集53巻2号193頁［28040415］

(1)　678条は、組合員は、やむを得ない事由がある場合には、組合の存続期間の定めの有無にかかわらず、常に組合から任意に脱退することができる旨を規定しているものと解されるところ、やむを得ない事由があっても任意の脱退を許さない旨の組合契約は、組合員の自由を著しく制限するものであり、公の秩序に反するものというべきであるから、同条のうち前記の旨を規定する部分は、強行法規であり、これに反する組合契約における約定は効力を有しないものと解するのが相当である。

(2)　1口100万円の出資をして共同でヨットを購入し、出資者が会員となり、ヨットを利用して航海を楽しむことなどを目的とするヨットクラブを結成する旨の組合契約が締結され、ヨットクラブの規約には、会員の権利の譲渡及び退会に関して、「オーナー会議で承認された相手方に対して譲渡することができる。譲渡した月の月末をもって退会とする。（これは、不良なオーナーをふせぐ為である。）」との規定がある場合に、この規定を、本件クラブからの任意の脱退は、会員の権利を譲渡する方法によってのみすることができ、それ以外の方法によることは許さない旨を定めたものであると解釈するとすれば、やむを得ない事由があっても任意の脱退を許さないものとしていることになるから、その限度において、678条に違反し、効力を有しないものというべきである。

227

解説

組合契約は、もともと人的信頼関係を基礎にして成り立っており、組合員は重い責任を負っているから、人的信頼関係が破壊され、又は重い責任からの離脱を欲する場合には、組合員の脱退を認める必要があり、678条は、脱退を認めないことによる組合員の自由の著しい制限を排除する目的で規定されたものと考えられるが、他方で、組合員が自ら締結した契約にある程度の拘束を受けることは団体的事業遂行のために必要であり公序良俗に反するとはいえない（我妻榮『債権各論中巻二（民法講義Ｖ３）』岩波書店（1962年）829頁）。

後者の観点からすると、存続期間の定めのない組合において、組合にとって不利な時期かどうかを問わず、やむを得ない事由がある場合に限って任意脱退を認める旨の合意をすることは許容されるものと思われ、そうであれば、678条の規定は、やむを得ない事由がある場合には任意脱退ができるという限度で強行規定であると解されるのであり、判決❶はこの理を述べたものである（矢尾渉・最判解説〈平成11年度（上）〉113頁）。

2 取締規定が効力規定であるか否か

裁判例

❶ 最判昭和35年３月22日民集14巻４号525頁［27002480］

弁護士法28条は、弁護士が事件に介入して利益を上げることにより、その職務の公正、品位が害され、また濫訴の弊に陥るのを未然に防止するために設けられた規定であるから、たとえ弁護士が同条に触れる取引行為をしたとしても、その場合に前記取引行為の私法上の効力が否定され、またその弁護士が同法77条所定の刑罰を受けるのは別論として、前記取引行為の目的となった権利に関する訴訟委任及びこれに基づく訴訟行為が同法28条により直ちに無効とされるものではないと解するのを相当とする。

❷ 最判昭和38年６月13日民集17巻５号744頁［27002019］

弁護士法72条本文前段に抵触する委任契約は、民法90条に照らし無効である。

❸ 最判昭和43年11月19日裁判集民93号379頁［27441156］

　宗教法人の財産処分行為が有効か無効かを判断するに当たっては、公告によって行為の趣旨を信者その他の利害関係人に周知させ、不当な処分を防止しようとする法の趣旨が維持されているかどうかを考慮することを要するのであり、前記趣旨からするときは、宗教法人法24条本文に掲げる財産を処分するに当たってした同法23条の公告が、その時期、期間などの点において、規定と若干相違するところがあるからといって、直ちに当該行為が無効となると解することは法の趣旨に合致するものといえず、前記は処分行為の効力に影響を及ぼすものではないというべきである。

❹ 最判昭和45年2月26日民集24巻2号104頁［27000741］

　宅地建物取引業法17条1項・2項は、宅地建物取引の仲介報酬契約のうち建設大臣の定めた額を超える部分の実体的効力を否定し、これによって一般大衆を保護する趣旨をも含んでいると解すべきであるから、同条項は強行法規で、所定最高額を超える契約部分は無効であると解するのが相当である。

❺ 最判昭和49年11月7日裁判集民113号137頁［28201229］

　弁護士法28条は、弁護士が事件に介入して利益を挙げることによって職務の公正を害し、また、濫訴の傾向を助長することを未然に防止するための取締規定であって、これに違反した行為の効力を直ちに無効とするものではないと解するのが相当である。

❻ 最判平成6年4月22日民集48巻3号944頁［27818523］

　求人者に紹介するために求職者を探索し、求人者に就職するよう求職者に勧奨するいわゆるスカウト行為は、職業安定法5条1項にいう職業紹介におけるあっせんに当たり、前記職業紹介における手数料契約のうち、労働大臣が中央職業安定審議会に諮問のうえ定める手数料の最高額を超える部分については、その受領を禁ずる同法32条6項が前記部分の私法上の効力を否定することによって求人者及び求職者の利益を保護する趣旨をも含むものと解されるから、無効と解すべきである。

❼ 最決平成21年8月12日民集63巻6号1406頁［28152739］

　債権の管理又は回収の委託を受けた弁護士が、その手段として本案訴訟の

提起や保全命令の申立てをするために当該債権を譲り受ける行為は、他人間の法的紛争に介入し、司法機関を利用して不当な利益を追求することを目的として行われたなど、公序良俗に反するような事情があれば格別、仮にこれが弁護士法28条に違反するものであったとしても、直ちにその私法上の効力が否定されるものではない。

| 解説 |

　行政取締り上の目的から一定の行為を禁止し又は制限する規定を取締規定（「取締法規」ともいう）といい、取締規定のうち、これに違反する法律行為の私法上の効果が否定されるものを効力規定ということがある。

　取締規定が効力規定であるか否かは、立法趣旨、違反行為に対する社会の倫理的非難の程度、一般取引に及ぼす影響、当事者間の信義・公正等を考慮して判断すべきものとされる（我妻・民法講義Ⅰ264頁）。

　判決❶、❷、❺及び決定❼は、弁護士法違反の行為に関するものである。

　判決❷は、弁護士でない者が報酬を得る目的で法律事件に関して法律事務を取り扱う行為について、最終的には90条違反を理由に無効としたものであるが、資格を持たない者が法律業務を行うことを放任すれば、法律生活における国民の正当な利益を害するおそれがあり、司法の健全な運用や訴訟の能率向上、人権の擁護等の要請に反するという考慮に基づき、その目的の重要性から、弁護士法72条に反してされた委任契約を無効としたものと考えられる（山本・民法講義Ⅰ270頁）。

　その他は弁護士法28条に関するものであり、非弁活動を禁止する同法72条とは立法趣旨を異にする。判決❶は、弁護士法28条違反の取引行為の目的となった権利に関する訴訟委任及びこれに基づく訴訟行為は同条違反により直ちに無効となるものではないとし、判決❺及び決定❼は、公序良俗に反するような特段の事情がない限り、同条違反の行為が直ちに無効となるものではないとしたものである。弁護士による権利の譲受けが、公序良俗に反するか否かは、権利の譲受けに至る経緯、当該譲受けの目的、譲受け契約の内容（対価の有無・金額、譲渡人に一方的に不利な条項の有無・内容）、当該譲受けによって譲受人である弁護士及び譲渡人が受ける経済的利益又は不利益の

230

有無・程度、当該譲受けによってもたらされる弁護士への信頼への影響等を総合的に判断して個別に決せられることになる（石丸将利・最判解説〈平成21年度（下）〉572頁）。

判決❸は宗教法人法に関するもの、判決❹は宅地建物取引業法に関するもの、判決❻は職業安定法に関するものであるが、いずれも立法趣旨を重視したものと考えられる（なお、判決❹については、規制に反した報酬額をあえて設定した当事者の悪性を重視して、契約の相手方（一般人）を保護するために全部無効を導くこともあり得たという指摘がある（川島＝平井編・新版注釈民法(3)〔森田修〕252頁））。

以上のほか、それに違反する私法上の法律行為の効力が有効とされた取締規定としては、農地調整法6条の2（最判昭和29年8月24日民集8巻8号1534頁［27003139］（最高制限価格を超過する額を対価と定めた売買契約））、食品衛生法21条（最判昭和35年3月18日民集14巻4号483頁［27002483］（無許可の食肉買入れ契約））、自作農創設特別措置法（最判昭和35年8月30日民集14巻10号1957頁［27002417］（農地の売渡計画樹立前の日とされた売渡しの時期））、無尽業法10条（最判昭和38年10月3日民集17巻9号1133頁［27001996］（同条違反の資金運用行為））、証券取引法49条（最判昭和40年4月22日民集19巻3号703頁［27001308］（委託証拠金なしの信用取引による株式売買））、相互銀行法4条（最判昭和41年6月7日裁判集民83号721頁［27430902］（無免許営業））、預金等に係る不当契約の取締に関する法律2条1項（最判昭和49年3月1日民集28巻2号135頁［27000449］（導入預金契約））、文化財保護法46条1項（最判昭和50年3月6日民集29巻3号220頁［27000383］（国に対する売渡しの申し出なくされた第三者への有償譲渡））、外国為替及び外国貿易管理法30条3号、外国為替管理令13条1項1号、2項（最判昭和50年7月15日民集29巻6号1029頁［27000366］（同条違反の保証契約））、私的独占の禁止及び公正取引の確保に関する法律19条（最判昭和52年6月20日民集31巻4号449頁［27000280］（拘束された即時両建預金を取引条件とする信用協同組合の貸付け））、商品取引法91条1項、91条の2第1項、大阪穀物取引所受託契約準則4条（最判昭和57年11月16日裁判集民137号453

頁［27442265］（無登録の外務員による営業所以外の場所における先物取引委託契約の締結））、農地法80条 2 項（最判昭和60年11月29日訟務月報32巻 7 号1557頁［27802153］（旧所有者以外の者に対する土地の売払い））等がある。

3　法律行為が脱法行為として無効であるか否か

［裁判例］

❶　最判平成15年12月19日民集57巻11号2292頁［28090148］

　A会社がB会社との間の継続的取引によって取得する売掛金債権を担保のため原告銀行に譲渡し、原告銀行はA会社に対し別途締結した当座貸越契約に基づき前記売掛金債権残高を貸越極度額として貸付けを行うことなどを内容とする一括支払システムに関する契約を締結し、その中で、原告銀行に担保のために譲渡された売掛金債権について、国税徴収法24条に基づく告知が発せられたときは、これを担保とした原告銀行の当座貸越債権は何らの手続を要せず弁済期が到来するものとし、同時に担保のため譲渡した売掛金債権は当座貸越債権の代物弁済に充てる（譲渡担保権を実行する）ことなどを内容とする合意がされている場合において、同条 2 項の告知の発出と到達との間の時間的間隔をとらえ、告知書の発出の時点で譲渡担保権者（原告銀行）が譲渡担保権を実行することを納税者（A会社）とあらかじめ合意することは、同項の告知の到達後に譲渡担保権が実行されたという関係があるときにはその財産がなお譲渡担保財産として存続するものとみなすこととする同条 5 項の適用を回避しようとするものであるから、この合意の効力を認めることはできず、無効と解する。

❷　最判平成20年12月16日民集62巻10号2561頁［28150067］

　リース業者が契約期間中にリース物件の取得費、金利及びその他の経費等を全額回収できるようにリース料の総額が算定されているいわゆるフルペイアウト方式のファイナンス・リース契約において、ユーザーについて整理、和議、破産、会社更生などの申立てがあったときは、リース業者は催告をしないで契約を解除することができる旨の特約が定められていて、民事再生手続開始の申立てがあったことも、本件特約に定める解除事由に含まれると解

されるところ、本件特約のうち、民事再生手続開始の申立てがあったことを
解除事由とする部分は、民事再生手続の趣旨、目的に反するものとして無効
と解するのが相当である。

　解説

　脱法行為とは、強行規定に直接には抵触せずに、他の手段を使うことによ
って、その禁じている内容を実質的に達成しようとすることをいい、原則と
して無効とされる（内田・民法Ⅰ280頁）。

　脱法行為が無効となるか否かの判断は、社会の新たな事情に基づく経済的
必要と旧来の強行規定の有する理想との衡量によって行われるべきものとさ
れる（川島＝平井編・新版注釈民法(3)〔森田修〕226頁）。前者が優越すると
された例としては、非占有質の禁止（345条）及び流質契約の禁止（349条）
との関係における動産譲渡担保契約（大判大正3年11月2日民録20輯865頁
[27521819]、大判大正5年9月20日民録22輯1821頁[27522271]）があり、
後者が優越するとされた例としては、恩給担保の禁止（恩給法11条）との関
係における恩給取立委任契約の不解除特約（大判大正6年12月12日民録23輯
2079頁[27522549]）がある。

　判決❶は、国税徴収法24条5項は、文言上は、同条2項による告知書が譲
渡担保権者に到達した後に譲渡担保権が実行されるという通常の場合を想定
しているが、同条5項の趣旨は、同条2項の手続が執られたことを契機に譲
渡担保権が実行されたという関係があるときにはその財産はなお譲渡担保財
産として存続するものとみなして滞納処分を執行することができるとするこ
とにあることを重視して、告知書の発出の時点で譲渡担保権を実行する旨の
合意は、同条5項の趣旨に反し、無効であるとしたものと考えられる（髙世
三郎・最判解説〈平成15年度〈下〉〉817頁）。

　判決❷は、民事再生手続の趣旨・目的、民事再生手続の対象となる責任財
産及びファイナンス・リース契約におけるリース物件の担保としての意義に
照らすと、民事再生手続開始の申立てがあったことを解除理由とする特約に
よる解除を認めることは、担保としての意義を有するにとどまるリース物件
を、一債権者と債務者との間の事前の合意により、民事再生手続開始前に債

務者の責任財産から逸出させ、民事再生手続の中で債務者の事業等における
リース物件の必要性に応じた対応をする機会を失わせることになるから、民
事再生手続の趣旨、目的に反するとして、前記特約を無効としたものと考え
られる（森冨義明・最判解説〈平成20年度〉583頁）。

（中園浩一郎）

第92条

（任意規定と異なる慣習）

第92条　法令中の公の秩序に関しない規定と異なる慣習がある場合におい
て、法律行為の当事者がその慣習による意思を有しているものと認めら
れるときは、その慣習に従う。

事実認定の対象等

■ 意義

本条は、任意規定と慣習の関係を定める。

本条が規定する慣習とは、法則としての効力を有しない単純な慣行の事実
であって、法律行為の当事者の意思を補充するものである（大判大正5年1
月21日民録22輯25頁〔27522099〕）。

■ 法律要件及び法律効果等

本条の適用の要件としては、まず、

① 当事者間に法律行為が存在すること

が必要である。

次に、

② 法律行為中に当事者の権利義務について空白部分があるか（意思補充）

あるいは、

②´ 法律行為中の言葉又は法律行為の内容に意味不明の部分があること（意
思解釈）

が必要である。

また、

③ 前記の各部分について、「法令中の公の秩序に関しない規定と異なる慣
習がある」こと

が必要である。すなわち、慣習が存在すること、及びその慣習が強行規定に

235

は反しないが任意規定に反するものであることが必要である。

　さらに、

④　「法律行為の当事者がその慣習による意思を有しているものと認められる」こと

が必要であるが、これについては、慣習によるという意思が積極的に表示されることは必要ではなく、普通その慣習による意思をもってなすべき地位にあって取引する者は、特に反対の意思を表示しない限り、慣習による意思を有したものと推定すべきであり（大判大正 3 年10月27日民録20輯818頁［27521815]）、また、事実上の慣習が存在する場合には、法律行為の当事者がその慣習の存在を知りながら特に反対の意思を表示しない限り、慣習による意思を有したものと推定すべきものとされている（大判大正10年 6 月 2 日民録27輯1038頁［27822359]）。

　以上の要件を満たす場合には、慣習が適用され、法律行為の解釈の基準となる。

■■ 参考裁判例

　法律行為の解釈に関する一般論として、①信義誠実の原則は、広く債権法の領域に適用されるものであって、権利の行使、義務の履行についてのみならず、契約の趣旨の解釈についてもその基準となるとするもの（最判昭和32年 7 月 5 日民集11巻 7 号1193頁［27002790]）や、②同一の約款の同一の章において使用される同一の文言は、特段の事情のない限り、その章を通じて統一的に整合性をもって解釈するのが合理的であるとするもの（最判平成 7 年11月10日民集49巻 9 号2918頁［27828273]）などがある。

　裁判上の和解の内容の解釈に関するものとして、最判昭和31年 3 月30日民集10巻 3 号242頁［27002939］は、裁判上の和解の実体は私法上の契約であり、契約に存する瑕疵のため当然無効の場合もあるから、その有効無効は和解調書の文言のみに拘泥せず一般法律行為の解釈の基準に従って判定すべきところ、当該事案における和解の目的物は確定し得ないから、私法上の和解契約は、これを無効とせざるを得ないとするのに対し、最判昭和44年 7 月10

236

第92条

日民集23巻 8 号1450頁［27000798］は、訴訟の係属中に訴訟代理人たる弁護士も関与して成立した訴訟上の和解においては、その文言自体相互に矛盾し、又は文言自体によってその意味を了解し難いなど、和解条項それ自体に瑕疵を含むような特別の事情のない限り、和解調書に記載された文言と異なる意味に和解の趣旨を解すべきではないとする。

前記両判決は、和解の内容を解釈する際の文言の重要性についての判断が相反するようにも見えるが、前者も、和解調書の文言を軽視してよいというものではなく、給付内容を確定できない法律行為の無効をいうところに主眼があるものと解される。

事実認定における問題点

本条については、1　慣習の存否、2　法律行為の解釈が問題となったものがある。

事実認定についての裁判例と解説

1　慣習の存否

［ 裁判例 ］

❶　大判大正 2 年 6 月 7 日民録19輯396頁［27521684］

権利義務に関する証書に証人として署名した者は、普通これを立会人と解すべきであるという慣習は、存在しない。証人というのが果たして立会証人を指すか保証人を指すかは、裁判所が自由心証をもって認定すべき事実問題である。

❷　最判昭和43年 8 月20日民集22巻 8 号1677頁［27000932］

宅地建物取引業者が売買の媒介を行う場合に受ける報酬について、愛知県宅地建物取引業者の報酬額に関する規則（昭和27年愛知県規則第59号）は、宅地建物取引業法（昭和39年法律第166号による改正前のもの）17条 1 項に基づいて、業者が不当に多額の報酬を受領することを抑止する目的で、報酬

の最高額を定めたものと解すべきであるのに対し、具体的に売買の媒介が行われる場合に報酬として当事者間で授受される額は、その場合における取引額、媒介の難易、期間、労力その他諸般の事情が斟酌されて定められる性質のものであるから、前記規則の定める最高額により授受される慣習が存在するとするためには、これを相当として首肯するに足りる合理的根拠を必要とするのであって、原審が、何らこのような点について説示することなく、たやすく慣習の存在を認定したことには、審理不尽、理由不備の違法がある。

❸ 最判昭和45年3月3日裁判集民98号341頁［27441269］

自動車の割賦販売契約において、買主が割賦代金の支払を遅滞して契約が合意解除された場合、買主が賠償すべき損害は、割賦販売の条件・代金支払の状況等の事情によって異なり得る性質のものであるところ、原判決が何らの証拠も特段の事情も示すことなく、一般に、割賦販売契約には、売主が返還を受けた自動車を売却処分し、その売却代金を残存債務の弁済に充てて売買契約関係を清算決済する旨の特約が付されるのが通常であるとし、これを前提として損害の賠償を命じたのは、審理不尽、理由不備の違法がある。

❹ 最判昭和46年6月29日裁判集民103号293頁［27441392］

銀行と手形割引依頼人との間の取引約定書に、割引手形の振出人の信用悪化の場合には前記割引依頼人において割引手形を買い戻す旨の規定を置きながら、割引依頼人との関係については、単に手形割引の都度前記手形と同額の貸金債務を負担したものとする旨、及び同人の信用悪化の場合には同人の銀行に対する一切の債務について期限の利益を失う旨の規定を置くにとどまり、手形の買戻しについては何らの規定も置いていないとしても、前記約定書の趣旨を、銀行の行う手形割引の性格及び昭和37年に公表された銀行取引約定書ひな型の成立の経緯と合わせ考えれば、銀行が、割引依頼人の信用悪化の場合にも、同人に対して手形買戻請求権を有する旨の事実たる慣習の存在を肯認し得ないものとは断じ難いから、その点について審理を尽くさず、単に前記約定書の文言のみから割引依頼人の信用悪化の場合の手形買戻請求権の存在を否定した原審の判断には、審理不尽の違法がある。

第92条

❺　最判昭和51年10月１日裁判集民119号９頁［27441790］

　宅地賃貸借契約における賃貸期間の満了に当たり、賃貸人の請求があれば当然に賃貸人に対する賃借人の更新料支払義務が生ずる旨の商慣習ないし事実たる慣習が存在するものとは認めるに足りない。

❻　最判平成20年４月14日民集62巻５号909頁［28140824］

　263条にいう共有の性質を有する入会権が従う慣習の効力は、入会権の処分についても及び、慣習が入会権の処分につき入会集団の構成員全員の同意を要件としないものであっても、公序良俗に反するなどその効力を否定すべき特段の事情が認められない限り、その効力を有するものと解すべきところ、入会権処分につき入会集団の構成員全員の同意を要件としないとする慣習について、公序良俗に反するなどその効力を否定すべき特段の事情が存在することはうかがわれないから、効力を有するものというべきである。

┌─────┐
│　解説　│
└─────┘

　判決❶～❸及び❺は慣習の存在を否定したものであり、判決❹及び❻は慣習の存在を肯定したものである。

　慣習の成立には規範性（東京地判昭和33年12月17日判時178号18頁［27430407］）や法的確信を要するという見解もあるが、前記各判決はいずれもこれらに言及していない。

　なお、判決❶に関連する裁判例として、東京高判昭和34年７月15日東高民時報10巻７号157頁［27401516］及び東京高判昭和52年４月18日判時854号70頁［27404702］がある。

2　法律行為の解釈 ─────────────────────────

┌─────┐
│　裁判例　│
└─────┘

❶　最判昭和30年10月４日民集９巻11号1521頁［27002989］

　甲乙間に甲所有の㈠の土地並びに同地上の家屋（店舗及び附属工場）の売買が成立した場合に、㈠の土地には、前記家屋のほか、甲所有の土蔵が存するにもかかわらず、登記簿上、土蔵は隣地たる甲所有の㈡の土地に所在することになっており、甲乙双方とも売買成立後相当日時を経過するまで、前記

239

土蔵敷地が(い)の土地の一部であることを知らず、前記土蔵自体は前記売買の目的とされなかったような場合は、前記(い)の土地（一筆全部で77坪5勺）中、土蔵の敷地（20坪4合2勺）は売買の目的から除外する暗黙の意思表示があったものと認めるのが相当である。

❷　最判昭和34年3月30日民集13巻3号427頁［27002583］

モーターボート競走会会長辞任の意思表示が会長のみを辞任する趣旨のものか理事をも辞任する趣旨のものかは、同会役員選任手続に関する慣習や辞任の動機等をも考慮して論理の法則と経験則の教えるところに従い表意者の真意を探求して、できるだけその意思に副うように解釈すべきである。

❸　最判昭和41年1月20日民集20巻1号22頁［27001235］

同一所有者に属する土地及びその地上の建物のうち建物のみが任意譲渡された場合には、当該建物の敷地に対する使用権の設定を特に留保するとか、譲渡の目的物が建物収去のためである等特段の事情がない限り、前記敷地の使用権を設定する合意があったものと解するのが相当である。

❹　最判昭和44年3月4日民集23巻3号586頁［27000835］

平年における2月29日を満期とする手形の記載は、2月末日を満期として記載した趣旨と解するのが相当である。

❺　最判昭和46年4月9日民集25巻3号241頁［27000645］

火災保険の保険金を受領するに当たり、保険契約者兼被保険者が保険者に対して差し入れた「後日保険者に保険金支払の義務のないことが判明したときは、いっさいの責任を負い、保険者に迷惑をかけない」旨の誓約文言は、保険者に対し、不当利得返還義務の範囲を受領した金員と同額と特約するものであって、有効である。

❻　最判昭和50年2月25日民集29巻2号168頁［27000386］

単価を65円とする穀用かますの売買契約において引き渡された12万8,100枚につき、買主が、売主に宛てて、前記かますに欠陥があることを具体的に指摘したうえ、穀用かますとしての商品価値が認められず、1枚当たり20円、数量12万8,100枚、この代金257万2,000円としての減価採用で精算させていただく等判示のような記載のある書面を送付したときは、特別の事情がない

限り、買主は、売主に対し、受領物の瑕疵に基づく損害賠償の請求をするとともに、該請求権を自働債権とし売買代金債権を受働債権とする相殺の意思表示をしたものと解すべきである。

❼ 最判昭和51年11月25日民集30巻10号960頁［27000305］

港湾運送契約の締結に際し、荷送人が、貨物を海上保険に付したうえ、運送人との間で港湾運送約款に基づき「運送人は、保険に付された危険によって生じた貨物の滅失等については、損害賠償の責めに任じない」旨の合意をした場合でも、同規定の趣旨を、荷送人が、保険に付された運送品の運送中における滅失等においての損害賠償請求権をあらかじめ放棄する旨の意思表示をしたものであると解すると、保険者は、前記放棄がなければ商法の規定により被保険者に代位して運送人に対して取得することのできたはずの損害賠償請求金額の限度において保険金の支払の義務を免れるものであり、したがって、荷送人は、運送人から前記損害の賠償を受けることができないのはもちろん、保険者からも前記損害を填補すべき保険金の支払を受けることができず、また、いったん保険者から受領した保険金は、これを返還しなければならないことになり、結局、前記損害は、全部、最終的に被保険者である荷送人自身において負担しなければならなくなるという、荷送人にとっては極めて不利益かつ不都合な結果を生ずることになるわけであって、荷送人がそのような不利益かつ不都合な結果を甘受して前記損害の賠償請求権をあらかじめ放棄することは、経験則上異例のことに属し、特段の事情のない限り、あり得ないことというべきところ、本件においては前記特段の事情が存在したことをうかがうことはできないのであるから、前記約款の規定は、損害賠償請求権をあらかじめ放棄する旨の意思表示をしたものということはできず、前記規定は、たかだか保険金額を超える損害部分の賠償請求だけを放棄する旨の意思表示をしたのにすぎないものと解すべきである。

❽ 最判昭和62年7月17日民集41巻5号1359頁［27800340］

銀行が手形に押捺された印影と取引先の届出印鑑とを相当の注意をもって照合し符合すると認めて取引したときは、手形の偽造等によって生じた損害については取引先が責任を負う旨の銀行取引約定書10条4項の規定は、与信

取引については銀行がその事務処理を特に簡易迅速に行わなければならない
ものではないことや、本件のように、銀行が第三者との間で手形割引などの
与信取引によって取引先振出名義の手形を取得する場合には、銀行は、一経
済人として、当該与信取引によって得る経済的な利益、当該第三者の資産・
営業状態、振出人である取引先の資力及び裏書人があればその資力などを総
合的に判断して、慎重に当該与信取引の諸条件のみならず取引自体をするか
否かを決することができることからすれば、銀行が第三者との与信取引によ
って取得した取引先振出名義の約束手形には適用がないものと解するのが相
当である。

❾ 最判平成5年3月30日民集47巻4号3384頁［27814896］

　保険契約者又は被保険者が住宅火災保険の目的である建物の譲渡につき保
険者に対する通知義務を怠ったときには保険者は保険金の支払が免責される
旨の普通保険約款の条項は、一般に、売買等の契約によって建物の所有権が
移転する場合においては、代金の完済等がされないため約定の期日に所有権
移転の効果が発生しないこともまれではなく、所有権の移転につきあらかじ
め通知することを要求するのは保険契約者又は被保険者に対して困難を強い
る結果となり相当でないから、保険契約者又は被保険者が保険者に対して譲
渡後遅滞なく前記通知義務を履行することを怠っている間に保険事故が発生
した場合に保険者が免責されることを定めているものと解すべきである。

❿ 最判平成5年7月20日裁判集民169号291頁［27826712］

　ＡＢＣ三者間でＢ所有の冷蔵庫をＢからＣを経てリース業者Ａへ順次売却
しさらにＡがＢに割賦販売する形式でされたＡＢ間の合意について、各当事
者間では真にその冷蔵庫の所有権を移転する意思があったとはみられないば
かりでなく、ＣはＡから売買代金名下に受領した金員と同額の金員をＢに交
付することを同意したにすぎないのであって、Ｃが転売利益を取得する余地
はなく、三者間の各契約の内容を見てもいわゆるリース契約と評価しなけれ
ばならないものではなく、むしろ、本件契約の実質は、Ａの営業目的に合致
させるため冷蔵庫の割賦販売契約を仮装したもので、Ｂが売買代金名下で受
領した金額を元本とし、その元利金を割賦販売代金の形式でＡに返還する趣

旨の金銭消費貸借契約又は諾成的金銭消費貸借契約であると解されるところ、Bは融資金の交付を受けていないのであるから本件契約に基づく融資金を返還すべき義務がなく、AはBにその支払を請求することはできない。

⓫ 最判平成7年5月30日民集49巻5号1406頁〔27827103〕

自家用自動車保険普通保険約款の搭乗者傷害条項にいう「正規の乗車用構造装置のある場所」とは、同条項の目的に照らし、乗車用構造装置がその本来の機能を果たし得る状態に置かれている場所をいうものと解されるところ、いわゆる貨客兼用自動車の後部座席の背もたれ部分を前方に倒して折り畳み、折り畳まれた後部座席背もたれ部分の背面と車両後部の荷台部分とを一体として利用している場合には、前記の場所は、自家用自動車保険普通保険約款の搭乗者傷害条項にいう「正規の乗車用構造装置のある場所」に当たらない。

⓬ 最判平成7年11月10日民集49巻9号2918頁〔27828273〕

免責条項が設けられた趣旨や、保険約款のうち被保険者の範囲を明らかにした最も基本的な定めにおける「配偶者」には、法律上の配偶者のみならず、内縁の配偶者も含むと解されることからすれば、被保険者が配偶者に対して負担する損害賠償責任について保険会社の保険金支払義務の免責を定める自家用自動車保険普通保険約款の第1章賠償責任条項8条3号にいう「配偶者」には、法律上の配偶者のみならず、内縁の配偶者も含まれるものと解する。

⓭ 最判平成9年3月25日民集51巻3号1565頁〔28020802〕

「保険会社は、保険契約者又は被保険者が保険の目的について損害が発生したことを通知し所定の書類を提出した日から30日以内に保険金を支払う。但し、保険会社がその期間内に必要な調査を終えることができないときは、これを終えた後遅滞なく保険金を支払う」旨の火災保険普通保険約款の条項は、所定の30日の経過により保険金支払の履行期が到来することを定めたものと解すべきであり、同条ただし書は、これ自体では保険契約者等の法律上の権利義務の内容を定めた特約と解することはできないから、保険会社は、その期間内に必要な調査を終えることができなかったとしても、期間経過後は保険金の支払について遅滞の責めを免れない。

⓮　最判平成 9 年10月17日民集51巻 9 号3905頁〔28022226〕

　本件保険契約に適用のある約款には、「当会社は、保険契約者が第 2 回目以降の分割保険料について、当該分割保険料を払い込むべき払込期日後 1 か月を経過した後もその払込みを怠ったときは、その払込期日後に生じた事故については、保険金を支払いません」という定めがあるところ、前記条項の趣旨は、保険契約者が保険料の支払を遅滞する場合に保険金を支払わないという制裁を課することによって、保険会社の保険料収入を確保するとともに、履行期が到来した保険料の支払がないのに保険会社が保険金支払義務を負うという不当な事態の発生を避けようとする点にあるが、履行期が到来した分割保険料が支払われたときには、前記の制裁を課する理由がなくなるから、保険金支払義務の再発生を認めることが衡平であり、契約当事者の通常の意思に合致すると考えられることからすれば、前記条項は、保険契約者が分割保険料の支払を 1 か月以上遅滞したため保険会社が保険金支払義務を負わなくなった状態（保険休止状態）が生じた後においても、履行期が到来した未払分割保険料の元本の全額に相当する金額が当該保険契約が終了する前に保険会社に対して支払われたときは、保険会社は、前記支払後に発生した保険事故については保険金支払義務を負うことをも定めているものと解すべきである。

⓯　最判平成10年 6 月11日民集52巻 4 号1034頁〔28031248〕

　遺産分割と遺留分減殺とは、その要件、効果を異にするから、遺産分割協議の申入れに、当然、遺留分減殺の意思表示が含まれているということはできないが、被相続人の全財産が相続人の一部の者に遺贈された場合には、遺贈を受けなかった相続人が遺産の配分を求めるためには法律上、遺留分減殺によるほかないのであるから、遺留分減殺請求権を有する相続人が、遺贈の効力を争うことなく、遺産分割協議の申入れをしたときは、特段の事情のない限り、その申入れには遺留分減殺の意思表示が含まれていると解するのが相当である。

⓰　最判平成18年11月27日民集60巻 9 号3597頁〔28112531〕

　大学と在学契約又はその予約を締結した者は、原則として、いつでも任意

244

に当該在学契約又はその予約を将来に向かって解除することができるものと解するのが相当であるところ、大学の入学試験に合格し当該大学との間で在学契約を締結した者が当該大学に対して入学辞退を申し出ることは、それがその者の確定的な意思に基づくものであることが表示されている以上は、口頭によるものであっても、原則として有効な在学契約の解除の意思表示であり、入学辞退をするときは書面で申し出る旨を定めている場合であっても、こうした定めが、書面によらなければ在学契約解除の効力が生じないとする趣旨のものであると解することはできない。

⓱ 最判平成21年6月4日民集63巻5号982頁［28151521］

店舗総合保険契約に適用される普通保険約款中に、洪水等の水災によって保険の目的が受けた損害に対して支払われる水害保険金の支払額につき、前記損害に対して保険金を支払うべき他の保険契約があるときには同保険契約に基づく保険給付と調整する旨の条項がある場合において、同条項にいう「他の保険契約」とは、前記店舗総合保険契約と保険の目的を同じくする保険契約を指すものであって、当該保険契約と保険の目的を異にする保険契約はこれに該当しないと解するのが相当である。

> 解説

法律行為の内容は、当該事情の下で当事者が達成しようとしたと考えられる経済的・社会的目的に適合するように、確定される必要がある。

判決❶～❹、❿及び⓯は、このような見地から、当事者の合理的意思を解釈したものである。

判決❺及び❻は、一方当事者が相手方に差し入れた、意味内容が必ずしも明確ではない書面上の記載について、合理的な解釈を施し明確な意味を付与して法的に位置付けたものである。

判決❼及び❽は、当事者の立場、相互関係や利害状況を勘案したうえ、条理に基づき、合意の適用範囲を合理的に制限する修正的解釈を行ったものである。

近年、保険約款の解釈に関する裁判例が増加しているように思われる。

約款とは、多数の契約を画一的に処理するため、あらかじめ契約条件を定

型化して書面にまとめたものである（山本・民法講義Ⅰ110頁）。

　保険約款の解釈においては、保険の大量、画一処理の要請や保険会社の経営の健全性という保険約款の目的を考慮しつつ、他方で、一般消費者は、約款の作成に関与することはなく、保険契約締結の際にその内容を慎重に吟味することもないという実態を踏まえて、その保護を図る必要がある。

　判決❾、⓫～⓮及び⓱は、保険契約の趣旨・目的、約款規定の文言（同一文言についての統一的解釈）・趣旨・目的、保険給付の趣旨、当事者間の衡平や当事者の通常の意思を考慮して、約款規定に合理的解釈を施したものである。

　判決⓰は、大学の入学試験の合格者と大学の間の在学契約の解除に関する事例であるが、要項等の定めとして、在学契約の解除の方式として書面による届出を要求している場合であっても、その趣旨は本人の意思確認及び事務処理上の便宜のためであるから、これをもって直ちに在学契約の解除の意思表示を要式行為とする合意が成立したものとは解されないとしたものである（加藤正男・最判解説〈平成18年度（下）〉1211頁）。

（中園浩一郎）

第2節　意思表示

（心裡留保）　　　　　　　　　　　　　　　　　　　　　【改正法】

第93条　意思表示は、表意者がその真意ではないことを知ってしたときで
　あっても、そのためにその効力を妨げられない。ただし、相手方が<u>その
　意思表示が表意者の真意ではないこと</u>を知り、又は知ることができたと
　きは、その意思表示は、無効とする。
　<u>2　前項ただし書の規定による意思表示の無効は、善意の第三者に対抗す
　ることができない。</u>

（心裡留保）　　　　　　　　　　　　　　　　　　　　　【現行法】

第93条　意思表示は、表意者がその真意ではないことを知ってしたときで
　あっても、そのためにその効力を妨げられない。ただし、相手方が<u>表意
　者の真意</u>を知り、又は知ることができたときは、その意思表示は、無効
　とする。
（新設）

■■ 改正の趣旨

　本条1項ただし書は、相手方が、表意者の真意までは知らなくても、表示
が真意と異なっていることを知っていれば、表示に対する相手方の信頼を保
護すべき必要性がないことから、「表示が表意者の真意ではないこと」につ
いての相手方の主観的態様を問題とするべく文言が改められたものである。
　本条2項は、心裡留保の意思表示が無効である場合に、この意思表示を前
提として新たに利害関係を有するに至った第三者を保護するための規定を新

247

設したものである。

　本条１項の文言の改正は、従前の要件・効果の内容に変容を来すほどの内容ではないと考えられる。

　また、本条２項は、本条１項ただし書により無効とされる場合の第三者につき94条２項の類推適用により保護されるべきであるとする判例・学説の状況を踏まえ、同項と同じ構造をもって明文化されたものである。

　一方、代理権が濫用された事案に改正前の本条ただし書を類推適用する判例理論は、本条とは別に107条を新設することにより明文化された。もともと、改正前の本条ただし書の類推適用の事案は、専ら法人の代表者又は代理人の権限濫用のケースに関わるものであったといわれており（川島＝平井編・新版注釈民法(3)〔稲本洋之助〕305頁）、そうだとすれば、107条が新設されたことにより、このような事案について本条１項ただし書の類推適用が問われる場面はまずなくなるものと考えられる。

《条文・判例の位置付け》　　１項につき要件・効果の変更なし、２項につき従前の判例を条文化。

事実認定の対象等

■■ 意義

　本条は、１項において心裡留保の意思表示の効力を、２項において心裡留保の意思表示が無効である場合に第三者が保護されるための要件を定める。

■■ 法律要件及び法律効果等

１　法律要件

⑴　心裡留保の意義

　心裡留保とは、内心の意思を秘匿してそれと合致しない効果意思を表示する意思表示を、意識的に、かつ、相手方と通謀することなく行うことをいう（川島＝平井編・新版注釈民法(3)〔稲本洋之助〕289頁、我妻・民法講義Ⅰ287頁、川島・民法総則268頁。通説）。

心裡留保の要件は、次の3点である。

① 意思表示が存在すること

② 表示上の効果意思と内心の意思とが一致しないこと

③ 表意者がその不一致を知っていること

(2) **心裡留保の意思表示が無効である要件**

表意者が、ある意思表示について、それが心裡留保の意思表示であること（前記(1)）を主張・立証するだけでは、当該意思表示の効力は何ら影響されない（本条1項本文）。

そこで、心裡留保の意思表示が無効であることを主張しようとする表意者は、前記(1)の①～③に加え、

④ 相手方がその意思表示が表意者の真意ではないことを知っていたこと

又は

④´ 相手方がその意思表示が表意者の真意ではないことを知ることができたこと

につき、主張・立証責任を負う（司研・要件事実について11頁）。なお、前記④´は、言い換えれば、一般人の注意をもってすれば知ることができたと考えられるような事情があったことであり、要するに、過失の評価根拠事実の主張・立証を要するものといって差し支えない。

(3) **第三者が保護されるための要件**

今般の改正により本条2項が新設されるまでは、心裡留保の意思表示を前提として新たに利害関係を有するに至った第三者を保護する規定を欠いていた。学説上は、そのような第三者は94条2項の類推適用によって保護すべきであるとするのが通説であり（我妻・民法講義Ⅰ288頁、川島・民法総則269頁、幾代・民法総則242頁ほか）、判例も、代理権が濫用され、改正前の本条ただし書の適用により無効とされた事例ではあるが、第三者は94条2項の類推適用によって保護される余地があると判示していた（最判昭和44年11月14日民集23巻11号2023頁［27000770］）。

本条2項は、前記のような判例・学説の状況を踏まえ、第三者が保護される要件を明らかにするため新たに設けられた規定であって、その文言は、同

旨の規定である通謀虚偽表示に関する第三者保護規定（94条2項）のそれと整合的に解釈するのが相当である。

したがって、表意者が意思表示の無効（本条1項ただし書）を主張するのに対し、本条2項の規定により保護を受けようとする第三者は、

① 自分が「第三者」に該当すること

② 第三者が当該意思表示が表意者の真意でないことにつき善意であること

の2点について主張・立証すべきである（司研・要件事実について12頁）。

2 法律効果

心裡留保の意思表示は、原則として有効であるが（本条1項本文）、相手方において当該意思表示が表意者の真意でないことにつき悪意であり、又は知らなかったことに過失がある場合は、無効となる（本条1項ただし書）。

もっとも、心裡留保の意思表示が無効であることは、善意の第三者には対抗することができない（本条2項）。

■ 参考裁判例

1 本条2項の要件

心裡留保の意思表示に関する第三者保護規定（本条2項）は、通謀虚偽表示のそれ（94条2項）とその構造を同じくする。したがって、虚偽表示に関する第三者保護規定をめぐって判例が示した解釈は、本条2項に定める要件にもそのまま当てはまるものと考えられる。

(1) 第三者

本条2項にいう「第三者」とは、心裡留保の「当事者またはその一般承継人以外の者であつて、その表示の目的につき法律上利害関係を有するに至つた者」をいうことになるものと考えられる（最判昭和45年7月24日民集24巻7号1116頁［27000700］参照）。

(2) 善意

(ア) 本条2項所定の第三者の善意の存否は、同条項の適用の対象となるべき法律関係ごとに当該法律関係につき第三者が利害関係を有するに至った時

期を基準として決すべきことになるものと考えられる（最判昭和55年9月11日民集34巻5号683頁［27000166］参照）。

(イ)　また、94条2項にいう「善意」に関する判例（大判昭和12年8月10日新聞4181号9頁［27545328］）や通説（我妻・民法講義Ⅰ292頁ほか）を前提とすると、本条2項で保護される第三者は善意であればよく、無過失であることを要しないことになるものと考えられる。

(3)　その他
　前記(1)、(2)のほか、94条2項をめぐる判例や解釈（例えば、第三者が登記等の対抗要件を備える必要があるか、転得者も「第三者」たり得るか）は、そのまま本条2項に妥当するものと考えられる。前記各論点に関する判例・解釈の状況は、94条の解説を参照されたい。

2　本条1項ただし書の適用範囲

　身分上の法律行為（婚姻、縁組等）は、そもそも当事者の真意に基づくことを絶対的に必要とし、かつ、その効力は画一的に決定されるべきであるから、本条の適用はない（川島＝平井編・新版注釈民法(3)〔稲本洋之助〕294頁）。最判昭和23年12月23日民集2巻14号493頁［27003589］も、養親子関係の設定を欲する効果意思のないことによる縁組の無効は絶対的なものであって、改正前の本条ただし書の適用を待ってはじめて無効となるものではない旨判示している。

　また、会社法は、株式の引受け等につき、明文をもって本条1項ただし書の適用を排除している（会社法51条1項、211条1項）。

3　改正前93条ただし書の類推適用

　判例は、代理人が、自己又は第三者の利益を図る目的で、客観的には代理権の範囲内の行為をした場合（代理権の濫用）には、改正前の本条ただし書を類推適用し、代理人の目的について悪意有過失の場合には、本人は当該行為に基づく責任を負わないとしている（任意代理につき最判昭和42年4月20日民集21巻3号697頁［27001087］、法人の代表者につき最判昭和51年11月26

日裁判集民119号265頁［27411722］、法定代理につき最判平成4年12月10日民集46巻9号2727頁［27814101］）。代理権が濫用された事案に改正前の本条ただし書を類推適用する判例理論に対しては、学説の中には、これを肯定する見解のほか、悪意の相手による権限行使を権利濫用とする見解や表見代理法理を適用すべきであるという見解も見られた。

　もっとも、今般の改正により、代理権の濫用について規律する107条が新設されたことにより、前記判例理論の当否をめぐる問題は解消されたものといってよい。

事実認定における問題点

　1　他人に自己の名義を用いて取引を行うことを承認した場合（いわゆる名義貸し）について、当該取引が無効となるのはどのような場合かが問題となる。

　また、そもそも、2　表示上の効果意思と内心の意思とが一致しないと認められるかどうかが問題とされる場合がある。

事実認定についての裁判例と解説

1　名義貸しによる取引が無効とされる場合

裁判例

❶　東京高判昭和27年5月24日判夕27号57頁［27400283］

　他人のために、自己の名において取引の当事者となることを承認した者は、あくまで自己がその取引の主体として法律上の権利義務を取得する地位につくことを承認するものであって、ただ、その取引の結果の経済上の利害を自己が代わってやったその者に帰属させるにすぎず、これを心裡留保であるとすることはできないとされたもの

❷　東京地判昭和57年3月16日判時1061号53頁［27442214］

　商品の売買契約及び信販会社との立替払契約について自己の名義の使用を

承諾した者と信販会社との間に立替払契約が有効に成立したと認められたもの

❸ 長崎地判平成元年 3 月29日判夕704号234頁［27804760］

信販会社の加盟店である家具商が自己の金融を得る目的で名義使用許諾者の承諾を得てなす架空の売買（いわゆる「空売り」）等に基づく立替払契約につき、当該名義貸しが信販会社の担当者らからの依頼によるものであって、同担当者において名義貸しであることを知悉していたとして、公平の原則上ないしは改正前の本条ただし書により立替払契約は無効であるとしたもの

❹ 福岡高判平成元年11月 9 日判夕719号164頁［27806103］（判決❸の控訴審）

立替払契約の締結は、信販会社の担当者が名義貸しを慫慂したことによるものであり、信販会社は名義貸しの事実を知りながら自ら立替払契約の本来の目的に反して契約を締結したものというべきであるから、改正前の本条ただし書の類推適用により、名義使用許諾者と信販会社との間には立替払契約の効力は生じないものと解するを相当とするとしたもの

❺ 横浜地判平成 3 年 1 月21日判夕760号231頁［27809037］

名義使用許諾者がクレジット会社とカード利用契約を締結した場合について、名義使用許諾者は、クレジット会社に対する関係においてはあくまで自己が取引の主体として法律上の権利義務を取得する地位につく意思を表示しているものであり、ただその実質上の経済的効果は他人に帰属させる意思を有していたにすぎないというべきであって、クレジット会社において経済上の利害の主体の存在を知っていたと否とにかかわらず、名義使用許諾者の申込みの意思表示は真意になされたものであって、カード利用契約は何らの障害なく成立するものと解すべきであり、心裡留保の主張は失当であるとしたもの

❻ 東京地判平成 5 年 7 月26日判夕863号227頁［27826236］

住宅ローン会社が名義使用許諾者に融資し、その妻が連帯保証をしたという場合において、名義貸しが行われたのが専ら貸付限度額という住宅ローン会社の内部的制約を潜脱することに端を発するものであり、同会社支店長から名義使用許諾者らに責任を追及しないことが伝えられていること、同会社

査定担当者においては名義使用許諾者らの資力について十分な調査をしていないこと、名義使用許諾者には自分が名義使用者のために保証人的立場に立つべき特別な事情は認められないことなどの諸事情に鑑みると、住宅ローン会社において名義使用許諾者らが返済することを真に期待しているとは評価し難く、また名義使用許諾者らにおいても真に返済することを想定していなかったものであって、名義使用許諾者らの名義は借主の信用その他名義使用許諾者らの固有の事情に基づき法的効果を帰属させるべく使用されたものというより、住宅ローン会社の内部の書類を整えるために便宜的に用いられたというべきであるから、当事者間の消費貸借契約は禁反言の原則及び改正前の本条ただし書の精神に照らし無効であり、同様に、前記連帯保証契約もその効力を生ずる余地はないものと解されるとしたもの

❼ 名古屋高判平成6年11月30日金融法務1436号32頁［27828312］（その上告審・最判平成7年7月7日金融法務1436号31頁［27828311］も同旨）

銀行が住宅ローンの借主に対して貸付金の返還を求めた事案において、銀行は、少なくとも、借主が単に名義を貸したにすぎないことを知りながら貸付けを行ったとして、改正前本条ただし書の類推適用により、貸付金の返還を求めることはできないとしたもの

❽ 東京地判平成11年10月25日判時1729号47頁［28050168］

総会屋会長の資金需要があったことから同会長の妻を介在させて融資を求め、銀行から妻を借主として手形貸付けの方法により3億円の融資が実行された場合において、妻は、夫が総会屋の会長としていかなる活動を行っているかは、専業主婦の妻の身として十分にこれを知悉しているはずであり、なぜ総会屋会長自身が契約当事者にならないのかもおのずと了解可能な事柄で、妻自身にいわば身代わり的な債務者となるしかないことの認識があること、銀行側においては、断ち難い関係のあった総会屋会長から求められた忌避すべき融資案件であったものの、通常の融資と同様の十分な担保を伴った案件であって、あくまで融資の相手方自体は総会屋会長でなかったからこそこれに応じたものであろうことが指摘できることからすれば、銀行は、妻の名義を借用して総会屋会長との取引をする意思は毛頭なく、妻も、そのような事

情を理解して自ら債務者となったものというべきであるから、妻において、本件融資に係る意思表示につき心裡留保にいう表示上の効果意思と真意との間に何らの齟齬もないのであり、結局のところ、実際に請求される段となって、自らは債務者でなく、単なる名義の被借用者であると主張しているにすぎないものといわざるを得ないとして銀行の妻に対する融資を無効とすることはできないとしたもの

❾　東京地判平成11年1月14日金融法務1582号50頁［28050480］

　銀行からの融資につき、名義使用許諾者に対して5度にわたり短期間に次々と高額な融資が実行された場合において、①銀行は、貸付けを必要としていたのが専ら名義使用者であり、これに対する弁済資金を用意するのも同人であることを認識していたこと、②銀行がさしたる調査もしないまま短期間のうちに融資を決定しわずか1年余りの間に合計1億円余りを次々と融資実行したことは、もともと銀行本店総務部と名義使用者との間の特別な関係に由来するものであることがうかがわれること、③銀行は、担保として提供された不動産は別として名義使用許諾者の資力を重視してはいなかったこと、④本件貸付けにおいて名義が使用されたのは、専ら担保物件を有しない名義使用者には融資ができないという銀行の内部的制限を潜脱しようとするものであったことがうかがわれること、⑤本件貸付けに対する返済が滞っても、相当な期間が経過するまで名義使用許諾者に対する請求すらなされなかったことからすれば、本件貸付け当時、銀行において名義使用許諾者が弁済することを真に期待していたとは評価し難いのであって、銀行としても名義使用許諾者が名義を貸したにすぎず、自らは債務を負担する意思を有していないことを知っていたものと認めるのが相当であって、仮に、銀行と名義使用許諾者との間に消費貸借契約の成立を認めることができたとしても、銀行は、改正前の本条ただし書の適用ないしは類推適用により、名義使用許諾者に対して貸金の返還を求めることは許されないとしたもの

❿　東京高判平成12年5月24日金融商事1095号18頁［28051601］（判決❽の控訴審）

　（判決❽の事案について）妻は自分の名義で銀行から何らかの融資が行わ

れたことを認識していたことは認められるが、しかし、それを特定したうえでおおまかにでもその具体的内容を認識していたかは疑問であり、また、妻がいわゆる専業主婦で、総会屋会長の行っている活動に全く関与していなかったのであって、本件融資の書換えを現実に知っていたことをうかがわせるに足りる事情も見当たらないこと、銀行において真の債務者は総会屋会長であって妻は単なる名義人にすぎず、妻には真に債務を負担する意思がないことを十分に認識していたものと認められるから、このような場合にまで、妻の実印が押印されていることにより本件融資に係る各書類が妻の意思に基づいて作成されたものであるとの推定を働かせることは相当でないと認められること、他に本件融資が妻に対して行われたものであると認めるに足りる証拠はないことからすれば、本件融資は、銀行と妻との間で行われたものではなく、銀行と総会屋会長との間で行われたものと認めるのが相当であるとしたもの

⓫ 広島高岡山支判平成12年9月14日金融商事1113号26頁 ［28060655］

　銀行の融資は名義使用会社の資金繰りのためになされ、現実にも融資金が名義使用許諾者らの口座に入金されると直ちに前記会社の口座に振り込まれ、名義使用許諾者らは融資について直接の利益を受けたわけではないこと、銀行の担当者は、名義使用許諾者らに対し、前記会社に対する追加融資は困難であるが、名義貸しをするなら融資を実行できると提案し、その結果融資が実行されたこと、同人らの間では融資金の返済は前記会社がすることになっていたものと認めることができ、融資の返済が滞ってもしばらくの間は名義使用許諾者らに対しその返済を求めた様子はうかがえないことからすれば、融資は名義貸しによるいわゆる迂回融資であり、銀行は当該名義貸しに積極的に協力したものということができるから、改正前の本条ただし書の類推適用により、銀行は名義使用許諾者らに対し融資金の返還を求めることは許されないとしたもの

⓬ 東京地判平成17年3月25日金融商事1223号29頁 ［28101651］

　金融機関は、本来は融資できない会社に融資するため迂回融資の仕組みを考案し、名義使用許諾会社にその協力を依頼したのであって、金融機関は同

会社に返済を求める意思がなかったばかりか、同会社に対しても返済を求めない旨を約していたのであり、他方、名義使用許諾会社も、返済義務がないものと信じてこれに協力し、それによって何らの利得も得ていないことからすると、金融機関は、名義使用許諾会社を借主とする各金銭消費貸借契約において、金銭消費貸借契約を締結しながら返済を求めないという点において、金融機関と名義使用許諾会社双方の意思が合致していることに鑑みれば、改正前の本条ただし書が類推適用され、名義使用許諾会社に対する各貸金の返還を求めることは許されないとしたもの

［ 解説 ］

　他人のために、自己の名において取引の当事者となることを承認した者は、あくまで自己がその取引の主体として法律上の権利義務を取得する地位につくことを承認するものであって、ただ、その取引の結果の経済上の利害を自己が代わってやったその者に帰属させるにすぎず、これを心裡留保であるとすることはできない（判決❶）。また、それは、取引の相手方が経済上の利害の主体の存在を知っていたと否とにかかわらない（判決❺）。このことは、名義貸しが問題となった裁判例のすべてにおいて前提とされているものといってよい。

　もっとも、裁判例の中には、名義貸しにおいて「一定の事情」が認められる場合には、名義貸しに係る契約の効力を認めないものがある。

　そのような裁判例において「一定の事情」として例外なく考慮されているのは、相手方に関する事情である。相手方が名義貸しの事情を知悉していたとの一点で名義貸しに係る契約の効力を認めないのはむしろ例外的であり（判決❼を参照。もっとも、判決❼は、慎重な言い回しで名義貸しが銀行の担当者の指導の下で行われた可能性を滲ませつつ、「少なくとも」銀行が名義貸しを知っていたとの事実を認定するにとどめている。おそらくは、銀行の担当者が既に死亡しており、今となってはその供述を得る余地がないことを考慮した結果ではないかと思われる）、多くは、①相手方が自ら名義貸しを提案し、又は慫慂したこと（判決❸、❹、⓫、⓬）、②相手方が名義使用許諾者の資産を事前に十分に調査していないこと（判決❻、❾）、③相手方

が名義使用許諾者に対し、同人には返済を求めないとの意向を事前に伝えていたこと（判決❻、❿）といった事情が指摘されている。これらの分析によれば、裁判例の傾向としては、相手方が単に名義貸しであることを知っていたというだけでは必ずしも十分ではなく、自ら名義貸しの実現に積極的に関わった経過が認められるかどうかを慎重に検討しているといえよう。また、相手方の関与の深さを示す事情として、④名義貸しが行われる動機又は背景的事情に相手方の貸出制限を潜脱する目的があったことを挙げる裁判例や（判決❻、❾）、事後的な事情ではあるが、⑤相手方が名義使用許諾者に対して相当期間返済を求めた履歴がないことを挙げる裁判例（判決❾、⓫）もある。

　一方、名義貸しに係る契約の効力を認めなかった裁判例の中には、名義使用許諾者と、名義使用者との人間関係（判決❻）、名義使用許諾者が当該取引の内容を具体的に認識していたかどうか（判決❿）、名義使用許諾者がそれによって何らかの利得を得たかどうか（判決⓫）といった、名義使用許諾者の認識や利益状況を考慮に入れたものもある。しかし、これらの事情は、いずれも単体では名義貸しに係る契約の効力を否定する決め手としては不十分であり、相手方の関与のありように関する検討と並行して考慮されていることに注意すべきである。

　前記「一定の事情」が認められる場合であっても、名義貸しに係る取引は心裡留保に当たらないことを前提としている以上、本条１項ただし書が適用されるわけではなく、類推適用されることになるものと考えられる。実際に契約の効力を認めなかった裁判例についてみても、改正前の本条ただし書をストレートに適用する旨摘示したものはなく、改正前の本条ただし書の類推適用（判決❹、❾、⓫、❿）とか、禁反言の原則及び改正前の本条ただし書の「精神」（判決❻）に基づいて契約の効力を否定している。なお、実態は名義使用許諾者ではなく、名義使用者が当該契約の当事者である旨認定することによって（立証責任の所在に即していえば、名義使用許諾者の名義で作成された契約書等の信用性を認めず、したがって、名義使用許諾者との間で契約が成立した事実が認められないとして）相手方の請求を棄却するとの結

論を導いた裁判例もある（判決❿）。

2　表示上の効果意思と内心の意思との不一致

[裁判例]

❶　東京高判昭和53年 7 月19日判タ370号80頁［27441917］

　結婚式当日の朝まで婚約者とは別の既婚女性と同棲していた男性が、かねてから婚約者の存在を聞かされ、それがために別れることを了解していたのに結婚式の前夜になって取り乱した当該女性から、2,000万円を支払う旨記載した書面の作成を要求され、翌日に迫った結婚式に出席するため、やむなく、書面を書くことで済むものならばその金額がいくらであってもそれにこだわる必要はないと考え、当該女性の言うままに念書を作成し、これを当該女性に交付したことが、真意を欠くものと認められたもの

❷　浦和地判昭和57年 4 月20日判タ476号128頁［27405740］

　女性関係について疑いをかけられた夫が妻に土地を贈与したという場合について、贈与する旨を記載した書面は贈与の書面としては極めて簡単で、その記載のうえでは対象地の特定も不十分であるなどの点がみられ、その作成の動機となった不貞行為は明らかでないにもかかわらず、これを前提として妻の受けた精神的苦痛を慰謝する旨記載されたものであるなどの事実からみて、夫が妻をなだめるため、妻の要求をひとまず容れることにして贈与を約する書面を書いたにすぎず、夫には真実贈与をする意思はなかったと認められたもの

❸　東京地判昭和59年12月19日民集40巻 7 号1193頁［27490158］

　被相続人が作成した遺言書において、全遺産はその妻、長女、被相続人が死亡するまで約 7 年間いわば内縁的関係にあった内妻の 3 名に対し各 3 分の 1 宛遺贈する旨記載されていた場合について、被相続人と内妻との間柄、遺言書作成前後の事情、遺言書の形体に照らすと、前記遺言が真意に基づかないものとはいえないとされたもの

❹　東京地中間判平成14年 9 月19日判タ1109号94頁［28072782］

　従業員が発明の特許出願に先立って会社に提出した出願依頼書の表紙裏側

259

の「譲渡証書」欄には、不動文字で「下記の発明又は考案について、特許又は実用新案登録を受ける権利の持分の全部を○○会社に譲渡したことに相違ありません」と印刷され、自ら、その譲渡人欄に鉛筆書きで自署したという事案について、従業員において、当該発明についての書類であることを認識したうえで署名していると認められること、当該発明の前後を通じて、職務発明に関する会社の取扱いに異を唱えることなく、少なからぬ数の発明について特許出願のための社内手続を履行しており、当該発明が設定登録された後も、本件発明の特許を受ける権利が会社に帰属したことを前提にした言動をしていること、「譲渡証書」欄が設けられるに至った経緯、譲渡証書における譲渡人の署名・押印欄については、他にも署名だけで押印を欠いた例がみられるなど必ずしも決まった形式が要求されていなかったこと等の事情に照らし、従業員の譲渡意思が明確に認定することができ、真意を欠くものとはいえないとされたもの

❺ 福岡高判平成18年11月9日判タ1255号255頁［28130058］

建設工事請負業者の元被用者が集金した工事代金等を着服、横領したため、同人の母、兄、姉をして、将来、再び元被用者が同様の行為をした場合等には同人と連帯して既発生の損害金3,506万1,830円の支払をすることを約束する内容の確約書を作成させていたところ（連帯保証契約）、元被用者がその後再び工事代金を着服、横領したとして、同契約に基づく損害金等の支払を求めた事案において、元被用者の母らは、元被用者のその後の行状次第では、同人の横領行為による使用者の損害金を連帯して支払わなければならないことを理解したうえで、確約書に署名等したものであることは明らかであるとして、前記連帯保証契約は心裡留保に当たらないとされたもの

❻ 東京地判平成21年12月14日労経速報2062号30頁［28160637］

元従業員の使用者会社に対する退職の意思表示の効力が争われた事案において、元従業員は、自ら退職する旨記載して退職届を提出したうえ、使用者から退職承認通知を受けるや自ら申請して退職証明書や離職票の交付を受け、失業保険を受給したという経緯によれば、元従業員において、退職届を提出した時点で、退職の意思がないのに形だけのつもりであったとか、退職の意

思表示になるとは思わなかったなどと認めることはできないとされたもの

[解説]

　「表示上の効果意思と内心の意思とが一致しないこと」、すなわち、「真意を欠くこと」は「善意」や「悪意」と同じように事実概念である。しかし、ことが表意者の内心にまつわる事実であるから、その認定は、間接事実を総合して推認することができるかどうかによるほかはないものと考えられる。

　判決❶～❻は、いずれも意思表示が書面の作成によってされた事案である点では共通するが、問題となった事案が多岐にわたっている分、検討の対象となった間接事実も多種多様である。あえてこれらに共通する分析の視点を挙げるとすれば、①当該書面の体裁や記載内容（判決❷～❺）、②当該書面が作成されるまでの経緯（判決❶～❸、❻）、③当該書面が作成された後の表意者の振る舞い（判決❹、❻）、④表意者と相手方の人間関係（判決❶、❸）を指摘することができると考えられる。

　もちろん、これらの視点から加えられる検討は決して平板なものではない。裁判例をみる限り、前記①の視点が比較的重視されており、当該書面の体裁から表示上の効果意思を比較的無理なく読み取れるような事案では、その他の視点に基づく検討において、真意と一致しない内容の書面をわざわざ作成することが一般的にも了解可能な程度の決定的な事情がうかがえない限り、真意を欠くとの推認にまで到達することは困難ではなかろうか。

（吉岡茂之）

（虚偽表示）

第94条　相手方と通じてした虚偽の意思表示は、無効とする。

2　前項の規定による意思表示の無効は、善意の第三者に対抗することができない。

事実認定の対象等

■■ 意義

　通謀虚偽表示とは、相手方と通じてした真意ではない意思表示をいう（我妻・民法講義Ⅰ289頁）。本条1項は、このような意思表示は、内心の意思を欠くものとして、これに対応する効果を生じないものとしている。しかし、この効果を貫くと、この意思表示を有効なものと信じて取引関係に入った第三者が、権利を取得することができないこととなり、不測の損害を与えることとなるため、取引安全の見地から、表意者の意思表示が内心の意思と合致しないことを知らないで取引関係に入った第三者に対しては、例外的に、その意思表示が無効であることを対抗できないこととしている。これが、本条2項である（遠藤浩＝水本浩＝北川善太郎＝伊藤滋夫監修『民法注解財産法1』青林書院（1989年）〔藤原弘道〕383頁）。

　主張立証責任の観点からは、請求原因において契約の成立が主張されると、本条1項に基づく通謀虚偽表示の抗弁として、契約当事者が、当該契約の際に、いずれも当該合意をする意思がないのに、その意思があるもののように仮装したとの事実が主張され、これに対して、本条2項に基づく再抗弁ないし予備的請求原因として、権利取得者が善意の第三者に当たる旨の事実が主張されることとなる。

　通謀虚偽表示の抗弁に関しては、意思表示（表示行為）の効力を発生させないとする合意（いわば裏契約）の存在を想定し、虚偽表示による無効をこの裏契約の効果ととらえる見解もあるが（川島・民法総則272頁、高津幸一

「未登記の建物の所有者が他人名義の所有権保存登記をした場合における、登記名義人から建物を買受けた善意の第三者の地位」法学協会雑誌84巻2号（1967年）116頁、遠藤ほか・前掲〔藤原弘道〕384頁、定塚孝司「主張立証責任論の構造に関する一試論」司法研修所論集1984-Ⅱ号（1985年）14頁など。川島＝平井編・新版注釈民法(3)〔稲本洋之助〕315頁、大江・要件事実(1)302頁参照）、前記のとおり、これを内心の意思の欠如を根拠として説明するのが通説である。

　前記は、本条が直接適用される場面についてであるが、登記を効力要件ではなく対抗要件とし、これに公信力も認めない法制度の下では、不実の登記がされている場合には、取引に入った者がいかに所有名義人を真の所有者と信頼しても、権利を取得し得ない場合が生じ、不測の損害を被ることがあり得る。このような場合に対応するため、判例は、本条2項の類推適用により、善意の不動産取得者の保護を図ろうとしてきた。虚偽の意思表示が存在しない場合、あるいはこれに加えて、通謀もない場合であっても、同項を類推適用することが認められてきた。

■■ 法律要件及び法律効果等

1　本条1項

　通謀虚偽表示の法律要件は、意思表示が真意に基づくものではなく、かつ真意でないことにつき、相手方との間に通謀があることである（司研・要件事実について12頁）。

　消費貸借契約、質権設定契約などの要物契約についても、虚偽表示が成立し得るとするのが判例である（大決大正15年9月4日新聞2613号16頁[27550184]、大判昭和6年6月9日民集10巻470頁[27510419]、大判昭和7年11月10日新聞3495号18頁[27541865]、大決昭和8年9月18日民集12巻2437頁[27510227]、東京高判昭和47年9月29日判時684号60頁[27441502]）。

　本条は、契約のみならず、相手方のある単独行為についても適用がある（最判昭和31年12月28日民集10巻12号1613頁[27002854]）。相手方のない合同行為である会社の定款作成行為には適用がないとされたが（大判昭和7年

4月19日民集11巻837頁［27510294］）、相手方のない単独行為について類推適用された例がある（かつての民法上の財団法人設立時の財産出捐行為につき最判昭和56年4月28日民集35巻3号696頁［27000137］、共有持分放棄の意思表示につき最判昭和42年6月22日民集21巻6号1479頁［27001067］）。

通謀虚偽表示の法律行為は、その意思表示に応じた効果が生じない。これが虚偽表示の効果である。したがって、契約に基づく債務の履行を求めるのに対し、その契約が通謀虚偽表示であることを主張するのは、抗弁として機能する。

通謀虚偽表示であっても、当事者合意のうえでこれを撤回することも可能である（東京高判昭和32年7月18日高裁民集10巻5号320頁［27440323］）。その場合には、撤回の主張は、再抗弁として機能する。

2　本条2項

虚偽表示による無効は、善意の第三者に対抗することができない。

第三者とは、虚偽表示の当事者又はその一般承継人以外の者であって、その表示の目的につき法律上利害関係を有するに至ったものをいう（大判大正5年11月17日民録22輯2089頁［27522299］、大判大正9年7月23日民録26輯1171頁［27523104］、最判昭和42年6月29日裁判集民87号1397頁［27441040］）。第三者の典型例は、不動産の仮装売買の買主からその目的不動産を買い受けた者であるが、そのほかにも、不動産の仮装売買の買主からその不動産につき抵当権の設定を受けた者（大判大正4年12月17日民録21輯2124頁［27522079］、大判昭和6年10月24日新聞3334号4頁［27541021］）、仮装の抵当権設定契約に基づいて抵当権設定登記を経由した者から転抵当権の設定を受けた者（最判昭和55年9月11日民集34巻5号683頁［27000166］）、差押債権者（最判昭和48年6月28日民集27巻6号724頁［21043081］、預金につき東京高判昭和37年5月31日金融法務312号8頁［27440645］）、仮装譲渡により不動産の名義人となった破産者の破産管財人（東京地判昭和32年6月3日新聞57号15頁［27440319］）、仮装の債務負担行為によって外形上権利者となった者の破産管財人（最判昭和37年12月13日裁判集民63号591頁

［27440685］）、仮装売買の売主から売買代金債権を譲り受けた者（大判昭和
3年10月4日新聞2912号13頁［27551147］）、仮装の消費貸借上の貸金債権を
貸主から譲り受けた者（大判昭和13年12月17日民集17巻2651頁［27500457］、
東京地判昭和25年7月14日下級民集1巻7号1103頁［27400097］、東京高判
昭和27年10月31日高裁民集5巻12号577頁［27400347］）、不実の登記に係る
名義人に対する滞納処分として、その不動産の差押えをした行政庁（最判昭
和62年1月20日訟務月報33巻9号2234頁［27800828］）、仮装の債権につき質
権の設定を受けた者（東京地判平成6年1月26日判時1518号33頁
［27826619］）は、いずれも本条2項の第三者に当たる。

　第三者に当たらないとされた例としては、一般債権者のほか、債権者代位
権を行使する債権者（大判大正9年7月23日民録26輯1171頁［27523104］、
大判昭和18年12月22日民集22巻1263頁［27500076］、東京高判昭和57年9月
27日判タ483号79頁［27490450］）、仮装の債権譲渡契約の譲受人から債権取
立ての目的でさらに債権譲渡を受けた者（大決大正9年10月18日民録26輯
1551頁［27523137］）、借地人が借地上に所有する建物を仮装贈与した場合の
敷地賃貸人（大判昭和14年12月9日民集18巻1551頁［27500339］、最判昭和
38年11月28日民集17巻11号1446頁［27001977］）、土地が仮装売買された場合
における仮装買主がその地上に建てた建物の賃借人（最判昭和57年6月8日
裁判集民136号57頁［27442242］）、地上建物が仮装譲渡された後、敷地を譲
り受けて土地賃貸人の立場に立った者（東京地判昭和42年12月11日判時514
号65頁［27900045］）、株式が仮装譲渡された場合の会社（大判昭和20年11月
26日民集24巻120頁［27500036］）といったものがある。ほかにも、不動産の
共同相続人の一部が、相続により取得した共有持分を放棄する意思がないの
に、他の共同相続人らのみにおいて相続した旨の一部不実の所有権移転登記
を経由したため、当該不実の部分につき本条2項が類推適用される場合に、
当該登記を受けた共同相続人は、当該登記を承諾していないときであっても、
当該登記によって表示された利益を直接享受する者にすぎないから、同項に
いう第三者に当たらない（最判昭和51年6月18日金融法務798号34頁
［27441765］）といった例がある。

虚偽表示の当事者と直接に契約をした者が悪意者であったとしても、その者からの転得者は第三者に含まれる（最判昭和50年4月25日裁判集民114号649頁［27441675］）。

第三者は、善意であれば足り、無過失であることを要しない（東京高判昭和58年12月13日金融法務1063号40頁［27490497］）。この点に関しては、虚偽表示である可能性や疑いが一応ないわけではないとの認識を有していても、本条2項の善意であると認める一方、重過失あるい過失がないことまでは要求されないと判断した裁判例がある（最判平成9年12月18日訟務月報45巻3号693頁［28041119］）。善意の存否は、本条2項の適用の対象となるべき法律関係ごとに当該法律関係につき第三者が利害関係を有するに至った時期を基準として決すべきである（最判昭和55年9月11日民集34巻5号683頁［27000166］）。この点に関連し、通謀虚偽の売買契約における買主が、当該契約の目的物について第三者と売買予約を締結した場合において、予約権利者が本条2項にいう善意であるかどうかは、売買予約成立の時ではなく、予約完結権の行使により売買契約が成立する時を基準として定めるべきであるとされる（最判昭和38年6月7日民集17巻5号728頁［27002020］）。なお、本条2項が類推適用される場面においては、無過失を要件とする場合もあることについては後述する。

第三者とされるためには、対抗要件の具備を要しない。自ら仮装行為をした者が、かような外形を除去しない間に、善意の第三者がその外形を信頼して取引関係に入った場合においては、その取引から生ずる物権変動について、登記が第三者に対する対抗要件とされているときでも、当該仮装行為者としては、第三者の登記の欠缺を主張して、該物権変動の効果を否定することはできない（最判昭和44年5月27日民集23巻6号998頁［27000816］）。

本条2項所定の善意の第三者であることは、同項の保護を受けようとする当事者において主張・立証しなければならない（大判昭和17年9月8日新聞4799号10頁［27548459］、最判昭和35年2月2日民集14巻1号36頁［27002507］、最判昭和41年12月22日民集20巻10号2168頁［27001130］、最判昭和42年6月29日裁判集民87号1397頁［27441040］、東京高判昭和39年9月

15日東高民時報15巻 9 号185頁［27440833］など）。

　本条 2 項の効果は、虚偽表示の法律行為をした者は、善意の第三者に対しては、法律行為が無効であることを対抗できず、他方で、第三者の側ではそれが有効であることを前提とした法律関係の存在を対抗できることになる。家屋買取請求に関連した事案で、所有地上に家屋を有する者甲がその家屋だけを乙に仮装譲渡した場合において、乙からさらにこれを善意で譲り受けた者丙に対し家屋敷地の賃貸を承諾しない場合は、丙は甲に対し家屋の買取請求権を有するとするものがある（最判昭和28年10月 1 日民集 7 巻10号1019頁［27003278］）。

3　本条 2 項の類推適用

　本条 2 項は、真の権利者の関与によって、ある者が権利者であるかのような外観が作り出されたときは、それを信頼した第三者は保護されるべきであり（信頼原理）、虚偽の外観作出について帰責性のある権利者は不利益を被ってもやむを得ない（帰責原理）という権利外観法理（表見法理）の現れである。権利外観法理の構成要素は、①外観の存在、②外観作出についての権利者の帰責性、③外観に対する第三者の正当な信頼である。外観作出についての権利者の帰責性は、自ら積極的に虚偽の外観を作出した場合や、虚偽の外観が作出されたことを知りながらこれを承認した場合など、その程度、内容において様々であるが、本条 2 項が予定する典型的な場面に直接当てはまらない場合であっても、事案に応じ、同条項を類推適用することにより、権利外観法理に基づく解決が図られる（増森珠美・最判解説〈平成16年度〉302頁以下）。

■■　参考裁判例

　本条 1 項の適用範囲に関し、入会権については、現行法上、これを登記する途が開かれていないから、入会地について、便宜的に他者の名義により所有権移転登記が経由されていることをとらえて、入会権者と名義人との間に仮装の譲渡契約ないしこれと同視すべき事情があったものということはでき

ない（最判昭和43年11月15日裁判集民93号233頁［27431072］、最判昭和57年
7月1日民集36巻6号891頁［27000084］、名古屋高判昭和42年1月27日下級
民集18巻1＝2号73頁［27430947］、名古屋高判昭和46年11月30日判時658号
42頁［27431303］、岐阜地大垣支判昭和44年11月17日下級民集20巻11＝12号
83頁［27431149］）。

　本条2項の要件については、前記「法律要件及び法律効果等」を参照され
たい。

　判例上、本条2項及びこれと併せて110条を類推適用することにより、作
出された外観（登記等）を信頼して無権利者から不動産を取得した者を保護
するという枠組みが形成されてきた。後に紹介するとおりである。

事実認定における問題点

1　虚偽表示の成否──内心の意思を欠くか否か

　虚偽表示により法律行為が無効となるのは、意思表示（表示行為）に対応
した内心の意思を欠く場合である。どのような場合に、内心の意思を欠くと
いえるのか、要件上は一義的に明確でないきらいがあるため、その具体例を
検討する意義がある。

2　本条2項（及び110条）の類推適用の有無

　本条2項又はこれと併せて110条の類推適用をした事案は、一般に、①権
利者自身が虚偽の外観を作り出した場合（意思外観対応──自己作出型）、
②他人によって虚偽の外観が作出されたが、権利者がこれを事後に明示又は
黙示に承認した場合（意思外観対応──他人作出型）、③名義人の背信行為
により権利者が承認した範囲を超える虚偽の外観が作出されてしまった場合
（意思外観非対応型）と類型的に把握されている（四宮＝能見・民法総則209
頁、川島＝平井編・新版注釈民法(3)〔稲本洋之助〕369頁、増森珠美・最判
解説〈平成16年度〉304頁）。

第94条

事実認定についての裁判例と解説

1 虚偽表示の成否——内心の意思を欠くか否か

[裁判例]

(1) 虚偽表示を認めた事例

ア 債権者からの追及を免れ、あるいは差押え等を回避する目的

❶ 横浜地判昭和34年6月18日判タ91号75頁 [27420735]

　原告が被告に対し、抵当権不存在確認及び抵当権設定登記の抹消登記手続を求めた事案で、原告は、公正証書による債務弁済契約及び抵当権設定契約は、原告がAに対して負担する30万円の債務を担保するため本件建物に設定した第1順位の抵当権の実行を阻止する方法として、架空の債権についての第2順位の抵当権の設定を仮装するため通謀してされた無効のものであると主張した。判決は、原告の不在中に、Aから抵当権実行の予告を受けた原告の妻が、相談した関係者の指示により、一時Aの抵当権実行による競売を延期ないし阻止する手段として、架空の債権50万円につき債務弁済契約公正証書が作成されたと認め、この公正証書による債権及び抵当権は、いずれもの通謀虚偽表示によるものとして無効と判断した。

❷ 最判昭和36年8月8日民集15巻7号2005頁 [27002263]

　原告が、本件家屋にされた所有権移転登記は租税滞納処分により差押え中の本件家屋が公売処分に付されるのを回避するため、被告と相通じてなした仮装のもので、同建物の登記簿上の所有名義は被告にあるが、真実の所有者は原告であると主張した事案である（本判決の第一審である東京地判昭和32年5月22日民集15巻7号2014頁 [27203549] 参照）。

　時価151万円余りの家屋所有権と敷地借地権とを、わずか10万円で売買したような、時価と代金が著しく懸絶している売買は、一般取引通念上首肯できる特段の事情のない限りは、経験則上是認できないとし、被上告人と上告人とが三十数年来の知り合いで、被上告人が本件家屋の所有者となっても直ちに上告人にその明渡しを請求する意思がなく、かえって、本件家屋をひとまず上告人に賃貸しておき、相当の期間内であればその買戻しにも応じる意

269

向であって、現にある時期までは時々当事者間に買戻しの話が持ち上がって
いたことや、本件家屋が税金の滞納により差し押さえられていたといった事
情を認定するのみでは、一般取引通念上是認できず、さらに、本件家屋の時
価についての鑑定結果や、滞納税額に関する税務署長の回答を信用できるか
といった点や、買戻しの特約が存するために売買代金が低廉に定められたの
か否かといった事情について検討する必要があるとし、売買代金が低廉に過
ぎ、仮装のものであるという上告人の虚偽表示の主張を排斥した原判決（東
京高判昭和35年4月13日民集15巻7号2024頁［27203550］）を破棄し、原審
に差し戻した。

❸　鳥取地米子支判昭和36年9月8日下級民集12巻9号2207頁［27440582］

　原告は、その所有する家屋に抵当権設定登記を有する被告に対し、抵当権
により担保される債務の不存在確認及び前記登記の抹消登記手続を求めた。
原告は、消費貸借契約及び抵当権設定契約が通謀虚偽表示により無効である
と主張した。判決は、原告は、被告の妻に本件家屋の一部を賃貸し、被告の
妻はそこで質屋業を営んでいたこと、この賃貸借開始以前に、原告と被告は
互いに未知の間柄であったのに、消費貸借契約締結の日は賃貸借契約開始前
とされていること、被告の妻は質屋営業をしており、生活にゆとりがあるわ
けでもないのに、約定利息が非常に低廉で、かつ、返済時期も極めて長期間
であること、被告の側はこの消費貸借によって利益を受けることなく、約定
の家屋賃料の支払を続けていること、原告が約定の利息を支払っていないこ
と、消費貸借から抵当権設定登記までの間に相当日時が存すること、借用証
書を借主である原告が所持していること、当時原告は他に多額の債務を負担
し、債権者から強制執行を受ける心配があったことといった事実を認定し、
消費貸借契約及び抵当権設定契約を通謀虚偽表示で無効と判断した。

❹　東京地判昭和55年1月28日判タ422号118頁［27431821］

　原告が、被告による執行力のある公正証書に基づく強制執行の不許を求め
た第三者異議事件である。被告は、公正証書による譲渡担保契約は、原告と
Ａとが通謀のうえ、Ａが被告の執行を妨害するため、原告に所有権を移転し
たように仮装したものであると主張した。判決は、原告とＡが親戚同様の付

き合いをしていたこと、原告は、公正証書作成の以前に、Aに多額の金員を貸し付けた経験はなかったこと、公正証書作成時に、原告はAの返済能力や担保を考慮した形跡がないこと、貸付けの存在を裏付ける客観的証拠がないこと等を指摘し、本件譲渡担保契約は、被告の執行を免れる目的でされた通謀虚偽表示であると推認するのが相当であると判断した。

❺ 東京地判昭和56年7月8日判時1029号94頁 ［27431917］

自動車の売主原告が、買主Aが割賦代金の支払を怠ったとして、所有権に基づき、車両の占有者被告に対し、その返還を求めた事案につき、被告は、保管委託契約に基づき、同車両の保管料債権を有するとして留置権を主張したのに対し、原告は、保管委託契約を通謀虚偽表示により無効であると主張した。判決は、保管委託契約締結の経緯の不自然性、短期間の保管委託契約であるのに契約書を作成したうえ、公証人による確定日付まで取得していたこと、車両検査証の所有名義を確認していないこと等を指摘し、保管委託契約は、自動車販売会社からの車両引渡請求を妨げるため、形式上書類を作成したにすぎず、当事者間において契約を締結する意思はなかったと認定した。

❻ 東京高判平成6年12月21日判時1593号63頁 ［28020715］

倒産に瀕した控訴会社が経営の立て直しのため、営業を被控訴会社に移転しようとし、その過程で土地建物を売り渡したという事案において、売買代金とされた2,890万円が被控訴会社から控訴会社に対し、現実には支払われていないこと、営業譲渡に伴い、通常、譲受人が支払うこととされる控訴会社の債務とは別に、代金支払に代えて、被控訴会社が控訴会社の債務を弁済した事実も、その弁済をするとの合意も認めるに足りないこと、営業譲渡に当たり土地建物がいくらと評価されたのかさえ明らかでないこと、控訴会社と被控訴会社との間では他の債権者からの追及を免れるため、債権債務や担保権の設定を仮装していたこと等を認定し、売買契約は、控訴会社が債権者からの追及を免れるために、控訴会社と被控訴会社との間で通謀してされた虚偽の意思表示であると認定した。

イ　短期賃貸借を執行妨害の手段として仮装したものと認定したもの

❼　東京地判昭和56年10月27日判タ474号169頁［27442191］

　　原告が、競売により建物所有権を取得したとして、被告に対して賃借権設定登記の抹消を請求した事案で、建物賃貸借契約（短期賃貸借）につき、占有、使用状況の不自然さ、賃料支払の事実の不明朗さに加え、前所有者と被告との親密な関係等も考慮し、両者が意思を通じて、執行妨害の手段として仮装したものと推認した。

❽　大阪地判昭和62年1月20日判タ647号163頁［27800487］

　　原告が、強制競売により複数の建物所有権を取得した被告に対し、原告がそれぞれにつき有する賃借権は短期賃借権として被告に対抗できると主張して、敷金合計8,500万円の返還を求めた事案である。被告は、賃貸借契約を否認するとともに、仮に原告主張のような契約が形式上されていたとしても、本件各契約は、当事者が通謀し、実体に符合しない虚偽表示により作出したものであるから、無効であると主張した。判決は、本件各賃貸借契約設定の経緯、賃貸借契約の内容、その後の使用状況に照らせば、本件各契約はいずれも到底正常な短期賃貸借ということはできないのみならず、原告がAと通謀して、高額の敷金の返還に仮託して、本件各物件を後に取得する競落人から、原告のB及びCに対する貸付金を回収しようとした仮装の契約であると推認できると判断した。

ウ　財産保全目的

❾　東京高判平成8年5月30日判タ933号152頁［28020770］

　　父Aの二男である控訴人に対し、多数の宅地、農地を贈与したという事案につき、父Aの意図は、長男である被控訴人の借金の状態や過去の金員の費消状態等からして、被控訴人によってAの財産をなくされるのではないかとの危惧を抱き、その防御策のために贈与を仮装することとしたこと、三男Bにも仮装の所有権移転や抵当権設定をしていたこと、譲渡の前後を通じ土地の利用状況（被控訴人の妻が農地を耕作していた）には変化がなかったこと、被控訴人から名義変更の求めを受けて控訴人はこれに応じる旨の返答を繰り返していたこと等を認定したうえで、Aの控訴人に対する贈与を虚偽表示で

あると認定し、その際に、控訴人が不動産取得税、固定資産税等の支払をしていたとしても、その認定を妨げないものとした。

エ　夫婦間の財産移転を虚偽表示と認定したもの

❿　東京高判昭和28年8月6日東高民時報4巻3号110頁［27440115］

　公正証書による贈与につき、その贈与が夫から妻に対してされたものであること、贈与の対象は、掛け軸類、机、箪笥、布団、台所用品から風呂桶に至るまでの家財道具全部のほか、神棚、神具まで含んでおり、贈与の結果、夫の所有する財産は、自ら使用する衣類を残すにすぎなかったこと、贈与者である夫には、先妻との間に実子がいるにもかかわらず、実子に対しては何らの贈与もしていないこと、贈与者は、古くから株式売買業を営み、そのような営業は相当に投機的で浮沈の伴うものであることを認定したうえ、贈与を通謀虚偽表示であると認定した。

⓫　東京地判昭和44年3月25日金融法務546号30頁［27441186］

　夫が妻に対する売買を原因として、所有権移転登記を経由していたところ、判決は、夫から妻に対する売買を原因としてされた本件登記は、結局夫において、原告からの保証債務の追及を免れるために、妻である被告と通謀してした虚偽表示によるものと推認した。

⓬　東京地判昭和45年9月2日判時619号66頁［27441317］

　原告は、Aに対する債権者として、Aに代位し、Aから財産分与を原因とする建物所有権移転登記を経由した被告（Aの元妻）に対し、財産分与が通謀虚偽表示であると主張して、Aに対する所有権移転登記手続をすること（予備的に詐害行為取消）を主張した事案である。判決は、被告が離婚後の本籍を婚姻中と同一地番に定め、住民票上の記載も、世帯主（A）と被告の続柄、被告の本籍が改められたにとどまり、協議離婚届の動機はAが連帯保証債務を負ったことを被告が知り、原告のために財産を取られたくないということにあり、財産確保を目的としたほかは格別の理由がなかったと認定し、財産分与は仮装のもので無効であると判断した。

　なお、夫婦間の財産移転については、後記のとおり、虚偽表示と認定しなかった裁判例もある。

オ　租税負担を回避ないし軽減する目的

⓭　東京高判昭和30年11月30日下級民集 6 巻11号2532頁［27410287］

　バス会社の経営者一族の間で、バス会社の株式の帰属が争われた事案において、名義人への株式の移転を、相続税負担を軽減するとともに、同会社に勤務する名義人の便宜を図る目的でされた通謀虚偽表示であると認定した。通謀虚偽表示を認定するに当たっては、真の権利者から名義人に対し、名義変更の働きかけがされていたこと、名義人は、真の権利者への返還義務を認めたうえ、返還の猶予を求めていたこと、名義人に支払われた利益配当金は、真の権利者に引き渡されていたこと等の事実を前提としていた。

⓮　大阪高判昭和50年 1 月21日訟務月報21巻 4 号774頁［27411618］

　控訴人（国）は、A社に対し法人税債権を有していたところ、被控訴人らがA社から取得した金員につき、控訴人が被控訴人に対し、不当利得返還を求めた事案である。被控訴人らは、金員支払の趣旨につき、その保有するA社の株式を、A社を通じて売却処分した代金を受領したにすぎず、不当利得ではないと主張したのに対し、控訴人は、当時、株式譲渡所得が非課税であったことを奇貨として、真実はA社が立木倒木の売却に伴って生じる法人税負担を回避させるために仮装された取引であり、株式譲渡取引の当事者間には、株式譲渡の効果意思はなく、この取引は通謀虚偽表示として無効であると主張した。判決は、本件では、株価の検討もされず、立木倒木譲渡代金がすなわち株式譲渡代金とされたこと、A社は本件立木倒木が唯一の財産で、これを売却すれば後には何も残らず、かつ、既に解散決議がされた会社であるのに、第三者がその株式を取得した形となっていること、株式譲受人は何らの経済的出捐をしていないこと等を指摘し、本件株式譲渡契約は通謀虚偽表示であると認定した。

⓯　東京地判昭和55年10月30日判時1000号99頁［27442105］

　原告は、被告から本件建物及び敷地を買い受けたとして、被告に対し、建物の明渡しを求めた。被告は、原告主張の売買契約は通謀虚偽表示により無効であると主張した。判決は、原告には本件土地建物を自己使用する必要性がなかったこと、契約締結時に手付金の授受が全くなかったこと、契約で約

定された内容と実際の代金支払、登記手続の履行状況とが全く符合していないこと、領収書が架空であるほか、それにもかかわらず売買契約書とともに契約時の手付金領収書にはことさら公証人による確定日付が付されていること、代金の支払は、原告が被告に代わって第三者に直接支払った一部を除き全くされておらず、支払われた金員も売買代金とは断じ難いこと、原告は本件土地を買い受けたことによって課税特例措置の恩恵に浴していること等を指摘し、本件土地建物の売買契約は、その基本的部分において真実売買意思のない通謀虚偽表示であったと認めるのが相当であるとした。

⓰ 東京地判昭和61年10月23日労働判例484号43頁〔27802169〕

原告は、被告に対し、準消費貸借に基づく貸金返還請求として480万円余の支払を請求した。被告は、本件準消費貸借契約は、被告の税務処理の便宜上締結したものであって、480万円余の金員を真に原告において借り受けたこととする意思がないのに、その意思があるもののように仮装することを合意したと主張した。判決は、準消費貸借契約証書につき、被告がA社に対して商品を売り渡していたにもかかわらず、過去5年間にわたり売上金額として税務申告されていなかったと税務当局において認定された金額につき、税務処理の観点から、税務当局に提出する目的の下、その指導に基づき作成されたものであって、旧債務（損害賠償債務）の履行を目的とするものではなかったから、480万円余の金員を真に原告において借り受けたこととする意思がないのに、あるもののように仮装することを合意して作成されたものと認めるのが相当と判断した。

⓱ 東京地判平成8年12月17日判時1617号105頁〔28022396〕

原告は、被告₁から土地を買ったが、被告₁がその債務の履行を怠ったとして、被告₁及びその保証人被告₂に対し、売買契約を解除して、原状回復を請求した事案である。被告らは、売買契約が通謀虚偽表示により無効であると主張した。判決は、本件各契約は、不動産の買収及び転売に関し、被告₁が地権者と交渉し、A社が資金を提供するという共同事業（本件共同事業）に関連し、本件共同事業によって生じる利益に係る課税を節減するため、本件各土地について、形式的に原告及び被告₁の間で売買契約を締結したことを

仮装したものにすぎず、契約当事者とされる原告及び被告₁はいずれも本件
各契約の効力を当事者間に及ぼす意思がないにもかかわらず、その意思があ
るかのように仮装することを合意したうえでこれを締結したと認定した。

⑱ 東京地判平成9年6月30日判タ967号213頁［28030901］

　原告は、遺留分減殺請求により不動産の共有持分を取得したとして、登記
簿上、相続人から持分の譲渡を受けた登記名義人である被告に対し、持分の
一部の移転登記手続を請求した。原告は、相続人と被告との間の売買契約は、
いずれも実体関係を伴った真実のものとはいい難く、通謀虚偽表示であると
主張した。判決は、不動産売買代金が、相場の半分程度の廉価なものである
うえ、その支払方法も、わずかな内入金を支払うだけで残金は毎月少額の割
賦払いで足りるとされる一方で、所有権は直ちに買主に移転するという不自
然なものであり、両者の間の資金移動の経過も極めて不自然であり、代金支
払の実体があるとはいえない、また、被告は、所有者でありながら、その利
用実態がどうであるかについて全く関知しないこと、相続人は、本件不動産
を、公正証書遺言中に明確に遺産として掲げていることなどを認定し、売買
契約は、税金対策等のために行われた実体のない仮装のものと解するほかな
いと判断した。

⑲ 東京地判平成16年8月31日訟務月報51巻8号2211頁［28102129］

　本件は、原告が、複数の事業年度にわたる法人税の申告に際し、原告ほか
数社の組織する本件組合（組合員からの出資金及び金融機関からの借入金を
もって映画のフィルムを購入したうえ、その映画に係る配給権を他社に有償
で付与する事業を共同で営むことを目的とする民法上の組合）の事業として
購入したとされる映画フィルムの減価償却費を損金に算入するなどの処理を
して申告したところ、税務署長から、損金算入を認められず、更正処分を受
けたことから、これらの処分の取消しを求めた事案である。判決は、本件各
組合は、本件各映画購入契約によって、本件各映画フィルムの所有権を取得
したものとされているものの、本件各映画の著作権等を実質的に支配し、行
使しているのは本件各第一次配給会社ないしは本件各サブ配給会社であって、
本件各組合がこれらの権利を行使する余地は、実際上は全くないといってよ

い状態にあり、しかも、このような事態は、本件各第一次配給会社がその債務を履行しなかった場合でさえも変わることはなく、本件各組合としては、金銭的な補償を求めることができるのにとどまるのであり、また、本件各組合の本件各映画フィルムに対する所有権については、本件各第一次配給会社がその選択による一方的な意思表示をもって本件各組合から購入することができ、本件各第一次配給会社のための担保権も設定されているのであって、本件各組合としては、本件各映画フィルムの使用・収益をすることも、その処分をすることもできないというのであるから、本件各組合が本件各映画フィルムに対して有しているという所有権なるものは、その実体のない名目的なものといわざるを得ない。他方、本件各融資契約も、現実の資金の移動を伴うものではなく、また、本件各組合が、融資に係る元利金の支払義務を現実に負担することも想定し難い。このような事情があるにもかかわらず、これらの契約に係る書面が作成された目的は、本件各組合に参加した各組合員が、減価償却費や支払利息を計上することによって租税負担を圧縮することにあったものといわざるを得ないとして、本件各映画購入契約や本件各融資契約に関する契約書は、これらの契約に係る現実の権利義務関係を発生させる目的で作成されたものではなく、租税負担を圧縮するための前提となる本件各映画フィルムの所有権や、本件各融資契約に係る利息債務を外観上作出するために作成されたものといわざるを得ないと判断した。

カ　不動産占有者の退去・明渡しを求めるためにする賃貸目的物の譲渡等

❷⓪　東京地判昭和26年3月3日下級民集2巻3号333頁［27400169］

　原告が、土地の所有者として、土地上の建物の賃借人である被告に対して、建物退去土地明渡を求めた事案で、被告が、借地上の賃貸建物の売買等は、建物賃借人である被告を立ち退かせる方便としてされた虚偽の意思表示であると主張した。この点につき、土地の借地人（建物所有者）が、土地賃貸借の地代が僅少の額であるにもかかわらず、契約当初からその支払を怠っていたこと、原告が、建物所有者を相手取った訴訟で、建物収去土地明渡を求めた際に、建物所有者が何ら争うことなく請求を認諾したことを認定し、この建物所有者の行動は、通常人が自己の所有建物に対して執るべき措置とは考

え難いとし、原告と建物所有者の密接な関係、建物所有者が被告に賃料請求ないし建物明渡しの請求をした形跡がないまま、原告の被告に対する土地明渡請求に至っていることも考慮し、原告と建物所有者の間の売買契約は、通謀虚偽表示であると認定した。

㉑ 東京高判昭和32年7月18日高裁民集10巻5号320頁［27440323］

控訴人は、かねてから被控訴人に対して賃貸している本件建物の明渡しを求めていたが、被控訴人の承諾が得られなかったためCに対し被控訴人に対する移転料を含めて20万円の成功報酬を支払う約束で、本件建物の明渡交渉を依頼し、その後、Cの要求で、明渡交渉の便宜のため、控訴人がCから30万円を借用したことの担保として本件建物を提供し、弁済期限の8月9日までに返済ができないときは本件建物をC名義にするのに異議がない旨の金銭消費貸借証書を差し入れ、所有権移転登記もCに移転したという事案で、判決は、控訴人とCとの間では、単に本件建物の所有権の移転を仮装したにとどまり、真実これを移転する意思はなかったとし、権利の信託的譲渡の場合には、たとえ信託の目的でしたとしても、当事者間に所有権移転の効果を生じさせる意思があることを要するが、本件では、被控訴人に対する交渉の便宜上、被控訴人に対してのみ所有権譲渡があったように見せかけるのが目的であって、控訴人とCの間においては、一時的にせよ所有権を移転させる意思が全くなかったと判断した。

㉒ 東京地判昭和40年3月30日判タ175号135頁［27402674］

原告が、土地の所有権を有すると主張して、土地賃借人の所有する建物を賃借する被告に対し、土地明渡しを求めた事案である。被告は、原告と土地の元所有者との間の売買契約は虚偽仮装のものであると主張したところ、判決は、同売買契約は、被告を本件建物から立ち退かせるための虚偽仮装のものと認定した。

㉓ 浦和地判昭和41年6月28日判時458号49頁［27440952］

土地の譲受人原告が土地の賃借人被告に対して、借地上の建物を収去して明渡しを求めた事案である。被告は、土地譲渡人と原告との土地売買契約が、被告の本件建物の収去を求める一策として相通謀してした虚偽の意思表示で

あって無効であると主張したところ、判決は、売買契約を、被告の賃借している本件土地の賃借権の消滅が間近いのを利用して、土地譲渡人と原告とが相通じてした虚偽の意思表示で無効と認めた。

㉔ 東京地判昭和56年3月27日判時1015号68頁［27442143］

土地所有者原告が、地上権設定登記の名義人被告₁・被告₂に対し、抹消登記手続を請求した事案である。原告から地上権の設定を受けたとする抗弁に対し、原告は、土地の占有者に退去と地上プレハブ建物の撤去を求めるための手段として、地上権設定を仮装し、単に登記簿上、その旨の地上権設定登記手続をすることを合意したと主張した。この点につき、原告が、被告₁に対しては、当初より被告₁がその費用負担において、占有者の立退きとプレハブ建物の撤去を引き受けることを条件とした被告₁からの本件土地賃借の申入れに基づき、被告₁が本件土地で倉庫業を営むために本件土地を賃貸する意思を有していたにすぎず、それが本件土地に地上権の設定を受けたうえ、これを第三者に売却することにより多額の利益を得ることを目論んだ被告₁の巧みな言辞に惑わされ、地上権の何たるかも理解しないまま、真に占有者の追い出しのためには地上権設定登記手続が必要であると考えたからにほかならず、したがって、原告は被告₁に対して真実本件地上権を設定する意思なくして、本件地上権の設定登記手続をすることを承諾したにすぎないと認定し、通謀虚偽表示を認めた。

キ 抵当権の実行を容易にする目的

㉕ 福岡地判昭和46年3月31日判時646号80頁［27441373］

原告が、地上権設定契約に基づき、地上権者である被告銀行に対し、地代の支払を請求した。被告は、地上権設定登記は、将来原告に対する抵当権実行が妨害されることのないよう、原告被告協議のうえで経由したものであり、被告は本件土地上に建物を所有したり、何らかの使用をする意思もなく、そのことは原告も承知していたのであって、地上権設定契約は原告被告間の通謀虚偽表示であると主張した。判決は、本件地上権の設定登記に当たり、原告と被告銀行の間において、被告銀行においては本件各土地につき登記に表示された地上権を真に行使するものではなく、登記の存在により、将来被告

銀行が抵当権の実行をするに当たり、これを容易にし、かつ実行あらしめることのみを目的として本件地上権設定登記を経たものであることを当然の前提とし、被告銀行において、本件各土地を使用することなく、地代の支払もしないものとする黙示の合意がされていたと認めるのが相当と判断した。

ク　債権回収目的

㉖　東京地判平成7年11月13日判夕912号183頁［28011063］

　原告らは、A社の社員であったところ、被告を選定当事者に選定し、被告にA社の取引先に対する製本加工代金債権の債権差押命令の申立てを委任した（以下「本件差押命令委任契約」という）。被告は、債権者本人兼選定当事者として、A社に対する給与債権合計2,000万円余りの一般先取特権に基づき、取引先に対するA社の製本加工代金債権の債権差押命令を申し立て、裁判所からその旨の決定を得て、原告らのために合計700万円弱の配当金の支払を受けた。本件は、原告らが、被告に対し、本件差押命令委任契約に基づき、被告が支払を受けた配当金の支払を求めるものであるところ、被告は、本件差押命令委任契約は、A社の取引先に対する製本加工代金債権が同社の債権者から仮差押えされて、同社がその支払を受けることができなくなったことから、これを回収する便法として締結された虚偽表示であると主張した。判決は、本件差押命令委任契約を、A社が売掛金の回収を図る便法として、原告らが被告を選定当事者に選定して、社員の給料債権の一般先取特権に基づき債権差押命令を申し立て、債権差押命令による配当金をA社に入れることを図って締結されたものであるとして、通謀虚偽表示により無効と判断した。

㉗　名古屋地判平成18年2月24日判時1957号84頁［28130936］

　原告は、不動産を競売により取得し、Aへ売却したが、被告による不当な仮差押えによって売買契約を履行できず損害を被ったとして、被告に対しその賠償を請求した。被告は、本件売買契約は不自然であり、通謀によって作り上げられた虚偽のものというべきであると主張した。判決は、原告の主張する売買契約の内容は、売買代金について、金融機関に提出した融資申込書の記載と齟齬があるうえ、2度にわたる売買契約で1m²当たりの単価を異

にする合理的理由を見出すことができず、また原告は、本件売買契約にもかかわらず、第三者に対する債務の担保として本件不動産に根抵当権を設定するなど、売買契約書を前提とした行動を取っていないといった事情を認定し、本件売買契約は通謀によりされた虚偽のものであると判断した。

ケ　真の資金需要者の信用不足を隠すため、他者名義で契約した消費貸借契約につき、通謀虚偽表示を認めたもの

㉘　最判昭和63年12月8日判時1319号20頁［28213669］

　債権者である被上告人の専務理事の地位にあるAが、既に限度額いっぱいの融資をしており、これ以上の貸付けをすることが許されないBからの3,000万円の借入れの申込みに対し、これを実質的に実現する手段として、被上告人からの融資につき借主を上告人名義とすることの了解を求め、一方、上告人は、Aから貸付額を十分超える価値のある物件が保証人であるCから担保として差し入れられることになっており、上告人に迷惑をかけることはない旨聞かされたので、自己名義を用いて貸付けを受けることを承諾したというのであるから、他に特段の事情のない限り、上告人としては、債権者である被上告人が本件消費貸借契約の貸主としての債務の履行を自己に対しては請求しないとの趣旨を約束したものと信じて自己名義を貸与したものとみるのがむしろ自然であり、被上告人は上告人との間で、借主としての債務の履行を請求しない旨の合意、すなわち、通謀虚偽表示の合意をしたと解すべきものとした。

㉙　仙台高判平成9年12月12日判タ997号209頁［28040192］

　消費貸借契約に基づき、農業協同組合が組合員（名義上の借主）に貸金の返還を求めた事案である。この事案で、契約締結の目的は、他の組合員に対する資金の融通を実現させることにあり、実際にも、名義上の借主の手に貸付金が渡された事実はなく、その借主は当該融資により何らの利益も得ていなかった。その者が名義上の借主とされたのは、専ら他の組合員の貸付枠の制約を回避するためであって、名義上の借主に対しては、農業協同組合において融資の際に通常行われる審査等が全く行われておらず、組合長もそれらの事実を十分認識し、むしろ、農協側が名義人を強力に説得して、本来意に

染まない名義人に消費貸借契約を締結させたという事情を考慮し、本件契約は、実体は、他の組合員に対する貸付けであるのに、農協の思惑により、形だけ名義人が借り入れたことに仮装したもので、通謀虚偽表示に当たると認定した。

なお、いわゆる迂回融資については、後記のとおり、通謀虚偽表示を否定する裁判例が多く存在する。

コ　いわゆる名義貸しにつき虚偽表示の主張を認めたもの

㉚　長崎地判平成元年6月30日判タ711号234頁［27805181］

本件は、原告が、被告が販売会社から下着一式を13万円で購入するに当たり、立替払いをしたとして、被告に対し、立替金の支払を請求した事案である。被告は、被告と販売会社は、下着一式を買うのはAで、その代金もAが支払うということであったので、外観上、被告が下着一式を代金13万円で買う旨の売買契約を仮装することを合意したとして、売買契約が通謀虚偽表示により無効であり、割賦販売法30条の4の規定により、この無効事由を原告に対抗できると主張した。判決は、販売会社は、Aに13万円の下着を売り渡したが、Aについては、原告から立替払いを承諾されなかったことから、被告に、被告名義を使用して立替払契約を締結することの承諾を求めてその承諾を得、被告に13万円の下着を売ったことにして、被告の名義で立替払契約を締結させたもので、真実は、本件立替払契約に対応する下着13万円の売買契約は、販売会社とAとの間に締結されたものであり、被告とAとの間には売買契約が成立しているものではない。しかるに、販売会社及び被告とも、それを承知のうえで、被告と販売会社との間に売買契約が締結されたように仮装したものということができるから、本件立替払契約に対応する売買契約は、虚偽表示により無効であるということができるとし、この抗弁事由につき、割賦販売法上の抗弁権の接続が認められるかを検討した。

なお、いわゆる名義貸しが虚偽表示に当たるか否かについては、後記のとおり、これを否定する裁判例も存する。

第94条

サ　金融機関も仮装の契約であることを了解していたと判断したもの

㉛　東京地判平成 8 年 9 月20日判夕957号215頁 ［28021475］

　　債務者のために物上保証した原告が、被告信組に対し、根抵当権設定登記の抹消登記手続を求めた事案である。原告は、原告被告間の根抵当権設定契約は、実際には根抵当権を設定する意思がないにもかかわらず、根抵当権設定契約書を作成したもので、無効であると主張した。判決は、被告においては、大阪府による検査への対策として担保不足を補う必要が生じたこと、債務者において新たな融資を受ける必要があったため、原告としても大阪府の検査対策に協力すべき立場にあったことから、本件根抵当権設定契約が締結されるに至ったものであるが、被告信組も原告も形式的に本件根抵当権設定契約書を作成するだけであると認識していたのであるから、双方とも意思表示の表示上の法律行為を発生させる意思がない点で合意があるというべきであり、前記契約は虚偽表示により無効と解すべきであると判断した。

シ　売買契約を通謀虚偽表示として、その効力を認めなかったもの

㉜　東京地判昭和53年 5 月25日判夕368号302頁 ［27441906］

　　原告は、本件土地の元所有者Aの相続人であるが、同土地の登記名義人である被告に対し、所有権移転登記手続を求めた。被告は、A被告間の売買を主張したのに対し、原告はそれが通謀虚偽表示により無効であると主張した。判決は、大正年間から昭和初年にかけて、本件土地付近の河川流域における砂利、礫砂等の採取事業は活況を呈していたこと、砂利等の採掘等を会社の目的とする被告は、砂利等採掘のため本件契約を締結したが、その目的は、他業者の競業を防止し、排他的独占的に砂利等を採取するという目的のみから本件契約を締結したものであること等を認定し、売買契約は、売主、買主ともに真実目的土地の売買をするのではなく、期間を10年とする砂利等採取を目的とする土地使用に関する契約を締結する意思であったのにすぎないと判断した。

㉝　東京地判昭和57年10月 4 日判時1073号98頁 ［27405828］

　　原告₁は、原告会社から本件建物部分を買い受けて所有権を取得したが、本件建物が建築基準法に違反するとして、被告₁が除却の代執行をし、

283

被告$_2$が電気供給の承諾を保留したことにより損害を被ったとして、被告らに対して損害賠償を請求した。被告らは、原告会社と原告$_1$間の売買契約は通謀虚偽表示により無効であると主張した。判決は、原告$_1$には、本件建物部分の買受けを必要とすべき事情が存したものとはみられず、原告$_1$が本件建物部分の所有権者であって、その転売を志向していたものとみるにしては、自己の権利の帰属についても、当初からすべてを原告会社に依存しているかのごとくにうかがわれるなど、あまりに自己の権利についての関心が希薄であるとみざるを得ないのであって、これらのことを考えると、原告$_1$には、真実本件建物部分を買い受ける意思もないのに、これがあるかのように装って、原告会社と通謀して、仮装の前記売買契約を締結したものと推認するのが相当であると判断した。

㉞ 広島地判平成18年1月30日労働判例912号21頁[28111144]

原告は、被告が原告との間の、船長としての雇入契約及び雇用契約上の地位の確認等を求めた事案である。被告は、本船をＡに売却したことにより、雇入契約が終了したと主張したのに対し、原告は、被告とＡの間の売買契約は、通謀虚偽表示として無効であると主張した。判決は、被告とＡは実質的には一体の関係にあること、被告がＡに本船を売却することに経済的な利益がないこと、被告は平成9年以降仮処分決定により1か月当たり33万円余りの賃金の仮払いを強いられていることが不満であったことを考慮し、被告とＡとの前記売買契約は、前記賃金の仮払いを免れることを目的として売買を仮装したものと推認されると判示した。

ス 債務名義の効力を排除するために虚偽表示の主張が認められたもの

和解調書（大阪高判昭和55年1月30日判タ414号94頁[27405209]）、調停調書（東京高判昭和33年12月26日東高民時報9巻13号257頁[27440405]）、公正証書（東京高判昭和30年2月19日東高民時報6巻2号37頁[27440188]）中の特定の条項の効力を排除するため、通謀虚偽表示により無効との主張がされ、これが認められた例があり、調停条項につき一般論として通謀虚偽表示の適用可能性を認めるものもある（東京高判昭和38年12月19日東高民時報14巻12号326頁[27440766]）。和解調書、調停調書、公正証書といった債務

名義となる文書は、意思表示として成立していることは明らかであり、その内容も明確に記載されているため、通謀虚偽表示が成立するのは例外的な場面であろう。

(2)　虚偽表示を認めなかった事例

ア　契約が、債権者からの取立てを免れるための仮装のものであるとは認められなかったもの

㉟　大阪高判平成19年 4 月26日労働判例958号68頁［28141441］

本件は、第一審原告が、第一審被告会社から、ソフトウェア技術者の派遣によるソフトウェア開発業務等の営業の譲渡（本件営業譲渡）を受け、同業務を行っていたところ、第一審被告会社などに対し、不正競争の目的を持って派遣業務を行ったことによる損害賠償などを求めた事案である。第一審被告らは、本件営業譲渡が、第一審被告会社の債権者からの取立てを免れるためにされたものであり、通謀虚偽表示として無効であると主張した。判決は、第一審原告は、本件営業譲渡の後、第一審被告らに譲渡代金を支払い、当時第一審被告会社において実際稼働していた従業員 8 名全員を雇用し、また、第一審被告会社と連名で取引先に対して売掛金の振込先を第一審原告宛てに変更するよう通知するなどして、第一審被告会社から従業員及び取引先を引き継いでいるのであるから、本件営業譲渡は実体を有するものであったと認めるのが相当であると判断した。

イ　差押えを免れる目的を認めなかったもの

㊱　東京地判平成16年10月 7 日判時1896号114頁［28101520］

原告は、Aらの債権者であるところ、Aらは自己所有不動産について、被告との間で売買契約を締結し、被告は所有権移転仮登記を経由した。原告は、Aら及び被告間の売買契約が虚偽表示により無効であると主張して、債権者代位権により、被告の所有権移転仮登記の抹消登記手続を求めた。判決は、通謀虚偽表示とは、契約の前提となる意思表示について、効果意思がないにもかかわらず、あるかのように装うことを相互に申し合わせることをいい、したがって、契約締結に至る経緯において、通常の売買と異なるような事情があったとしても、契約当事者双方に、目的物の所有権を売主から買主に移

転する意思があれば、通謀虚偽表示は成立しないことになるとの一般論を述べ、売買契約は、Ａらが、債権者からの差押えを免れるべく、購入資金を自ら用意できない被告にその名義だけを移転させるためのものであった疑いを抱かせる事情として、売主であるＡらに多額の負債があったこと、買主である被告は設立されて間もないうえ、取引の実績がなく、購入資金を自ら用意できる状況になく、資金は第三者からの借入れで賄ったこと等を認定しつつ、他方で、Ａら及び被告が、本件不動産の所有権を真実被告に移転する効果意思があったとうかがわせる事情として、被告が、開発許可を得て具体的に本件各物件の利用に乗り出していたこと、曲がりなりにも売買代金合計２億円余が支払われていること等を認定し、結論として、Ａら及び被告が本件各物件の所有権移転という効果意思を有していなかったという事実まで踏み込んだ認定をすることは難しいと説示した。

ウ　金銭の交付が消費貸借契約によるものであり、これとは別の業務委託費用ではないと判断し、消費貸借契約について通謀虚偽表示の主張を斥けたもの

㊲　東京地判平成19年４月５日判タ1276号224頁　[28142022]

　原告は、被告に対し、貸金債務の不存在確認を求め、被告から原告への金銭交付は、Ａ社の経営権取得に関する業務委託契約に基づく委託費用であって、金銭消費貸借契約に基づく貸付金ではないと主張した。判決は、原告の主張する本件業務委託契約締結の事実を認めることができず、金銭消費貸借契約が、通謀虚偽表示によるものであると認めることもできないと判断した。

エ　建設共同企業体を設立する民法上の組合契約につき、通謀虚偽表示の主張が斥けられたもの

㊳　函館地判平成12年２月24日判時1723号102頁　[28052391]

　下請業者である原告が、元請業者である被告らに対し、工事代金の支払を請求した事案である。原告は、施工に当たった元請Ａ社と被告らの関係につき、民法上の組合たる性質を有する通常の共同企業体であると主張したのに対し、被告らは、自らの立場を、Ａ社とは異なり工事に一切関与せず、単にＡ社から利益額の25％を被告らが受け取ることを内容とする利益配当契約に

すぎず、組合契約は通謀虚偽表示により無効であると主張した。判決は、A社と被告らは、本件共同企業体の結成について、実質的にも、民法上の組合契約の締結をしていたことを肯認することができ、本件共同企業体は、民法上の組合としての実体を有するものとして結成され、運営されていたものと認められるのであって、本件共同企業体の結成の合意等が通謀虚偽表示であるとの被告らの主張は採用することができないと説示した。

オ　（連帯）保証契約の締結が、真意を欠くものではないとしたもの

❸❾　名古屋地半田支判昭和36年8月23日訟務月報7巻12号2347頁[27440579]

　原告（国）は、開拓者資金融通法に基づき、被告農協に対し、営農資金として60万円余りを貸し付けたとして、被告農協に対し、未償還金の返還を求めるとともに、被告農協の組合員らが被告農協の原告に対する償還債務を連帯保証したとして、被告組合員らに対し、連帯保証債務の履行を求めた事案である。被告組合員らは、被告農協から、原告から借り入れた営農資金の転貸を受けておらず、したがって、この営農資金に関して被告農協に何らの債務も負っていなかったにもかかわらず、愛知県職員の要請によって、単に行政事務処理の必要上形式的のものとして虚偽の借用証書を被告農協宛てに差し入れたものであって、保証を約束する旨の書面も同様であり、保証契約は被告らが愛知県職員と通じてした虚偽の意思表示であると主張した。判決は、なるほど県当局としては、その職責上の不始末をおそれて、当時、多少の甘言をもって被告らに借用書への調印を懇請したことはあり得べきことと考えられるが、他面被告らとしても、元来訴外加工組合が設立され、本件営農資金がその設備資金に投入されていたことを全く知らなかったとは認め難く、当時としては加工組合の設立によって、本件借入金が加工組合から返済されると確信し、かつ組合員等においても農産加工に進出する期待をかけていたが、加工組合の事業が失敗に帰したという経緯があり、本件営農資金が被告らに転貸されなかったとしても、当時としては被告らも暗黙のうちに了解していたとも認められると認定し、直ちに通謀虚偽表示と断定することはできないものとした。

❹ 東京地判平成16年8月31日金融商事1226号34頁 ［28101843］

　本件は、原告が、被告会社に対してA信組が貸し付けた貸金3億3,000万円余につき、債権の譲渡を受けたとして、被告会社に対し、その返還を求め、代表者である被告₁に対し、同額の連帯保証債務の履行を求めた事案である。被告₁の主張によれば、被告₁は、当時3億2,000万円もの債務額に見合う資力を有しておらず、A信組もそのことを承知していた。他方、A信組は、いわゆる金余り状態にあり融資先に困っていたことから、被告に実際に保証債務を負わせる意思はなく、連帯保証人が存在するという形式のみ整えて、被告会社に融資することとした。A信組が「形だけのものである」と説明したことから、被告₁も連帯保証の外形作出のためだけのものであることを理解して、連帯保証人欄に記名押印した。このように、A信組と被告₁は、本件連帯保証契約を締結する際、いずれも保証債務を発生させる意思がないのに、その意思があるもののように仮装することを合意したと主張した。判決は、被告₁は、被告会社に対する証書貸付に当たり、自らが連帯保証人になることを承諾して、署名押印を従業員に指示して行わせているのであるし、手形貸付については、被告₁が連帯保証することを承諾して、自ら約束手形及び保証約定書に署名し、押印のみ従業員にさせていたのであるから、被告₁の連帯保証が仮装のものであるとの合意があったと認めることはできない。また、貸付直後の被告会社の決算では、当期利益として3億2,129万9,498円が計上され、被告₁の年間報酬は1,860万円であり、融資は被告会社の実績に応じたものであったこと、被告会社のような中小企業においては、弁済を確実にするため、代表者の連帯保証を付けることは当然のことであったことからすると、A信組に保証意思がなかったものと認めることはできないとして、通謀虚偽表示の主張を斥けた。

❹ 福岡高判平成18年11月9日判タ1255号255頁 ［28130058］

　控訴人が、被用者Aが集金した工事代金等を着服、横領したため、Aの母や兄姉である被控訴人らに、将来再びAが同様の行為をした場合には、Aと連帯して既発生の損害金3,500万円余の支払をすることを約束（連帯保証契約）させていたところ、Aがその後再び工事代金を着服、横領したと主張し

て、被控訴人らに対し、連帯保証契約に基づいて、損害金の支払を求めた事案である。被控訴人らは、本件連帯保証契約は、通謀虚偽表示により無効であるなどと主張したが、判決は、被控訴人らが、Aのその後の行状次第では、同人の横領行為による控訴人の損害額などをAと連帯して支払わなければならないことを理解したうえで、確約書に署名等したものであることは明らかであるから、通謀虚偽表示の主張は採用することができないと判断した。

カ　担保提供目的の所有権移転が虚偽表示に当たらないとされたもの

❷　京都地判昭和38年9月30日訟務月報9巻10号1182頁［27440751］

　原告が、債務者であるAに代位して、A被告間の売買契約が通謀虚偽表示であると主張して、被告名義の所有権移転登記の抹消登記手続を求めた事案につき、判決は、B金庫の貸付けが、法律上は被告に対してされ、被告からAに転貸され、これに対応して本件不動産の所有権は、売買によってではなく、被告からB金庫に対する担保提供を法律上可能にし、かつ被告のAに対する貸金債権を担保する目的で、Aから被告に譲渡される形式が採られたと認定し、これを前提に、Aにおいて現実に融資を受けてその目的を達している以上、被告に対する前記譲渡行為について、被告とAとの間の意思と表示に不一致があり、したがって、真実所有権移転の法律効果が全く意欲されていなかったものと断定することはできないと判断した。

キ　いわゆる名義貸しにつき虚偽表示の主張を認めなかったもの

❸　東京高判昭和27年5月24日判タ27号57頁［27400283］

　被控訴人は、控訴人から杉丸太を買い受ける旨の契約を締結したが、控訴人が履行をしないため、被控訴人は契約を解除し、控訴人に対し、前渡金30万円の返還を求めた。控訴人は、この売買契約は、形式上被控訴人と控訴人の契約となっているが、真実は、A又はA及び被控訴人とBとの間の売買契約である。被控訴人と控訴人間の契約としては、控訴人は契約に際し、売主としての法律的責任を負担する意思がなく、その真意は相手方たる被控訴人もこれを知り自らもそのような契約をする真意がなかったとして、通謀虚偽表示として無効であると主張した。判決は、この売買ははじめBがAに対し、杉丸太一千石があるから買わないかと申し入れ、Aはその数量が自己の手に

余るところから、この話を被控訴人に取り次いだところ、被控訴人は従来Ｂを知らず信用しかねてこれに応じなかったのであるが、Ｂは友人のＣを通じて、木材商として相当信用のある控訴人の代表者であるＤに対し、控訴人には迷惑をかけないから、控訴人の信用によって、前記杉丸太の売買を成立させるために控訴人の名義を貸してもらいたいと頼み、Ｄは長年の友人であるＣを通じての頼みを拒みかねて、売主の地位に立つことを承諾したので、一方被控訴人においても控訴人が売主となるならば安心して取引ができるとして本件売買契約が成立したと認定した。そのうえで、およそ取引社会で、一定の資格のある者でないため取引ができず、又はある者に信用がないため、その名においては取引ができないというような場合に、法律上特段の定めのある場合は別として、一定の資格又は信用ある者がその者に代わって当該取引の当事者たる地位に立ち、所期の取引を成立させる事例は極めて多く見るところであって、このような関係で自己の名において当事者となることを承諾する者は、自ら相手方その他第三者に対する関係においては、あくまで自己がその取引の主体として法律上の権利義務を取得する地位につくことを承認するものであって、ただ、その取引の結果の経済上の利害を自己が代わってやったその者に帰属させるにすぎない、と説示し、通謀虚偽表示の主張を斥けた。

㊹ 東京地判昭和57年３月16日判時1061号53頁〔27442214〕

原告（信販会社）は、被告がＡから伊万里焼大花瓶を代金280万円で買い受ける際に、被告との間で、割賦販売法の適用のある立替払契約を締結したとして、被告に対し、立替金の支払を求めた事案につき、被告の主張は、抗弁としての通謀虚偽表示とは整理されていないが、判決は、被告はＢに対し、本件売買契約の買主名義を貸すことを承諾し、かつ、本件売買契約締結の代理権及び本件立替払契約締結の代理権を与えたものと認められるとし、本件承諾をした際の被告の意思は、本件各契約締結の意思として何ら欠けるところはない、一般に名義貸しの対象となった契約の相手方が、名義人に対し、その意思を確認したとしても、名義貸しをした以上、名義人が自己が契約当事者であることを否定することは通常考えられないと判示した。

第94条

ク　いわゆる迂回融資につき、虚偽表示の主張を認めなかったもの

❹❺　大阪高判平成11年５月27日金融商事1085号25頁［28050479］

　本件は、Ａ銀行の貸付けについて保証をした控訴人が、借主とされた被控訴人に対し、求償した事案である。被控訴人は、抗弁として、本件消費貸借契約の真の当事者はＡ銀行とＢであるにもかかわらず、Ｂに代えて被控訴人を当事者と仮装する旨合意したものであるから、通謀虚偽表示により無効であると主張した。判決は、被控訴人は、自らを当事者として本件消費貸借契約締結の申込みをすることを許諾し、Ａ銀行はこの申込みを承諾したのであるから、被控訴人が主張するような仮装あるいは意思と表示との間の不一致があるということはできないとして、通謀虚偽表示の主張を排斥した。

❹❻　東京高判平成12年４月11日金融商事1095号14頁［28051600］

　控訴人が被控訴人に貸し付けた金員の返還を求めたのに対し、被控訴人は、抗弁として、本件各貸付けは、真実は、Ａに対する融資であるのに、Ａがいわゆる総会屋グループの会長であったことから、それを隠ぺいすることを目的として被控訴人に対する融資とされたものであるから、通謀虚偽表示により無効であると主張した。判決は、被控訴人は、自分はその返済に際しては実質上は何らの資金を用意する必要もないと考えていたものと認められるが、控訴人は、Ａに対する融資はできないと明確に断ったうえで、総会屋構成員でない者が借主にならなければならないと言明していたこと、被控訴人は、この事情を承知のうえでＡから借受人になることを求められて、迂回融資に協力することを承諾したこと、その他の事実を認定し、これを総合すると、本件各貸付契約につき、同契約が真実は控訴人とＡとの間の契約であって、被控訴人と控訴人との間では何らの法的義務を生じさせない無効なものとして仮装する旨の通謀があったものとは認めることはできないと判断した。

❹❼　東京高判平成19年３月15日金融商事1301号51頁［28140229］

　本件は、事案を簡略化すると、Ａ銀行からＢに対する貸付債権の譲渡を受けた控訴人が、連帯保証人である被控訴人に対し、保証債務の履行を求めた事案である。被控訴人は、Ｂに対する貸付けは、いずれも第三者に対する迂回融資（Ｂが第三者に転貸することを目的としてされた融資）であって、Ｂ

291

は返済義務を負わないことが約束されていたから、本条１項等の適用により、控訴人は被控訴人に対してその履行を請求することができないと主張した。判決は、迂回融資（転貸目的融資）は、この融資を受ける者が債務者としての法的な責任を負担することにより、転貸先である資金需要者の保証人的な機能を果たすことにあるとして、転貸目的融資であるという理由から直ちに貸付けが無効となるとは解されず、銀行担当者が、Ａに返済義務を負わせない旨確約したとの事実も認められないとして、通謀虚偽表示の主張を斥けた（なお、この判決に対する上告及び上告受理申立ては、棄却・不受理とされ確定した（最決平成19年８月23日平成19年㈹941号同年（受）1079号公刊物未登載［28232683］））。

㊽ 東京地判昭和37年５月22日金融法務311号８頁［27402050］

　原告銀行が、被告に対し、貸金の返還を請求したのに対し、被告は、抗弁として、被告が取締役経理部長をしていたＡ社は、原告との手形取引契約に基づき2,500万円の融資を受けることとなったが、原告銀行では、１口の融資額が1,000万円を限度とされており、借受全額をＡ社名義とすることができなかったため、関係者協議のうえで、2,500万円を３分し、Ａ社とその代表者名義で各1,000万円、被告名義で500万円を借り受ける形式を取ることとしたものであり、借受名義を被告としたにとどまり、原告においてもこれらの事情を熟知し、被告には借主の義務がないことを諒解していたものであるから、被告との貸借は通謀虚偽表示として無効であると主張した。判決は、被告は単なる借受名義の提供者の外観があり、原告としても、500万円の資金がＡ社の事業資金として使用されるものであって、被告自身のために借り受ける必要のないことを了知していたと認められるが、被告自身が手形取引約定書及び借入金と同額の約束手形を原告に交付したこと、書類上Ａ社が責任を負担する記載は何もなく、書類上は専ら被告が本件借受の責任者として処理されていること等の事実を総合すると、原告は、本件貸出については、被告を当面の責任者とする意思を有していたものであって、被告がその責任を負担する意思のないことを了知していたと認めるに足りないと判断した。

第94条

ケ　他者に融資を受けさせる手段として約束手形を振り出す行為が、虚偽表示に当たらないとされたもの

❹　東京高判昭和45年2月27日下級民集21巻1＝2号354頁［27441268］

　本件は、控訴人が振り出した約束手形につき、手形所持人である被控訴人に対し、約束手形金債務が存在しないことの確認を求めた事案である。控訴人は、妻の父が、被控訴人名義の預金を担保として、A信組から手形貸付の方法で融資を受け、控訴人には迷惑をかけないと確約したので、これを信じて約束手形を振り出したもので、本件約束手形につき控訴人は債務を負担せず、義父は債権を取得しないものとしてされたものであるから、本条1項により無効であると主張した。判決は、控訴人が本件約束手形を振り出したのは、義父に金融を得させるためであったことが明らかであり、控訴人が約束手形の振出に当たって、その真意が約束手形金債務を負担しない所存であったとすることは到底できない。控訴人は、約束手形を振り出すに当たり、義父が被控訴人名義の預金を担保としてA信組から金融を受けるものと予期しており、義父が被控訴人から直接融通を受けるとは予測していなかったことがうかがわれるが、そのことだけで約束手形の振出しを通謀虚偽表示とすることはできないと判断した。

コ　夫婦間の財産移転を虚偽表示と認定しなかったもの

❺　大阪高判平成16年10月15日判時1886号52頁［28100881］

　信用保証協会が、保証人Aと離婚した元妻に対し、Aから元妻に対し財産分与された不動産の抹消登記手続等を求めた事案である。信用保証協会は、Aと元妻は離婚し、本件不動産につき財産分与を原因とする所有権移転登記を経由したが、Aはその後も本件建物に居住し、住宅ローンの支払も続けているなど、Aと元妻の生計は現在に至るまで同一であるとし、本件離婚は仮装離婚であり、財産分与は、債権者の追及を逃れるための通謀虚偽表示であって無効であると主張した。判決は、Aと元妻との間には、不貞行為等の離婚の原因となるような事情はなかったが、本件不動産に対する債権者の追及を逃れるため、本件不動産につき離婚に伴う財産分与を原因として元妻名義に所有権移転登記をしようと考え、本件離婚に及んだと認定したうえ、Aと

293

元妻は、離婚に伴う法的効果が発生することを意図して本件離婚をしたものであって、法律上の婚姻関係を解消する意思の合致に基づいて、本件離婚の届出をしたというべきであるから、離婚意思を欠く無効なものであるとはいえない、また、本件不動産の所有権を確定的に元妻に帰属させる意思であったことが認められるから、財産分与が、詐害行為に当たる余地があることは別として、通謀虚偽表示により無効であるとはいえないとした。

サ　ファイナンス・リース契約が金銭消費貸借の仮装であるとの主張を斥けたもの

(51)　東京高判昭和61年1月29日判タ595号81頁［27800382］

リース会社は、医療機器を対象とするリース契約に基づき、病院に対し、リース料の支払を求めた。病院は、本件リースは、リース会社と病院との通謀虚偽表示に基づく無効な契約であると主張した。判決は、一般にファイナンス・リースにあっては、リース会社は、リース料の支払が確実にされるか否かを調査し、その点については非常に関心を有するけれども、リース物件の実際の価格とか、それに欠陥があるかとか、その使用、保守といった点については、専らユーザーとリース物件の売主の話合いに任せ、ユーザーから特段の申入れがない限り、関心を持たないのが通常であるとし、それは、リース契約の仕組みからくる実際的な影響であって、これをもって、同契約自体の法的効果に影響はないから、本件リース物件が中古品であり、実際の価格がリース契約上の売買代金額をかなり下回るものであり、使用等がされなかったとしても、それらの事実のみから、本件リース契約が金銭消費貸借契約の仮装であるということはできない、と説示した。

シ　いわゆる資格株の譲渡は、権利を移転することについて真意がないとは解されないとしたもの

(52)　最判昭和24年6月4日民集3巻7号235頁［27003568］

上告人がAから被上告会社の株式100株の譲渡を受け、被上告会社の取締役に選任された後、その選任の効力が争われたという事案において、前記譲渡は、当時、上告人に被上告会社の役員たる資格を与えるためのいわゆる資格株の譲渡であって、後日返還することを約したものであるからといって、

その譲渡を仮装であるということはできないと判示した。

　解説

　虚偽表示とは、相手方と通じてした真意ではない意思表示である。そのような意思表示が無効とされるのは、内心の意思を欠くためであるから、争いがあれば、真意ではないとの点を立証する必要がある。前記の裁判例を概観すると、その判断に当たっては、2つの過程があるように思われる。すなわち、1つは、意思表示とは異なる真意が何かという点に関する事実認定である。もう1つは、認定された意図・目的が、意思表示による法律効果を生じさせない趣旨のものと認められるかという、若干評価的要素を含む認定である。

　前者、すなわち、意思表示とは異なる真意が何かという点に関する事実認定については、直接証拠がないのが通常であるから、間接事実を総合し、種々の角度から推認していく必要がある。本条の適用が問題となる事案においては、少なくとも法律行為の外形（表示行為）は存するが、その内容の相当性、例えば代金額が反対給付に対する対価として相当な額かどうか、仮にそれが廉価であった場合には、そのような価格として合意するのに合理性があるかどうかといった点は、法律行為が真意に基づかない仮装のものかどうかを判断する際の有力な資料となる。また、当事者間の交渉経緯から、当事者が法律行為に従った効果を欲していないことが推認される場合にも、法律行為が真意に基づかない仮装のものと判断される。

　後者、すなわち、認定された意図・目的が、意思表示による法律効果を生じさせない趣旨のものと認められるか否かという点については、その際には、意図・目的の類型的把握が役立つ。

　内心の意思を欠くものとされる類型としては、従前、①債権者からの強制執行を免れる目的（財産隠匿目的）でした法律行為（不動産につき、大判大正10年10月22日民録27輯1749頁［27523323］、最判昭和27年3月18日民集6巻3号325頁［27003420］、最判昭和37年6月12日民集16巻7号1305頁［27002136］及びその原審である高松高判昭和32年11月30日民集16巻7号1318頁［27203238］、仙台高判平成16年7月14日判タ1182号212頁

［28101559］）②財産保全の目的でした法律行為（不動産につき大判昭和16年8月30日新聞4747号15頁［27547258］、東京高判平成8年5月30日判タ933号152頁［28020770］、債権譲渡につき大判昭和16年11月15日法学11巻616頁［27547359］）、③賃借人に立ち退きを求めるのに好都合な法的地位の外観を与える目的（東京地判昭和40年3月30日判タ175号135頁［27402674］、浦和地判昭和41年6月28日判時458号49頁［27440952］）などが挙げられる。他方で、内心の意思を欠くとはいえないものとされる類型としては、④財産管理又は処分委託のためにする権利移転（大判大正9年4月19日民録26輯542頁［27523039］、大判昭和12年12月28日民集16巻2082頁［27500564］）、⑤債権取立てを依頼する趣旨でする債権譲渡（大判明治41年12月7日民録14輯1268頁［27521284］）、⑥債権担保目的でする権利移転（譲渡担保）（不動産につき大判大正5年9月20日民録22輯1821頁［27522271］、債権譲渡につき大判昭和5年10月8日評論20巻民法18頁［27540213］、大判昭和6年11月26日裁判例5巻民254頁［27541105］）などがある（遠藤浩＝水本浩＝北川善太郎＝伊藤滋夫監修『民法注解財産法1』青林書院（1989年）〔藤原弘道〕386頁）。

2　本条2項（及び110条）の類推適用の有無

裁判例

(1) 本条2項の類推適用に当たり、第三者の善意のみを主観的要件としたもの

ア　最高裁判決

❶ 最判昭和29年8月20日民集8巻8号1505頁［27003141］

　Aの懇請により、被上告人が、B所有の本件家屋を買い受けたうえ、Aの妾である上告人に使用させることとし、買受代金をAに渡したところ、Aはこの金を上告人に渡し、上告人はこれをBに支払って被上告人のために本件家屋を買い受けたが、Aと協議して、便宜上告人名義に所有権移転登記を受けたもので、本件家屋の買受人は被上告人にほかならず、上告人は単に被上告人から無償でこれを借り受け使用していたものにすぎないという事案において、本件家屋を買受人でない上告人名義に所有権移転登記したことが被上

告人の意思に基づくものならば、実質においては、被上告人がBからいった
ん所有権移転登記を受けた後、所有権移転の意思がないにかかわらず、上告
人と通謀して虚偽仮装の所有権移転登記をした場合と何ら選ぶところがない
わけであるから、本条2項を類推し、被上告人は上告人が実体上所有権を取
得しなかったことをもって、善意の第三者に対抗し得ないと判示した。

❷ 最判昭和37年9月14日民集16巻9号1935頁［27002100］

　この判決は、最判昭和32年10月31日民集11巻10号1779頁［27002757］が、
審理不尽を理由に原判決を差し戻した後の再度の上告審判決である。本判決
は、Bが、Cを代理人として、Aの先代から不動産を買い受けたが、Cは売
買契約書において買受人をCとしていたため、Aに対して所有権移転登記手
続を請求するに当たり、BはCに所有権を取得させるつもりはなかったが、
Cにその訴えを提起させ、勝訴の確定判決を得たうえで、Cに所有権移転登
記を受けさせたという場合には、本条2項の法意に照らし、Bは、Cが不動
産の所有権を取得しなかったことをもって善意の第三者に対抗することがで
きないと判示した（もっとも、この判決には2名の裁判官による意見が付さ
れている。なお、この判決による差戻後に、3度目の上告審最判昭和43年3
月19日民集22巻3号648頁［27000975］があるが、これは本条2項ないしそ
の類推適用に関するものではない）。

❸ 最判昭和41年3月18日民集20巻3号451頁［27001216］

　未登記の建物の所有者が、他人に同建物の所有権を移転する意思がないの
に、その他人の承諾を得たうえ、同建物についてその他人名義の所有権保存
登記を経由したときは、実質において、同建物の所有者が、いったん自己名義
の所有権保存登記を経由した後、所有権移転の意思がないのに、同他人と通
謀して所有権を移転したかのような虚偽仮装の行為をし、これに基づいて虚
偽仮装の所有権移転登記を経由した場合と何ら異ならないから、本条2項を
類推適用して、同建物の所有者は、その他人が実体上同建物の所有権を取得
しなかったことをもって、善意の第三者に対抗することができないものと解
するのが相当であるとした。そのうえで、上告人は、本件建物を新築して、そ
の所有権を取得したが、新築に当たって、Aの名義を借りて住宅金融公庫から

建築費用の融資を受けた関係上、Aの了承を得たうえ、本件建物について、A名義の所有権保存登記を経由した者であり、被上告人は、本件建物をAから買い受けたBからさらに買い受けた者であって、Aが無権利者であったことを知らなかった善意の第三者であったという事案につき、本条2項を類推適用して、上告人は、Aが本件建物について所有権を取得しなかったことをもって、被上告人に対抗することができないとした原判決の判断を正当とした。

❹　最判昭和45年4月16日民集24巻4号266頁［27000732］

　未登記の建物所有者が、他人に同建物の所有権を移転する意思がないのに、その他人の承諾を得て、同建物につきその他人名義の所有権保存登記を経由したときは、建物所有者は、本条2項の類推適用により、登記名義人が、その所有権を取得しなかったことをもって、善意の第三者に対抗することができないとし、未登記の建物所有者が、旧家屋台帳法による家屋台帳にその建物が他人の所有名義で登録されていることを知りながら、これを明示又は黙示に承認した場合であっても同様に解すべきものとした。そのうえで、被上告人は、Aから本件建物の贈与を受けてその所有権を取得し、これを被上告人の義母Bの名義とすることを許容したが、Bは本件建物の所有名義人を上告人として家屋台帳上の届出をしたので、同建物は、長い間未登記のまま、家屋台帳上上告人の所有名義に登録されていたが、被上告人は本件建物を名実ともにBの所有としてしまうつもりはなく、本件建物の固定資産税は終始被上告人が負担し、支払ってきた。ところが、上告人は、前記の登録名義に基づき、昭和40年1月9日、上告人名義で所有権保存登記をしたうえ、同月14日、上告会社との間で、上告会社のために本件建物につき根抵当権設定契約、停止条件付代物弁済契約及び賃貸借契約をし、上告会社は、これらの契約に基づき本件各登記をした後、代物弁済により所有権を取得し、所有権移転の本登記を経由するに至ったという事案において、被上告人が、同建物につき家屋台帳上、上告人の所有名義に登録されていること（同建物につき表示の登記があった後においては、その登記において同上告人の所有名義に登記されていること）を明示又は黙示に承認しており、かつ、上告会社が家屋台帳又は登記簿の上で、上告人の所有名義が不実であることにつき善意であ

298

ったとするならば、本条2項の法意に照らし、上告人が本件建物の所有権を取得しなかったことをもって上告会社に対抗することができず、したがって、上告会社において同建物の所有権を取得したことにより、被上告人はその所有権を失ったものといわなければならない、とした。

❺ 最判昭和45年7月24日民集24巻7号1116頁 [27000700]

A が、その所有不動産につき、登記簿上の所有名義のみをB名義にしていたところ、その名義の回復を受けるに当たり、Aの二男D名義を使用して移転登記を経由し、あるいは、AがCから不動産を買い受けるに当たり、D名義を使用して移転登記を経由したという事案において、不動産の所有者が、他人にその所有権を帰せしめる意思がないのに、自己の意思に基づき、当該不動産につき当該他人の所有名義の登記を経由したときは、名義人の承諾のない場合においても、本条2項の類推適用により、登記名義人に本件不動産の所有権が移転していないことをもって、善意の第三者に対抗することができないものと判断した。

❻ 最判昭和45年9月22日民集24巻10号1424頁 [27000689]

不実の所有権移転登記の経由が所有者の不知の間に他人の専断によってされた場合でも、所有者が当該不実の登記のされていることを知りながら、これを存続せしめることを明示又は黙示に承認していたときは、本条2項を類推適用し、所有者は、その後当該不動産について法律上利害関係を有するに至った善意の第三者に対して、登記名義人が所有権を取得していないことをもって対抗できないとした。そのうえで、被上告人が所有する土地につき、昭和28年6月4日にAが被上告人の実印等を冒用して被上告人からAに対する不実の所有権移転登記を経由した事実を、その直後に知りながら、経費の都合からその抹消登記手続を見送り、その後昭和29年7月30日にAとの婚姻届出をし、夫婦として同居するようになった関係もあって、前記不実の登記を抹消することなく年月を経過し、昭和31年11月12日に被上告人がB銀行との間で同土地を担保に供して貸付契約を締結した際も、Aの所有名義のままでB銀行に対する根抵当権設定登記を経由したといった事実関係を前提とし、被上告人からAに対する所有権移転登記は、実態関係に符合しない不実の登

記であるとはいえ、所有者たる被上告人の承認の下に存続せしめられていたものと認定した。

❼　最判昭和48年6月28日民集27巻6号724頁［21043081］

　上告人は、その所有の未登記建物（本件建物）が固定資産課税台帳に上告人の夫Aの所有名義で登録されていたのを知りながら、長年これを黙認していたところ、被上告人は当該所有名義により本件建物がAの所有に属するものと信じて、Aに対する債権に基づきこれを差し押さえたという事案につき、最判昭和45年4月16日民集24巻4号266頁［27000732］を引用しつつ、固定資産課税台帳は、本来課税のために作成されるものではあるが、未登記建物についての同台帳上の所有名義は、建物の所有権帰属の外形を表示するものとなっているのであるから、この外形を信頼した善意の第三者は前記判例と同様の法理によって保護されるものとした。

イ　名義人が、所有権移転登記を承諾したものなど

❽　東京高判昭和39年10月27日高裁民集17巻6号450頁［27440840］

　B（祖父）は、自らの意思に基づき、建物の所有権移転登記の買受名義人を孫である未成年者Aとした。このことにつき、Aの法定代理人の関与がなかったとしても、本条2項を類推適用できると判断した。

❾　岡山地判昭和46年1月27日判時629号79頁［27441352］

　権利者が、外観を自ら作出した事案について、本条2項の類推適用があると判断した。

❿　東京高判昭和55年11月18日判タ435号107頁［27442111］

　Aが買い受けた土地につき、税金対策及び金融を受ける都合上、所有権を移転する意思がないのに、B名義の所有権移転登記をしたという事案について、本条2項の類推適用があると判断した。

⓫　東京地判平成9年12月25日金融商事1044号40頁［28031597］

　権利者が、所有権移転登記について、名義人に対して承諾した事例について、本条2項の類推適用があると判断した。

⓬　東京地判平成10年3月31日金融法務1534号78頁［28040162］

　譲渡担保契約は虚偽表示ではないが、譲渡担保権者から権利を得た第三者

との関係では、本条2項の類推が可能であると判断した。

⓭　福岡高判平成11年6月29日判タ1026号201頁〔28051339〕

　不動産の所有名義を移転したことが、その相手方の詐欺による錯誤の結果であった場合であっても、自己の財産を保全する目的でその行為に及んだのであれば、本条2項の類推は可能であると判断した。

ウ　登記名義人が、他人名義の所有権移転登記をしたわけではないが、他人名義となっている登記簿上の記載を知りながら放置したとの事例に関するもの

⓮　横浜地判昭和34年7月25日下級民集10巻7号1566頁〔27440440〕

　原告所有の未登記建物につき、区役所の家屋補充課税台帳上、被告₁（原告の親戚）が納税義務者として記載されており、被告₁の債権者が同建物について強制競売の申立てをし、執行裁判所の嘱託により、被告₁名義の所有権保存登記がされた後、前記強制競売申立てが取り下げられたが、その後も原告は登記簿上の所有名義を変更しなかったという事案につき、原告は、強制競売手続により被告₁名義で登記されていることを知ったにもかかわらず、その後も原告名義に訂正しようとせず、その状態が2年以上続いた後、被告₂が所有権移転登記を得るに至ったことからすると、原告と被告₁は、少なくとも暗黙のうちに、意思相通じて、登記簿上の虚偽の記載をそのまま放置していたものと認め、本条2項により虚偽登記の無効をもって善意の第三者に対抗することができないと判断した。

⓯　東京高判昭和49年5月29日金融商事426号8頁〔27441620〕

　夫の女性関係をめぐって夫婦間に争いが生じた際、妻が、夫に対し、夫名義の自宅不動産を妻名義にすると告げたうえ、登記済証を無断で持ち出し、無断で作成した夫名義の印章を利用し、贈与を原因とする所有権移転登記をした。夫は、その直後に、妻から、妻名義の権利証を見せられて、妻の行為に対して怒ったものの、誰の名義にしておいても同じことだから構わない旨発言したにとどまったという事案につき、妻への所有権移転登記は、夫の意思に基づくものではなく、妻の独断によるものであるが、夫は、登記手続の直後、妻から権利証を見せられて妻名義に登記されたことを知悉し、かつ、

この名義の変更を容認していたうえ、登記はその後16年にわたりそのまま存続し、権利証も妻において保管し、夫は、妻と同居しながら、固定資産税も妻名義で支払われるまま放置していたとの事実を認定し、夫は、妻名義の登記の存続を承認していたとして、本条2項の類推適用を認めた。

⑯ 東京地判昭和58年2月25日判タ498号120頁［27490641］

　原告は、本件土地につき、自らの意思に基づき、Aを所有者とする所有権移転登記をした。同土地上の本件建物は、原告が建築した後、未登記のまま約10年を経過し、AがBから金員を借り受ける際に、本件土地建物を共同担保に供するため、原告不知の間にA名義で所有権保存登記をしたものであるが、もともと原告は、従業員であるAに事業を譲るつもりで本件土地の所有名義をAとし、Aに営業を任せた後も本件土地建物の登記名義をAのまま放置していたという事案において、原告は、本件建物についても、A名義の所有権保存登記がされることを容認したものと解されるとして、Aから所有権移転登記等を経由した被告らとの関係で、本条2項の類推適用を認めた。

⑰ 大阪高判昭和59年11月20日高裁民集37巻3号225頁［27490588］

　被上告人が、本件土地を買い受け、所有権移転登記手続をするのに必要な一切の書類を受領しながら、10年以上自己名義への登記手続をせず、その土地につき別人名義の不実の登記が存在することを知ってからもなお5年以上経過するうちに、登記を信頼した第三者が本件土地を買い受けたという事案につき、本条2項の類推適用を認めた。

⑱ 浦和地判平成7年3月22日金融法務1423号48頁［27827282］

　原告は、本件不動産についての固定資産税の納付の通知が来なくなったことを契機に、登記簿謄本を取り寄せて確認することはなかったものの、登記名義が被告₁名義になっていることを知り、原告は、被告₁及びその代表者であるAに対して債務を負っていたことから、本件不動産を被告₁に担保として差し出しているとの認識があったとの事実を前提として、原告は、本件物件の所有権が被告₁に移転されていることを知りながら、これをやむを得ないものとして黙示的に承認し、放置してきたと認定し、被告₁から抵当権の設定を受けた被告₂との関係で、本条2項の類推適用を認めた。

エ　仮装債権に関するもの

❶⑲　大阪地判昭和63年12月12日訟務月報35巻6号953頁［27804823］

　被告会社の代表者が、自らの妻が被告会社に対して債権を有するよう仮装したところ、国が滞納処分によりこの債権を差し押さえたという事案について、確かにこの債権は、消費貸借契約に基づく債権としての実体を欠く架空のものではあるが、このような虚偽の債権の外形の存在が、被告会社の意思に基づくものである以上、被告会社は、本条2項の類推適用により、この債権が架空のものであることを善意の第三者に対抗することができないと判断した。

オ　第三者の主観的要件として無過失まで要求しなかったもの

⑳　大阪地判昭和56年7月28日判タ453号120頁［27442175］

　代表者の権限濫用につき、民法93条ただし書の類推適用により、法律行為が無効となる場合に、第三者保護のために本条2項を類推適用した事案について、その場合の第三者の主観的要件として、善意で足りるとするものである。

㉑　東京地判昭和56年8月31日判時1031号132頁［27442179］

　原告が、Aが金融を受けるために担保提供する趣旨で、原告所有建物につき、Aに所有権移転登記手続をし、AはBに根抵当権を設定して融資を受けていたところ、後日、被告がAに代わってBに返済し、根抵当権設定登記を抹消したうえ、自らAから根抵当権の設定を受けその旨の登記をしたという事案につき、本条2項の類推適用が可能であるとしたうえで、被告がこれにより保護を受けるためには、建物につき所有権を有することにつき、建物居住者や敷地所有者に会うなどして建物の所有関係を確認すべき注意義務を尽くす必要まではない、と判断した。

㉒　東京高判昭和58年10月31日行裁例集34巻10号1879頁［21078731］

　原告が、債権者からの追及を免れるため、自己所有不動産をまずA名義、次いでB名義へと所有権移転登記手続をしたところ、国税局長が、Bの滞納国税を徴収するため、この不動産につき差押えをしたとの事実について、徴税職員は、滞納処分による差押えをするに際し、滞納者が当該不動産の登記

名義を有するに至った事情まで調査すべき義務があったとはいえず、本条2項を類推適用する場合には、善意について無過失を必要としないとして、原告は、本条2項の類推適用により、Bに本件建物の所有権が移転しなかったことをもって善意の第三者である国税局長に対抗することができないと判断した。

(2) **本条2項と110条を類推適用し、第三者の善意無過失を主観的要件として要求するもの**

ア **最高裁判決**

㉓ 最判昭和43年10月17日民集22巻10号2188頁［27000909］

本件の不動産は被上告人の所有であったところ、被上告人は、Aから、個人名義の財産を持っていないと取引先の信用を得られないから、本件の不動産の所有名義だけでも貸してほしいと申し込まれ、Aと合意のうえ、本件の不動産につき売買予約をしたと仮装し、Aのため所有権移転請求権保全の仮登記手続をしたところ、Aは真正に成立したものでない委任状によって、本件の不動産につき、ほしいままに自己に対し所有権取得の本登記手続を経由したという事案につき、不動産について売買の予約がされていないのにかかわらず、相通じて、その予約を仮装して所有権移転請求権保全の仮登記手続をした場合、外観上の仮登記権利者がこのような仮登記があるのを奇貨として、ほしいままに売買を原因とする所有権移転の本登記手続をしたとしても、この外観上の仮登記義務者は、その本登記の無効をもって善意無過失の第三者に対抗できないものと判断した。

㉔ 最判昭和45年6月2日民集24巻6号465頁［27000724］

Aが、融資を受けるため、Bと通謀して、A所有の不動産についてAB間に売買がされていないのにかかわらず、売買を仮装してAからBに所有権移転登記手続をした場合も、その登記権利者であるBがさらにCに対し融資のあっせん方を依頼して当該不動産の登記手続に必要な登記済証、委任状、印鑑証明書等を預け、これらの書類によりCがBからCへの所有権移転登記を経由したときは、Aは、Cの所有権取得登記の無効をもって善意無過失の第三者に対抗できない。このような場合、Bに対し所有権移転登記の外観を仮

304

装したＡは、Ｂから当該登記名義を取り戻さない限り、さらにＢの意思に基づいて登記済証、登記委任状、印鑑証明書等がＣに交付され、これらの書類によりＣのため経由された所有権取得登記を信頼した善意無過失の第三者に対して責めに任ずべきものとした。

㉕ 最判昭和47年11月28日民集26巻9号1715頁 [27000526]

　Ａは、Ｃらから本件土地を喝取されることを防止するため、これにつき、Ｂ、Ｄらと相通じ、原因がないのにかかわらず原因の成立を仮装して所有権移転請求権保全の仮登記手続を経由しようとして、Ｄの提示した所有権移転登記手続に必要な書類に署名押印したところ、Ｄは、ほしいままに当該書類を用いて本件土地につき所有権移転登記手続をしたのであって、本件土地につきＡの意図した仮登記こそされなかったが、Ａにおいて仮登記の外観を仮装しようとし、そのことによって本件土地につきＤを権利者とする所有権移転登記手続がされる結果が生じたのであるから、このような場合には、本条2項、110条の法意に照らして、第三者であるＥ、Ｆらにおいて、その主張のようにＤとそれぞれ所有権取得契約をし、しかも、該契約をするにつき善意・無過失であるならば、Ａは、Ｄの所有権取得の無効をもって、Ｅらに対抗し得ないものと解するのが相当である。

㉖ 最判昭和52年12月8日裁判集民122号303頁 [27441872]

　宅地の一括買入等を目的とする民法上の組合において、取得された土地の共有名義人の意思に基づいて第三者への所有権移転登記が経由されたものである限り、たとえ各登記に応じた有効な取引関係がなくても、その後に経由された数次の所有権移転登記により名義人Ａからの転得者と推認されるべき上告人において、Ａが登記どおりに本件土地所有権を有すると信じたことにつき過失がないときには、前記組合において本件土地の割当てを受けて所有権を取得した被上告人は、Ａの本件土地所有権取得の無効をもって上告人に対抗することができないことになるといわなければならないとした。

㉗ 最判平成18年2月23日民集60巻2号546頁 [28110488]

　上告人は、Ａに対し、本件不動産の賃貸に係る事務及び別の土地についての所有権移転登記等の手続を任せていたところ、そのために必要であるとは

考えられない本件不動産の登記済証を合理的な理由もないのにAに預けて数か月間にわたってこれを放置し、Aから別の土地の登記手続に必要といわれて２回にわたって印鑑登録証明書４通をAに交付し、本件不動産を売却する意思がないのにAのいうままに本件売買契約書に署名押印するなど、Aによって本件不動産がほしいままに処分されかねない状況を生じさせていたにもかかわらず、これを顧みることなく、さらに、本件登記がされるに先立ち、Aのいうままに実印を渡し、Aが上告人の面前でこれを本件不動産の登記申請書に押なつしたのに、その内容を確認したり使途を問いただしたりすることもなく漫然とこれを見ていた。そうすると、Aが本件不動産の登記済証、上告人の印鑑登録証明書及び上告人を申請者とする登記申請書を用いて本件登記手続をすることができたのは、前記のような上告人のあまりにも不注意な行為によるものであり、Aによって虚偽の外観（不実の登記）が作出されたことについての帰責性の程度は、自ら外観の作出に積極的に関与した場合やこれを知りながらあえて放置した場合と同視し得るほど重いものというべきである。そして、被上告人は、Aが所有者であるとの外観を信じ、また、そのように信ずることについて過失がなかったというのであるから、本条２項、110条の類推適用により、上告人は、Aが本件不動産の所有権を取得していないことを被上告人に対し主張することができないものとした。

イ　下級審判決

❷❽　東京地判昭和40年３月16日下級民集16巻３号450頁［27440873］

原告が、Aに対し、任意に登記済権利証、印鑑証明書を交付した行為は、外観上担保権設定の代理権授与というより、あたかも同人に対し所有権を移転し、あるいは包括的な処分権限を授与したかのごとき状態を示している。そして、Aは、代理権限を濫用して自己所有名義の登記をし、原告はAの所有権あるいは処分権限を是認したともとれる任意明渡しの公正証書作成に応じたのであるから、被告は正当な理由があってAを所有者と信じたものといわねばならない、と判示して、本条２項、110条の類推適用を認めた。

❷❾　東京地判昭和56年３月31日判夕448号115頁［27442145］

被告は、登記の存在を知りながらこれを承認したものとまでは認められな

いが、その登記名義人であるAに対しては、示談交渉に参加させ、あるいは速やかに処分禁止の仮処分をする等自己の権利を保全し、その後の登記名義の移転を防止するための法的措置を執ることが十分可能であったのに、登記の存在を知りながら、その後約1年2か月間、示談成立後でも5か月近く、何らの措置も執らずに放置した。紛争の発端は、被告が、権利証のみならず、印鑑証明書と白紙委任状をも不用意に他人に交付したために、その所持人が、事実上、本件土地について、権利変動を生じさせる登記手続を取ることができる状況を作り出したとして、本条2項の法意、外観尊重等により、善意無過失の原告に対抗することはできないとした。

㉚ 大阪高判昭和60年1月29日判タ550号146頁［27490601］

　被控訴人は、土地を買収し、転売していたところ、転売に係る売買契約締結前に、旧地主らから被控訴人に対する土地所有権移転登記その他の登記手続に関する事務を控訴人₁に委任していたほか、売買契約締結後においては、控訴人₁に土地の権利証書、白紙委任状、印鑑証明書、白紙売渡証書を交付し、控訴人₁が被控訴人に代わって登記手続を司法書士に委任することを承認するなどしており、このことが不実の登記を発生させる重大な原因になっていることは明らかであるとして、控訴人₁から控訴人₂への担保権設定につき、本条2項、110条の類推適用を認めた。

㉛ 高松高判昭和63年3月31日判時1282号125頁［27802102］

　宅地開発に際し、土地の交換契約が未了の間に、登記原因を交換とする所有権移転登記がされたという事案につき、その登記の実現については、所有者らが交換の相手方と通じてしたものと認定し、第三者が善意無過失であると認定した。

㉜ 東京地判平成16年1月22日判時1867号70頁［28092596］

　代表者ないし代理人の権限濫用が93条ただし書の類推適用により無効とされる場合に、本条2項類推適用による第三者保護のため主観的要件として、善意無過失を要求した。

　なお、善意無過失とはいえないとして第三者保護しなかったものとして、東京地判平成7年1月26日判時1547号80頁［27828594］がある。

㉝　東京高判平成20年5月21日訟務月報55巻9号2980頁［28153164］

　真の所有者である控訴人につき、Dが本件登記委任状を用いて、本件土地の共有持分を控訴人からBに移転する旨の実体関係のない不実の登記手続を行うことを知ったうえで本件委任状に署名押印したか、あるいは本件登記委任状の委任事項の記載が不実の登記がされかねないないようになっていたにもかかわらず、その内容を確認したり、意味を問いただしたりすることもなく漫然と署名押印したものといわざるを得ず、控訴人のあまりにも不注意な行為により、虚偽の外観が生じた。このことにつき控訴人の帰責性は、自ら外観の作出に関与した場合や、これを知りながらあえて放置した場合と同視し得るほど重いとして、本条2項、110条の類推適用を認めた。

(3)　**本条2項等の類推適用を否定したもの**

ア　**最高裁判決**

㉞　最判昭和47年2月24日民集26巻1号146頁［27000583］

　競落建物について、抵当権設定前にこれに対する賃借権の譲渡を受け、かつ、その引渡しを受けた者が、家主及び賃借権の譲渡人と通謀のうえ、いったん転借権の設定登記を経由し、その後これを真実の権利関係に符合させるために、抵当権設定登記後になって、新たな賃借権の設定登記を、次いで、合意解約を理由とする前記転借権の抹消登記を順次経由した場合において、前記建物の競落人が、この登記簿の記載のみから、自己に対抗し得る賃借権は存在しないものと信じてこれを競落したとしても、賃借人が当初から建物の占有を継続しており、登記簿上も、前記のとおり、抵当権設定登記前から継続して同一人が転借人又は賃借人として登記されている事情があるときは、競落人は、本条2項を類推して、賃借人が自己に対抗し得る賃借権を有しないものと主張することはできないとした。

㉟　最判平成15年6月13日裁判集民210号143頁［28081751］

　上告人は、地目変更などのために利用するにすぎないものと信じ、Cに白紙委任状、本件土地建物の登記済証、印鑑登録証明書等を交付したものであって、もとよりCへの所有権移転登記がされることを承諾していなかったところ、上告人がCに印鑑登録証明書を交付した3月9日の27日後の4月5日

にCへの所有権移転登記がされ、その10日後の同月15日にCからDへの所有権移転登記が、その13日後の同月28日にDからEへの所有権移転登記がされるというように、接着した時期にC、D、Eへの所有権移転登記がされている。また、上告人は、工業高校を卒業し、技術職として会社に勤務しており、これまで不動産取引の経験のない者であり、不動産業者Bの代表者であるCからの言葉巧みな申入れを信じて、同人に前記の趣旨で白紙委任状、本件土地建物の登記済証、印鑑登録証明書等を交付したものであって、上告人には、本件土地建物につき虚偽の権利の帰属を示すような外観を作出する意図は全くなかったこと、上告人がCへの所有権移転登記がされている事実を知ったのは5月26日頃であり、被上告人らが本件土地建物の各売買契約を行った時点において、上告人がCへの所有権移転登記を承認していたものでもないこと、Cは、白紙委任状や登記済証等を交付したことなどから不安を抱いた上告人やその妻からのたび重なる問合せに対し、言葉巧みな説明をして言い逃れをしていたもので、上告人が不動産業者Bに対して本件土地建物の所有権移転登記がされる危険性についてCに対して問いただし、そのような登記がされることを防止するのは困難な状況であったことがうかがうことができるとした。仮にそのような事実が認められる場合には、上告人は、本件土地建物の虚偽の権利の帰属を示す外観の作出につき何ら積極的な関与をしておらず、Cへの登記を放置していたとみることもできないのであって、本条2項、110条の法意に照らしても、不動産業者Bに本件土地建物の所有権が移転していないことを被上告人らに対抗し得ないとする事情はないというべきである、との判断を示した。

イ　下級審判決

㊱　横浜地判昭和56年5月6日金融商事641号40頁［27442155］

　被告は、原告との間で、現地で確認した特定の土地を担保として取得する合意をしたが、この土地が登記簿上何番の土地と表示されているかを調査確認しないまま、この土地について、移転登記を受ける趣旨で、原告名義の別の土地の移転登記を受けたという事案につき、移転登記を受けた土地について、原告に対する所有権移転登記を信頼して、土地の取引関係に入ったわけ

309

ではない、として、本条２項の類推適用を否定した。

㊲ 東京地判昭和57年３月19日判タ475号116頁［27442215］

　Ａ銀行がＢに融資をする際に、Ｂ名義の不動産に抵当権設定を受けたとしても、当該不動産の真の所有者がＣであり、ＣがＢから融資を受けた際の譲渡担保として不動産をＢ名義としていることをＡが知っていた場合につき、（Ａを悪意と判断して）本条２項の類推を否定した。

㊳ 大阪高判昭和58年２月16日判タ496号110頁［27490458］

　かつての少額貯蓄非課税制度（いわゆるマル優）の適用を受けるため、貸付信託の名義人を二男名義とした事案につき、受益証券ないし貸付信託通帳の名義の表示をもって、社会生活ないし取引上、一般的に信託受益権の権利帰属の外形を表示するに足りるほどの価値ある帳票とまでみることは困難であるとして、本条２項の類推を否定した。

㊴ 浦和地判昭和58年11月18日判タ521号169頁［21080029］

　原告は、本件所有権移転登記の作出について、事前若しくは事後に関与したことを認めることができないから、第三者との関係で自己の所有権を主張し得ない不利益を甘受すべき地位にあるとはいえないとし、原告が、本件不動産の売却を委任し、かつ、その移転登記手続に必要な書類を交付したという事実のみから、外観法理の適用の前提である外観作出行為とみることも相当でないとして本条２項の類推適用を否定した。

㊵ 東京高判昭和60年１月29日判タ554号180頁［27490602］

　本条２項、110条の類推適用に当たっては、不実登記の作出又は存続自体について、真実の権利者の側に権利喪失の不利益を課されるのもやむを得ないとするだけの事情（帰責事由）が存することを要するとしたうえで、真の権利者につき、登記の外観上何らかの不実登記を作出する意思が少しでもあったものとは認められず、不実登記の作出を知りながら、これを存続せしめることを明示又は黙示に承認していたものとも認められない、印鑑証明書、委任状、固定資産課税台帳登録証明書は、登記手続とは関係のない別個の目的のために交付したものであり、これらの書類が不実登記に冒用されることを、権利者において予知し得たものとも認められないとして、不実登記作出

第94条

自体に権利者が関与した、あるいは、その作出が権利者の意思を原因とするものということはできないとした。

❹ 東京高判昭和60年4月24日東高民時報36巻4＝5号77頁［27800377］

本件は、控訴人が、Aの所有権取得登記を信頼し、本件土地建物を担保に取って金員を貸与したのではなく、金員の貸与後たまたまAの所有名義とされた土地建物を担保に徴した事案であるから、Aの所有権取得が否定され、この物件による控訴人の債権回収ができなくなっても、もともと本件土地建物を回収の引当てとはしないで金員を貸し付けた控訴人にとって、不慮の損失というべきものは存しないとして、本条2項、110条の基礎にある権利外観ないし禁反言の法理の援用を否定した。

❹ 横浜地判昭和61年2月26日判夕605号55頁［27800386］

所有者は、他人名義の表示、外観を自ら作出したものではなく、また登記の誤りに長く気付くことなく、したがって是正措置を取り得なかったときには、その外観を承認していたともいえないとして、本条2項の類推適用を否定した。

❹ 仙台高判昭和61年3月28日判夕621号110頁［27802158］

権利能力なき社団であるAの所有土地につき、登記名義人であるBの債権者が同土地に強制執行をしたという事案につき、本条2項の類推適用を否定した。

❹ 名古屋高判昭和62年10月29日判時1268号47頁［27801492］

真の権利者が、第三者による不実登記の作出に関係したり、原因を与えたような事実や、不実登記の存在を知ったうえで、これを利用して新たな行為に及んだ事実等、不実登記の存在を積極的に容認したような事実を認めることができないとして本条2項の類推適用を否定した。

❹ 東京地判平成8年12月26日判夕953号186頁［28030078］

本件不動産の元所有名義人である原告が、現在の所有名義人である被告に対し、真正な登記名義の回復を原因とする所有権移転登記手続を求めた事案である。原告は、被告の前主であるAとの売買による所有権移転を否認したところ、被告は、本件不動産にはA名義の登記が存在し、原告が本件不

動産をＡに売り渡し、所有権移転登記をする旨の記載のある念書及び原告が売主としてＡによる宅地造成に協力する旨の記載のある承諾書を原告が作成しており、被告はこれを信頼して取引関係に入ったとして、本条2項の類推適用を主張した。本判決は、原告の従業員（病院事務局長）であるＢが、本件不動産の売却に関与していた土地家屋調査士Ｃの求めに応じ、本来不必要な登記委任状をＣに交付し、これがＡへの所有権移転登記に使われた点で、原告に一定の帰責性があることを認めつつも、Ａへの前記登記は、ＣとＡ代表者Ｄによって変造された登記委任状と、原告が知らない間に作られた本件不動産の権利証によって経由されたものであるうえ、前記念書等も、全てＣとＤが偽造・変造したもので、原告の事務局長Ｂとしては、土地家屋調査士であるＣが登記委任状や念書等を偽造・変造することまでを予測して行動すべきであると要求することは酷である等として、Ｂ及び原告代表者が登記の具体的内容や経過について錯誤に陥ったのもやむを得ないと認定判断し、ＢがＣに対して二重に登記委任状を交付したことをもって、原告にＡとの通謀に準じる程度に重い帰責性があるとまで認めることはできないとして、本条2項の類推適用を否定した。

㊻　東京高判平成12年7月27日判時1723号51頁［28052384］

　被控訴人が、ＡからＢへの贈与が詐害行為に当たるとして、本件各土地につき、Ｂを債務者とする処分禁止の仮処分決定を得て、その旨の登記を経由しているが、詐害行為取消権は、債権者の共同担保を保全することを目的とするし、処分禁止仮処分の登記を経由しても一般債権者の域を出るものではないから、法律上の利害関係を有するものではないとして、本条2項の類推適用を否定した。

㊼　名古屋高判平成21年2月19日判タ1306号261頁［28151359］

　真の権利関係と異なる所有権移転登記とともに、訴訟が提起された旨の予告登記があった事案（予告登記は、現在では、制度として存在しない）について94条2項を類推適用する余地はないと判断した。

> 解説

　(1)の各裁判例は、おおむね意思外形対応――本人作出型、又は他人作出型

と呼ばれる類型についての判例である。

この類型は第三者の主観的要件として善意で足り、無過失まで要求されないことに対応し、虚偽の外形を作出した者の側の帰責性の度合いは重い場合である。

本条2項の類推適用に当たっては、真の権利者が確定されていることを前提に、これと異なる外観の存在が認定される。具体的には、不動産であれば所有権移転登記、建物については、そのほかに、所有権保存登記、旧家屋台帳や固定資産税課税台帳上の所有名義などである。

真の権利者の帰責性の有無及び程度に関連する事実としては、他人名義の外形が作出されるに至った経緯が重要である。すなわち、真の権利者自身が主導的・積極的に作出したのか、名義人又は第三者が主導したものを、それを知りつつ承認していたのか、といった点である。名義が作出されたのを知った後の真の権利者の行動は、承認していたのか否かの認定を左右する事情である。また、真の権利者が他人名義を借用するに至った理由（動機）も認定の対象となっている。他人名義とされていた期間の長短も、重要な事情として指摘されている。

第三者の善意に関しては、不実の外観であること、すなわち、当該権利が名義人に帰属していないことを第三者が知らなかったとの事実が認定されており、過失の有無は問題とされない。

(2)の各裁判例は、おおむね意思外形非対応型と呼ばれる類型についての判例である。

この類型では、真の権利者が、外観の作出に一定程度の意思的関与はしている点では(1)の類型と共通するが、結果として作出された所有者としての外観それ自体まで自ら承認したことはない点で(1)の類型とは異なる。したがって、(1)に関して指摘した諸点に加えて、真の権利者がいかなる意図を有していたのか、それが結果として現実に作出された外観とどのように異なっていたかという点が認定される必要がある。そのためには、外観作出に至る経緯や動機の認定が重要である。判決㉗は、真の権利者の外観作出に対する意思的関与の度合いが小さいケースであるが、併せて真の権利者が著しく不注意

313

な行為を採っていたと認めるべき諸事情を指摘している。また、この類型では、真の権利者から委託を受けた者が、その立場を濫用するケースであることが多いため、この委託を受けた者がほしいままに行動したという事情を認定する必要がある。

(2)の類型では、虚偽の外形を作出した者の関与の度合いは(1)の類型よりは小さいため、その帰責性の度合いは相対的に小さい。これに対応し、第三者が保護されるための主観的要件として、善意だけでは足りず、名義人が外形どおりの権利を有しないことを知らなかったことにつき無過失であることが要求される。したがって、第三者が無過失であるとの評価を根拠付け、あるいはその評価を障害する事実もまた、認定の対象となる。

(3)の各裁判例は、結論として本条2項等の類推適用が認められなかったものである。判決❸は、抵当権設定登記に先立って、賃借人が賃借権の対抗要件を具備していた事案に関するものであって、その対抗要件が建物の引渡しで足りる以上、抵当権に劣後する転借権の設定登記をもって、本条2項を類推適用するのが相当な外観とは言い難いように思われる。また、判決❸は、真の権利者が登記手続に必要な書類を交付したところ、それが交付を受けた者によって悪用された事案に関するものであるが、そこでは、虚偽の外観作出につき、真の権利者の側に積極的関与も、外観を放置したとみられる事情もないことが指摘されており、これは本条2項及び110条を類推適用を検討するに当たり、権利者の帰責性が十分でないことを示す事情といえる。

(齋藤　聡)

第95条

（錯誤）　　　　　　　　　　　　　　　　　　　　　　　　【改正法】

第95条　意思表示は、次に掲げる錯誤に基づくものであって、その錯誤が法律行為の目的及び取引上の社会通念に照らして重要なものであるときは、取り消すことができる。

一　意思表示に対応する意思を欠く錯誤

二　表意者が法律行為の基礎とした事情についてのその認識が真実に反する錯誤

2　前項第2号の規定による意思表示の取消しは、その事情が法律行為の基礎とされていることが表示されていたときに限り、することができる。

3　錯誤が表意者の重大な過失によるものであった場合には、次に掲げる場合を除き、第1項の規定による意思表示の取消しをすることができない。

一　相手方が表意者に錯誤があることを知り、又は重大な過失によって知らなかったとき。

二　相手方が表意者と同一の錯誤に陥っていたとき。

4　第1項の規定による意思表示の取消しは、善意でかつ過失がない第三者に対抗することができない。

（錯誤）　　　　　　　　　　　　　　　　　　　　　　　　【現行法】

第95条　意思表示は、法律行為の要素に錯誤があったときは、無効とする。ただし、表意者に重大な過失があったときは、表意者は、自らその無効を主張することができない。

■■ 改正の趣旨

　錯誤による意思表示の効果については、改正前は無効とされていたが、改正後の本条1項柱書は取り消すことができるものとする。錯誤制度は内心と

315

異なる意思表示をした表意者を保護する制度であるから（最判昭和40年9月10日民集19巻6号1512頁［27001274］参照）、表意者に錯誤がある場合には意思表示の効力を否定し得る必要があるが、そのためには、錯誤による意思表示を当然に無効とするまでの必要はなく、錯誤に陥った表意者に取消権を与えれば十分であるし、他方、取引安全の見地から第三者を保護するためには、錯誤による意思表示を無効とするよりも、表意者に取消権を与えたうえで取消しの遡及効を制限する（改正後の本条4項参照）方が具体的に妥当な結論を導き得ると考えられるからである。

　改正後の本条1項柱書の「その錯誤が法律行為の目的及び取引上の社会通念に照らして重要なもの」とは、改正前の「法律行為の要素」をいい、その点について錯誤がなかったならば表意者は意思表示をしなかったであろうこと（主観的因果性）と、一般人もそのような意思表示をしなかったであろうこと（客観的重要性）を統合した概念である（大判大正3年12月15日民録20輯1101頁［27521846］、大判大正7年10月3日民録24輯1852頁［27522719］）。

　改正後の本条は、1項1号において表示の錯誤を、同項2号においていわゆる動機の錯誤を規定したうえ、2項で、後者による意思表示の取消しの要件として、表意者が法律行為の基礎とした事情（動機）が、法律行為の基礎とされていることが表示されていたことを必要とする。動機の錯誤の成立に動機の表示を必要とする判例法理（大判大正6年2月24日民録23輯284頁［27522368］、最判昭和29年11月26日民集8巻11号2087頁［27003109］、最判平成元年9月14日裁判集民157号555頁［22003091］）を採り入れたものである（ただし、これはさらに、動機表示重視説と内容化重視説に分かれる。山本・民法講義Ⅰ187頁）。

　次に、改正後の本条3項柱書は、改正前と同様、錯誤が表意者の重過失によるものであった場合には、意思表示の取消しを認めないものとする。もっとも、相手方が表意者の錯誤について悪意又は重過失の場合（同項1号）やいわゆる共通錯誤の場合（同項2号）には、表意者に意思表示の取消しを認めるものとする。前者については、相手方に保護されるべき信頼がないからであり、後者については、相手方も同一の錯誤に陥っている以上、意思表示

の効力を維持する必要がないからである。

また、前記のとおり、改正後の本条4項は、表意者が錯誤取消しをもって善意無過失の第三者に対抗することができないとすることにより、第三者の正当な信頼を保護し、取引の安全を図るものである。改正前における多数説（詐欺取消しにおける善意の第三者保護の規定（改正前96条3項）の類推適用説）の考え方を明文化するものである（潮見・改正法案の概要6頁）。

《条文・判例の位置付け》　1項柱書、3項2号及び4項につき、要件・効果の変容、それ以外は従前の判例を条文化。

事実認定の対象等

■■ 意義

本条は、意思表示の錯誤の要件及び効果について定める。

錯誤には表示の錯誤と動機の錯誤があり、前者は表示行為から推測される効果意思と内心の効果意思との間に不一致（意思の欠缺）があるが、これを表意者自身が知らないもの（表示上の錯誤、表示行為の意味の錯誤）をいい、後者は表示行為から推測される効果意思と内心の効果意思との間に不一致はないが、意思表示をした動機に錯誤が存在するもの（理由の錯誤、性質の錯誤）をいう。

■■ 法律要件及び法律効果等

1　表示の錯誤（本条1項1号関係）

(1)　法律要件

表示の錯誤の成立には、表意者が使用するつもりのない表示手段を使用したこと（言い間違い・書き間違い。表示上の錯誤）、又は、表意者が意図した表示手段を用いているものの、その表示の意味内容を誤解していること（表示行為の意味の錯誤）が必要である（山本・民法講義I 179頁）。

なお、前記のとおり、改正後の本条1項柱書の「その錯誤が法律行為の目的及び取引上の社会通念に照らして重要なもの」とは、改正前の「法律行為

の要素」、すなわち、その点について錯誤がなかったならば表意者は意思表示をしなかったであろうこと（主観的因果性）、及び一般人もそのような意思表示をしなかったであろうこと（客観的重要性）をいうから、錯誤の成立には主観的因果性及び客観的重要性が必要であるが、これらについては、通常、錯誤の内容を摘示することによって自ずと明らかになるから、その場合にはこれらに係る要件事実を別個独立に摘示する必要はない。この点は動機の錯誤においても同様である。

(2) 法律効果

　表示の錯誤が成立する場合、表意者に当該意思表示の取消権が発生する。

2　動機の錯誤（本条1項2号、2項関係）

(1) 法律要件

　動機の錯誤の成立には、

①　意思表示を行う間接的な理由に関する錯誤（理由の錯誤）

又は

①´　意思表示の対象である人や物の性質に関する錯誤（性状の錯誤）があること

が必要である（山本・民法講義Ⅰ181頁）。

　そして、動機の錯誤においては、表示の錯誤と異なり、前記のほかに、

②　表意者が法律行為の基礎とした事情が、法律行為の基礎とされていることが表示されていたこと

が必要である。

(2) 法律効果

　動機の錯誤が成立する場合、表意者に当該意思表示の取消権が発生する。

3　表意者の重過失（本条3項関係）

(1) 法律要件

　ア　表意者による表示の錯誤又は動機の錯誤の主張に対し、相手方は表意者の錯誤が重過失によるものであることを主張することができる。

重過失はいわゆる規範的要件であり、その主要事実は重過失という規範的評価そのものではなく、これを根拠付ける具体的事実（評価根拠事実）である。相手方による重過失の評価根拠事実の主張に対し、表意者は評価根拠事実と両立するが重過失という評価を妨げるような具体的事実（評価障害事実）を主張することができる（司研・要件事実(1)30頁）。

イ　相手方による表意者の重過失の主張に対し、表意者は表意者の錯誤についての相手方の悪意・重過失又は共通錯誤を主張することができる。

(2) 法律効果

表意者に重過失がある場合、表意者の取消権の発生が障害されるが、表意者の錯誤について相手方が悪意・重過失である場合や共通錯誤である場合には、表意者の取消権が復活する。

4　第三者の保護（本条4項関係）

錯誤が成立して取消権を行使した旨の表意者の主張に対し、第三者は、表意者の錯誤について善意・無過失であることを主張して、表意者は前記取消しの効果を第三者に対抗することができない旨を主張することができる。

なお、無過失も、重過失と同様、規範的要件である。

■■ 参考裁判例

動機の錯誤について、大判大正3年12月15日民録20輯1101頁［27521846］は、通常意思表示の縁由に属する事実であっても、表意者がこれをもってその内容に加える意思を明示又は黙示したときは、意思表示の内容を組成することになるとし、また、最判昭和29年11月26日民集8巻11号2087頁［27003109］は、意思表示をするについての動機は表意者が当該意思表示の内容としてこれを相手方に表示した場合でない限り法律行為の要素とはならないとした。

表意者の重過失について、大判大正6年11月8日民録23輯1758頁［27522523］は、表意者に重過失があるか否かを判断するには、各案件の事実関係につき普通の智慮を有する者の施すべき注意の程度を標準として抽象

的に定めるべきものとした。

　表意者が錯誤に陥っていることについて相手方が悪意の場合に関する従前
の裁判例として、東京高判昭和45年１月30日下級民集21巻１＝２号131頁
［27441258］は、民法95条ただし書は、重大な過失ある表意者は、取引の相
手方に対してのみならず、第三者に対しても、意思表示の無効を主張し得な
い趣旨を規定したものと解すべきであり、ただ相手方において表意者が錯誤
に陥っている事実を知悉し、これを利用した事蹟があるときは、同条ただし
書を適用すべきではないとし、また、大阪高判平成12年10月３日判タ1069号
153頁［28062235］は、被告銀行のために本件の預金契約を締結する代理権
を有していた窓口担当者Ａの錯誤は、原告と被告銀行との間にトラブルが生
じているため、被告銀行が原告より申込みがあっても預金契約を締結しない
ことに決め、各支店に通知を発していたのに、Ａがその通知を見落とした点
にあると解されるところ、この錯誤は、動機の錯誤であるし、被告銀行内部
における連絡不十分がこの錯誤を招来したものであり、表意者であるＡには
通知を見落とした点に重大な過失があったというべきであるが、Ａが預金契
約申込みを承諾し、預金通帳を発行した時点で、原告は、Ａが原告と預金契
約をしないとの被告銀行の決定を見落としていることを知ったということが
でき、このように、意思表示の相手方（本件では原告）が、表意者（本件で
はＡ）において錯誤に陥っていることを知り、かつその状況を利用しようと
した場合に限っては、意思表示は錯誤により無効と解すべきであるとしてい
た。改正後の本条３項１号は、このような見解を立法化したものということ
ができる。

　なお、意思表示の解釈と錯誤について、大阪高判昭和45年３月27日判タ
248号139頁［27441275］は、甲が土地所有者乙から現地案内指示に基づいて
「79番地」（500坪）として買い受けた土地が、実はその一部が80番地の土地
に入り込んでいた場合に、前記誤解は、目的物件の範囲それ自体に関する誤
解で、いわゆる「表示行為の意義に関する錯誤」に近いが、しかし、前記売
買においては、甲乙両当事者がともに79番地の本来の範囲を誤解していたの
であるから、この誤解を考慮したうえで契約の内容を解釈すれば足り、錯誤

の問題にはならないとした。もっとも、改正後の本条３項２号によれば、共通錯誤の場合には、表意者は、その重過失の有無を問わず、意思表示の取消しをすることができるとされており、改正法の下で前記のような事案にどのような規律が用いられるべきかについては検討の余地がある。

　錯誤と瑕疵担保責任の関係について、大判大正10年12月15日民録27輯2160頁［27523363］は、当事者が特に一定の品質を具有することを重要なものとして意思を表示したにもかかわらず、その品質に瑕疵があるときは、本条により無効であり、当事者がそれを重要なものとして意思を表示せず、しかも瑕疵があるときは、570条により解除し得るにとどまるとし、また、最判昭和33年６月14日民集12巻９号1492頁［27002658］は、契約の要素に錯誤があって無効であるときは、570条の瑕疵担保の規定の適用は排除されるとした。

　第三者による錯誤無効の主張の可否について、最判昭和45年３月26日民集24巻３号151頁［27000738］は、第三者が表意者に対する債権を保全する必要がある場合において、表意者がその意思表示の要素に関し錯誤のあることを認めているときは、表意者自らは該意思表示の無効を主張する意思がなくても、前記第三者は、前記意思表示の無効を主張して、その結果生ずる表意者の債権を代位行使することが許されるとした。

事実認定における問題点

　本条に関する事実認定については、１　表示の錯誤の成否、２　動機の錯誤の成否、３　表意者の重過失の有無が問題となったものがある。

事実認定についての裁判例と解説

１　表示の錯誤の成否

裁判例

❶　東京高判平成11年12月15日判タ1027号290頁［28050925］

　原告は、Ａ会社の代表取締役Ｂから、Ａ会社が個人の金融業者である被告

から100万円を借り入れるについて保証人となるよう依頼されたので、原告は、被告と面談したうえ、表題に根保証契約書と記載され、元金極度額としてチェックライターで1,000万円と印字されていた連帯保証の契約書に署名押印し、被告からＡ会社に100万円の貸付けが行われたが、その後、Ａ会社が被告に1,650万円の債務を負ったことから、被告が原告に対し1,000万円の根保証の履行を求めた場合において、原告は被告との間で本件根保証契約を締結したものと認められるが、①原告はＡ会社が被告から借り受ける100万円について保証することを求められこれに応じて署名及び押印をしたこと、②原告は当時年収約800万円で勤務先から毎月ほぼ一定額の給与の支払を受ける生活をしてきたこと、③4,000万円を超える住宅ローンを負って１年を経たにすぎない時期に中学校時代の友人Ｂの営む会社のために本件根保証契約を締結していることからすると、本件根保証契約が1,000万円の限度で、10年にもわたってＡ会社の債務を根保証するものであることを知っていれば、原告のみならず、通常人においても、本件根保証契約を締結することは到底しなかったものと認められるので、本件根保証契約のうち、100万円の範囲で連帯保証をすることを超える部分について、原告には意思表示の要素の錯誤があったというべきで、本件根保証契約は、原告が被告に対して100万円の連帯保証債務を負う限度において効力を有し、これを超える部分は、本条により無効である。

解説

　判決❶は、内心においては100万円の範囲で連帯保証をする意思を有していたにもかかわらず、「1,000万円の連帯保証をする」という本来使用するつもりのなかった表示手段を使用してしまった事例であり、書き間違いに類するものとして、表示の錯誤が成立する。なお、連帯保証の意思表示のすべて（1,000万円）が無効になるのではなく、表意者の意思（100万円）を超える部分のみが無効とされている（一部無効の法理）。

2　動機の錯誤の成否

裁判例

❶　最判昭和28年5月7日民集7巻5号510頁［27003315］

　家屋の賃貸人が自ら使用する必要があるとして、賃借人を相手方として家屋明渡しの調停を申し立て、その結果賃貸借契約を合意により解除し家屋を賃貸人に明け渡す旨の調停が成立した場合、仮にその後に至り、賃貸人に前記家屋を必要とする事情のなかったことが明らかになったとしても、賃貸人において家屋を必要とする事情が前記合意解除又は明渡しの合意の内容となっていない以上、それは解除又は合意の縁由にすぎず、前記調停は要素に錯誤があるものということはできない。

❷　最判昭和29年2月12日民集8巻2号465頁［27003205］

　戦争中、軍部において使用するためやむを得ないと考えて、保安林、防風林をなしている林野を、買主が国であると誤信して売却した場合、買主が国であるかどうかは重要の事項に属するものであるから、前記誤信は要素の錯誤であると解すべきである。

❸　最判昭和32年12月19日民集11巻13号2299頁［27002733］

　保証契約は、保証人と債権者との間に成立する契約であって、他に連帯保証人があるかどうかは、通常は保証契約をなす単なる縁由にすぎず、当然にはその保証契約の内容となるものではないから、被告において訴外人も連帯保証人となることを特に本件保証契約の内容とした旨の主張、立証のない本件においては、要素の錯誤は成立しない。

❹　最判昭和33年6月14日民集12巻9号1492頁［27002658］

　金銭支払義務の存否に関する争いをやめるため、仮差押の目的物となっているジャムが一定の品質（一般に通用している特選）を有することを前提としてこれを代物弁済として引き渡すことを約した和解契約は、前記ジャムが粗悪品であったときは、要素に錯誤があるものとして無効である。

❺　最判昭和40年10月8日民集19巻7号1731頁［27001263］

　不動産の売主が、代金の一部の清算について、買主との間で、売主はその兄が買主に対して負担する借受金債務を引き受け、これと代金債務とを対当

額で相殺する旨特約した場合において、当該売買契約は前記借受金債務の弁済をも目的として締結されたものであるのに、買主は前記債務の債権者ではない等の同契約に関する事情があるときは、前記売買契約の要素について売主に錯誤があったものというべきである。

❻　最判昭和45年3月26日民集24巻3号151頁［27000738］

　油絵の売買に当たり、売主が真作に間違いない旨言明し、買主がこれを信じて買い受けたような場合には、真作であることが意思表示の要素とされたもので、実際には贋作であったとすれば、その売買契約は要素の錯誤により無効というべきである。

❼　最判昭和45年5月29日裁判集民99号273頁［27441294］

　抵当権設定契約が錯誤により無効であっても、前記抵当権の設定を主たる目的として同時に締結された準消費貸借契約が、抵当権設定者の従来の手形債務の弁済期を延期し、経済的には抵当権設定者にとって有利なものとなったという事実関係の下では、前記準消費貸借契約には要素の錯誤はないというべきである。

❽　最判昭和47年5月19日民集26巻4号723頁［27000567］

　甲乙間の土地売買契約の解除と土地交換契約の締結に伴い、甲が、乙に対して負担した清算金債務を弁済するため、自己が金融機関である丙との間で締結していた定期貯金契約を合意解約し、その払戻金を乙に支払うことを丙に委任した場合において、前記売買契約の解除及び交換契約が甲の土地評価の誤認に起因し法律行為の要素の錯誤により無効であり、甲の前記清算金債務は存在しないときであっても、甲が前記支払を委任するに至った動機のごときは、丙に表示されたとしても、前記定期貯金契約の合意解約及び支払委任につき、本条にいう法律行為の要素とはならないものと解すべきである。

❾　最判昭和47年12月19日民集26巻10号1969頁［27000518］

　根抵当権設定の交渉過程において、当初は債権者が債務者を再興させるために一定の条件が成就したときに行うべき再建融資のみを被担保債権とすることが予定されていたが、その後前記条件成就が未定の間に、債権者が債務者の支払手形を決済させるためのつなぎ融資を行い、根抵当権設定者におい

て後者を被担保債権に加えることに同意する等の事情があり、結局前記両者を被担保債権とする根抵当権設定契約が成立した場合においては、当該契約中前者を被担保債権とする部分に要素の錯誤が存しても、後者を被担保債権とする部分につきその目的を達成することが可能である限り、当該部分を有効とすることが契約当事者の意思に合致するというべきであり、前記契約を全面無効と解すべきではない。

❿　最判平成元年9月14日裁判集民157号555頁［22003091］

　意思表示の動機の錯誤が法律行為の要素の錯誤としてその無効を来すためには、その動機が相手方に表示されて法律行為の内容となったことを要するが、動機が黙示的に表示されているときであっても、これが法律行為の内容となることを妨げるものではなく、本件においては、協議離婚に伴い、夫が、実際には多額の譲渡所得税が自己に課せられるのに、課税されることはないと誤信して、自己の土地建物を妻に譲渡する旨の財産分与契約を締結したのであるが、自己に課税されることはないということを当然の前提としかつこの旨を妻に黙示的に表示していたといい得るのであるから、動機の表示がないことを理由として錯誤の主張を排斥した原判決はこれを破棄せざるを得ない。

⓫　広島高松江支判平成4年3月18日判時1432号77頁［27813732］

　原告が、Aから、B_1、B_2の父子が被告から600万円を借り入れるに当たり、その連帯保証人になってほしいと頼まれ、連帯債務者B_2は資産を有しておりその所有する不動産に担保権を設定するという説明を受けたこともあって、連帯保証人となったが、後にB_2の連帯債務契約はB_1が無断で行ったものであることが明らかになったという場合について、主債務者がB_1のみであるのか、B_2を加えた両名であるのかは、本件においては人違いに準じ、意思表示の重要な部分に該当し、原告は当時B_1がB_2に無断でB_2・被告間の本件貸金契約を締結したものであることを知らなかったものと認められるから、前記連帯保証契約はその要素に錯誤があり無効というべきである。

⓬　東京高判平成6年7月18日判時1518号19頁［27826614］

　第一種住居専用地域にあり、建ぺい率50％、容積率80％の建築制限がある

土地建物であるにもかかわらず、住居地域にあり、建ぺい率60％、容積率200％の建築制限がある土地建物であると誤信して買主が前記土地建物を購入した場合に関し、買主において差し当たりの確定的な用途があった訳ではないものの、その年齢、家族状況、長男の職業等に照らせば、営業用の店舗との併用住宅や３世帯住宅の建築の可能性も否定できず、特段の事情（相当長期間にわたって自用の小規模の住宅に利用する以外の利用目的がないなど）があるとは認められないから、本件売買契約における買主の意思表示には要素の錯誤があった。

⓭ 大阪高判平成８年３月27日判時1585号35頁［28020180］

本件農地の買主は、売買契約の締結に当たり、一般の通行ができない郵政省管理通路を一般の通行が可能な県農林部が管理する開拓道路の一部と誤って認識し、公道から本件土地に至る道路として、一般的に通行可能な開拓道路が確保されていると誤信していたもので、錯誤があったことが明らかであり、これはいわゆる動機の錯誤に当たるところ、現地案内のときの状況や物件説明書の記載からすると、前記動機は少なくとも本件売買契約の締結の際表示されていたものと認められ、しかも、本件土地に至る道路の存否ないし状態は、売買物件の性状として価額形成や土地の利用方法等につき重大な影響を及ぼすものであり、本件土地買受けの重要な判断材料の１つになったことに照らすと、本件売買契約の重要な部分に当たるから、買主のした本件売買契約の意思表示は、その要素に錯誤があったものというべきである。

⓮ 大阪高判平成10年７月22日労働判例748号98頁［28040179］

定時社員（アルバイト・パート）である原告は、契約書に署名してこれを被告に提出したことから新契約締結の合意成立は否定できないが、店長から封筒に入れて手渡された書面の記載や店長の発言等から、新社員契約に応じなければ、被告との雇用関係を維持できず、退職せざるを得ないものと考えて、新社員契約を締結したものと認められ、その労働条件自体に錯誤はないものの、動機に錯誤があり、前記動機は黙示的に表示され、被告もこれを知っていたというべきであるから、契約の内容になったものということができ、新社員契約による労働条件が、雇用期間６か月、時給の切下げや勤務時間の

低減、賞与不支給など原告にとって極めて不利な内容で、慰労金60万円をもってしても到底その不利を補填できるようなものではないことに照らすと、前記錯誤がなければ新社員契約に応じることはなかったと考えられるから、原告の新社員契約締結の意思表示は要素の錯誤に当たるということができ、被告自身、定時社員の錯誤を利用して、新社員契約の締結を図ったといっても過言ではないというべきであり、原告の新社員契約締結の意思表示は錯誤により無効であるというべきである。

⓯　福岡高判平成10年8月26日判時1698号83頁〔28050668〕

被相続人Aの妻Bとその子である原告らは、Aには遺産である株式を発行する被告₁会社及びその代表者被告₂以外の一般債権者からの多額の借金がある旨、他方、本件株式は所在不明であり、本件株券がなければ株主としての権利行使もできない旨、また、Aを相続しても多額の借金を相続するだけである旨の話を聞かされて、これを信じ、結局はAの過大な債務のみを承継させられるものと誤信し、これを回避することを動機として、相続放棄の申述に及んだものと認められるが、現実には、一般債権者からの多額の借入れなど現在に至るまで出てきておらず、株主としての権利行使に関しても、法律上誤った情報を信じて、前記誤認のうえ、本件申述に及んだのであるから、B及び原告らは、錯誤により本件申述をしたと認められるところ、Aの遺産である積極財産を構成するものは本件株券のみであり、本件申述により事実上及び法律上大きな影響を受けるのは被告₁、被告₂であるが、本件では原告らに前記誤信をさせたのは、被告₂や被告₁の顧問税理士であるので、本件申述の動機は、事実上及び法律上利害関係を有する被告₁、被告₂に黙示的に表明されているとみるのが相当であるから、本件申述には要素の錯誤があるというべきである。

⓰　東京高判平成10年9月28日判タ1024号234頁〔28051080〕

美術品の販売等を営むことを目的とする会社である原告は、同種の営業を行う被告の店舗において、堂本印象と表示のある花鳥の画幅を見せられ、被告から本件画幅を150万円で購入したが、後日、本件画幅が贋作であることが判明したため本件売買の錯誤無効を主張し売買代金150万円の返還を請求

した場合において、本件の具体的交渉の場においては、本件画幅が横山大観の画幅と同じ家から出た旨の被告のした説明は、本件画幅が堂本印象の真作であることを別な表現で表示したものであり、また、前記の説明及び200万円の売値の申出は、少なくとも本件画幅が堂本印象の真作であることを黙示的に表示したものである一方、原告代表者は、これらの被告の言動を真作である旨を表示したものと認識し、かつ、その言動により真作であると信じたからこそ買受けの意思表示に及んだことは明らかというべきであって、そうすると、本件売買契約においては、被告は本件画幅が真作であることを明示し又は少なくとも黙示的に表示して売却の意思表示をしたものであり、原告代表者は本件画幅が真作である旨の表示を信じ、かつ、これを前提にして買受けの意思表示をしたのであるから、本件画幅が堂本印象の真作であることは、本件売買契約の要素となっていたことは明らかで、本件売買契約は無効というべきである。

⓱ 大阪高判平成12年12月15日判時1758号58頁［28062374］

原告は建築業者である被告会社からマンションを購入したが、購入した部屋の階下の給水ポンプ室から騒音が発生する場合において、本件売買契約に際し、原告の室の真下（1階）の「受水槽」との記載に関し、原告代理人Aにおいて、被告会社の販売代理人であるB会社販売員Cに対し「音はしないの」と尋ねたのに対し、Cが「昔はしましたけど、今はしません」と答えたことは、通常の静けさを享受できる住戸として室を購入する旨の原告の動機が表示されているというべきであること、本件ポンプ室を発生源とする原告の室においては、建築学会の適用等級基準の特級ないし1級程度の騒音は発生していて、通常の静けさの住環境にあるとは必ずしもいい難いものであったこと、本件ポンプの消耗部品の経年劣化による異常音が発生するに至っては、同基準の3級（遮音性能上最低限度）に該当し、原告の室が通常の静けさの住環境にあるとは全くいえない状況になっていたところ、前記異常音を避けるためには3年を目安とした部品交換を必要とするが、そのためには、本件マンション管理組合において費用負担を承認する旨の同組合理事会の決議が必要であって、原告のみの意見で部品交換することはできない状況にあ

ることからすれば、原告の意思表示には法律行為の要素に錯誤があるというべきであり、本件売買契約は無効であるといわなければならない。

⓲　仙台高判平成13年12月26日金融商事1151号32頁［28071742］

　A会社の原告信用組合に対する1,500万円の貸金債務を被告₁（A会社の従業員）及び被告₂（A会社の取締役）が連帯保証した場合において、本件連帯保証契約は、A会社が締結したとされる約2億5,000万円の工事請負契約が有効で、その工事代金の支払及びそれによる返済の蓋然性が高いものであるとの原告の認識・判断の下で貸し渡した本件貸金について、被告₁、被告₂においても原告と同様の認識の下で自己が保証人として本件貸金を返済する事態が発生するおそれは少ないと信じて締結したものであり、このことは黙示に被告₁、被告₂から原告に表示され、両者間の共通の認識となっていたものであるところ、本件工事契約は内容が架空であり本件工事代金が支払われる可能性は当初から全くなかったものであるから、被告₁、被告₂の意思表示にはその動機において錯誤があり、かつ、その動機は原告に対し表示されていたとみるべきであること、被告₁、被告₂が有効と信じた本件工事契約における本件工事代金額や本件連帯保証契約の内容に照らせば、本件連帯保証契約締結時、本件工事契約の内容が架空であり本件工事代金が支払われる可能性がないことを知っていれば、被告₁、被告₂のみならず通常人においても、およそ本件連帯保証契約を締結しなかったものと認められるから、その錯誤は重要であり、法律行為の要素に錯誤があるというべきであることからすれば、被告₁、被告₂において錯誤の点で重大な過失が認められない限り、本件連帯保証契約は無効である。

⓳　最判平成14年7月11日裁判集民206号707頁［28071917］

　保証契約は特定の主債務を保証する契約であるから、主債務がいかなるものであるかは保証契約の重要な内容であり、主債務が、商品を購入する者がその代金の立替払を依頼しその立替金を分割して支払う立替払契約上の債務である場合には、商品の売買契約の成立が立替払契約の前提となるから、商品売買契約の成否は原則として保証契約の重要な内容であると解するのが相当であるところ、本件立替払契約は、割賦購入あっせんを目的とする原告会

社においてＡ社がＢ社から購入する本件機械の代金をＢ社に立替払し、Ａ社は原告会社に対し立替金及び手数料の合計額を分割して支払うという形態のものであり、本件保証契約は本件立替払契約に基づきＡ社が原告会社に対して負担する債務について被告が連帯して保証するものであるが、本件立替払契約はいわゆる空クレジット契約であって本件機械の売買契約は存在せず、被告は本件保証契約を締結した際そのことを知らなかったというのであるから、本件保証契約における被告の意思表示は法律行為の要素に錯誤があったものというべきである。

❷⓪ 最判平成16年７月８日裁判集民214号687頁［28091992］

Ａ社の全株式を有していたＢ、Ｃ親子が、同人ら一族と全く資本関係がなく同人らの支配が及ばない会社であるＤ社及びＥ社に対しＡ社の全株式を譲渡した場合において、①本件各売買契約当時、Ａ社の純資産は約10億円であったにもかかわらず、Ａ社の全株式をＤ社及びＥ社が合計２億円で取得することになったが、これはＦの提案に基づくものであったこと、②Ｂ、Ｃは、当時、Ｆを全面的に信頼しており、同人からＢ及びＣの財産の保全、増加に必要であるとして示された方策に従っていたこと、③Ｆは、買主であるＤ社及びＥ社の全株式を有する者であって、本件各売買契約の結果、労せずして多額の利益を得たといえること等に照らすと、本件各売買契約につき、Ｂ及びＣにおいて、Ｆからの働き掛けにより、本件各売買契約の相手方であるＤ社及びＥ社に対するＢ、Ｃ一族の支配関係又はＡ社の株式の実質的な価値に関し錯誤に陥ったことを直ちに否定することはできず、本件各売買契約に係る前記のＦによる欺罔の事実又はＢ及びＣの錯誤の事実について十分に審理をすることなくこれを否定した原審の判断には、違法がある。

❷① 東京高判平成17年３月31日金融商事1218号35頁［28101039］

①融資契約と変額保険契約を組み合わせる方法による相続税軽減対策の効果の確実性や損失の発生する危険がないという意味での安全性はないところ、Ａに代わって意思決定をする立場にあった長男である被告は、相続税軽減の対策の必要があると認識し、前記の方法によるのが効果的かつ安全であると誤信して本件保険料融資契約及び本件各変額保険契約を締結した点で、相続

税対策の有効性及び危険性についての錯誤があったこと、②経済、金融に関する格別の知識経験を有しない被告が、我が国の有力な都市銀行である原告銀行担当者の言を信用して誤信したことにはやむを得ないところがあること、③融資一体型変額保険を利用した相続税軽減対策が効果的で安全であると被告が誤信したことは、融資契約の側から見ると動機の錯誤であるが、Aの代理人としての被告が融資一体型変額保険を利用するために本件長期総合ローン契約や本件当座貸越契約を結んだのは、融資一体型変額保険が相続税対策として効果的で安全であると信じていたからこそであることは、原告銀行担当者も十分に認識していたと考えられるから、その動機が原告銀行に表示されていたこと、④前記の方法による相続税軽減対策の有効性及び危険性についての錯誤がなければ、多額の融資契約を締結することはないのが通常であると考えられ、被告においても2億6,000万円に及ぶ本件長期総合ローン契約及びその利息支払のための本件当座貸越契約を締結することはなかったものと認められることからすれば、Aの代理人として本件保険料融資契約をした被告には、原告銀行の担当者の説明と勧誘によって形成され表示された、融資一体型変額保険の相続税軽減対策としての有効性と安全性の誤信という極めて重大な動機の錯誤があったもので、契約の要素の錯誤があったものと認められるから、本件保険料融資契約はいずれも錯誤により無効というべきである。

㉒ 東京高判平成17年8月10日判夕1194号159頁 ［28101841］

　原告信用金庫がA会社に対して融資した2,500万円の貸付金について被告が物上保証及び本件連帯保証契約をした場合において、①A会社は、本件融資が検討されていた時点でノンバンクだけでなくシステム金融に多額の債務があって事実上破綻状態にあり、必要な返済資金に満たない融資では早期の倒産が不可避で、原告信用金庫はA会社からの本件融資の資金回収は不可能だったのであるから、本件保証契約締結の時点で既に被告が現実に保証債務の履行の責めを負うことはほぼ確実な状況であったこと、②融資の時点で当該融資を受けても短期間に倒産に至るような破綻状態にある債務者のために、物的担保を提供したり連帯保証債務を負担しようとする者は存在しないと考

えるのが経験則であるところ、被告は、本件保証契約の締結の意思を確認された当時71歳の高齢で、子もなく2,500万円の支払能力はなかったのであるから、もし被告がA会社の経営状態について破綻状態にあり現実に保証債務の履行をしなければならない可能性が高いことを知っていたならば、唯一の土地建物を担保提供してまで保証する意思はなかったものと認めるのが相当であり、被告はA会社の経営状態が破綻状態にあるものとは全く認識せずに本件保証契約の締結に応じたものというべきで、本件保証契約にはその動機に錯誤があったといえること、③およそ融資の時点で破綻状態にある債務者のために保証人になろうとする者は存在しないというべきであるから、保証契約の時点で主債務者がこのような意味での破綻状態にないことは、保証しようとする者の動機として一般に黙示的に表示されているものと解するのが相当であること、④被告は、何らA会社と取引関係のない情義的な保証人であり、高齢かつ病弱で、担保提供した自宅が唯一の財産であって、このことは原告信用金庫も認識しており、また、保証人になることを懇請されても被告は容易には承諾しなかったが、原告信用金庫のB次長からA会社は「大丈夫です」との返答があったので、被告はこれを信じて本件融資につき保証することを決断したのであるから、A会社が破綻状態にはないことを信じて保証するという動機が表示されていること、⑤被告は金融実務に疎い者であって本件保証契約の締結に際しA会社にシステム金融などの高利の借入れがないか質問することに思い至ることを期待するのは困難であり、被告が前記質問をしなかったことに重大な過失があるとはいえないことから、本件連帯保証契約は要素の錯誤により無効というべきである。

㉓ 東京高判平成19年12月13日判時1992号65頁 ［28140552］

企業実体のないA会社のB銀行（被告銀行がBを承継）からの借入れについて、信用保証協会である原告がBの依頼に基づきBとの間で保証契約を締結した場合において、中小企業者としての実体を有することは信用保証の当然の前提であり、中小企業者としての実体がなければ信用保証の対象とならないことは、Bにおいても当然のこととして熟知していたものということができるから、中小企業者が企業としての実体を有することは、原告が保証を

するための重要な要素であるということができ、原告はＡが企業実体を有するものと信じていたので、本件保証契約は、原告においてその重要な部分に要素の錯誤があったということができる。

［解説］

動機の錯誤が成立するためには、動機が表示されることが必要である。

もっとも、動機の表示といっても、その意義については、動機が表示されていること自体を重視する立場（動機表示重視説）と動機が表示されて法律行為の内容になっていることを重視する立場（内容化重視説）があり、判例を統一的に理解することは難しいとされている（山本・民法講義Ⅰ188頁）。

判決❶は、動機の表示の有無に言及せず、動機が調停における「合意の内容」になっているか否かを問題にしているから、内容化重視説に親和的であるように思われる。

判決❷及び❺は、取引の相手方の同一性についての錯誤に関する事例である。売買契約においては、通常、相手方の属性は重要ではないから、相手方の同一性の錯誤は原則として要素の錯誤にはならないが、相手方が誰であるかが特に売買契約を締結する重要な動機・目的となっているような場合には、錯誤が成立し得る（なお、判決❷については、実質的には軍の威圧の下に半強制的に行われた売買を錯誤の法理により救済したものであり、特別の事情があったために要素の錯誤ありとされたものとする見方がある（川島＝平井編・新版注釈民法(3)〔川井健〕428頁））。

判決❸、⓫、⓲、⓳、㉒及び㉓は、いずれも保証契約に関する事例である。

判決❸は、他の連帯保証人の有無についての錯誤は、保証契約の内容にはならないとして、連帯保証契約について要素の錯誤の成立を否定したものであり、他方、判決⓫は、主債務者（連帯債務者）が１名であるか２名であるかは、人違いに準じ、意思表示の重要な部分に該当するとして、連帯保証契約について要素の錯誤の成立を肯定したものであるが、両判決を整合的に理解することは必ずしも容易ではないように思われる。

判決⓲は、主債務の返済原資の存在について貸主と連帯保証人が同一の錯誤に陥っていたという事例であるが、改正法の下では、本件連帯保証契約の

333

有効性の問題は、共通錯誤の問題として処理されることになると思われる（改正後の本条3項2号）。

判決⓳は、いわゆる空クレジット契約（架空の機械の売買契約）に基づく債務を主債務とする保証契約について錯誤の成否が問題となった事例であるが、動機の表示の有無を論じることなく、要素の錯誤の成立を認めている。

判決㉒は、融資の時点で破綻状態にある債務者のために保証人になろうとする者は存在しないと考えるのが経験則であり、そうであれば、保証契約は主債務者が破綻状態にあることを認識せずに締結されたものであるからその動機に錯誤があるし、また、保証契約の時点で主債務者が破綻状態にないことは、保証しようとする者の動機として一般に黙示的に表示されていると解される旨判示したものである。

判決㉓は、主債務者が企業実体を有することは、保証契約の重要な要素であるとして、保証契約について要素の錯誤を認めたものである。

判決❹、❻、⓬、⓭、⓰、⓱及び㉑は、目的物の性状・来歴についての錯誤に関する事例である。いずれも錯誤によって等価性が損なわれた事例であり、また、判決❻、⓰、⓱及び㉑においては、相手方の発言等によって表意者の動機が表示され法律行為の内容になったと認定されている。

判決❼は、問題となっている法律行為が表意者に有利なものであった場合において、表意者は錯誤がなくても当該意思表示をしていたであろうとして、錯誤と意思表示の間の主観的因果性を否定したものである。

判決❽は、動機の錯誤が成立するためには、動機が表示されていることを要するという判例法理の中で異色を放つもののようにも思われる。しかし、前提となる法律行為の動機に錯誤があったとしても、これを前提とする法律行為とは切り離されており前記錯誤の有無によって前記法律行為の効力が左右されるべきではない場合には、たとえ前記動機が表示されていたとしても、それが前記法律行為の内容になることはなく、その結果、動機の錯誤は成立しないということができる。歴史的に見て、動機の錯誤には、広義のそれと狭義のそれとがあり、後者は、表示の有無を問わず、法律行為の錯誤にならないと説明する見解もある（川島＝平井編・新版注釈民法(3)〔川井健〕413

頁）。

判決❾は、根抵当権の被担保債権についての錯誤に関する事例であり、一部無効の法理を採用したものである。なお、その原判決に対しては、つなぎ融資を根抵当権の被担保債権とすることについて根抵当権設定者に錯誤があった旨の認定には経験則違反があるという批判があり（後藤勇『民事裁判における経験則――その実証的研究』判例タイムズ社（1990年）31頁）、参考になる。

判決❿は、法律についての錯誤に関する事例であるが、動機の表示は明示のものに限らず、黙示であってもよいとしたものである。動機の表示が黙示のものにすぎない場合であっても動機の錯誤が成立するという論理の採用は、動機表示重視説から内容化重視説への傾斜を示すものと理解できようか。

判決⓮及び⓯も、動機の表示が黙示のもので足りることを前提にしたものである。

判決⓴は、目的物の価値についての錯誤に関する事例である。目的物の範囲・数量・価値に関する錯誤は、特に著しい食い違いがある場合でない限り、要素の錯誤とはならないが（四宮・民法総則189頁）、同判決は、目的物の価値に著しい食い違いが生じているうえ、食い違いが生じるに至った経緯（相手方からの働き掛け）にも着目して、錯誤の成立を認めたものと考えられる。

3　表意者の重過失の有無

裁判例

❶　最判昭和44年9月18日民集23巻9号1675頁［27000789］

原告は弁護士でありながら、本件公正証書上に自ら署名をしたが、その署名は前記公正証書により締結された賃貸借契約上の債務者であるA会社の単なる代理人としてのみするものと誤信し、その署名欄の肩書に連帯保証人の記載があったこと、その契約条項中に原告についての連帯保証条項があったことに気付かなかったというのであるから、原告の連帯保証の意思表示は重大な過失に基づくというのであり、また公証人の面前で公証人が嘱託人の陳述を聴取してする公正証書上の契約と執行受諾約款とはいわば一体の関係に

あるから、本件公正証書における原告の連帯保証の意思表示に錯誤がある以上、執行受諾の意思表示についても錯誤があるものと認めるべきであるというのであって、このような事実関係の下においては、本件執行受諾の意思表示もまた原告の重大な過失に基づいてされたものと解すべきものである。

❷　最判昭和50年11月14日裁判集民116号465頁［27404459］

　損害保険会社が、酒酔い運転による事故であることを知らずに締結した示談契約は、その重要な前提事実に錯誤があるといえるが、保険会社としては、あらかじめ、通常の査定事務処理の一環として、保険契約上の免責条項に該当する事由の有無を十分究明する必要があり、所轄警察署に照会するだけでなく、事故の関係者からの事情聴取等の方法により事故の状況及び原因について慎重な調査を尽くすべき義務を負うものというべく、この調査義務を尽くさないで免責条項該当の事由がないとしたときは、そのように誤信するにつき重大な過失がないということはできない。

❸　東京高判平成 2 年 3 月27日判時1345号78頁［27806366］

　土地・建物の売買にあって、売主・買主双方において代金の調達方法として財形融資を受けることは当然の前提としたところであるから、買主が予定した財形融資が受けられなかったことは、買主にとって前記売買契約の要素に錯誤があったことになるというべきであり、買主が財形融資を利用可能なものと即断して契約締結に踏み切ったのは軽率というほかないが、不動産販売業者たる売主において買主の財形融資への依存度や、財形融資の審査・判定が後日になることを知っていたことなどの諸事情に鑑みると、買主の前記過失はいまだ重大な過失には当たらないから、前記売買契約は錯誤により無効というべきである。

❹　東京高判平成 6 年 3 月24日金融法務1414号33頁［27826583］

　80歳の老人が、債務者Aの詐欺により、他の債務者Bの借受金債務を連帯保証しBの借受金債務を担保する抵当権を設定する意思で署名したところ、債務者Aの借受金債務について連帯保証契約及び根抵当権設定契約を締結させられた場合につき、不動産担保ローン取扱業者の担当者は、前記各契約の締結に際し、関係書類を 1 束に重ねたうえ80歳の老人に何ら説明せずに上の

書類から次々に署名させており、かかる状況下において、前記老人に各契約締結の意思表示の錯誤があったとしても、重大な過失があるとは到底いえないし、また、司法書士の事務員により前記老人になされた本件根抵当権設定登記申請の電話による意思確認も極めて不十分であり、前記老人に重大な過失がないとの認定を左右するものではない。

❺ 東京高判平成7年10月18日判時1585号119頁［28011340］

　倒産した被告会社の任意整理の際に、債権者である金融機関の原告と被告会社とは和解をして、原告は配当金額を超える一般債権（抵当権で回収が確保されている被担保債権額を控除した残債権額）を放棄したが、その意思表示に要素の錯誤がある場合において、①弁護士が中心となって行われる任意整理で、法律専門家でない一般の債権者が、あらかじめ印刷されていたものであり当該債権者が自ら記載したものではなく、かつ、その真意とは明らかに異なる内容の文言が記載されている本件確認書のような書面に記名押印してこれを当該弁護士に送付したからといって、その結果の重要性に鑑みると、前記の一事をもって、真意と異なることにつき、直ちに当該債権者に重大な過失があるということはできないこと、②任意整理は、担保のない一般債権について、被告会社の売掛金を回収しこれを原資として配当を行うこととされており、不動産担保の実行は別途に行うものとされていたこと、③原告としては、既に保証人らの不動産に対して仮差押決定を得ていること、④原告は金融機関として公的な存在であり、正当な法的手段を尽くして債権回収に努めるべきことが強く要請されるのであって、仮差押決定まで得て保全されている債権を理由なく放棄することは全く考えられないところであり、原告の理事はこのことを当然の事理として認識し行動していたと認められることなどからすると、原告の理事が本件確認書の趣旨を被告会社の不動産以外の資産からの回収、すなわち本件任意整理におけるその余の配当を断念する趣旨のものと速断し、その送付により、被告会社に対する債権が放棄され、また、これにより保証債権も放棄されることになるという点に考えが及ばなかったとしても、原告の理事の職務からするといささか軽率であったとはいえ、いまだ重大な過失があったものとは認められないというべきである。

❻ 福岡高判平成10年8月26日判時1698号83頁［28050668］

　被相続人Aの妻Bとその子である原告らは、Aには遺産である株式を発行する会社被告₁及びその代表者被告₂以外の一般債権者からの多額の借金がある旨、他方、本件株式は所在不明であり、本件株券がなければ株主としての権利行使もできない旨、また、Aを相続しても多額の借金を相続するだけである旨の話を聞かされて、これを信じ、結局はAの過大な債務のみを承継させられるものと誤信し、これを回避することを動機として、相続放棄の申述に及んだものと認められるが、現実には、一般債権者からの多額の借入れなど現在に至るまで出てきておらず、株主としての権利行使に関しても、法律上誤った情報を信じて、前記誤認のうえ、本件申述に及んだのであるから、B及び原告らは、錯誤により本件申述をしたと認められるところ、法律的素養に通暁しているとはいえないB及び原告らにとって、株主としての権利行使に関して前記のような誤信をすることをもって一概に重大な落ち度があるということはできないし、また、一般債権者からの多額の借入れがあると誤信したことについては、前記誤信は、被告₁及びAの経理状況等に精通した被告₂並びに被告₁の顧問税理士の言動により生じたものであり、B及び原告らが前記言動に疑問を持ってしかるべき徴憑はうかがわれず、また、B及び原告らにおいて、何の資料もない状態で債権者の存否及びその額を調査するのも容易とはいえない状況にあったことから、前記のような誤信をすることをもって一概に重大な落ち度があるということはできないので、B及び原告らには、錯誤に陥ったことについていまだ重過失があると認めるに足りないというべきである。

❼ 東京高判平成11年12月15日判タ1027号290頁［28050925］

　原告は、A会社の代表取締役Bから、A会社が個人の金融業者被告より100万円を借り入れるについて保証人となることを依頼されたので、被告と面談したうえ、表題に根保証契約書と記載され、元金極度額としてチェックライターで1,000万円と印字されていた連帯保証の契約書に署名押印したところ、被告からA会社への100万円の貸付けが行われたが、その後、A会社が被告に1,650万円の債務を負ったことから、被告が原告に対し1,000万円の

根保証の履行を求めた場合において、原告は被告との間で本件根保証契約を締結したものと認められるが、被告は、原告に対し、本件根保証契約の締結の際、A会社が既に数百万円の債務を被告に負っていること、原告がその後10年にわたり、最大1,000万円もの巨額について、A会社の被告に対する債務を根保証することを内容とするものであり、前記契約時に融資する100万円についてのみ保証債務を負うにとどまらないことを全く説明しておらず、根保証契約書の写しすら原告に交付していないことからすれば、被告において、A会社に対する新たな融資を契機として、Bの営む事業上の融資について、原告に共同経営者に等しい債務を負わせようとの詐欺的意図すらうかがうことができるというべきであり、前記のような事情の下においては、錯誤についての原告の重大な過失についての主張を論じるまでもなく、本条により無効である。

❽　大阪高判平成12年12月15日判時1758号58頁［28062374］

　原告は建築業者である被告会社からマンションを購入したが、購入した部屋の階下の給水ポンプ室から騒音が発生する場合において、本件売買契約における原告の意思表示は法律行為の要素に錯誤があったというべきであるところ、原告が、本件売買契約時の重要事項説明書について質問をせず、設計図を見ず、原告の室の真下に本件ポンプないし本件ポンプ室が存在することを認識しなかったとしても、原告は既にパンフレットや図面集を受領していたことのほか、一般人が設計図書を閲覧してもその意味、内容を正確に理解することは困難であることや、本件売買契約締結までの状況に照らせば、原告に重大な過失があったとは認められないから、本件売買契約は無効である。

❾　仙台高判平成13年12月26日金融商事1151号32頁［28071742］

　A会社の原告信用組合に対する1,500万円の貸金債務を被告$_1$（A会社の従業員）と被告$_2$（A会社の取締役）が連帯保証した場合において、本件連帯保証契約は、A会社が締結したとされる約2億5,000万円の工事請負契約が有効で、その工事代金の支払及びそれによる返済の蓋然性が高いものであるとの原告の認識・判断の下で貸し渡した本件貸金について、被告$_1$、被告$_2$においても原告と同様の認識の下で自己が保証人として本件貸金を返済する事

態が発生するおそれは少ないものと信じ締結したものであるにもかかわらず、本件工事契約は内容が架空であり本件工事代金が支払われる可能性は当初から全くなかったものであるから、被告₁、被告₂の意思表示は法律行為の要素に錯誤があるというべきところ、前記工事契約書はその作成自体はこれまでに実際の取引関係にあった大企業であるB会社との間の合意により行われたものであること、その書面の形式も正常なものであること、融資の観点から本件工事契約書の内容についてある程度の審査を行うことのできる原告やC信用保証協会においてもこれを内容真正なものと信じて本件融資を実行していること、一般に工事請負契約の態様の中には元請業者と現実の工事担当業者との間に直接に工事を担当しない中間業者として取引に関与して一定の利益を得る契約内容のものが存在すること、被告₁は人夫として働く従業員であり被告₂は名目的な取締役にすぎずA会社の取引に関与する立場にはないことからすれば、本件工事契約書の内容の真否について被告₁、被告₂が調査をしなかったことにある程度の落ち度があるということができるにしても、これが重大なものであるとまではいい難く、本件連帯保証契約が有効となるものではない。

❿　高松高判平成18年2月23日訟務月報52巻12号3672頁〔28130855〕

　原告₁（原告₂の孫でA会社の代表取締役にその後就任）が原告₂から有限会社Aの出資口を購入する旨の売買契約を締結したところ、被告（税務署長）が原告₁に対し本件売買契約はその売買代金が適正価格を下回る低額譲渡に該当するとして、贈与税の決定処分及び無申告加算税の賦課決定処分を行ったため、原告₁において本件売買契約が錯誤により無効であるなどと主張して被告に対し本件各決定処分の取消しを求め、また、原告₂において、本件売買契約が錯誤により無効であるなどと主張して所得税の更正の請求をしたところ、被告から更正をすべき理由がない旨の通知処分を受けたため、被告に対し本件通知処分の取消しを求めた場合において、原告らが税理士等の専門家に相談するなどして十分に調査、検討をしなかったのは、白血病に冒され、余命幾ばくもないB（原告₁の父親でA会社の代表取締役）が自分なりに調査をし、税務署に相談に行って了解を得た旨の話をしたことなどか

ら、本件出資口の売買代金額を1口当たり1万5,000円（実際の価値は少なくとも1口当たり10万2,590円）とすることを了承したものであって、原告らは、一応、Bの調査、検討結果を踏まえており、何ら調査、検討をしていないわけではなく、当時の原告らの置かれていた立場や年齢（売買契約当時、原告₁は19歳、原告₂は80歳）をも考慮すると、原告らが錯誤に陥ったことにつき、原告らに著しい不注意があり、重大な過失があると認めることはできない。

⓫ 東京高判平成19年12月13日判時1992号65頁［28140552］

企業実体のないA会社のB銀行（被告銀行がBを承継）からの借入れについて、信用保証協会である原告がBの依頼に基づきBとの間で保証契約を締結した場合において、本件保証契約は、原告においてその重要な部分に要素の錯誤があったということができ、また、金融機関経由保証においては、申込人の企業実体の有無について金融機関の側で既に厳正な審査がなされていることを前提として自らの調査を行うことが許され、金融機関から送付された信用保証依頼書等についての書面調査や必要に応じて行われる面接調査によって明らかになった事実及び原告において特に認識していた事実を踏まえ、申込人の企業実体について疑問を抱くべき特段の事情のない限り、前記の調査のほかにさらに自ら実地調査を含めたより精緻な調査を行うことまでは必要ではなく、その結果、原告において申込人に企業実体があると誤信したとしても、もはやその錯誤については重大な過失があるとはいえない。

┌─────┐
│ 解説 │
└─────┘

表意者の重過失とは、表意書の職業、行為の種類・目的等に応じ、普通になすべき注意を著しく欠くことである（我妻・民法講義Ⅰ304頁）。

判決❶においては、表意者が弁護士であることが決定的な意味を持ったものと考えられる。

判決❷は、表意者の業務内容に照らし、業務の通常の過程として慎重な調査を尽くす義務があるにもかかわらず、これを尽くさなかったために重過失があるとされたものである。

判決❸は、不動産売買の買主である表意者に錯誤に陥った点について軽率

さがあるとしても、不動産販売業者である売主の同じ点についての認識を考慮すれば、表意者に重過失があるとはいえないとしたものである。専門家である業者と素人である消費者の間の知識や能力の格差等を踏まえた判断といえるが、注目すべきは、表意者の重過失という要件の判断でありながら、そこでは、表意者の主観的態様のみでなく相手方等の認識や対応をも考慮されている点であり、この点については、判決❹も同様である。

判決❺は、表意者が、金融機関の理事であるとはいえ、法律的素養が十分ではなく保証債務の附従性について正確な理解を有していなかったため、倒産会社の任意整理において錯誤により債権放棄をしてしまったとしても、重過失があるとはいえないとしたものである。権利の放棄のように、表意者にのみ不利で相手方に有利な行為については、狭義の動機の錯誤があれば無効を認めてよいとする見解がある（川島＝平井編・新版注釈民法(3)〔川井健〕427頁）。

判決❻は、具体的事情の下で表意者の重過失を否定したものであるが、表意者が錯誤に陥ったことについて相手方又は相手方側の人物が関与し、その言動が表意者の錯誤を誘引したことを重要な考慮要素としていることが注目される。

判決❼も、相手方の言動が表意者の錯誤を誘引した事案に関するものであるが、相手方の言動に詐欺的意図すらうかがうことができるとして、表意者の重過失を論じるまでもなくその意思表示を無効としたものである。その思想は改正後の本条3項1号につながるものといえよう。

判決❽は、購入したマンションが給水ポンプ室の真上に位置するものであったという建築の素人にとっては認識することが容易ではない事項について、買主である表意者の重過失を否定したものである。

判決❾は、主債務の返済原資の存在について貸主と連帯保証人が同一の錯誤に陥った事案に関するものであるが、改正法の下では、共通錯誤の問題として処理されることになると思われる（改正後の本条3項2号）。

判決❿及び⓫は、表意者が、自らは十分な調査をせず、他人が行った調査を信用した結果錯誤に陥った事案に関するものであるが、表意者とその他人

第95条

との関係や第一次的調査義務の所在等に鑑み、表意者の重過失を否定したものである。

（中園浩一郎）

（詐欺又は強迫） 【改正法】

第96条　詐欺又は強迫による意思表示は、取り消すことができる。

2　相手方に対する意思表示について第三者が詐欺を行った場合において
は、相手方がその事実を<u>知り、又は知ることができた</u>ときに限り、その
意思表示を取り消すことができる。

3　前2項の規定による詐欺による意思表示の取消しは、<u>善意でかつ過失
がない</u>第三者に対抗することができない。

（詐欺又は強迫） 【現行法】

第96条　詐欺又は強迫による意思表示は、取り消すことができる。

2　相手方に対する意思表示について第三者が詐欺を行った場合において
は、相手方がその事実を<u>知っていた</u>ときに限り、その意思表示を取り消
すことができる。

3　前2項の規定による詐欺による意思表示の取消しは、<u>善意の</u>第三者に
対抗することができない。

■■ 改正の趣旨

　表意者が第三者の詐欺による意思表示を取り消すことができる場合につい
て、改正前は相手方が悪意であるときに限定されていたが、改正後の本条2
項はこれを相手方に過失があるときにも拡張する。第三者詐欺により誤認を
して意思表示をした表意者の利益と、表意者の相手方の利益とを衡量して意
思表示の効力を考えるに当たり、第三者詐欺の場合に、表意者の帰責性が大
きい心裡留保の場合よりも重い要件を課するのは均衡を失するからである。

　詐欺による意思表示が取り消された場合における第三者の保護要件につい
て、改正前は善意のみであったが、改正後の本条3項は善意・無過失である
ことを要件とする。改正前の通説を明文の規定で明らかにするものである

第96条

（潮見・改正法案の概要10頁）。

《条文・判例の位置付け》　　2項、3項とも、要件・効果の変容

事実認定の対象等

■■ 意義

　本条1項は、詐欺又は強迫によってされた意思表示の取消しについて定める。

　詐欺とは、表意者を欺罔して錯誤に陥らせ、それによって意思表示をさせる行為であり、強迫とは、表意者に害悪を示して畏怖を生じさせ、それによって意思表示をさせる行為である（山本・民法講義Ⅰ228、235頁）。

　本条2項は第三者の詐欺による意思表示を取り消すことができる要件について、本条3項は詐欺による意思表示が取り消された場合における第三者の保護要件について、それぞれ定める。

■■ 法律要件及び法律効果等

1　詐欺又は強迫による意思表示の取消し（本条1項）

⑴　法律要件

　詐欺（強迫）による意思表示について表意者に取消権が発生するためには、表意者は、

①　表意者の相手方による欺罔行為（強迫行為）

②　表意者の錯誤（畏怖）

③　表意者による意思表示

④　①と②の間及び②と③の間の各因果関係

⑤　④についての相手方の故意

⑥　①の違法性

を主張・立証する必要があり（ただし、前記⑤及び⑥の要件事実は、通常は、前記①〜④の要件事実の摘示に包含されているから、その場合には、別個独立に明示する必要はない）、これを前提として、意思表示の効力を否定する

345

ためには、

⑦　詐欺（強迫）による意思表示を取り消す旨の表意者の意思表示

を主張・立証する必要がある。

(2)　法律効果

　表意者が取消権を行使する旨の意思表示をすることによって、詐欺（強迫）による意思表示が遡及的に無効になる（121条本文）。

2　第三者による詐欺（本条2項）

(1)　法律要件

　第三者詐欺による意思表示の効力を否定するためには、前記1(1)①に替えて、

①´　第三者による欺罔行為

を主張・立証するほか、

①″　第三者詐欺についての意思表示の相手方の悪意又は過失

を主張・立証する必要がある。

　なお、過失はいわゆる規範的要件であり、その主要事実は過失という規範的評価そのものではなく、これを根拠付ける具体的事実（評価根拠事実）である。過失の評価根拠事実の主張に対し、相手方は、評価根拠事実と両立しつつ過失という評価を妨げるような具体的事実（評価障害事実）を主張することができる（司研・要件事実(1)30頁）。

(2)　法律効果

　前記1(2)と同様である。

3　第三者の保護（本条3項）

　改正前の本条3項の「第三者」とは、詐欺による意思表示によって生じた法律関係に基づき、新たに利害関係を取得した者をいうが（最判昭和49年9月26日民集28巻6号1213頁［27000419］、我妻・民法講義Ⅰ312頁）、改正法においてもこの点に変更はない。

　このような第三者は、表意者から詐欺による意思表示の取消しの効果を対

346

抗されないようにするため、

① 詐欺による意思表示に基づく法律行為と第三者の利害関係

② 第三者の善意・無過失

を主張・立証することができる。

なお、この主張の位置付けについては、詐欺の抗弁に対する再抗弁とする見解（順次取得説。大江・要件事実(1)340頁）と予備的請求原因とする見解（法定承継取得説。司研・類型別80頁）がある。

■■ 参考裁判例

沈黙による詐欺について、大判昭和16年11月18日法学11巻617頁［27547362］は、信義則上相手に告知する義務のある事実を黙秘して契約を締結すれば詐欺となり得るとした。

強迫による意思表示について、最判昭和33年7月1日民集12巻11号1601頁［27002652］は、強迫による意思表示が成立するためには、表意者が畏怖の結果完全に選択の自由を失ったことを要するものではなく、むしろ、強迫の結果、完全に意思の自由を失った場合は、その意思表示は無効であり本条適用の余地はないとした。

売買契約が詐欺を理由として取り消された場合について、最判昭和47年9月7日民集26巻7号1327頁［27000541］は、この場合における当事者双方の原状回復義務は、同時履行の関係にあるとした。

改正前の本条3項の第三者の保護要件として登記を要するか否かに関して、最判昭和49年9月26日民集28巻6号1213頁［27000419］は、Aを欺罔してその農地を買い受けたBが、農地法5条の許可を条件とする所有権移転仮登記を得たうえ、前記売買契約上の権利を善意のCに譲渡して前記仮登記移転の付記登記をした場合には、Cは本条3項にいう第三者に当たるとした。

事実認定における問題点

本条に関する事実認定については、1　詐欺の成否、2　強迫の成否、3

347

第三者による詐欺の成否、4　詐欺による意思表示の取消しの効果を対抗されない第三者の範囲が問題となったものがある。

事実認定についての裁判例と解説

1　詐欺の成否

裁判例

❶　東京地判平成 3 年 9 月26日判時1428号97頁［27812003］

　夫とともに知的能力が低く社会的適応能力に欠ける被告が、買主である原告との間で締結した4,600万円強と評価される甲土地の持分権を1,000万円で譲渡する旨の売買契約について、原告が、代金が不当に廉価であることや近い将来土地収用の対象となり相当高額な補償金が支払われることになることを認識していたことなどを総合すると、原告は、被告らの本件土地価格や土地収用等についての無知・無理解、また、本件売買代金でマンションが買えるとの錯誤を奇貨として契約を締結したものと認められるところ、原告において、被告らの知的判断能力が一般人に比し相当程度劣っていることを認識していたのであるから、信義則上相当な代金につき被告に告知すべき義務があるのにこれをせず、価値としては1,000万円が相当であるなどと積極的に申し述べる等の交渉行為は、社会的に許容される限度を著しく超えているというべきであり、結局原告の前記行為は詐欺に該当するものといわざるを得ない。

❷　福岡高判平成 8 年 4 月15日判タ923号252頁［28020081］

　被告らがA合名会社と入社契約をする際に、A社の代表者Bが、A社の簿外借入金の実態を秘匿するなど経理内容の実態を被告らに告げず、広義の欺罔行為をしたものというべきであるが、被告らも顧問税理士による必ずしも完全とはいえない経理調査に基づいて、自らの経営判断でそのようなA社を再建するために入社したと解されるのであり、欺罔行為と入社の意思表示との間には必ずしも明確な因果関係があるとはいえないから、被告らの入社の意思表示を詐欺によるものとして取り消すことはできない。

第96条

❸　東京地判平成10年5月13日判夕974号268頁〔28032168〕

　被告₁銀行の支店長被告₂は、原告・被告₃間の本件不動産売買契約締結前に目的物の一部である甲建物に重大な雨漏りが発生していることを認識していながら原告に告げることなく、かえってこれに反する宅地建物取引主任者被告₄による説明を放置して原告を欺罔し、甲建物の瑕疵に気付かないままの原告に本件不動産売買契約を締結させ、前記売買契約の代金等の支払のために7億2,000万円と2,000万円の融資契約を原告に締結させたということができるのであり、甲建物の前記のような瑕疵を知っていれば、原告は本件不動産売買契約を締結することはなかった（原告は相続税対策が目的で購入するのであるから、本件不動産に固執する必然性はなく、他に物件を探せば足りることであった）し、本件融資契約を締結する必要性もなかったから、本件融資契約は、被告₁銀行の欺罔行為により原告が締結させられたものであるということができる。

❹　東京高判平成14年12月12日判夕1129号145頁〔28082774〕

　原告は一人暮らしの老女で記憶力や判断力が低下し訪問販売のセールスマンなどから多額の商品を買い入れるなどしていたところ、Aは、その頃から原告宅に出入りするようになり、高価な着物や帯などを数百万円で売りつけるとともに、信販会社等への月々の返済に困っていた原告に、お金を貸してくれる相手として被告を紹介し、被告は、その後何回かに分けて原告に融資をするとともに、Aの原告に対する商品代金648万9,000円を立て替えたとし、原告所有の本件不動産について、極度額1,200万円の根抵当権の仮登記をして、その後、その極度額を3,000万円に増額のうえ、その仮登記に基づく本登記をした場合において、原告は、Aから弁護士が債務の整理をする資金を被告が出してくれることになったと言われ、それに必要な手続だと言われて、本件不動産への根抵当権設定契約とその仮登記に応じたものであるが、実際にはAも被告もそのような意図はなかったのであり、Aは原告を欺罔して、本件根抵当権設定契約を締結させ、本件各仮登記をしたものであって、本件根抵当権設定契約は詐欺によるものということができ、被告は、Aと事実上行動をともにしていた（被告もAの詐欺について認識があったと推認され

349

る）か、あるいは、Aのためにその名義だけを貸したもので独自の経済的な
利害を有しない者であると認められるから、本件根抵当権設定契約及び本件
各仮登記について、原告は被告に対し詐欺による取消しをもって対抗するこ
とができる。

解説

　判決❶及び❹は、知的能力の低い者に対し積極的に虚偽を告知して欺罔し
た事案に関するものであるが、全体的・総合的に見て、著しく社会的相当性
を逸脱するとして、暴利行為による公序良俗違反（90条）が成立すると考え
る余地もあろう。

　判決❷は、欺罔行為の存在を認めながらも、欺罔行為と表意者の意思表示
の間の因果関係を否定して、詐欺の成立を否定したものである。

　判決❸は、沈黙による詐欺に関するものである。被告₂の所属する被告₁
銀行は本件融資契約の締結によって利益を得るのであるし、情報を伝えない
ことによって原告の財産権を侵害することは許されないから、被告₂には情
報提供義務があると考えられ、当該情報を伝えないことが沈黙による詐欺に
当たるとされたものである（山本・民法講義Ⅰ230頁）。

2　強迫の成否

裁判例

❶　名古屋地判平成14年10月29日判夕1141号194頁　[28080551]

　被告₁の詐欺行為により合計約690万円の損害を被った原告ら5名が、被
告₁に1,000万円を一括支払させることを内容とする証書に署名押印させた
うえ、被告₁の妻である被告₂に同証書の連帯保証人欄に署名押印させた場
合において、被告₂は、長男を出産した約3か月後の朝、寝ているところを
電話で起こされ、実家近くのコンビニエンスストアの駐車場に呼び出された
のであり、被告₁は一緒にいるものの、原告ら3名のほか、原告らから被告₂
に対する交渉の依頼を受けたA及びBがいる場において、1,000万円という
高額の記載された本件証書に被告₁の妻であるというだけの理由からその保
証人となることを求められ、被告₂が保証人になることを拒否するや、その

場で土下座をさせられたうえ、A及び原告ら３名からは被告$_1$に危害を加え
かねない勢いを示され、さらにAらに被告$_2$の実家に押しかけると言われた
ことから、やむを得ず本件証書の連帯保証人欄に署名押印したものであるこ
とが認められるのであり、被告$_2$が連帯保証をすることを承諾したのは、原
告ら３名及びAから強迫を受け、これに畏怖した結果、実際は1,000万円の
支払について保証する気持ちはなかったにもかかわらず、その場を切り抜け
るためにさせられたものと認められる。

❷ 津地判平成15年２月28日判夕1124号188頁 ［28082212］

被告のA会社に対する公正証書による債権差押えに疑問を持った原告会社
の代理人の弁護士Bが、公正証書原本不実記載等で被告を告発準備中である
旨の内容証明郵便を被告に送付したうえ、被告に対し「告発がいやなら念書
を書け。世間体や家族のこともあるだろう」などと申し向け、被告が転付命
令によって取得する金員の一部を原告に譲渡する旨の念書に強いて署名押印
させたという場合において、原被告間には直接の法律関係はないのに原告が
被告に対し2,983万6,761円を請求する根拠に乏しく、Bが被告にその請求の
根拠を説明していないこと、Bが被告との折衝の当初から専ら公正証書原本
不実記載罪で告発する旨申し向けて前記金額の支払を求めるということ自体、
弁護士として相当な折衝の方法とはいい難いこと、Bは被告に対し被告の債
権差押え及び転付命令の申立てが不当であるとしてその取下げを強く求めて
いるが、前記各申立てについて弁護士が受任していることを知りながら、そ
の弁護士と全く折衝していないことなどからすれば、Bが被告に対し公正証
書原本不実記載罪で告発すると告知した強迫行為はその目的及び手段からし
て違法でないとは到底評価されない。

❸ 福岡高判平成16年７月21日判夕1166号185頁 ［28092877］

消費者金融会社である原告会社からAが150万円を借り受け被告はその連
帯保証人となったが、被告はAから連帯保証人になることをあらかじめ頼ま
れてこれを承諾して原告会社へ赴いたのではなく、単に付添いを求められて
これに応じたものであったところ、原告会社では連帯保証人として迎えられ
署名を求められるなどして緊張し、また、被告は他者から強く指示されると

抵抗できない性格であったところ、Aから「余計なことは言うな」と言われていたことなどもあって、原告会社の従業員から言われるままに、本件連帯保証契約の関係書類に署名したものであることが認められるのであって、このような被告の性格と精神能力の低さなどを考慮すると、Aの「余計なことは言うな」という言葉や返済が遅れるようなことはないから「大丈夫大丈夫」と語りかけた言葉は、一方において、被告の自由な意思決定（本件連帯保証契約を拒否すること）を妨げるに十分であったと認めることができ、他方において、被告の精神能力の低さや性格に乗じて「余計なことは言うな」と被告に心理的な圧力をかけて本件連帯保証契約を強いたAの行為は違法と評価することができるのであって、Aの被告に対する強迫行為と認めるのが相当である。

解説

強迫の違法性の有無は、一方で目的が正しいか否か、他方で手段がそれ自体として許された行為であるか否かの両者を相関的に考察して、判断される（四宮・民法総則197頁）。

判決❶は、行為の目的については一概に正当性を欠くとはいえないとしても、手段において社会的相当性を逸脱する程度が著しいことから、両者を相関的に考察して、強迫の成立を認めたものと考えられる。

判決❷の事案は、目的の正当性及び手段の相当性のいずれをも欠くものであり、行為者が弁護士であることを併せ考慮すれば、社会的に到底許容され得ないものといわざるを得ない。

判決❸は、第三者による強迫に関するものである。一般的にみて強迫の程度が高い事案とはいえないであろうが、他者から強く指示されると抵抗できない被告の性格や精神能力の低さなどを併せ考慮して、強迫の成立を認めたものと考えられる。

3　第三者による詐欺の成否

裁判例

❶　東京地判平成4年9月9日金融法務1372号67頁［27816681］

①株や商品相場取引などに関与したことのない原告に対し、先物取引業者

Ａらが、私設市場におけるパラジウムの先物取引について、危険性が高い取引であるにもかかわらず、預かった金は必ず返ってくるなどと繰り返し長時間告知してその旨誤信させていること、②原告は、融資を受けてこれを取引業者Ａらに預託してもその返還を受けることができると信じて、貸金業者である被告からの借入れを承諾したこと、③一般に、原告の立場において、およそ取引業者からの返還がなければ1,350万円もの金額を融資先に返済することは不可能であり、その場合は自宅が競売に付されることになるのであるから、必ず返還を受けられるとの誤信がなければ多額の融資を受けることは通常ないと考えられることからすると、原被告間の金銭消費貸借契約及びその貸金を担保するための抵当権設定契約・根抵当権設定契約における意思表示は第三者の詐欺による意思表示であると認められるが、被告において、さらに使用目的についてよく尋ねるなどして第三者の詐欺による意思表示であることを認識することが可能であったとは認められるとしても、現に知っていたとまでは認めることはできないから、原告は被告に対し第三者の詐欺を理由として前記意思表示を取り消すことはできないものといわねばならない。

❷ 新潟地判平成11年11月5日判タ1019号150頁 [28050511]

商工ローン会社である原告がＡ会社に対し10回にわたって1,793万円を貸し付け、被告が、Ａ会社の代表取締役である娘婿Ｂの依頼を受けて、既にＡ会社が原告に対して負担している債務及び5年間に発生する債務につき、1,500万円を限度として原告に対し連帯保証する旨の契約を締結した場合において、Ｂは、本件契約の締結の際、Ａ会社の既存債務が1,488万円と多額に上っているのに、これを被告に告知することなく、200万円の新規融資の際の保証であるように装い、被告を誤信させて、本件契約を締結させたもので、原告の担当者ＣもこのようなＢの意図を知っていたものと認められ、被告は、本件契約を第三者の詐欺を理由に取り消すことができると解すべきところ、仮に既存債務が多額に上っていることを被告が知っていたとすれば、被告は、Ａ会社のために、200万円の保証もしなかったと考えられるから、本件契約は、200万円を超える部分のみならず、その全体において、瑕疵があるというべきであり、被告の取消しの意思表示により、その全部が無効に

なると解するのが相当である。

解説

判決❶は、第三者による詐欺について、表意者の相手方に過失はあるものの、悪意であったとは認められないとして、表意者の取消権の発生を否定したものである。表意者が第三者の詐欺による意思表示を取り消すことができる場合について、改正前は相手方が悪意であるときに限定されていたが、改正後の本条2項はこれを相手方に過失があるときにも拡張するから、本事例の結論は、改正法の下では異なるものになると予想される。

判決❷は、第三者による詐欺の成立を肯定したうえ、取消しによる無効の範囲については、一部無効の法理を適用せず、欺罔行為がなく真実が告知されていた場合を措定し、その場合には表意者は当該意思表示自体をしなかったであろうとして、当該意思表示の全部を無効としたものである。

4　詐欺取消しを対抗されない第三者の範囲

裁判例

❶　東京高判平成2年8月29日判時1370号61頁［27807942］

　原告と被告₁との本件土地売買は、売主である原告につき財産管理能力に乏しく自己の利害得失についての基本的な判断能力に欠け人の言を信じやすいと見て取ったAらが、原告に土地を処分せざるを得ないと思わせるような立場に追い込んで不当な利益を得ようともくろみ、事情を知った被告₁に売らせた事案であるところ、被告₁からこれを転得した被告₂も、原告が行為能力者であることをわざわざ確認していること、中間の買主として被告₁を立てることを要望したこと、取引価額は時価からするとかなり低額であることなどからして、原告がAらに欺罔されその結果被告₁への売買契約を締結したものであることを知っていたものと推認できるから、被告₂に対する詐欺の主張も理由がある。

❷　東京地判平成9年12月8日判夕976号177頁［28032775］

　A会社代表者Bは、当初から本件マンションの売買代金を支払う意思がないにもかかわらず、原告に対し、その意思があるかのように装い、原告をし

て前記売買代金が確実に支払われるものと誤信させ、本件マンションを売り渡す旨の意思表示をさせたことが認められ、本件マンションを売り渡す旨の原告の意思表示は、A会社代表者Bの欺罔行為により、本件マンションの売買代金が確実に支払われるものと誤信したことに基づくものであるから、要素の錯誤に当たり、かつ、詐欺による意思表示にも該当するが、第三者保護規定については、典型的な詐欺の事案であって詐欺による錯誤であるがゆえに要素の錯誤とされ無効となる場合には、詐欺の規定である本条3項の適用を認めるのが相当であるところ、金融機関である被告$_2$が、原告から所有権移転登記を受けた被告$_1$（A会社の従業員）に融資を行いその債権を担保するため本件マンションについて抵当権設定契約を締結した場合において、A会社が形式的に被告$_1$名義で登記したものでA会社と被告$_1$は同視できるし、また、本件における一連の経緯からすれば、本件マンションを被告$_1$名義にすることは、A会社代表者Bの欺罔行為の一環というべきであり、詐欺によって作出された外形そのものであって、被告$_2$は、前記外形に基づいて新たな利害関係に入った者ということができるところ、売買契約と融資契約は別個の契約であって原告は融資契約の相手方でもなく、原告に対し売買代金受領の有無等を確認すべき義務を被告$_2$に認めるべき法的根拠はないのであり、また、確認した本件マンションの原告と被告$_1$間の売買契約書はA会社代表者Bによって偽造されたものであることがうかがわれるが、記載自体特に不自然な点が見られないし、その記載内容だけからは前記売買契約書が偽造されたものであることは容易に知り得ず、被告$_2$には、売買契約の真偽を売主に問い合わせて確認するまでの義務もないのであって、さらに、詐欺によって作出された外形に基づいて新たな利害関係に入った者といえる被告$_2$は、本件抵当権設定契約締結に当たり、金融機関として通常要求される手続を履践したことが認められることに鑑み、被告$_2$は、被告$_1$に真実所有権が移転されたものと信じ、そのように信じたことについて過失がなかったものと認めるのが相当であるから、本条3項の善意の第三者に該当し、原告の抵当権設定登記の抹消請求は認められないというべきである。

| 解説 |

　判決❶の判断は、転得者（被告₂）の悪意を基礎付ける間接事実に照らせ
ば、異論のないところであろう。

　判決❷は、マンションの売買契約で買主側に詐欺があったため、売主にお
いて金融機関が買主に売買代金を融資して設定を受けた抵当権の設定登記の
抹消登記手続を求めた事案について、前記金融機関は、改正前の本条３項の
第三者に該当するから、取消しの効果を対抗されないとしたものである。本
判決は、改正前民法下の事案に関するものであるが、第三者の保護要件とし
て、善意のほかに無過失を要求していることが注目される。なお、本判決は、
当該意思表示が要素の錯誤に当たり、かつ、詐欺による意思表示にも該当す
る場合の第三者保護のあり方について、詐欺による錯誤であるが故に要素の
錯誤とされ無効となるときは、詐欺の規定である本条３項の適用を認めるの
が相当であるとしている点も参考となろう。

（中園浩一郎）

第97条

| （意思表示の効力発生時期等） | 【改正法】 |

第97条　意思表示は、その通知が相手方に到達した時からその効力を生ず
　　る。

2　相手方が正当な理由なく意思表示の通知が到達することを妨げたとき
　は、その通知は、通常到達すべきであった時に到達したものとみなす。

3　意思表示は、表意者が通知を発した後に死亡し、意思能力を喪失し、
　又は行為能力の制限を受けたときであっても、そのためにその効力を妨
　げられない。

| （隔地者に対する意思表示） | 【現行法】 |

第97条　隔地者に対する意思表示は、その通知が相手方に到達した時から
　　その効力を生ずる。

（新設）

2　隔地者に対する意思表示は、表意者が通知を発した後に死亡し、又は
　行為能力を喪失したときであっても、そのためにその効力を妨げられな
　い。

■■ 改正の趣旨

　従前、隔地者（発信と到達との間に時間的な隔たりのある者）間の意思表
示については、意思表示が相手方に到達することによってその効力を生じる
ものとする到達主義が採用されてきたが、改正後の本条1項は、到達主義の
適用対象を隔地者間の意思表示以外の場面にも拡張するものである。

　改正後の本条2項は、相手方が「正当な理由なく」意思表示の通知が到達
することを妨げたときは、その意義表示の通知は、その通知が「通常到達す
べきであった時」に到達したものとみなすこととするものである。「意思表
示の通知が到達することを妨げたとき」とは、意思表示が了知可能な状態に

357

置かれることを相手方が妨げたことを意味する。

改正後の本条3項は、意思表示発信後の表意者の死亡に関する改正前97条2項について、「行為能力の喪失」を「行為能力の制限」に改めるとともに、発信後に表意者が意思能力を喪失した場合を追加したものである（潮見・改正法案の概要11頁）。

《条文・判例の位置付け》　要件・効果の変容

事実認定の対象等

■■ 意義

改正後の本条1項は、意思表示の効力発生についての到達主義を定める。

改正後の本条2項は、到達主義を前提にして、意思表示が相手方に到達しなかったことが、相手方による正当な理由のない妨害によるものである場合の規律を定める。

改正後の本条3項は、意思表示の発信後に、表意者に死亡、意思能力の喪失又は行為能力の制限があった場合の規律を定める。

■■ 法律要件及び法律効果等

改正後の本条1項の法律要件は意思表示の相手方への到達であり、法律効果は意思表示の効力発生である。

また、意思表示の効力発生を主張する者は、前記の意思表示の到達の要件に代えて、改正後の本条2項に基づき、意思表示の不到達が相手方による正当な理由のない妨害によるものであることを主張・立証することができる。これによる法律効果は、通常到達すべきであった時における意思表示の効力発生である。

なお、意思表示が相手方に到達したという主張に対し、意思表示の発信後に、表意者に死亡、意思能力の喪失又は行為能力の制限があった事実を主張したとしても、改正後の本条3項によれば、前記主張は主張自体失当である。

■■ 参考裁判例

　意思表示の到達について、最判昭和36年4月20日民集15巻4号774頁［27002315］は、隔地者間の意思表示における到達とは、意思表示の相手方によって受領されあるいは了知されることを要するものではなく、相手方にとって了知可能な状態に置かれたこと、換言すれば、意思表示の書面がそれらの者のいわゆる勢力範囲（支配圏）内に置かれることをもって足りるとした。

事実認定における問題点

　本条に関する事実認定については、意思表示の到達の成否が問題となったものがある。

事実認定についての裁判例と解説

意思表示の到達の成否

裁判例

❶　大判昭和11年2月14日民集15巻158頁［27500574］

　催告及び解除の意思表示が、内容証明郵便により相手方に配達され、その内縁の妻が本人は不在でありいつ帰宅するかわからないと述べて受領を拒んだ場合において、相手方が当時昼間は不在がちでありよく外泊するにすぎないという実情であるときは、前記の意思表示は到達したものといってよい。

❷　最判昭和30年3月29日民集9巻3号401頁［27003062］

　社団事務所が昭和20年の戦災で焼失し、その後同24年12月再び同番地に事務所を復活するまでは、その番地に事務所もなく専従の本務取扱者もいなかった場合には、前記番地を記載した社団宛ての普通郵便物をもって発送された農地買収令書が社団に到達したことを推定することはできない。

❸　最判昭和36年4月20日民集15巻4号774頁［27002315］

　隔地者間の意思表示に準ずべき前記催告は、当該会社の事務室においてそ

の代表取締役であったＢの娘であるＣに手交されかつ同人はＡの持参した送達簿にＢの机の上にあった同人の印を押して受け取り、これを前記机の抽斗に入れておいたというのであるから、この事態の推移に鑑みれば、Ｃはたまたま前記事務室に居合わせた者で、前記催告書を受領する権限もなく、その内容も知らずかつ当該会社の社員らに何ら告げることがなかったとしても、前記催告書はＢの勢力範囲に入ったもの、すなわち同人の了知可能の状態に置かれたものと認めていささかも妨げなく、したがって、このような場合は本条にいう到達があったものと解するのが相当である。

❹　最判昭和43年12月17日民集22巻13号2998頁［27000875］

　電話加入権の譲渡承認を得て加入電話加入者となった者が、前記譲渡承認の請求に際し譲受人の住所として特定の場所を表示して前記承認を得、前記場所に設置された電話機を、同所に営業所を設けて営業を営む第三者に使用させている場合には、加入電話加入者自らは同所に居住していなくても、同所に居住する者によって、日本電信電話公社より加入電話加入者に対する加入電話加入契約上の意思表示を記載した書面が受領されたときは、前記意思表示が到達したものと認めるべきである。

❺　最判昭和50年6月27日裁判集民115号177頁［27441691］

　売買契約における買主が売主に対してする代金支払の用意ができた旨の通知及びその受領を求める旨の催告が、売主の家族で通常人の理解能力を有する者に対して口頭でされた場合には、売主本人がその内容を了知し得る状態に置かれたというべきであるから、前記通知・催告は本人に到達したものと解すべきである。

❻　福岡高判平成8年4月15日判夕923号252頁［28020081］

　訴えの提起は、原則として、訴状を裁判所に提出した時にされたものとされるところ、本件訴状には、平成6年9月26日に受付けをした旨の記載がされているが、原告の訴訟代理人は、同月21日の正午から午後6時までの間に、本件訴状を速達書留郵便で発信したことが認められ、翌22日には配達されず、翌々日の23日（秋分の日）、24日（土曜日）、25日（日曜日）は裁判所の休日であり、原審が宿日直廃止庁であるため、郵便官署との事実上の取決めに基

づいて、同月22日の退庁時刻から同月26日の勤務時間開始までの間、前記郵便が、配達を担当する郵便官署に留置きになったという事実関係の下においては、本件訴状は、原審への配達を担当する郵便官署に留置きの取扱いになった時点、ないしは同時点から原審に配達するのに通常必要とされる時間が経過した時点で、原審が了知できる状態になったものというべきであって、権利行使の除斥期間を遵守しようとした当事者との関係においては、その時に原審に提出されたと解すべきであり、その時点は遅くとも同月25日の満了より前であると認められる。

❼　最判平成10年6月11日民集52巻4号1034頁［28031248］

　遺留分減殺の意思表示が記載された内容証明郵便が留置期間の経過により差出人に還付された場合において、受取人が、不在配達通知書の記載その他の事情から、その内容が遺留分減殺の意思表示又は少なくともこれを含む遺産分割協議の申入れであることを十分に推知することができ、また、受取人に受領の意思があれば、郵便物の受取方法を指定することによって、さしたる労力、困難を伴うことなく前記内容証明郵便を受領することができたなど判示の事情の下においては、前記遺留分減殺の意思表示は、社会通念上、受取人の了知可能な状態に置かれ、遅くとも留置期間が満了した時点で受取人に到達したものと認められる。

　　解説

　前記のとおり、意思表示の到達とは、意思表示について、相手方の了知可能性があり、あるいは相手方の勢力範囲（支配圏）内に置かれたことをいう。

　判決❶、❸～❺は、意思表示の相手方が直接これを受領したわけではなく、直接の受領者は、判決❶では相手方と同居するその内縁の妻、判決❸では会社である相手方の代表取締役の娘、判決❹では相手方が特定の場所を営業所として使用することを許諾した者、判決❺では相手方の家族であったが、意思表示の相手方と直接の受領者の関係その他の事情を考慮して、意思表示について、相手方の了知可能性があり、あるいは相手方の勢力範囲（支配圏）内に置かれたとして、意思表示の到達を認めたものである。

　判決❷は、宛先である社団の住所に建物もなく人もいなかった場合には、

意思表示が社団に到達したとはいえないとしたものであるが、およそ相手方の了知可能性がない以上、異論のない判断であろう。

判決❻は、裁判所と郵便官署の間で裁判所の勤務時間外は郵便物を配達しないという事実上の取決めがあり、これに基づき訴状が郵便官署に留置きになったことによって除斥期間が経過したという事案について、前記取決めがなければ除斥期間が経過する前に訴状が裁判所に到達していたと考えられるとして、原告を救済したものである。

判決❼は、内容証明郵便が留置期間の経過により差出人に還付された事案に関するものであるが、内容証明郵便が受取人にとって了知可能な状態に置かれたというためには、①受取人が郵便物の内容を推知し得ること（郵便物の内容の推知可能性）、②郵便物が容易に受領可能であること（郵便物の受領可能性）が必要であるとしているところ、①については、本件当時、不在配達通知書に差出人の氏名、郵便物の種類等が記載されるようになっていたことが考慮されたものと思われる（河邉義典・最判解説〈平成10年度（下）〉555頁）。

（中園浩一郎）

第98条

（公示による意思表示）

第98条　意思表示は、表意者が相手方を知ることができず、又はその所在を知ることができないときは、公示の方法によってすることができる。

2　前項の公示は、公示送達に関する民事訴訟法（平成8年法律第109号）の規定に従い、裁判所の掲示場に掲示し、かつ、その掲示があったことを官報に少なくとも1回掲載して行う。ただし、裁判所は、相当と認めるときは、官報への掲載に代えて、市役所、区役所、町村役場又はこれらに準ずる施設の掲示場に掲示すべきことを命ずることができる。

3　公示による意思表示は、最後に官報に掲載した日又はその掲載に代わる掲示を始めた日から2週間を経過した時に、相手方に到達したものとみなす。ただし、表意者が相手方を知らないこと又はその所在を知らないことについて過失があったときは、到達の効力を生じない。

4　公示に関する手続は、相手方を知ることができない場合には表意者の住所地の、相手方の所在を知ることができない場合には相手方の最後の住所地の簡易裁判所の管轄に属する。

5　裁判所は、表意者に、公示に関する費用を予納させなければならない。

事実認定の対象等

■■ 意義

本条は、公示による意思表示の要件・方法を定める。

■■ 法律要件及び法律効果等

1　公示による意思表示の効力発生

公示による意思表示を主張する者は、

①　裁判所が、公示の方法によって意思表示をすることを許可する旨決定したこと

② 裁判所書記官が送達すべき書類を保管し、いつでも送達を受けるべき者に交付すべき旨を裁判所の掲示場に掲示したこと（民事訴訟法111条）

③ 前記②の掲示のあったことを官報に1回掲載したか、又はこの掲載に代えて市役所等の掲示場に掲示したこと

④ 前記③の掲載又は掲示がされた日から2週間が経過したこと

を主張・立証する必要がある。

　これによって、公示による意思表示は前記④の時点で相手方に到達したものとみなされて効力を生じる。

2　公示による意思表示の無効

　これに対し、公示による意思表示の効力を争う者は、

① 表意者において、相手方及びその所在を知っていたこと、又は、相手方若しくはその所在を知り得べきであったこと

を主張・立証することができる（大江・要件事実(1)349頁）。

　この場合には、公示による意思表示は到達の効力を生じない。

■■ 参考裁判例

　本条3項ただし書の主張・立証責任について、最判昭和37年4月26日民集16巻4号992頁［27002157］は、97条ノ2第3項但書（現行本条3項ただし書）の過失の主張・立証責任は、公示による意思表示到達の無効を主張する者にあるとした。

事実認定における問題点

　本条に関する事実認定が問題となった裁判例は見当たらない。

（中園浩一郎）

第98条の2

（意思表示の受領能力）　　　　　　　　　　　　　　　　【改正法】

第98条の2　意思表示の相手方がその意思表示を受けた時に<u>意思能力を有</u>
<u>しなかったとき又は</u>未成年者<u>若しくは</u>成年被後見人であったときは、そ
の意思表示をもってその相手方に対抗することができない。ただし、<u>次</u>
<u>に掲げる者</u>がその意思表示を知った後は、この限りでない。
　<u>一　相手方の法定代理人</u>
　<u>二　意思能力を回復し、又は行為能力者となった相手方</u>

（意思表示の受領能力）　　　　　　　　　　　　　　　　【現行法】

第98条の2　意思表示の相手方がその意思表示を受けた時に<u>未成年者又は</u>
成年被後見人であったときは、その意思表示をもってその相手方に対抗
することができない。ただし、<u>その法定代理人</u>がその意思表示を知った
後は、この限りでない。
（新設）
（新設）

■■ 改正の趣旨

　改正後の本条は、意思表示の受領能力に関する改正前の本条に、相手方が
意思表示の受領時に意思能力を有していなかった場合に関する規律を付け加
えるものである（潮見・改正法案の概要13頁）。
《条文・判例の位置付け》　　要件・効果の変容

事実認定の対象等

■■ 意義

　本条は、意思表示の受領能力について定める。

365

本条本文は、意思表示の受領についての制限行為能力者が、意思無能力者、未成年者及び成年被後見人であることを定め、かつ、意思表示の効力は、受領についての制限行為能力者に対抗し得ないものであることを定める。

本条ただし書は、受領についての制限行為能力者に対する意思表示について、これを、相手方の法定代理人、又は意思能力を回復し若しくは行為能力者となった相手方が了知したときは、その了知した時から完全な効力を生じることを定める（大江・要件事実(1)352頁）。

■■ 法律要件及び法律効果等

本条本文の法律要件は、意思表示の相手方が、意思無能力者、未成年者又は成年被後見人であることである。法律効果は、表意者が意思表示の効力発生を相手方に対抗できないことである（制限行為能力者側からその効力を認めることはできる）。

本条ただし書の法律要件は、意思表示の相手方の法定代理人、又は意思能力を回復し若しくは行為能力者となった相手方がその意思表示を了知したことである。法律効果は、表意者が意思表示の効力発生を相手方に対抗できることである。

事実認定における問題点

本条に関する事実認定については、意思表示の受領能力の有無が問題になったものがある。

事実認定についての裁判例と解説

意思表示の受領能力の有無

> 裁判例

❶ 東京地判昭和33年 3 月20日下級民集 9 巻 3 号462頁 [27401261]

肺結核のため安静 3 度の状態にあり、医師から読み書きを禁じられていた

第98条の2

ことをもって、意思表示の受領能力を欠いていたものとすることはできない。なぜならば、当時被告は原告の意思表示の内容を理解する能力自体を失っていたのではなく、ただ医師から読み書きを禁じられたため、事実上原告の意思表示を了知しなかったのにすぎないからである。

[解説]

　判決❶は、被告が事実上原告の意思表示を了知しなかった事案において、その原因は被告が医師から読み書きを禁じられていたことにあるのであり、被告が意思表示の内容を理解する能力自体を失っていたわけではないとして、その意思表示の受領能力を認めたものである。

(中園浩一郎)

事項索引

この索引では、裁判例の概要部分に含まれる事項は採録対象としていない。

あ行

悪意‥‥‥‥‥‥‥‥‥‥‥‥‥250
悪意者‥‥‥‥‥‥‥‥‥‥‥266
安全配慮義務‥‥‥‥‥‥‥‥11
遺産分割協議‥‥‥‥‥‥‥‥98
意思外観対応──自己作出型
‥‥‥‥‥‥‥‥‥‥‥268, 313
意思外観対応──他人作出型
‥‥‥‥‥‥‥‥‥‥‥268, 313
意思外観非対応型‥‥‥‥‥268
異時死亡‥‥‥‥‥‥‥‥‥‥111
意思能力‥‥‥‥‥22, 23, 33, 39, 358
意思の欠如‥‥‥‥‥‥‥‥‥263
意思の欠缺‥‥‥‥‥‥‥‥‥317
意思表示‥‥‥‥‥‥‥‥‥‥262
意思無能力‥‥‥‥‥‥‥‥‥39
意思無能力者‥‥‥‥‥‥‥‥23
遺贈‥‥‥‥‥‥‥‥‥‥‥‥‥19
一物一権主義‥‥‥‥‥‥‥151
一部無効の法理‥‥‥‥‥‥335
一般債権者‥‥‥‥‥‥‥‥‥265
一般条項‥‥‥‥‥‥‥‥‥‥3
一夫一婦制‥‥‥‥‥‥‥‥189
入会権‥‥‥‥‥‥‥‥‥‥‥267
入会地‥‥‥‥‥‥‥‥‥‥‥267
員外貸付け‥‥‥‥‥‥‥‥‥137
員外保証‥‥‥‥‥‥‥‥‥‥137
因果関係‥‥‥‥‥‥‥‥‥‥350
裏契約‥‥‥‥‥‥‥‥‥‥‥262
営業‥‥‥‥‥‥‥‥‥‥‥‥‥42
営業の許可‥‥‥‥‥‥‥‥‥42
営業の自由‥‥‥‥‥‥‥‥185
営利法人‥‥‥‥‥‥‥‥‥‥132

公の秩序（善良の風俗）‥183, 226, 235
恩給（担保）‥‥‥‥‥‥‥233

か行

害意‥‥‥‥‥‥‥‥‥‥‥‥‥15
外国為替証拠金取引‥‥‥‥219
外国人‥‥‥‥‥‥‥‥‥‥‥20
外国法人‥‥‥‥‥‥‥‥‥‥140
解除‥‥‥‥4, 5, 7, 9, 233, 246, 321
解除権‥‥‥‥‥‥‥‥‥‥‥5
海面下の土地‥‥‥‥‥146, 149
買戻し‥‥‥‥‥‥‥‥‥‥‥153
家屋買取請求‥‥‥‥‥‥‥267
隔地者‥‥‥‥‥‥‥‥‥‥‥357
瑕疵担保責任‥‥‥‥‥‥‥321
過失‥‥‥‥‥‥‥‥‥‥‥‥250
果実‥‥‥‥‥‥‥‥‥‥‥‥179
　天然──‥‥‥‥‥‥‥179, 181
　法定──‥‥‥‥‥‥‥179, 181
仮装譲渡‥‥‥‥‥‥‥‥‥‥264
仮装売買‥‥‥‥‥‥‥‥‥‥264
価値‥‥‥‥166, 169, 171, 177, 335
空クレジット‥‥‥‥‥‥‥334
仮住所‥‥‥‥‥‥‥‥‥‥‥88
仮登記担保契約‥‥‥‥‥‥211
慣習‥‥‥‥‥‥‥‥‥‥235, 237
間接適用説‥‥‥‥‥‥184, 200
管理人の改任‥‥‥‥‥‥‥93
管理人の職務‥‥‥‥‥‥‥95
管理人の担保提供及び報酬‥‥‥101
帰責原理‥‥‥‥‥‥‥‥‥‥267
帰責事由‥‥‥‥‥‥‥‥‥‥5
規範性‥‥‥‥‥‥‥‥‥‥‥239
規範的要件‥‥‥2, 184, 319, 346

369

事項索引

義務の免除⋯⋯⋯⋯⋯⋯⋯⋯40
欺罔行為⋯⋯⋯⋯⋯⋯⋯⋯345
客観的給付不均衡⋯⋯⋯⋯209
競業禁止特約⋯⋯⋯⋯⋯⋯216
競業避止義務⋯⋯⋯184, 211
強行規定⋯⋯⋯⋯⋯⋯⋯⋯226
強行法規⋯⋯⋯⋯⋯⋯⋯⋯226
競争禁止⋯⋯⋯⋯⋯⋯⋯⋯185
共通錯誤⋯⋯⋯316, 334, 342
共同相続⋯⋯⋯⋯⋯⋯⋯⋯265
強迫⋯⋯⋯⋯⋯⋯⋯⋯⋯⋯345
強迫行為⋯⋯⋯⋯⋯⋯⋯⋯345
共有持分放棄⋯⋯⋯⋯⋯⋯264
居所⋯⋯⋯⋯⋯⋯⋯⋯⋯⋯86
禁治産⋯⋯⋯⋯⋯⋯⋯⋯⋯45
禁治産者⋯⋯⋯⋯⋯⋯⋯⋯47
禁反言⋯⋯⋯⋯⋯⋯⋯⋯⋯5
組合契約⋯⋯⋯⋯⋯227, 228
クリーン・ハンズ⋯⋯⋯⋯9
芸娼妓⋯⋯⋯⋯⋯⋯⋯⋯⋯214
芸娼妓契約⋯⋯⋯⋯⋯⋯⋯214
契約⋯⋯⋯⋯⋯⋯⋯⋯⋯⋯263
契約の成立⋯⋯⋯⋯⋯⋯⋯262
原状回復義務⋯⋯⋯⋯⋯⋯347
現存利益⋯⋯⋯⋯⋯⋯⋯⋯111
建築中の建物等⋯⋯⋯⋯⋯160
元物⋯⋯⋯⋯⋯⋯⋯⋯⋯⋯179
権利外観法理⋯⋯⋯⋯⋯⋯267
権利失効⋯⋯⋯⋯⋯⋯⋯⋯5
権利能力⋯⋯⋯⋯⋯19, 131
権利能力なき財団⋯⋯⋯⋯118
権利能力なき社団⋯⋯⋯⋯118
権利濫用⋯⋯⋯⋯⋯⋯⋯⋯1
合意解約⋯⋯⋯⋯⋯⋯⋯⋯40
合意説⋯⋯⋯⋯⋯⋯⋯⋯⋯226
行為能力⋯⋯⋯36, 38, 131, 358
公共の福祉⋯⋯⋯⋯⋯⋯1, 3
後見⋯⋯⋯⋯⋯⋯⋯⋯⋯⋯44

後見開始の審判⋯⋯⋯⋯⋯44
後見監督人⋯⋯⋯⋯⋯⋯⋯39
後見人⋯⋯⋯⋯⋯⋯⋯⋯⋯45
公示⋯⋯⋯⋯⋯⋯⋯⋯⋯⋯363
公序良俗⋯⋯⋯⋯⋯⋯13, 183
公序良俗違反⋯⋯⋯⋯184, 350
公信力⋯⋯⋯⋯⋯⋯⋯⋯⋯263
合同行為⋯⋯⋯⋯⋯⋯⋯⋯263
鉱物⋯⋯⋯⋯⋯⋯⋯⋯⋯⋯169
抗弁⋯⋯⋯⋯⋯⋯⋯⋯3, 262
公有水面⋯⋯⋯⋯⋯⋯⋯⋯170
効力規定⋯⋯⋯⋯⋯⋯⋯⋯230
個人の尊厳⋯⋯⋯⋯⋯⋯⋯17
婚姻秩序⋯⋯⋯⋯⋯⋯⋯⋯189

さ行

債権者代位権⋯⋯⋯⋯⋯⋯265
債権譲渡⋯⋯⋯⋯⋯⋯⋯⋯265
債権取立て⋯⋯⋯⋯⋯⋯⋯265
再抗弁⋯⋯⋯⋯⋯⋯⋯3, 347
催告⋯⋯⋯⋯⋯⋯⋯⋯⋯⋯71
財産管理人
　――の改任⋯⋯⋯⋯⋯⋯93
　――の権限外行為⋯⋯⋯97
　――の職務⋯⋯⋯⋯⋯⋯95
　――の選任⋯⋯⋯⋯⋯⋯89
　――の報酬⋯⋯⋯⋯⋯⋯101
財産処分許可⋯⋯⋯⋯⋯⋯38
祭祀⋯⋯⋯⋯⋯⋯⋯⋯⋯⋯223
財団⋯⋯⋯⋯⋯⋯⋯⋯⋯⋯118
財団法人⋯⋯⋯⋯⋯⋯⋯⋯264
債務負担行為⋯⋯⋯⋯⋯⋯264
債務名義⋯⋯⋯⋯⋯⋯⋯⋯284
錯誤⋯⋯⋯⋯⋯⋯⋯⋯⋯⋯315
　性質の――⋯⋯⋯⋯⋯⋯317
　性状の――⋯⋯⋯⋯⋯⋯318
　動機の――⋯⋯316, 317, 318, 323, 333
　表示の――⋯⋯316, 317, 321

370

事項索引

要素の—— … 333	承認 … 11
理由の—— … 317, 318	証人 … 190
差押え … 265	消費貸借上 … 265
差押債権者 … 264	情報提供義務 … 350
詐術 … 75	消滅時効 … 11
私権 … 1	職業の自由 … 217
事情変更の原則 … 4	除斥期間 … 362
私人間効力 … 184, 200	所有権移転仮登記 … 347
質権 … 265	所有権移転登記 … 265
失踪宣告 … 103	事理弁識能力 … 52
失踪宣告の効果 … 110	真意 … 247, 263
失踪宣告の取消し … 111	信義誠実 … 1
私的自治 … 184	信義則 … 4, 5
司法書士 … 224	心神耗弱 … 45
死亡 … 19, 90, 103, 110-113, 358	心神喪失 … 45
死亡の先後 … 114	信頼原理 … 267
射倖 … 219	心裡留保 … 247, 344
社団 … 118	人倫 … 185, 186
重過失 … 315, 318, 335, 341	生活の本拠 … 82
就業規則 … 190	正義の観念 … 185
集合動産 … 150	請求原因 … 262
集合物 … 146, 150	制限行為能力者 … 57, 72
住所 … 81, 82	制限行為能力者の詐術 … 75
修正的解釈 … 245	制限的解釈 … 200
従たる権利 … 176	性差別 … 198
従物 … 171, 172	清算義務 … 184, 211
主張自体失当 … 40	性質の錯誤 … 317
主張立証責任 … 37, 262	性状 … 334
主物 … 171	性状の錯誤 … 318
主要事実 … 2	生殖補助医療 … 189
受領能力 … 365, 366	精神上の障害 … 44, 53
準禁治産者 … 55, 61, 76, 78	成人年齢の引き下げ … 36
準禁治産宣告 … 52	性道徳 … 189
順次取得説 … 347	正当な自由 … 357
使用者 … 13	成年 … 36
譲渡担保 … 150, 184	成年後見制度 … 44
譲渡担保契約 … 211	成年後見人 … 47
譲渡担保権設定契約 … 151	成年被後見人 … 47

371

事項索引

性別………………………190	通謀………………………263
勢力範囲…………………361	通謀虚偽表示……………250, 262
責任限度…………………210	定款作成行為……………263
説明義務違反………………11	定着物……………………154
善意………………………250	抵当権設定契約…………264
善意の第三者……………264, 317	定年年齢…………………190, 198
善管注意……………………95	撤回………………………264
船舶………………………170	転抵当権…………………264
専門家……………………342	天然果実…………………179, 181
占有………………………181	同意権………………………38
占有改定…………………150	等価性……………………334
善良の風俗………………183	登記…………………………11
相続……………19, 110, 113	登記の欠缺………………266
相対無効……………………23	動機の錯誤………316-318, 323, 333
相当の期間………………269	動機の表示………………333, 334
遭難………………………104	動機表示重視説………316, 333, 335
総有………………………118	動産………………………153
贈与…………………………40	同時死亡…………………113
損失保証…………………225	同時履行…………………347
	到達主義…………………357, 358

た行

対抗………………………262	特別失踪（危難失踪）……………104
対抗要件…………………151, 263	土地の定着物……………167, 169
第三者……11, 247, 262, 346, 352, 354	賭博………………………219
第三者詐欺………………344, 346	取消権…………38, 45, 345, 346
胎児…………………………20	取締規定…………………230
滞納処分…………………265	取締法規…………………230
代理権………………………45	取引の安全………………317
代理権の濫用……………251	

な行

脱法行為…………………232, 233	内外人平等の原則…………19
建物の同一性……………157	内心の意思………………249, 262
建物の独立性……………155	内容化重視説………316, 333, 335
建物の滅失………………163	内容証明郵便……………362
団結権……………………198	入学金……………………212
単独行為…………………263, 264	任意規定…………………226, 235
担保物権……………………40	任意代理…………………251
沈黙による詐欺…………347, 350	任意法規…………………226
追認…………………………7, 72	認許………………………140

事項索引

根保証契約‥‥‥‥‥‥‥‥‥212
年齢‥‥‥‥‥‥‥‥‥‥‥‥‥36
農地‥‥‥‥‥‥‥‥‥‥‥‥‥347

は行

背信的悪意者‥‥‥‥‥‥‥‥‥11
排他的支配‥‥‥‥‥145, 149, 152
破産管財人‥‥‥‥‥‥‥‥‥264
非営利法人‥‥‥‥‥‥‥‥‥133
人違い‥‥‥‥‥‥‥‥‥‥‥333
非のみ説‥‥‥‥‥‥‥‥‥‥114
被保佐人‥‥‥‥‥‥‥‥‥‥‥55
被補助人‥‥‥‥‥‥‥‥‥‥‥65
表意者‥‥‥‥‥‥‥‥‥‥‥247
評価根拠事実‥‥‥‥‥‥‥2, 346
評価障害事実‥‥‥‥‥‥‥3, 346
表見法理‥‥‥‥‥‥‥‥‥‥267
表示行為‥‥‥‥‥‥‥‥‥‥262
表示行為の意味の錯誤‥‥‥‥‥317
表示手段‥‥‥‥‥‥‥‥‥‥317
表示上の効果意思‥‥‥‥‥‥249
表示上の錯誤‥‥‥‥‥‥‥‥317
表示の錯誤‥‥‥‥‥316, 317, 321
被用者‥‥‥‥‥‥‥‥‥‥‥‥13
複合契約‥‥‥‥‥‥‥‥‥‥‥‥
不在者‥‥‥‥‥‥‥‥‥‥‥‥90
不在者の財産の管理‥‥‥‥‥‥89
普通失踪‥‥‥‥‥‥‥‥‥‥103
物権変動‥‥‥‥‥‥‥‥‥‥266
不当勧誘‥‥‥‥‥‥‥‥‥‥199
不動産‥‥‥‥‥‥‥‥‥‥‥153
不当条項規制‥‥‥‥‥‥‥‥200
不当図利‥‥‥‥‥‥‥‥‥‥‥15
不法行為‥‥‥‥‥‥‥‥‥‥‥11
不倫関係‥‥‥‥‥‥‥‥‥‥189
プレハブ‥‥‥‥‥‥‥‥‥‥170
弁護士‥‥‥‥‥‥‥‥‥341, 352
法規説‥‥‥‥‥‥‥‥‥‥‥226

法人‥‥‥‥‥‥‥‥‥‥‥‥117
法人格‥‥‥‥‥‥‥‥‥‥‥118
法人格否認‥‥‥‥‥‥‥‥‥119
法定果実‥‥‥‥‥‥‥‥179, 181
法定後見‥‥‥‥‥‥‥‥‥‥‥44
法定承継取得説‥‥‥‥‥‥‥347
法定代理‥‥‥‥‥‥‥‥‥‥252
法定代理人の同意‥‥‥‥‥‥‥36
法的確信‥‥‥‥‥‥‥‥‥‥239
暴利行為‥‥‥‥‥184, 185, 200, 350
法律行為‥‥‥‥‥22, 38, 237, 239
　身分上の――‥‥‥‥‥‥‥251
保険約款‥‥‥‥‥‥‥‥‥‥245
保佐‥‥‥‥‥‥‥‥‥‥‥44, 52
保佐開始の審判‥‥‥‥‥‥‥‥52
保佐人‥‥‥‥‥‥‥‥‥‥‥‥55
補助‥‥‥‥‥‥‥‥‥‥‥44, 63
保証契約‥‥‥‥‥‥‥‥‥‥333
補助開始の審判‥‥‥‥‥‥‥‥65
補助人‥‥‥‥‥‥‥‥‥‥‥‥63

ま行

マルチ商法‥‥‥‥‥‥‥‥‥199
未成年‥‥‥‥‥‥‥‥‥‥‥‥37
未成年後見人‥‥‥‥‥‥‥‥‥39
未成年者‥‥‥‥‥‥‥‥‥36, 38
密輸出‥‥‥‥‥‥‥‥‥‥‥190
身分行為‥‥‥‥‥‥‥‥‥‥‥33
身分上の法律行為‥‥‥‥‥‥251
身元引受‥‥‥‥‥‥‥‥‥‥210
身元保証‥‥‥‥‥‥‥‥‥‥210
無過失‥‥‥‥‥‥‥‥‥‥‥266
無記名債権‥‥‥‥‥‥‥‥‥153
無効‥‥‥‥‥‥‥‥‥‥‥‥‥40
無効と取消しの二重効‥‥‥‥‥39
無償委任‥‥‥‥‥‥‥‥‥‥‥40
無償寄託‥‥‥‥‥‥‥‥‥‥‥40
無体物‥‥‥‥‥‥‥‥‥‥‥145

373

名義貸し………………………… 252
目的の範囲…………………… 132
物………………………………… 145

や行

約款………………… 200, 236, 245
有責配偶者……………………13
有体物………………………… 145
ユニオン・ショップ協定………… 198
要素の錯誤…………………… 333
要物契約……………………… 263
予見可能性………………………5
予備的請求原因……………… 347
予約完結権…………………… 266
予約権利者…………………… 266

ら行

来歴…………………………… 334

利益衡量…………………………14
利益相反行為……………………39
利益配当……………………… 180
離婚………………………………13
利息制限法…………………… 210
留置期間……………………… 362
理由の錯誤…………… 317, 318
両性の本質的平等………………17
了知可能……………………… 359
了知可能性…………………… 361
類推適用…………… 248, 263
浪費者……………………………55

わ行

和解…………………………… 236

判例索引

（年月日順）

明 治

大判明治32年 3 月25日民録 5 輯 3 巻37頁［27520023］……………………… 186

大判明治36年 1 月29日民録 9 輯102頁［27520430］……………………… 132

大判明治37年 5 月10日民録10輯638頁［27520630］……………………… 132

大判明治38年 5 月11日民録11輯706頁［27520803］………………………22

大判明治39年 5 月17日民録12輯758頁［27520963］………………………58

大判明治39年 5 月17日民録12輯837頁［27520964］………………………59

大判明治41年 5 月 7 日民録14輯542頁［27521219］………………………58

大判明治41年12月 7 日民録14輯1268頁［27521284］……………………… 296

大 正

大判大正 2 年 6 月 7 日民録19輯396頁［27521684］……………………… 237

大判大正 3 年10月27日民録20輯818頁［27521815］……………………… 236

大判大正 3 年11月 2 日民録20輯865頁［27521819］……………………… 233

大判大正 3 年12月15日民録20輯1101頁［27521846］………………… 316, 319

大判大正 4 年12月17日民録21輯2124頁［27522079］……………………… 264

大判大正 4 年12月28日民録21輯2274頁［27522093］……………………… 146

大判大正 5 年 1 月21日民録22輯25頁［27522099］……………………… 235

大判大正 5 年 2 月 2 日民録22輯210頁［27522118］………………………58

大判大正 5 年 4 月19日民録22輯770頁［27522165］……………………… 181

大判大正 5 年 9 月20日民録22輯1821頁［27522271］………………… 233, 296

大判大正 5 年11月17日民録22輯2089頁［27522299］……………………… 264

大判大正 6 年 2 月24日民録23輯284頁［27522368］……………………… 316

大判大正 6 年10月11日民録23輯1576頁［27522503］………………………58

大判大正 6 年10月25日民録23輯1604頁［27522507］………………………42

大判大正 6 年11月 8 日民録23輯1758頁［27522523］……………………… 319

大判大正 6 年12月12日民録23輯2079頁［27522549］……………………… 233

大判大正 7 年 3 月13日民録24輯523頁［27522611］……………………… 169

大判大正 7 年10月 3 日民録24輯1852頁［27522719］……………………… 316

大判大正 7 年10月 9 日民録24輯1886頁［27522722］………………………59

大判大正 8 年 3 月15日民録25輯473頁［27522811］……………………… 172

大判大正 8 年 5 月12日民録25輯851頁［27522847］………………………59

375

判例索引（年月日順）

大判大正 9 年 4 月19日民録26輯542頁［27523039］‥‥‥‥‥‥‥‥‥‥ 296
大判大正 9 年 5 月28日民録26輯773頁［27523064］‥‥‥‥‥‥‥‥‥‥ 186
大判大正 9 年 7 月23日民録26輯1171頁［27523104］‥‥‥‥‥‥‥ 264, 265
大決大正 9 年10月18日民録26輯1551頁［27523137］‥‥‥‥‥‥‥‥‥ 265
大判大正10年 6 月 2 日民録27輯1038頁［27822359］‥‥‥‥‥‥‥‥‥ 236
大判大正10年10月22日民録27輯1749頁［27523323］‥‥‥‥‥‥‥‥‥ 295
大判大正10年12月15日民録27輯2160頁［27523363］‥‥‥‥‥‥‥‥‥ 321
大判大正11年 8 月 4 日民集 1 巻488頁［27511134］‥‥‥‥‥‥‥‥‥‥45
大判大正12年12月12日民集 2 巻668頁［27511070］‥‥‥‥‥‥‥‥‥‥ 186
大判大正13年10月 7 日民集 3 巻509頁［27510983］‥‥‥‥‥‥‥‥‥‥ 152
大判大正14年 1 月20日民集 4 巻 1 頁［27510836］‥‥‥‥‥‥‥‥‥‥ 180
大判大正15年 2 月22日民集 5 巻99頁［27510758］‥‥‥‥‥‥‥‥‥‥ 160
大判大正15年 6 月17日民集 5 巻468頁［27510793］‥‥‥‥‥‥‥‥‥‥39
大決大正15年 9 月 4 日新聞2613号16頁［27550184］‥‥‥‥‥‥‥‥‥ 263

昭　和

大判昭和 3 年10月 4 日新聞2912号13頁［27551147］‥‥‥‥‥‥‥‥‥ 265
大決昭和 5 年 7 月21日新聞3151号10頁［27540105］‥‥‥‥‥‥‥ 39, 41
大判昭和 5 年10月 8 日評論20巻民法18頁［27540213］‥‥‥‥‥‥‥‥ 296
大判昭和 5 年12月18日民集 9 巻1147頁［27510543］‥‥‥‥‥‥‥‥‥ 175
大判昭和 6 年 6 月 9 日民集10巻470頁［27510419］‥‥‥‥‥‥‥‥‥ 263
大判昭和 6 年10月24日新聞3334号 4 頁［27541021］‥‥‥‥‥‥‥‥‥ 264
大判昭和 6 年10月30日民集10巻982頁［27510451］‥‥‥‥‥‥‥‥‥ 182
大判昭和 6 年11月26日裁判例 5 巻民254頁［27541105］‥‥‥‥‥‥‥‥ 296
大判昭和 7 年 4 月19日民集11巻837頁［27510294］‥‥‥‥‥‥‥‥‥ 263
大判昭和 7 年 5 月17日民集11巻975頁［27510310］‥‥‥‥‥‥‥‥‥ 159
大決昭和 7 年 7 月26日民集11巻1658頁［27510346］‥‥‥‥‥‥‥‥‥‥90
大判昭和 7 年10月 6 日民集11巻2023頁［27510360］‥‥‥‥‥‥‥‥‥‥20
大判昭和 7 年10月29日民集11巻1947頁［27510368］‥‥‥‥‥ 184, 211, 216
大判昭和 7 年11月10日新聞3495号18頁［27541865］‥‥‥‥‥‥‥‥‥ 263
大判昭和 8 年 3 月24日民集12巻490頁［27510148］‥‥‥‥‥‥‥‥‥ 160
大決昭和 8 年 9 月18日民集12巻2437頁［27510227］‥‥‥‥‥‥‥‥‥ 263
大判昭和 9 年 5 月 1 日民集13巻875頁［27510035］‥‥‥‥‥‥‥ 184, 209
大判昭和 9 年10月23日新聞3784号 8 頁［27543267］‥‥‥‥‥‥‥‥‥ 186
大判昭和10年10月 1 日民集14巻1671頁［27500750］‥‥‥‥‥‥‥‥‥ 160
大判昭和10年10月 5 日民集14巻1965頁［27500753］‥‥‥‥‥‥‥‥‥‥14
大判昭和11年 2 月14日民集15巻158頁［27500574］‥‥‥‥‥‥‥‥‥ 359
大判昭和11年 7 月10日民集15巻1481頁［27500637］‥‥‥‥‥‥‥‥‥‥14

判例索引（年月日順）

大判昭和12年 4 月20日新聞4133号12頁〔27545094〕 ·· 186

大判昭和12年 8 月10日新聞4181号 9 頁〔27545328〕 ·· 251

大判昭和12年11月20日民集16巻1635頁〔27500549〕 ··· 58

大判昭和12年12月28日民集16巻2082頁〔27500564〕 ·· 296

大判昭和13年 2 月 7 日民集17巻59頁〔27500353〕 ·· 112

大判昭和13年 3 月30日民集17巻578頁〔27500377〕 ··· 217

大判昭和13年10月26日民集17巻2057頁〔27500436〕 ··· 14

大判昭和13年12月17日民集17巻2651頁〔27500457〕 ·· 265

大判昭和14年12月 9 日民集18巻1551頁〔27500339〕 ·· 265

大判昭和15年 7 月16日民集19巻1185頁〔27819557〕 ··· 98

大判昭和16年 8 月30日新聞4747号15頁〔27547258〕 ·· 296

大判昭和16年11月15日法学11巻616頁〔27547359〕 ··· 296

大判昭和16年11月18日法学11巻617頁〔27547362〕 ··· 347

大判昭和17年 9 月 8 日新聞4799号10頁〔27548459〕 ·· 266

大判昭和18年 3 月19日民集22巻185頁〔27500046〕 ··· 186

大判昭和18年12月22日民集22巻1263頁〔27500076〕 ·· 265

大判昭和19年 5 月18日民集23巻308頁〔27500013〕 ··· 219

大判昭和19年12月 6 日民集23巻613頁〔27500030〕 ··· 5

大判昭和20年11月26日民集24巻120頁〔27500036〕 ··· 265

最判昭和23年12月23日民集 2 巻14号493頁〔27003589〕 ······································ 251

最判昭和24年 6 月 4 日民集 3 巻 7 号235頁〔27003568〕 ······································ 294

最判昭和25年 3 月28日民集 4 巻 3 号117頁〔27003539〕 ······································ 220

最判昭和25年 4 月28日民集 4 巻 4 号152頁〔27003537〕 ······································ 220

東京地判昭和25年 7 月14日下級民集 1 巻 7 号1103頁〔27400097〕 ···························· 265

最判昭和25年12月 1 日民集 4 巻12号625頁〔27003500〕 ··· 4

最判昭和26年 2 月 6 日民集 5 巻 3 号36頁〔27003492〕 ··· 4

東京地判昭和26年 3 月 3 日下級民集 2 巻 3 号333頁〔27400169〕 ···························· 277

東京高決昭和26年10月 5 日家裁月報 3 巻12号16頁〔27440060〕 ······························· 61

最判昭和27年 2 月15日民集 6 巻 2 号77頁〔27003432〕 ·· 132

仙台高決昭和27年 3 月 1 日家裁月報 5 巻 4 号37頁〔27440069〕 ······························· 53

最判昭和27年 3 月 6 日民集 6 巻 3 号320頁〔27003421〕 ······································ 200

最判昭和27年 3 月18日民集 6 巻 3 号325頁〔27003420〕 ······································ 295

東京高判昭和27年 5 月24日判タ27号57頁〔27400283〕 ··································· 252, 289

東京高判昭和27年10月31日高裁民集 5 巻12号577頁〔27400347〕 ···························· 265

最判昭和27年11月20日民集 6 巻10号1015頁〔27003375〕 ····································· 201

最判昭和28年 1 月22日民集 7 巻 1 号56頁〔27003347〕 ·· 220

最判昭和28年 5 月 7 日民集 7 巻 5 号510頁〔27003315〕 ······································ 323

大阪地判昭和28年 5 月 8 日下級民集 4 巻 5 号677頁〔27440106〕 ···························· 172

377

判例索引（年月日順）

東京高判昭和28年8月6日東高民時報4巻3号110頁［27440115］‥‥‥‥‥‥‥‥‥273

最判昭和28年10月1日民集7巻10号1019頁［27003278］‥‥‥‥‥‥‥‥‥‥‥‥‥‥267

最判昭和29年1月28日民集8巻1号234頁［27003220］‥‥‥‥‥‥‥‥‥‥‥‥‥‥‥4

最判昭和29年2月12日民集8巻2号448頁［27003206］‥‥‥‥‥‥‥‥‥‥‥‥‥‥‥4

最判昭和29年2月12日民集8巻2号465頁［27003205］‥‥‥‥‥‥‥‥‥‥‥‥‥‥323

東京高判昭和29年2月26日高裁民集7巻1号118頁［27430117］‥‥‥‥‥‥‥‥‥‥163

最判昭和29年8月20日民集8巻8号1505頁［27003141］‥‥‥‥‥‥‥‥‥‥‥‥‥‥296

最判昭和29年8月24日民集8巻8号1534頁［27003139］‥‥‥‥‥‥‥‥‥‥‥‥‥‥231

最判昭和29年8月31日民集8巻8号1557頁［27003137］‥‥‥‥‥‥‥‥‥‥‥‥‥‥190

仙台地判昭和29年10月11日下級民集5巻10号1697頁［27430149］‥‥‥‥‥‥‥‥172

最大判昭和29年10月20日民集8巻10号1907頁［27003120］‥‥‥‥‥‥‥‥‥‥‥‥83

最判昭和29年11月5日民集8巻11号2014頁［27003115］‥‥‥‥‥‥‥‥‥‥‥‥‥201

大阪地判昭和29年11月12日下級民集5巻11号1879頁［27430153］‥‥‥‥‥‥‥‥157

最判昭和29年11月26日民集8巻11号2087頁［27003109］‥‥‥‥‥‥‥‥‥316, 319

東京高判昭和30年1月21日下級民集6巻1号64頁［27440181］‥‥‥‥‥‥‥‥‥‥157

東京高判昭和30年2月19日東高民時報6巻2号37頁［27440188］‥‥‥‥‥‥‥‥‥284

最判昭和30年3月22日裁判集民17号711頁［27410234］‥‥‥‥‥‥‥‥‥‥‥‥‥133

最判昭和30年3月29日民集9巻3号401頁［27003062］‥‥‥‥‥‥‥‥‥‥‥‥‥‥359

最判昭和30年6月24日民集9巻7号919頁［27003033］‥‥‥‥‥‥‥‥‥‥‥‥‥‥151

最判昭和30年7月15日民集9巻9号1086頁［27003022］‥‥‥‥‥‥‥‥‥‥‥‥‥220

最判昭和30年9月23日民集9巻10号1376頁［27003001］‥‥‥‥‥‥‥‥‥‥‥‥‥165

最判昭和30年10月4日民集9巻11号1521頁［27002989］‥‥‥‥‥‥‥‥‥‥‥‥‥239

最判昭和30年10月7日民集9巻11号1616頁［27002987］‥‥‥‥‥‥‥‥‥‥‥‥‥212

最判昭和30年10月28日民集9巻11号1748頁［27002978］‥‥‥‥‥‥‥‥‥‥‥‥132

最判昭和30年11月22日民集9巻12号1781頁［27002976］‥‥‥‥‥‥‥‥‥‥‥‥‥5

東京高判昭和30年11月30日下級民集6巻11号2532頁［27410287］‥‥‥‥‥‥‥‥274

最判昭和30年12月20日民集9巻14号2027頁［27002960］‥‥‥‥‥‥‥‥‥‥‥‥‥4

東京高判昭和31年1月30日民集13巻1号58頁［27203944］‥‥‥‥‥‥‥‥‥‥‥‥160

最判昭和31年3月30日民集10巻3号242頁［27002939］‥‥‥‥‥‥‥‥‥‥‥‥‥236

最判昭和31年4月24日民集10巻4号417頁［21007341］‥‥‥‥‥‥‥‥‥‥‥‥‥‥11

最判昭和31年7月20日民集10巻8号1045頁［27002894］‥‥‥‥‥‥‥‥‥‥‥‥‥157

最判昭和31年10月9日裁判集民23号421頁［27440267］‥‥‥‥‥‥‥‥‥‥‥‥‥155

東京地判昭和31年12月12日下級民集7巻12号3605頁［27440280］‥‥‥‥‥‥‥‥167

東京高判昭和31年12月19日判タ67号72頁［27430269］‥‥‥‥‥‥‥‥‥‥‥‥‥155

東京高判昭和31年12月25日高裁民集9巻11号714頁［27440284］‥‥‥‥‥‥‥‥157

最判昭和31年12月28日民集10巻12号1613頁［27002854］‥‥‥‥‥‥‥‥‥‥‥‥263

最判昭和32年2月15日民集11巻2号286頁［27002834］‥‥‥‥‥‥‥‥‥‥‥‥‥201

釧路地判昭和32年4月3日訟務月報3巻5号29頁［27440298］‥‥‥‥‥‥‥‥‥‥167

378

判例索引（年月日順）

東京地判昭和32年 5 月22日民集15巻 7 号2014頁［27203549］‥‥‥‥‥‥‥‥‥‥‥ 269

東京地判昭和32年 6 月 3 日新聞57号15頁［27440319］‥‥‥‥‥‥‥‥‥‥‥‥‥‥ 264

最判昭和32年 7 月 5 日民集11巻 7 号1193頁［27002790］‥‥‥‥‥‥‥‥‥ 4，236

東京高判昭和32年 7 月18日高裁民集10巻 5 号320頁［27440323］‥‥‥‥‥ 264，278

最判昭和32年 9 月 5 日民集11巻 9 号1479頁［27002775］‥‥‥‥‥‥‥‥‥‥‥ 201

東京高決昭和32年 9 月 5 日東高民時報 8 巻 9 号211頁［27430322］‥‥‥‥‥‥‥ 155

名古屋高判昭和32年10月 9 日下級民集 8 巻10号1886頁［27430327］‥‥‥‥‥‥ 173

最判昭和32年10月31日民集11巻10号1779頁［27002757］‥‥‥‥‥‥‥‥‥‥‥ 297

最判昭和32年11月14日民集11巻12号1943頁［27002749］‥‥‥‥‥‥‥‥‥‥‥ 118

高松高判昭和32年11月30日民集16巻 7 号1318頁［27203238］‥‥‥‥‥‥‥‥‥ 295

最判昭和32年12月19日民集11巻13号2299頁［27002733］‥‥‥‥‥‥‥‥‥‥‥ 323

最判昭和33年 2 月13日民集12巻 2 号227頁［27002709］‥‥‥‥‥‥‥‥‥‥‥‥ 165

東京高判昭和33年 2 月27日高裁民集11巻 2 号109頁［21009692］‥‥‥‥‥‥‥‥ 160

東京地判昭和33年 3 月20日下級民集 9 巻 3 号462頁［27401261］‥‥‥‥‥‥‥‥ 366

最判昭和33年 3 月28日民集12巻 4 号648頁［27002690］‥‥‥‥‥‥‥‥‥‥‥‥ 133

最判昭和33年 6 月14日民集12巻 9 号1492頁［27002658］‥‥‥‥‥‥‥ 321，323

最判昭和33年 7 月 1 日民集12巻11号1601頁［27002652］‥‥‥‥‥‥‥‥‥‥‥ 347

札幌地判昭和33年 8 月28日下級民集 9 巻 8 号1686頁［27440385］‥‥‥‥‥‥‥ 161

最判昭和33年 9 月18日民集12巻13号2027頁［27002629］‥‥‥‥‥‥‥‥‥‥‥ 134

東京地判昭和33年12月17日判時178号18頁［27430407］‥‥‥‥‥‥‥‥‥‥‥‥ 239

東京高判昭和33年12月26日東高民時報 9 巻13号257頁［27440405］‥‥‥‥‥‥‥ 284

東京地判昭和34年 2 月17日下級民集10巻 2 号296頁［27401419］‥‥‥‥‥‥‥‥ 161

最判昭和34年 3 月30日民集13巻 3 号427頁［27002583］‥‥‥‥‥‥‥‥‥‥‥‥ 240

横浜地判昭和34年 6 月18日判タ91号75頁［27420735］‥‥‥‥‥‥‥‥‥‥‥‥‥ 269

東京高判昭和34年 7 月15日東高民時報10巻 7 号157頁［27401516］‥‥‥‥‥‥‥ 239

横浜地判昭和34年 7 月25日下級民集10巻 7 号1566頁［27440440］‥‥‥‥‥‥‥ 301

最判昭和34年12月28日民集13巻13号1678頁［27002510］‥‥‥‥‥‥‥‥‥‥‥ 201

最判昭和35年 2 月 2 日民集14巻 1 号36頁［27002507］‥‥‥‥‥‥‥‥‥‥‥‥ 266

最判昭和35年 3 月 1 日民集14巻 3 号307頁［27002493］‥‥‥‥‥‥‥‥‥‥‥‥ 165

最判昭和35年 3 月18日民集14巻 4 号483頁［27002483］‥‥‥‥‥‥‥‥‥‥‥‥ 231

東京地判昭和35年 3 月19日判タ106号50頁［27401651］‥‥‥‥‥‥‥‥‥‥‥‥ 173

最判昭和35年 3 月22日民集14巻 4 号525頁［27002480］‥‥‥‥‥‥‥‥‥‥‥‥ 228

東京高判昭和35年 4 月13日民集15巻 7 号2024頁［27203550］‥‥‥‥‥‥‥‥‥ 270

東京地判昭和35年 4 月15日法曹新聞153号11頁［27440485］‥‥‥‥‥‥‥‥‥‥ 23

最判昭和35年 6 月 2 日民集14巻 7 号1192頁［27002450］‥‥‥‥‥‥‥‥‥‥‥ 202

最判昭和35年 7 月27日民集14巻10号1871頁［27002422］‥‥‥‥‥‥‥‥‥‥‥ 134

最判昭和35年 8 月30日民集14巻10号1957頁［27002417］‥‥‥‥‥‥‥‥‥‥‥ 231

最判昭和35年11月29日裁判集民46号563頁［27440524］‥‥‥‥‥‥‥‥‥‥‥‥ 180

379

判例索引（年月日順）

大阪高判昭和35年11月29日高裁民集13巻9号822頁［27440525］･･････････････････ 175

最判昭和36年3月14日民集15巻3号396頁［27002336］･･･････････････････････ 165

最判昭和36年4月20日民集15巻4号774頁［27002315］･･･････････････････････ 359

最判昭和36年8月8日民集15巻7号2005頁［27002263］･････････････････････ 269

名古屋地半田支判昭和36年8月23日訟務月報7巻12号2347頁［27440579］･･･････ 287

鳥取地米子支判昭和36年9月8日下級民集12巻9号2207頁［27440582］･･･････ 270

東京地判昭和37年3月6日法曹新聞173号9頁［27430598］･･････････････････ 157

最判昭和37年3月29日民集16巻3号643頁［21015992］･････････････････ 154, 167

最判昭和37年4月26日民集16巻4号992頁［27002157］･･･････････････････････ 364

東京地判昭和37年5月22日金融法務311号8頁［27402050］･･････････････････ 292

東京高判昭和37年5月31日金融法務312号8頁［27440645］･･････････････････ 264

名古屋地判昭和37年6月11日労働民例集14巻4号1001頁［27440647］････････････43

最判昭和37年6月12日民集16巻7号1305頁［27002136］････････････････････ 295

岐阜地判昭和37年7月30日下級民集13巻7号1587頁［27430625］･･････････････ 168

神戸地判昭和37年8月4日下級民集13巻8号1621頁［27440659］･･････････････ 175

最判昭和37年9月14日民集16巻9号1935頁［27002100］････････････････････ 297

大阪地判昭和37年9月25日判時327号43頁［27402123］･････････････････････ 158

最判昭和37年12月13日裁判集民63号591頁［27440685］････････････････････ 264

最判昭和38年1月18日民集17巻1号25頁［27002061］････････････････････ 202

最判昭和38年2月21日民集17巻1号219頁［27002050］･････････････････････ 6

最判昭和38年5月24日民集17巻5号639頁［27002024］･････････････････････ 15

最判昭和38年6月7日民集17巻5号728頁［27002020］･････････････････････ 266

最判昭和38年6月13日民集17巻5号744頁［27002019］･･････････････････ 220, 228

大阪高判昭和38年7月4日高裁民集16巻6号423頁［27430689］･････････････ 152

名古屋高判昭38年7月30日労働民例集14巻4号968頁［27440741］････････････43

前橋地判昭和38年9月16日下級民集14巻9号1821頁［27421163］･･････････････ 156

京都地判昭和38年9月30日訟務月報9巻10号1182頁［27440751］･･････････････ 289

最判昭和38年10月3日民集17巻9号1133頁［27001996］････････････････････ 231

最判昭和38年11月28日民集17巻11号1446頁［27001977］･･･････････････････ 265

東京高判昭和38年12月19日東高民時報14巻12号326頁［27440766］･･････････ 284

最判昭和39年1月23日民集18巻1号37頁［27001952］････････････････････ 220

最判昭和39年1月30日民集18巻1号196頁［27001943］･････････････････ 154, 157

東京高判昭和39年5月11日下級民集15巻5号1055頁［27440795］･･････････････ 161

大阪高判昭和39年8月5日判時394号68頁［27440825］･････････････････････ 158

東京高判昭和39年9月15日東高民時報15巻9号185頁［27440833］･･････････････ 266

最判昭和39年10月15日民集18巻8号1671頁［27001362］････････････････････ 118

東京高判昭和39年10月27日高裁民集17巻6号450頁［27440840］･･････････････ 300

最判昭和40年3月9日民集19巻2号233頁［27001326］････････････････････14

380

判例索引（年月日順）

東京地判昭和40年3月16日下級民集16巻3号450頁［27440873］……………………306
東京地判昭和40年3月30日判タ175号135頁［27402674］…………………………278, 296
最判昭和40年4月6日民集19巻3号564頁［27001314］………………………………5
最判昭和40年4月22日民集19巻3号703頁［27001308］………………………………231
最判昭和40年5月4日民集19巻4号811頁［27001303］………………………………176
最判昭和40年8月2日民集19巻6号1337頁［27001280］………………………………166
最判昭和40年9月10日民集19巻6号1512頁［27001274］………………………………316
最判昭和40年10月8日民集19巻7号1731頁［27001263］………………………………323
大阪地判昭和40年10月30日民集28巻4号608頁［27200826］…………………………83
最判昭和40年12月21日民集19巻9号2221頁［27001240］………………………………11
最判昭和41年1月20日民集20巻1号22頁［27001235］…………………………………240
最判昭和41年2月1日民集20巻2号179頁［27001228］………………………………6
最判昭和41年3月18日民集20巻3号451頁［27001216］………………………………297
最大判昭和41年4月20日民集20巻4号702頁［27001201］………………………………11
最判昭和41年4月26日民集20巻4号849頁［27001193］………………………………133
最判昭和41年6月7日裁判集民83号721頁［27430902］………………………………231
浦和地判昭和41年6月28日判時458号49頁［27440952］…………………………278, 296
最判昭和41年11月18日民集20巻9号1845頁［27001145］………………………………6
最判昭和41年12月22日民集20巻10号2168頁［27001130］……………………………266
名古屋高判昭和42年1月27日下級民集18巻1＝2号73頁［27430947］………………268
大阪高判昭和42年2月17日民集23巻2号308頁［27201909］…………………………77
函館地判昭和42年3月10日判タ205号107頁［27430962］……………………………173
最判昭和42年4月7日民集21巻3号551頁［27001093］………………………………6
最判昭和42年4月20日民集21巻3号697頁［27001087］………………………………251
最判昭和42年6月22日民集21巻6号1479頁［27001067］………………………………264
最判昭和42年6月29日裁判集民87号1397頁［27441040］…………………………264, 266
大阪高決昭和42年7月27日家裁月報20巻2号32頁［27441047］……………………99
最判昭和42年10月19日民集21巻8号2078頁［27001034］………………………………118
最判昭和42年11月9日判時506号36頁［27421675］……………………………………180
東京地判昭和42年12月11日判時514号65頁［27900045］………………………………265
最判昭和43年3月19日民集22巻3号648頁［27000975］………………………………297
大阪地判昭和43年6月26日判タ226号173頁［27441108］……………………………163
山口地萩支判昭和43年7月12日訟務月報14巻8号875頁［27441111］………………83
最判昭和43年8月2日民集22巻8号1571頁［27000934］………………………………11
最判昭和43年8月20日民集22巻8号1677頁［27000932］………………………………237
最判昭和43年10月17日民集22巻10号2188頁［27000909］……………………………304
東京高決昭和43年10月26日家裁月報21巻5号53頁［27441152］……………………53
最判昭和43年11月15日裁判集民93号233頁［27431072］……………………………268

381

判例索引 （年月日順）

最判昭和43年11月19日裁判集民93号379頁［27441156］‥‥‥‥‥‥‥‥‥‥‥‥‥229
最判昭和43年12月17日民集22巻13号2998頁［27000875］‥‥‥‥‥‥‥‥‥‥‥‥360
最判昭和44年2月13日民集23巻2号291頁［27000850］‥‥‥‥‥‥‥‥‥‥‥‥‥‥76
最判昭和44年2月27日民集23巻2号511頁［27000839］‥‥‥‥‥‥‥‥‥‥119, 120
最判昭和44年3月4日民集23巻3号586頁［27000835］‥‥‥‥‥‥‥‥‥‥‥‥‥240
最判昭和44年3月20日裁判集民94号613頁［27403311］‥‥‥‥‥‥‥‥‥‥‥‥‥6
最判昭和44年3月25日裁判集民94号629頁［27431093］‥‥‥‥‥‥‥‥‥‥‥‥158
東京地判昭和44年3月25日金融法務546号30頁［27441186］‥‥‥‥‥‥‥‥‥‥273
最判昭和44年3月28日民集23巻3号699頁［27000830］‥‥‥‥‥‥‥‥‥173, 178
最判昭和44年5月27日民集23巻6号998頁［27000816］‥‥‥‥‥‥‥‥‥‥‥‥266
最判昭和44年6月26日民集23巻7号1175頁［27000808］‥‥‥‥‥‥‥‥‥‥‥‥118
最判昭和44年7月4日民集23巻8号1347頁［27000803］‥‥‥‥‥‥‥‥‥‥6, 133
最判昭和44年7月10日民集23巻8号1450頁［27000798］‥‥‥‥‥‥‥‥‥‥‥‥237
最判昭和44年9月18日民集23巻9号1675頁［27000789］‥‥‥‥‥‥‥‥‥‥‥‥335
最判昭和44年10月7日裁判集民97号9頁［27441223］‥‥‥‥‥‥‥‥‥‥‥‥‥215
最判昭和44年11月4日民集23巻11号1951頁［27000775］‥‥‥‥‥‥‥‥‥‥‥118
最判昭和44年11月14日民集23巻11号2023頁［27000770］‥‥‥‥‥‥‥‥‥‥‥249
岐阜地大垣支判昭和44年11月17日下級民集20巻11＝12号83頁［27431149］‥‥‥268
東京地判昭和44年11月20日判時579号40頁［21031720］‥‥‥‥‥‥‥‥‥‥‥‥176
最判昭和44年12月2日民集23巻12号2374頁［27000759］‥‥‥‥‥‥‥‥‥‥‥166
東京高判昭和45年1月30日下級民集21巻1＝2号131頁［27441258］‥‥‥‥‥‥320
最判昭和45年2月26日民集24巻2号104頁［27000741］‥‥‥‥‥‥‥‥‥‥‥‥229
東京高判昭和45年2月27日下級民集21巻1＝2号354頁［27441268］‥‥‥‥‥‥293
最判昭和45年3月3日裁判集民98号341頁［27441269］‥‥‥‥‥‥‥‥‥‥‥‥238
最判昭和45年3月26日民集24巻3号151頁［27000738］‥‥‥‥‥‥‥‥‥‥321, 324
最判昭和45年3月26日裁判集民98号505頁［27403609］‥‥‥‥‥‥‥‥‥‥‥‥10
大阪高判昭和45年3月27日判タ248号139頁［27441275］‥‥‥‥‥‥‥‥‥‥‥320
最判昭和45年4月16日民集24巻4号266頁［27000732］‥‥‥‥‥‥‥‥‥298, 300
最判昭和45年4月21日裁判集民99号99頁［27422161］‥‥‥‥‥‥‥‥‥‥‥‥190
最判昭和45年4月21日裁判集民99号109頁［27441288］‥‥‥‥‥‥‥‥‥‥‥‥10
最判昭和45年5月29日裁判集民99号273頁［27441294］‥‥‥‥‥‥‥‥‥‥‥‥324
最判昭和45年6月2日民集24巻6号465頁［27000724］‥‥‥‥‥‥‥‥‥‥‥‥304
最大判昭和45年6月24日民集24巻6号625頁［27000715］‥‥‥‥‥‥‥‥‥‥‥133
最判昭和45年7月24日民集24巻7号1116頁［27000700］‥‥‥‥‥‥‥‥‥250, 299
東京地判昭和45年9月2日判時619号66頁［27441317］‥‥‥‥‥‥‥‥‥‥‥‥273
新潟家三条支審昭和45年9月14日家裁月報23巻5号78頁［27441320］‥‥‥‥‥‥99
最判昭和45年9月22日民集24巻10号1424頁［27000689］‥‥‥‥‥‥‥‥‥‥‥299
大阪高判昭和45年11月30日判時625号52頁［27431231］‥‥‥‥‥‥‥‥‥‥‥158

382

判例索引（年月日順）

岡山地判昭和46年 1 月27日判時629号79頁［27441352］‥‥‥‥‥‥‥‥‥‥‥‥ 300

最判昭和46年 3 月25日民集25巻 2 号208頁［27000646］‥‥‥‥‥‥‥‥‥ 184，211

福岡地判昭和46年 3 月31日判時646号80頁［27441373］‥‥‥‥‥‥‥‥‥‥‥ 279

最判昭和46年 4 月 9 日民集25巻 3 号241頁［27000645］‥‥‥‥‥‥‥‥‥‥‥ 240

最判昭和46年 4 月 9 日民集25巻 3 号264頁［27000644］‥‥‥‥‥‥‥‥‥‥‥ 217

最判昭和46年 4 月20日民集25巻 3 号290頁［27000642］‥‥‥‥‥‥‥‥‥‥‥ 224

最判昭和46年 6 月29日裁判集民103号293頁［27441392］‥‥‥‥‥‥‥‥‥‥ 238

最判昭和46年11月 9 日裁判集民104号191頁［27441426］‥‥‥‥‥‥‥‥‥‥‥10

名古屋高判昭和46年11月30日判時658号42頁［27431303］‥‥‥‥‥‥‥‥‥‥ 268

最判昭和47年 2 月18日民集26巻 1 号46頁［27000586］‥‥‥‥‥‥‥‥‥‥‥ 7

最判昭和47年 2 月24日民集26巻 1 号146頁［27000583］‥‥‥‥‥‥‥‥‥‥ 308

最判昭和47年 3 月 9 日民集26巻 2 号213頁［27000580］‥‥‥‥‥‥‥‥‥‥ 176

最判昭和47年 4 月25日裁判集民105号855頁［27441470］‥‥‥‥‥‥‥‥‥‥ 217

最判昭和47年 5 月19日民集26巻 4 号723頁［27000567］‥‥‥‥‥‥‥‥‥‥ 324

最判昭和47年 6 月 2 日民集26巻 5 号957頁［27000558］‥‥‥‥‥‥‥‥‥‥ 118

最判昭和47年 6 月15日民集26巻 5 号1015頁［27000555］‥‥‥‥‥‥‥‥‥‥ 7

最判昭和47年 6 月27日民集26巻 5 号1067頁［27000552］‥‥‥‥‥‥‥‥‥‥15

最判昭和47年 9 月 1 日民集26巻 7 号1289頁［27000544］‥‥‥‥‥‥‥‥‥‥98

最判昭和47年 9 月 7 日民集26巻 7 号1327頁［27000541］‥‥‥‥‥‥‥‥‥‥ 347

東京高判昭和47年 9 月29日判時684号60頁［27441502］‥‥‥‥‥‥‥‥‥‥ 263

最判昭和47年11月28日民集26巻 9 号1715頁［27000526］‥‥‥‥‥‥‥‥‥‥ 305

東京地判昭和47年12月 1 日判タ298号389頁［27441514］‥‥‥‥‥‥‥‥‥‥ 168

最判昭和47年12月19日民集26巻10号1969頁［27000518］‥‥‥‥‥‥‥‥‥‥ 324

東京高判昭和48年 1 月30日高裁民集26巻 1 号52頁［27441527］‥‥‥‥‥‥‥ 135

広島高岡山支決昭和48年 6 月13日家裁月報25巻12号23頁［27441556］‥‥‥‥‥‥47

最判昭和48年 6 月28日民集27巻 6 号724頁［21043081］‥‥‥‥‥‥‥‥ 264，300

最判昭和48年10月 9 日民集27巻 9 号1129頁［27000475］‥‥‥‥‥‥‥‥‥‥ 118

最判昭和48年10月26日民集27巻 9 号1240頁［27000471］‥‥‥‥‥‥‥‥ 119，120

最大判昭和48年12月12日民集27巻11号1536頁［27000458］‥‥‥‥‥‥‥ 184，200

最判昭和49年 3 月 1 日民集28巻 2 号135頁［27000449］‥‥‥‥‥‥‥‥‥‥ 231

東京地判昭和49年 4 月22日判時755号79頁［27404193］‥‥‥‥‥‥‥‥‥‥ 177

東京高判昭和49年 5 月29日金融商事426号 8 頁［27441620］‥‥‥‥‥‥‥‥‥ 301

最判昭和49年 9 月26日民集28巻 6 号1213頁［27000419］‥‥‥‥‥‥‥‥ 346，347

最判昭和49年 9 月26日民集28巻 6 号1306頁［27000416］‥‥‥‥‥‥‥‥ 119，120

最判昭和49年 9 月30日民集28巻 6 号1382頁［27000414］‥‥‥‥‥‥‥‥‥‥ 118

最判昭和49年11月 7 日裁判集民113号137頁［28201229］‥‥‥‥‥‥‥‥‥‥ 229

最判昭和49年11月14日民集28巻 8 号1605頁［27000409］‥‥‥‥‥‥‥‥‥‥ 7

最判昭和49年12月20日民集28巻10号2072頁［27000400］‥‥‥‥‥‥‥‥‥‥59

383

判例索引（年月日順）

大阪高判昭和50年1月21日訟務月報21巻4号774頁［27411618］……………………274
最判昭和50年2月25日民集29巻2号143頁［27000387］……………………………11
最判昭和50年2月25日民集29巻2号168頁［27000386］……………………………240
最判昭和50年3月6日民集29巻3号220頁［27000383］………………………………231
最判昭和50年4月25日裁判集民114号649頁［27441675］…………………………266
最判昭和50年5月27日裁判集民115号7頁［27441680］……………………………156
最判昭和50年6月27日裁判集民115号177頁［27441691］…………………………360
最判昭和50年7月14日裁判集民115号379頁［27431514］………………………154, 160
最判昭和50年7月15日民集29巻6号1029頁［27000366］……………………………231
最判昭和50年11月14日裁判集民116号465頁［27404459］…………………………336
最判昭和50年11月28日民集29巻10号1554頁［27000347］…………………………221
大阪地判昭和50年12月22日下級民集26巻9＝12号975頁［27441718］……………136
最判昭和51年4月23日民集30巻3号306頁［27000325］………………………………7
最判昭和51年6月18日金融法務798号34頁［27441765］……………………………265
最判昭和51年7月8日民集30巻7号689頁［27000317］………………………………13
最判昭和51年9月30日民集30巻8号799頁［27000312］………………………………8
最判昭和51年10月1日裁判集民119号9頁［27441790］……………………………239
東京高判昭和51年10月5日判時841号44頁［27431608］……………………………161
最判昭和51年11月25日民集30巻10号960頁［27000305］…………………………241
最判昭和51年11月26日裁判集民119号265頁［27411722］…………………………251
最判昭和51年12月24日民集30巻11号1104頁［27000298］…………………………149
最判昭和52年3月15日裁判集民120号261頁［27441820］……………………………10
東京高判昭和52年4月18日判時854号70頁［27404702］……………………………239
名古屋高金沢支決昭和52年6月11日判タ359号279頁［27441844］…………………47
最判昭和52年6月20日民集31巻4号449頁［27000280］………………………221, 231
大阪高判昭和52年9月20日高裁民集30巻3号286頁［27431674］…………………161
最判昭和52年12月8日裁判集民122号303頁［27441872］…………………………305
最判昭和52年12月12日裁判集民122号323頁［27431693］…………………………146
東京地判昭和53年5月25日判タ368号302頁［27441906］……………………………283
東京高判昭和53年7月19日判タ370号80頁［27441917］……………………………259
札幌地判昭和53年10月31日判タ377号126頁［27441935］……………………………24
札幌地判昭和53年12月11日判タ394号132頁［27404988］…………………………164
東京高判昭和53年12月26日下級民集29巻9＝12号397頁［27431769］……………175
東京高判昭和54年2月13日東高民時報30巻2号22頁［27441955］…………………156
最判昭和54年2月15日民集33巻1号51頁［27000210］………………………………150
東京地判昭和54年3月27日訟務月報25巻8号2044頁［27431780］…………………166
釧路地判昭和54年3月27日下級民集30巻1＝4号146頁［27441963］………………168
最判昭和54年4月19日判タ384号81頁［27441975］……………………………………37

384

判例索引（年月日順）

東京地判昭和55年 1 月28日判タ422号118頁［27431821］ ……………………………… 270

大阪高判昭和55年 1 月30日判タ414号94頁［27405209］ …………………………………… 284

最判昭和55年 2 月 8 日民集34巻 2 号138頁［27000180］ …………………………………… 118

大阪地判昭和55年 4 月23日金融商事611号31頁［27442068］ …………………………… 138

大阪地判昭和55年 6 月25日判タ424号151頁［27442084］ ……………………………… 138

最判昭和55年 9 月11日民集34巻 5 号683頁［27000166］ ………………… 251, 264, 266

東京地判昭和55年10月30日判時1000号99頁［27442105］ ……………………………… 274

東京高判昭和55年11月13日判時989号46頁［27442109］ ………………………………… 180

東京高判昭和55年11月18日判タ435号107頁［27442111］ ……………………………… 300

最判昭和56年 3 月24日民集35巻 2 号300頁［27000144］ …………………………………… 190

東京地判昭和56年 3 月27日判時1015号68頁［27442143］ ……………………………… 279

東京地判昭和56年 3 月31日判タ448号115頁［27442145］ ……………………………… 306

最判昭和56年 4 月28日民集35巻 3 号696頁［27000137］ …………………………………… 264

横浜地判昭和56年 5 月 6 日金融商事641号40頁［27442155］ …………………………… 309

東京地判昭和56年 7 月 8 日判時1029号94頁［27431917］ ……………………………… 271

大阪地判昭和56年 7 月28日判タ453号120頁［27442175］ ……………………………… 303

東京地判昭和56年 8 月31日判時1031号132頁［27442179］ ……………………………… 303

東京地判昭和56年10月27日判タ474号169頁［27442191］ ……………………………… 272

最判昭和56年10月30日裁判集民134号153頁［27442195］ ………………………………… 8

東京高決昭和56年12月21日高裁民集34巻 4 号370頁［27442201］ …………………………45

最判昭和57年 3 月12日民集36巻 3 号329頁［27000099］ ……………………………………92

東京地判昭和57年 3 月16日判時1061号53頁［27442214］ ………………………… 252, 290

東京地判昭和57年 3 月19日判タ475号116頁［27442215］ ……………………………… 310

浦和地判昭和57年 4 月20日判タ476号128頁［27405740］ ……………………………… 259

東京高決昭和57年 5 月24日判タ476号92頁［27442237］ ……………………………………84

最判昭和57年 6 月 8 日裁判集民136号57頁［27442242］ …………………………………… 265

最判昭和57年 6 月17日民集36巻 5 号824頁［27000085］ …………………………………… 168

前橋地判昭和57年 6 月17日判時1076号121頁［27423888］ ……………………………… 138

最判昭和57年 7 月 1 日民集36巻 6 号891頁［27000084］ …………………………………… 268

最判昭和57年 7 月15日民集36巻 6 号1113頁［27000082］ ………………………………… 8

東京高判昭和57年 9 月27日判タ483号79頁［27490450］ …………………………………… 265

東京地判昭和57年10月 4 日判時1073号98頁［27405828］ ……………………………… 283

福岡地判昭和57年10月 8 日判時1079号77頁［27442258］ ……………………………… 150

最判昭和57年11月16日裁判集民137号453頁［27442265］ ……………………………… 231

東京高決昭和57年11月30日家裁月報36巻 4 号69頁［27442267］ …………………………45

大阪高判昭和58年 2 月16日判タ496号110頁［27490458］ ……………………………… 310

東京地判昭和58年 2 月25日判タ498号120頁［27490641］ ……………………………… 302

東京地判昭和58年 4 月18日判時1087号94頁［27412195］ ……………………………… 124

385

判例索引（年月日順）

東京地判昭和58年 7 月19日判タ509号163頁［27490656］ ················78

東京高判昭和58年10月31日行裁例集34巻10号1879頁［21078731］ ··············303

浦和地判昭和58年11月18日判タ521号169頁［21080029］ ··············310

東京高判昭和58年12月13日金融法務1063号40頁［27490497］ ··············266

東京地判昭和59年 1 月30日下級民集35巻 1 ＝ 4 号13頁［27406065］ ·············136

東京高判昭和59年 8 月30日下級民集35巻 5 ＝ 8 号538頁［27490573］ ·············138

大阪高判昭和59年11月20日高裁民集37巻 3 号225頁［27490588］ ·············302

東京地判昭和59年12月19日民集40巻 7 号1193頁［27490158］ ·············259

東京高判昭和60年 1 月29日判タ554号180頁［27490602］ ··············310

大阪高判昭和60年 1 月29日判タ550号146頁［27490601］ ··············307

福岡地判昭和60年 1 月31日判タ565号130頁［27413041］ ··············125

東京高決昭和60年 3 月25日家裁月報37巻11号41頁［27490608］ ·············94

東京高判昭和60年 4 月24日東高民時報36巻 4 ＝ 5 号77頁［27800377］ ·············311

東京高判昭和60年 6 月26日判時1161号118頁［27443024］ ··············136

最判昭和60年11月29日訟務月報32巻 7 号1557頁［27802153］ ·············232

東京高判昭和61年 1 月29日判タ595号81頁［27800382］ ··············294

名古屋高判昭和61年 1 月30日判タ612号47頁［27800384］ ··············77

横浜地判昭和61年 2 月26日判タ605号55頁［27800386］ ··············311

仙台高判昭和61年 3 月28日判タ621号110頁［27802158］ ··············311

最判昭和61年 9 月 4 日裁判集民148号417頁［27802166］ ··············217

東京地判昭和61年10月23日労働判例484号43頁［27802169］ ·············275

最判昭和61年11月20日民集40巻 7 号1167頁［27100053］ ··············186

最判昭和61年12月16日民集40巻 7 号1236頁［27100055］ ··············146

最判昭和62年 1 月20日訟務月報33巻 9 号2234頁［27800828］ ·············265

大阪地判昭和62年 1 月20日判タ647号163頁［27800487］ ··············272

最判昭和62年 7 月 9 日民集41巻 5 号1145頁［27801461］ ··············164

山口地宇部支判昭和62年 7 月13日判タ647号160頁［27800486］ ·············136

最判昭和62年 7 月17日民集41巻 5 号1359頁［27800340］ ··············241

最大判昭和62年 9 月 2 日民集41巻 6 号1423頁［27800202］ ···············14

名古屋高判昭和62年10月29日判時1268号47頁［27801492］ ··············311

最判昭和62年11月10日民集41巻 8 号1559頁［27801490］ ··············150

東京地判昭和62年11月13日判時1285号133頁［27802280］ ··············125

神戸地判昭和62年12月24日判タ674号138頁［27802286］ ··············137

高松高判昭和63年 3 月31日判時1282号125頁［27802102］ ··············307

名古屋高判昭和63年 8 月30日判時1300号56頁［27803226］ ··············137

最判昭和63年12月 8 日判時1319号20頁［28213669］ ···············281

大阪地判昭和63年12月12日訟務月報35巻 6 号953頁［27804823］ ·············303

東京高判昭和63年12月15日金融法務1240号35頁［27808512］ ··············173

判例索引（年月日順）

平　成

長崎地判平成元年 3 月29日判タ704号234頁［27804760］ ……………………… 253

最判平成元年 6 月20日民集43巻 6 号385頁［27804472］ …………………………… 191

長崎地判平成元年 6 月30日判タ711号234頁［27805181］ ……………………… 282

大阪高判平成元年 7 月18日判タ713号176頁［27805349］ ……………………… 158

最判平成元年 9 月14日裁判集民157号555頁［22003091］ …………………… 316, 325

東京高決平成元年 9 月21日家裁月報42巻 2 号166頁［27807980］ ………………… 54

福岡高判平成元年11月 9 日判タ719号164頁［27806103］ ……………………… 253

最判平成元年12月14日民集43巻12号1895頁［27805324］ ……………………… 191

最判平成元年12月14日民集43巻12号2051頁［27805325］ ………………… 191, 215

名古屋家審平成元年12月22日家裁月報42巻11号44頁［27806417］ ……………… 105

熊本地判平成 2 年 1 月18日判タ753号199頁［27808534］ ……………………… 120

東京高判平成 2 年 3 月27日判時1345号78頁［27806366］ ……………………… 336

最判平成 2 年 4 月19日裁判集民159号461頁［27806925］ ……………………… 173

東京高判平成 2 年 8 月29日判時1370号61頁［27807942］ ……………………… 354

仙台高決平成 2 年 9 月18日家裁月報44巻 3 号70頁［27809153］ ………………… 105

東京地判平成 2 年10月29日判タ757号232頁［27808948］ ……………………… 121

横浜地判平成 3 年 1 月21日判タ760号231頁［27809037］ ……………………… 253

高知地判平成 3 年 1 月24日判タ854号273頁［27825570］ ……………………… 126

最判平成 3 年 4 月11日裁判集民162号295頁［27811185］ ………………………… 11

東京高決平成 3 年 5 月31日家裁月報44巻 9 号69頁［27809273］ ………………… 53

千葉地判平成 3 年 7 月26日判時1413号122頁［27811219］ ……………………… 125

東京地判平成 3 年 9 月26日判時1428号97頁［27812003］ ……………………… 348

東京高判平成 3 年 9 月30日判タ787号217頁［27811639］ ……………………… 191

名古屋地判平成 3 年10月30日判時1444号83頁［27814515］ ……………………… 79

東京高判平成 3 年12月16日判タ781号169頁［27811318］ ……………………… 192

仙台高判平成 4 年 1 月10日労働民例集43巻 1 号 1 頁［27810971］ ……………… 192

東京地判平成 4 年 2 月27日判タ797号215頁［27813888］ ………………………… 26

東京地判平成 4 年 3 月 9 日判タ806号172頁［27814536］ ………………………… 24

広島高松江支判平成 4 年 3 月18日判時1432号77頁［27813732］ ……………… 325

名古屋高判平成 4 年 6 月25日判タ801号172頁［27814196］ ……………………… 78

東京地判平成 4 年 9 月 9 日金融法務1372号67頁［27816681］ ………………… 352

最判平成 4 年12月10日民集46巻 9 号2727頁［27814101］ ……………………… 252

東京高決平成 5 年 1 月22日家裁月報46巻 2 号166頁［27814901］ ……………… 84

大阪高決平成 5 年 3 月 8 日家裁月報46巻 5 号28頁［28019339］ ……………… 106

千葉地判平成 5 年 3 月22日判例地方自治121号51頁［27970293］ ……………… 121

最判平成 5 年 3 月30日民集47巻 4 号3262頁［25000040］ ……………………… 192

387

判例索引（年月日順）

最判平成 5 年 3 月30日民集47巻 4 号3384頁［27814896］ ‥‥‥‥‥‥‥‥‥‥‥ 242

最判平成 5 年 5 月27日裁判集民169号57頁［27815441］ ‥‥‥‥‥‥‥‥‥‥‥ 135

最判平成 5 年 7 月20日裁判集民169号291頁［27826712］ ‥‥‥‥‥‥‥‥‥‥ 242

東京地判平成 5 年 7 月26日判タ863号227頁［27826236］ ‥‥‥‥‥‥‥‥‥‥ 253

高松高判平成 5 年 8 月 3 日判タ854号270頁［27825569］ ‥‥‥‥‥‥‥‥‥‥ 126

神戸地判平成 5 年 9 月22日判タ858号162頁［27825862］ ‥‥‥‥‥‥‥‥‥‥ 162

仙台地判平成 5 年12月16日判タ864号225頁［27826314］ ‥‥‥‥‥‥‥‥‥‥‥27

東京地判平成 6 年 1 月26日判時1518号33頁［27826619］ ‥‥‥‥‥‥‥‥‥‥ 265

東京高判平成 6 年 3 月24日金融法務1414号33頁［27826583］ ‥‥‥‥‥‥‥‥ 336

最判平成 6 年 4 月22日民集48巻 3 号944頁［27818523］ ‥‥‥‥‥‥‥‥‥‥‥ 229

最判平成 6 年 5 月31日民集48巻 4 号1065頁［27819952］ ‥‥‥‥‥‥‥‥‥‥ 118

東京高判平成 6 年 7 月18日判時1518号19頁［27826614］ ‥‥‥‥‥‥‥‥‥‥ 325

大分地佐伯支判平成 6 年 8 月31日判時1517号152頁［27826602］ ‥‥‥‥‥‥ 127

最判平成 6 年 9 月13日民集48巻 6 号1263頁［27825601］ ‥‥‥‥‥‥‥‥‥‥‥ 7

名古屋地判平成 6 年 9 月26日判タ881号196頁［27825791］ ‥‥‥‥‥‥‥‥‥ 127

名古屋高判平成 6 年11月30日金融法務1436号32頁［27828312］ ‥‥‥‥‥‥‥ 254

京都地判平成 6 年12月19日判タ883号167頁［27827827］ ‥‥‥‥‥‥‥‥‥‥ 168

東京高判平成 6 年12月21日判時1593号63頁［28020715］ ‥‥‥‥‥‥‥‥‥‥ 271

東京地判平成 7 年 1 月26日判時1547号80頁［27828594］ ‥‥‥‥‥‥‥‥‥‥ 307

浦和地判平成 7 年 3 月22日金融法務1423号48頁［27827282］ ‥‥‥‥‥‥‥‥ 302

高知地判平成 7 年 5 月22日判時1566号119頁［28010795］ ‥‥‥‥‥‥‥‥‥ 147

最判平成 7 年 5 月30日民集49巻 5 号1406頁［27827103］ ‥‥‥‥‥‥‥‥‥‥ 243

最判平成 7 年 7 月 7 日金融法務1436号31頁［27828311］ ‥‥‥‥‥‥‥‥‥‥ 254

東京地判平成 7 年 9 月 7 日判タ918号233頁［28011380］ ‥‥‥‥‥‥‥‥‥‥ 127

神戸地決平成 7 年10月17日判タ880号165頁［28010389］ ‥‥‥‥‥‥‥‥‥‥ 164

東京高判平成 7 年10月18日判時1585号119頁［28011340］ ‥‥‥‥‥‥‥‥‥ 337

最判平成 7 年11月10日民集49巻 9 号2918頁［27828273］ ‥‥‥‥‥‥‥ 236, 243

東京地判平成 7 年11月13日判タ912号183頁［28011063］ ‥‥‥‥‥‥‥‥‥‥ 280

大阪高判平成 8 年 1 月23日判時1569号62頁［28010921］ ‥‥‥‥‥‥‥‥‥‥ 202

最判平成 8 年 3 月19日民集50巻 3 号615頁［28010412］ ‥‥‥‥‥‥‥‥ 134, 139

大阪高判平成 8 年 3 月27日判時1585号35頁［28020180］ ‥‥‥‥‥‥‥‥‥‥ 326

長野地判平成 8 年 3 月27日平成 5 年（ワ）97号公刊物未登載［28172358］ ‥‥‥‥29

東京高判平成 8 年 3 月28日判時1573号29頁［28011209］ ‥‥‥‥‥‥‥‥‥‥ 203

福岡高判平成 8 年 4 月15日判タ923号252頁［28020081］ ‥‥‥‥‥‥‥‥ 348, 360

東京地判平成 8 年 4 月18日判タ919号234頁［28011415］ ‥‥‥‥‥‥‥‥‥‥ 127

千葉地判平成 8 年 4 月24日平成 2 年（ワ）890号公刊物未登載［28172530］‥‥‥28

東京高判平成 8 年 5 月30日判タ933号152頁［28020770］ ‥‥‥‥‥‥‥‥ 272, 296

福岡高決平成 8 年 9 月19日家裁月報49巻 1 号126頁［28020251］ ‥‥‥‥‥‥ 106

388

判例索引（年月日順）

東京地判平成 8 年 9 月20日判タ957号215頁［28021475］………………………… 283
東京地判平成 8 年10月24日判時1607号76頁［28021544］……………………………27
東京地判平成 8 年11月27日判時1608号120頁［28021622］……………………………25
東京地判平成 8 年12月17日判時1617号105頁［28022396］………………………… 275
東京地判平成 8 年12月26日判タ953号186頁［28030078］………………………… 311
名古屋高判平成 9 年 1 月30日行裁例集48巻 1 = 2 号 1 頁［28022350］…………… 147
東京地判平成 9 年 2 月27日金融商事1036号41頁［28030513］……………………………27
最判平成 9 年 3 月25日民集51巻 3 号1565頁［28020802］………………………… 243
東京高判平成 9 年 6 月11日判タ1011号171頁［28042742］……………………………28
福岡地判平成 9 年 6 月11日金融法務1497号27頁［28021905］……………………………28
東京地判平成 9 年 6 月30日判タ967号213頁［28030901］………………………… 276
最判平成 9 年 7 月 1 日民集51巻 6 号2452頁［28021213］………………………… 5
最判平成 9 年 8 月25日裁判集民184号 1 頁［28021645］……………………………82
最判平成 9 年 9 月 4 日民集51巻 8 号3619頁［28021754］………………………… 222
最判平成 9 年10月17日民集51巻 9 号3905頁［28022226］………………………… 244
東京地判平成 9 年10月24日判タ979号202頁［28032993］……………………………28
最判平成 9 年11月11日民集51巻10号4077頁［28022345］………………………… 218
東京地判平成 9 年12月 8 日判タ976号177頁［28032775］………………………… 354
仙台高判平成 9 年12月12日判タ997号209頁［28040192］………………………… 281
最判平成 9 年12月18日訟務月報45巻 3 号693頁［28041119］…………………… 266
東京地判平成 9 年12月25日金融商事1044号40頁［28031597］………………………… 300
最判平成10年 2 月13日民集52巻 1 号38頁［28030503］………………………… 8
東京地判平成10年 3 月19日金融法務1531号69頁［28033333］……………………………29
東京地判平成10年 3 月31日金融法務1534号78頁［28040162］………………………… 300
東京地判平成10年 5 月11日判時1659号66頁［28040400］……………………………33
東京地判平成10年 5 月13日判タ974号268頁［28032168］………………………… 349
広島高決平成10年 5 月26日家裁月報50巻11号92頁［28033395］……………………………45
最判平成10年 6 月11日民集52巻 4 号1034頁［28031248］………………… 244, 361
東京高判平成10年 6 月15日判タ1041号212頁［28052546］……………………………29
大阪高判平成10年 6 月17日判時1665号73頁［28040859］………………………… 215
大阪高判平成10年 7 月22日労働判例748号98頁［28040179］………………………… 326
東京地判平成10年 7 月30日金融法務1539号79頁［28040637］……………………………29
福岡高判平成10年 8 月26日判時1698号83頁［28050668］………………… 327, 338
東京高判平成10年 9 月28日判タ1024号234頁［28051080］………………………… 327
東京地判平成10年10月27日金融法務1546号125頁［28040977］……………………………25
東京地判平成10年10月30日判時1679号46頁［28041975］……………………………30
静岡地浜松支判平成10年12月22日判タ1029号215頁［28051589］………………… 162
東京地判平成11年 1 月14日金融法務1582号50頁［28050480］………………… 255

389

判例索引（年月日順）

最判平成11年 2 月23日民集53巻 2 号193頁［28040415］‥‥‥‥‥‥‥‥‥‥‥‥ 227

東京地判平成11年 3 月15日労働判例766号64頁［28042457］‥‥‥‥‥‥‥‥‥‥‥ 121

東京地判平成11年 3 月16日労経速報1710号 9 頁［28042621］‥‥‥‥‥‥‥‥‥‥ 121

大阪高判平成11年 5 月27日金融商事1085号25頁［28050479］‥‥‥‥‥‥‥‥‥‥ 291

福岡高判平成11年 6 月29日判タ1026号201頁［28051339］‥‥‥‥‥‥‥‥‥‥‥‥ 301

東京高判平成11年 9 月21日金融商事1080号30頁［28042852］‥‥‥‥‥‥‥‥‥‥ 187

東京地判平成11年10月25日判時1729号47頁［28050168］‥‥‥‥‥‥‥‥‥‥‥‥ 254

新潟地判平成11年11月 5 日判タ1019号150頁［28050511］‥‥‥‥‥‥‥‥‥‥‥‥ 353

大阪地判平成11年12月 8 日労働判例777号25頁［28051034］‥‥‥‥‥‥‥‥‥‥ 122

東京高判平成11年12月14日金融法務1586号100頁［28051838］‥‥‥‥‥‥‥‥‥‥ 33

東京高判平成11年12月15日判タ1027号290頁［28050925］‥‥‥‥‥‥‥‥‥ 321, 338

福岡高那覇支判平成11年12月21日訟務月報47巻12号3587頁［28070091］‥‥‥‥‥ 148

函館地判平成12年 2 月24日判時1723号102頁［28052391］‥‥‥‥‥‥‥‥‥‥‥‥ 286

東京高判平成12年 4 月11日金融商事1095号14頁［28051600］‥‥‥‥‥‥‥‥‥‥ 291

東京高判平成12年 5 月24日金融商事1095号18頁［28051601］‥‥‥‥‥‥‥‥‥‥ 255

東京高判平成12年 6 月 8 日判時1717号90頁［28052004］‥‥‥‥‥‥‥‥‥‥‥‥ 203

東京高判平成12年 7 月27日判時1723号51頁［28052384］‥‥‥‥‥‥‥‥‥‥‥‥ 312

岡山地判平成12年 8 月23日判タ1054号180頁［28060824］‥‥‥‥‥‥‥‥‥‥‥‥ 128

広島高岡山支判平成12年 9 月14日金融商事1113号26頁［28060655］‥‥‥‥‥‥‥ 256

大阪高判平成12年10月 3 日判タ1069号153頁［28062235］‥‥‥‥‥‥‥‥‥‥‥‥ 320

最判平成12年10月20日裁判集民200号69頁［28052196］‥‥‥‥‥‥‥‥‥‥‥‥‥ 118

東京高判平成12年11月 7 日判時1734号16頁［28060481］‥‥‥‥‥‥‥‥‥‥‥‥ 174

東京高判平成12年11月30日判タ1107号232頁［28080211］‥‥‥‥‥‥‥‥‥‥‥‥ 187

大阪高判平成12年12月15日判時1758号58頁［28062374］‥‥‥‥‥‥‥‥‥‥ 328, 339

東京地判平成13年 1 月31日判タ1088号225頁［28061627］‥‥‥‥‥‥‥‥‥‥‥‥ 128

東京高判平成13年 2 月20日判時1740号46頁［28060617］‥‥‥‥‥‥‥‥‥‥‥‥ 204

大阪地判平成13年 3 月21日判タ1087号195頁［28071284］‥‥‥‥‥‥‥‥‥‥‥‥ 30

最判平成13年 3 月27日民集55巻 2 号434頁［28060671］‥‥‥‥‥‥‥‥‥‥‥‥‥ 12

東京高判平成13年 5 月23日判タ1127号184頁［28062373］‥‥‥‥‥‥‥‥‥‥‥‥ 193

札幌高決平成13年 5 月30日家裁月報53巻11号112頁［28062494］‥‥‥‥‥‥‥‥‥ 64

最判平成13年 6 月11日裁判集民202号433頁［28061233］‥‥‥‥‥‥‥‥‥‥‥‥ 222

東京地判平成13年 7 月25日労働判例813号15頁［28062537］‥‥‥‥‥‥‥‥‥‥ 122

静岡地判平成13年 9 月14日判タ1086号143頁［28071051］‥‥‥‥‥‥‥‥‥‥‥‥ 148

仙台高判平成13年12月26日金融商事1151号32頁［28071742］‥‥‥‥‥‥‥‥ 329, 339

高松高判平成14年 2 月26日判タ1116号172頁［28081231］‥‥‥‥‥‥‥‥‥‥‥‥ 193

最判平成14年 3 月28日民集56巻 3 号662頁［28070519］‥‥‥‥‥‥‥‥‥‥‥‥‥ 9

最判平成14年 4 月25日裁判集民206号233頁［28070836］‥‥‥‥‥‥‥‥‥‥‥‥ 134

大阪高判平成14年 7 月 3 日判時1801号38頁［28080136］‥‥‥‥‥‥‥‥‥‥‥‥ 194

390

判例索引（年月日順）

最判平成14年7月11日裁判集民206号707頁［28071917］‥‥‥‥‥‥‥‥‥‥‥329

東京地中間判平成14年9月19日判タ1109号94頁［28072782］‥‥‥‥‥‥‥‥‥‥259

東京高判平成14年10月3日判タ1127号152頁［28080413］‥‥‥‥‥‥‥‥‥‥‥205

名古屋地判平成14年10月29日判タ1141号194頁［28080551］‥‥‥‥‥‥‥‥‥‥350

東京高判平成14年12月12日判タ1129号145頁［28082774］‥‥‥‥‥‥‥‥‥‥‥349

津地判平成15年2月28日判タ1124号188頁［28082212］‥‥‥‥‥‥‥‥‥‥‥‥351

東京高判平成15年3月25日判時1829号79頁［28082540］‥‥‥‥‥‥‥‥‥‥‥‥177

高松高判平成15年3月27日判時1830号63頁［28082615］‥‥‥‥‥‥‥‥‥‥‥‥205

最判平成15年4月18日民集57巻4号366頁［28081212］‥‥‥‥‥‥‥‥‥‥‥‥185

最判平成15年6月13日裁判集民210号143頁［28081751］‥‥‥‥‥‥‥‥‥‥‥308

東京高判平成15年6月24日金融商事1179号46頁［28082894］‥‥‥‥‥‥‥‥‥194

名古屋高判平成15年6月27日平成13年（行コ）29号裁判所ウェブサイト［28082427］

‥‥‥‥‥‥‥‥‥‥‥‥‥‥‥‥‥‥‥‥‥‥‥‥‥‥‥‥‥‥‥‥‥‥‥‥‥‥148

東京高判平成15年7月31日判時1845号68頁［28090731］‥‥‥‥‥‥‥‥‥‥‥‥194

東京地判平成15年9月30日判タ1155号291頁［28092392］‥‥‥‥‥‥‥‥‥‥‥169

最判平成15年12月19日民集57巻11号2292頁［28090148］‥‥‥‥‥‥‥‥‥‥‥232

東京地判平成16年1月22日判時1867号70頁［28092596］‥‥‥‥‥‥‥‥‥‥‥‥307

福岡地判平成16年1月28日金融商事1204号31頁［28092878］‥‥‥‥‥‥‥‥‥‥26

東京高決平成16年3月30日判時1861号43頁［28092037］‥‥‥‥‥‥‥‥‥‥‥‥45

最判平成16年7月8日裁判集民214号687頁［28091992］‥‥‥‥‥‥‥‥‥‥‥‥330

仙台高判平成16年7月14日判タ1182号212頁［28101559］‥‥‥‥‥‥‥‥‥‥‥295

福岡高判平成16年7月21日判タ1166号185頁［28092877］‥‥‥‥‥‥‥‥31, 351

東京地判平成16年8月31日訟務月報51巻8号2211頁［28102129］‥‥‥‥‥‥‥276

東京地判平成16年8月31日金融商事1226号34頁［28101843］‥‥‥‥‥‥‥‥‥288

東京地判平成16年10月7日判時1896号114頁［28101520］‥‥‥‥‥‥‥‥‥‥285

大阪高判平成16年10月15日判時1886号52頁［28100881］‥‥‥‥‥‥‥‥‥‥‥293

最判平成16年10月26日裁判集民215号473頁［28092692］‥‥‥‥‥‥‥‥‥‥‥9

最判平成16年11月5日民集58巻8号1997頁［28092813］‥‥‥‥‥‥‥‥‥‥‥213

最判平成16年11月18日民集58巻8号2225頁［28092898］‥‥‥‥‥‥‥‥‥‥‥12

福岡高判平成17年1月27日判タ1177号188頁［28100376］‥‥‥‥‥‥‥‥‥‥‥206

東京地判平成17年3月25日金融商事1223号29頁［28101651］‥‥‥‥‥‥‥‥‥256

東京高判平成17年3月31日金融商事1218号35頁［28101039］‥‥‥‥‥‥‥‥‥330

東京高判平成17年4月27日金融商事1225号31頁［28101779］‥‥‥‥‥‥‥‥‥195

大阪高決平成17年5月20日判時1919号107頁［28110794］‥‥‥‥‥‥‥‥‥‥‥188

東京高判平成17年5月31日労働判例898号16頁［28101956］‥‥‥‥‥‥‥‥‥‥195

最判平成17年7月19日民集59巻6号1783頁［28101455］‥‥‥‥‥‥‥‥‥‥‥12

東京高判平成17年8月10日判タ1194号159頁［28101841］‥‥‥‥‥‥‥‥‥‥‥331

熊本地判平成17年8月29日判時1932号131頁［28111676］‥‥‥‥‥‥‥‥‥‥‥26

391

判例索引（年月日順）

東京地判平成17年 9 月29日判タ1203号173頁［28110876］‥‥‥‥‥‥‥‥‥‥‥31
大阪高決平成17年12月14日家裁月報58巻 9 号44頁［28111929］‥‥‥‥‥‥‥‥‥ 107
最判平成17年12月16日民集59巻10号2931頁［28110087］‥‥‥‥‥‥‥‥‥‥‥‥ 149
広島地判平成18年 1 月30日労働判例912号21頁［28111144］‥‥‥‥‥‥‥‥‥‥ 284
広島高岡山支判平成18年 1 月31日判タ1216号162頁［28111016］‥‥‥‥‥‥‥‥ 196
東京地判平成18年 2 月 6 日労働判例911号 5 頁［28110893］‥‥‥‥‥‥‥‥‥‥‥32
広島高岡山支決平成18年 2 月17日高裁民集59巻 1 号 3 頁［28130511］‥‥‥‥‥ 47, 48
最判平成18年 2 月23日民集60巻 2 号546頁［28110488］‥‥‥‥‥‥‥‥‥‥‥‥ 305
高松高判平成18年 2 月23日訟務月報52巻12号3672頁［28130855］‥‥‥‥‥‥‥‥ 340
名古屋地判平成18年 2 月24日判時1957号84頁［28130936］‥‥‥‥‥‥‥‥‥‥ 280
最判平成18年 3 月17日民集60巻 3 号773頁［28110762］‥‥‥‥‥‥‥‥‥‥‥‥ 197
最判平成18年 3 月23日裁判集民219号967頁［28110838］‥‥‥‥‥‥‥‥‥‥‥‥‥9
最判平成18年 3 月28日民集60巻 3 号875頁［28110799］‥‥‥‥‥‥‥‥‥‥‥‥‥20
大阪地堺支判平成18年 5 月31日判タ1252号223頁［28132437］‥‥‥‥‥‥‥‥‥ 129
東京地判平成18年 7 月 6 日判時1965号75頁［28131383］‥‥‥‥‥‥‥‥‥‥‥‥32
東京高判平成18年 9 月21日金融商事1254号35頁［28112070］‥‥‥‥‥‥‥‥‥‥ 218
大阪高決平成18年10月 5 日労働判例927号23頁［28130391］‥‥‥‥‥‥‥‥‥‥ 216
東京高判平成18年10月25日金融商事1254号12頁［28112437］‥‥‥‥‥‥‥‥‥‥ 197
福岡高判平成18年11月 9 日判タ1255号255頁［28130058］‥‥‥‥‥‥‥ 207, 260, 288
最判平成18年11月27日民集60巻 9 号3597頁［28112531］‥‥‥‥‥‥‥‥‥‥‥ 244
最判平成18年11月27日民集60巻 9 号3732頁［28112528］‥‥‥‥‥‥‥‥‥‥‥ 207
大阪高判平成19年 1 月23日判時1976号34頁［28132091］‥‥‥‥‥‥‥‥‥‥‥‥82
最判平成19年 2 月 2 日民集61巻 1 号86頁［28130353］‥‥‥‥‥‥‥‥‥‥‥‥ 213
最判平成19年 2 月 6 日民集61巻 1 号122頁［28130401］‥‥‥‥‥‥‥‥‥‥‥‥‥11
東京高判平成19年 3 月15日金融商事1301号51頁［28140229］‥‥‥‥‥‥‥‥‥‥ 291
最決平成19年 3 月23日民集61巻 2 号619頁［28130826］‥‥‥‥‥‥‥‥‥‥‥‥ 188
東京地判平成19年 4 月 5 日判タ1276号224頁［28142022］‥‥‥‥‥‥‥‥‥‥‥ 286
東京高判平成19年 4 月26日東高民時報58巻 1 ＝12号 7 頁［28131254］‥‥‥‥‥‥ 223
東京高判平成19年 4 月26日労働判例940号33頁［28132022］‥‥‥‥‥‥‥‥‥‥ 208
大阪高判平成19年 4 月26日労働判例958号68頁［28141441］‥‥‥‥‥‥‥‥‥‥ 285
神戸地尼崎支判平成19年 7 月17日判時1995号104頁［28140740］‥‥‥‥‥‥‥‥ 139
最決平成19年 8 月23日平成19年（オ）941号、同年（受）1079号公刊物未登載
　［28232683］‥‥‥‥‥‥‥‥‥‥‥‥‥‥‥‥‥‥‥‥‥‥‥‥‥‥‥‥‥‥‥‥ 292
大阪高判平成19年 8 月24日判時1992号72頁［28140596］‥‥‥‥‥‥‥‥‥‥‥‥ 197
東京高判平成19年12月13日判時1992号65頁［28140552］‥‥‥‥‥‥‥‥‥‥ 332, 341
高松高判平成20年 1 月29日判時2012号79頁［28140689］‥‥‥‥‥‥‥‥‥‥‥‥ 208
東京高決平成20年 2 月28日判タ1266号226頁［28141155］‥‥‥‥‥‥‥‥‥‥‥ 198
福岡高判平成20年 3 月28日判時2024号32頁［28150135］‥‥‥‥‥‥‥‥‥‥‥‥ 209

392

判例索引（年月日順）

最判平成20年 4 月14日民集62巻 5 号909頁［28140824］‥‥‥‥‥‥‥‥‥‥‥‥‥‥ 239

東京高判平成20年 5 月21日訟務月報55巻 9 号2980頁［28153164］‥‥‥‥‥‥‥‥‥ 308

最判平成20年10月 3 日裁判集民229号 1 頁［28142030］‥‥‥‥‥‥‥‥‥‥‥‥‥‥‥82

名古屋高判平成20年10月23日判タ1305号171頁［28151342］‥‥‥‥‥‥‥‥‥‥‥‥ 213

最判平成20年12月16日民集62巻10号2561頁［28150067］‥‥‥‥‥‥‥‥‥‥‥‥‥‥ 232

名古屋高判平成21年 2 月19日判タ1306号261頁［28151359］‥‥‥‥‥‥‥‥‥‥‥‥ 312

最判平成21年 6 月 4 日民集63巻 5 号982頁［28151521］‥‥‥‥‥‥‥‥‥‥‥‥‥‥ 245

最決平成21年 8 月12日民集63巻 6 号1406頁［28152739］‥‥‥‥‥‥‥‥‥‥‥‥‥‥ 229

東京地判平成21年12月14日労経速報2062号30頁［28160637］‥‥‥‥‥‥‥‥‥‥‥‥ 260

佐賀地判平成22年 3 月26日労働判例1005号31頁［28162182］‥‥‥‥‥‥‥‥‥‥‥‥ 123

秋田地判平成22年 7 月16日交通民集43巻 4 号879頁［28173945］‥‥‥‥‥‥‥‥‥‥ 114

大阪地判平成23年 6 月24日判例地方自治353号14頁［28180326］‥‥‥‥‥‥‥‥‥‥‥82

最判平成23年10月25日民集65巻 7 号3114頁［28174474］‥‥‥‥‥‥‥‥‥‥‥‥‥‥‥13

広島高決平成24年 3 月14日家裁月報65巻 1 号66頁［28210110］‥‥‥‥‥‥‥‥‥‥‥ 108

東京高判平成24年 6 月 4 日判タ1386号212頁［28182143］‥‥‥‥‥‥‥‥‥‥‥‥‥‥ 123

大阪高判平成26年10月16日訟務月報61巻 5 号992頁［28230832］‥‥‥‥‥‥‥‥‥‥‥91

判例索引

（審級別）

大審院

大判明治32年 3 月25日民録 5 輯 3 巻37頁［27520023］‥‥‥‥‥‥‥‥‥‥‥‥ 186

大判明治36年 1 月29日民録 9 輯102頁［27520430］‥‥‥‥‥‥‥‥‥‥‥‥‥ 132

大判明治37年 5 月10日民録10輯638頁［27520630］‥‥‥‥‥‥‥‥‥‥‥‥‥ 132

大判明治38年 5 月11日民録11輯706頁［27520803］‥‥‥‥‥‥‥‥‥‥‥‥‥‥22

大判明治39年 5 月17日民録12輯758頁［27520963］‥‥‥‥‥‥‥‥‥‥‥‥‥‥58

大判明治39年 5 月17日民録12輯837頁［27520964］‥‥‥‥‥‥‥‥‥‥‥‥‥‥59

大判明治41年 5 月 7 日民録14輯542頁［27521219］‥‥‥‥‥‥‥‥‥‥‥‥‥‥58

大判明治41年12月 7 日民録14輯1268頁［27521284］‥‥‥‥‥‥‥‥‥‥‥‥ 296

大判大正 2 年 6 月 7 日民録19輯396頁［27521684］‥‥‥‥‥‥‥‥‥‥‥‥‥ 237

大判大正 3 年10月27日民録20輯818頁［27521815］‥‥‥‥‥‥‥‥‥‥‥‥‥ 236

大判大正 3 年11月 2 日民録20輯865頁［27521819］‥‥‥‥‥‥‥‥‥‥‥‥‥ 233

大判大正 3 年12月15日民録20輯1101頁［27521846］‥‥‥‥‥‥‥‥‥‥ 316, 319

大判大正 4 年12月17日民録21輯2124頁［27522079］‥‥‥‥‥‥‥‥‥‥‥‥‥ 264

大判大正 4 年12月28日民録21輯2274頁［27522093］‥‥‥‥‥‥‥‥‥‥‥‥‥ 146

大判大正 5 年 1 月21日民録22輯25頁［27522099］‥‥‥‥‥‥‥‥‥‥‥‥‥ 235

大判大正 5 年 2 月 2 日民録22輯210頁［27522118］‥‥‥‥‥‥‥‥‥‥‥‥‥‥58

大判大正 5 年 4 月19日民録22輯770頁［27522165］‥‥‥‥‥‥‥‥‥‥‥‥‥ 181

大判大正 5 年 9 月20日民録22輯1821頁［27522271］‥‥‥‥‥‥‥‥‥‥ 233, 296

大判大正 5 年11月17日民録22輯2089頁［27522299］‥‥‥‥‥‥‥‥‥‥‥‥‥ 264

大判大正 6 年 2 月24日民録23輯284頁［27522368］‥‥‥‥‥‥‥‥‥‥‥‥‥ 316

大判大正 6 年10月11日民録23輯1576頁［27522503］‥‥‥‥‥‥‥‥‥‥‥‥‥‥58

大判大正 6 年10月25日民録23輯1604頁［27522507］‥‥‥‥‥‥‥‥‥‥‥‥‥‥42

大判大正 6 年11月 8 日民録23輯1758頁［27522523］‥‥‥‥‥‥‥‥‥‥‥‥‥ 319

大判大正 6 年12月12日民録23輯2079頁［27522549］‥‥‥‥‥‥‥‥‥‥‥‥‥ 233

大判大正 7 年 3 月13日民録24輯523頁［27522611］‥‥‥‥‥‥‥‥‥‥‥‥‥ 169

大判大正 7 年10月 3 日民録24輯1852頁［27522719］‥‥‥‥‥‥‥‥‥‥‥‥‥ 316

大判大正 7 年10月 9 日民録24輯1886頁［27522722］‥‥‥‥‥‥‥‥‥‥‥‥‥‥59

大判大正 8 年 3 月15日民録25輯473頁［27522811］‥‥‥‥‥‥‥‥‥‥‥‥‥ 172

大判大正 8 年 5 月12日民録25輯851頁［27522847］‥‥‥‥‥‥‥‥‥‥‥‥‥‥59

大判大正 9 年 4 月19日民録26輯542頁［27523039］‥‥‥‥‥‥‥‥‥‥‥‥‥ 296

大判大正 9 年 5 月28日民録26輯773頁［27523064］‥‥‥‥‥‥‥‥‥‥‥‥‥ 186

395

判例索引（審級別）

大判大正 9 年 7 月23日民録26輯1171頁［27523104］ ………………………… 264, 265

大決大正 9 年10月18日民録26輯1551頁［27523137］ ………………………… 265

大判大正10年 6 月 2 日民録27輯1038頁［27822359］ ………………………… 236

大判大正10年10月22日民録27輯1749頁［27523323］ ………………………… 295

大判大正10年12月15日民録27輯2160頁［27523363］ ………………………… 321

大判大正11年 8 月 4 日民集 1 巻488頁［27511134］ …………………………… 45

大判大正12年12月12日民集 2 巻668頁［27511070］ …………………………… 186

大判大正13年10月 7 日民集 3 巻509頁［27510983］ …………………………… 152

大判大正14年 1 月20日民集 4 巻 1 頁［27510836］ …………………………… 180

大判大正15年 2 月22日民集 5 巻99頁［27510758］ …………………………… 160

大判大正15年 6 月17日民集 5 巻468頁［27510793］ …………………………… 39

大決大正15年 9 月 4 日新聞2613号16頁［27550184］ ………………………… 263

大判昭和 3 年10月 4 日新聞2912号13頁［27551147］ ………………………… 265

大決昭和 5 年 7 月21日新聞3151号10頁［27540105］ ………………………… 39, 41

大判昭和 5 年10月 8 日評論20巻民法18頁［27540213］ ……………………… 296

大判昭和 5 年12月18日民集 9 巻1147頁［27510543］ ………………………… 175

大判昭和 6 年 6 月 9 日民集10巻470頁［27510419］ …………………………… 263

大判昭和 6 年10月24日新聞3334号 4 頁［27541021］ ………………………… 264

大判昭和 6 年10月30日民集10巻982頁［27510451］ …………………………… 182

大判昭和 6 年11月26日裁判例 5 巻民254頁［27541105］ ……………………… 296

大判昭和 7 年 4 月19日民集11巻837頁［27510294］ …………………………… 263

大判昭和 7 年 5 月17日民集11巻975頁［27510310］ …………………………… 159

大決昭和 7 年 7 月26日民集11巻1658頁［27510346］ ………………………… 90

大判昭和 7 年10月 6 日民集11巻2023頁［27510360］ ………………………… 20

大判昭和 7 年10月29日民集11巻1947頁［27510368］ …………………… 184, 211, 216

大判昭和 7 年11月10日新聞3495号18頁［27541865］ ………………………… 263

大判昭和 8 年 3 月24日民集12巻490頁［27510148］ …………………………… 160

大決昭和 8 年 9 月18日民集12巻2437頁［27510227］ ………………………… 263

大判昭和 9 年 5 月 1 日民集13巻875頁［27510035］ ……………………… 184, 209

大判昭和 9 年10月23日新聞3784号 8 頁［27543267］ ………………………… 186

大判昭和10年10月 1 日民集14巻1671頁［27500750］ ………………………… 160

大判昭和10年10月 5 日民集14巻1965頁［27500753］ ………………………… 14

大判昭和11年 2 月14日民集15巻158頁［27500574］ …………………………… 359

大判昭和11年 7 月10日民集15巻1481頁［27500637］ ………………………… 14

大判昭和12年 4 月20日新聞4133号12頁［27545094］ ………………………… 186

大判昭和12年 8 月10日新聞4181号 9 頁［27545328］ ………………………… 251

大判昭和12年11月20日民集16巻1635頁［27500549］ ………………………… 58

大判昭和12年12月28日民集16巻2082頁［27500564］ ………………………… 296

396

判例索引（審級別）

大判昭和13年2月7日民集17巻59頁［27500353］‥‥‥‥‥‥‥‥‥‥112
大判昭和13年3月30日民集17巻578頁［27500377］‥‥‥‥‥‥‥‥‥217
大判昭和13年10月26日民集17巻2057頁［27500436］‥‥‥‥‥‥‥‥14
大判昭和13年12月17日民集17巻2651頁［27500457］‥‥‥‥‥‥‥265
大判昭和14年12月9日民集18巻1551頁［27500339］‥‥‥‥‥‥‥265
大判昭和15年7月16日民集19巻1185頁［27819557］‥‥‥‥‥‥‥‥98
大判昭和16年8月30日新聞4747号15頁［27547258］‥‥‥‥‥‥‥296
大判昭和16年11月15日法学11巻616頁［27547359］‥‥‥‥‥‥‥296
大判昭和16年11月18日法学11巻617頁［27547362］‥‥‥‥‥‥‥347
大判昭和17年9月8日新聞4799号10頁［27548459］‥‥‥‥‥‥‥266
大判昭和18年3月19日民集22巻185頁［27500046］‥‥‥‥‥‥‥186
大判昭和18年12月22日民集22巻1263頁［27500076］‥‥‥‥‥‥265
大判昭和19年5月18日民集23巻308頁［27500013］‥‥‥‥‥‥‥219
大判昭和19年12月6日民集23巻613頁［27500030］‥‥‥‥‥‥‥‥5
大判昭和20年11月26日民集24巻120頁［27500036］‥‥‥‥‥‥‥265

最高裁判所

最判昭和23年12月23日民集2巻14号493頁［27003589］‥‥‥‥‥251
最判昭和24年6月4日民集3巻7号235頁［27003568］‥‥‥‥‥‥294
最判昭和25年3月28日民集4巻3号117頁［27003539］‥‥‥‥‥‥220
最判昭和25年4月28日民集4巻4号152頁［27003537］‥‥‥‥‥‥220
最判昭和25年12月1日民集4巻12号625頁［27003500］‥‥‥‥‥‥4
最判昭和26年2月6日民集5巻3号36頁［27003492］‥‥‥‥‥‥‥4
最判昭和27年2月15日民集6巻2号77頁［27003432］‥‥‥‥‥‥132
最判昭和27年3月6日民集6巻3号320頁［27003421］‥‥‥‥‥‥200
最判昭和27年3月18日民集6巻3号325頁［27003420］‥‥‥‥‥‥295
最判昭和27年11月20日民集6巻10号1015頁［27003375］‥‥‥‥‥201
最判昭和28年1月22日民集7巻1号56頁［27003347］‥‥‥‥‥‥220
最判昭和28年5月7日民集7巻5号510頁［27003315］‥‥‥‥‥‥323
最判昭和28年10月1日民集7巻10号1019頁［27003278］‥‥‥‥‥267
最判昭和29年1月28日民集8巻1号234頁［27003220］‥‥‥‥‥‥4
最判昭和29年2月12日民集8巻2号448頁［27003206］‥‥‥‥‥‥4
最大判昭和29年10月20日民集8巻10号1907頁［27003120］‥‥‥‥83
最判昭和29年2月12日民集8巻2号465頁［27003205］‥‥‥‥‥‥323
最判昭和29年8月20日民集8巻8号1505頁［27003141］‥‥‥‥‥296
最判昭和29年8月24日民集8巻8号1534頁［27003139］‥‥‥‥‥231
最判昭和29年8月31日民集8巻8号1557頁［27003137］‥‥‥‥‥190
最判昭和29年11月5日民集8巻11号2014頁［27003115］‥‥‥‥‥201

397

判例索引（審級別）

最判昭和29年11月26日民集 8 巻11号2087頁 ［27003109］ ························· 316, 319
最判昭和30年 3 月22日裁判集民17号711頁 ［27410234］ ······························ 133
最判昭和30年 3 月29日民集 9 巻 3 号401頁 ［27003062］ ······························ 359
最判昭和30年 6 月24日民集 9 巻 7 号919頁 ［27003033］ ······························ 151
最判昭和30年 7 月15日民集 9 巻 9 号1086頁 ［27003022］ ····························· 220
最判昭和30年 9 月23日民集 9 巻10号1376頁 ［27003001］ ···························· 165
最判昭和30年10月 4 日民集 9 巻11号1521頁 ［27002989］ ···························· 239
最判昭和30年10月 7 日民集 9 巻11号1616頁 ［27002987］ ···························· 212
最判昭和30年10月28日民集 9 巻11号1748頁 ［27002978］ ···························· 132
最判昭和30年11月22日民集 9 巻12号1781頁 ［27002976］ ····························· 5
最判昭和30年12月20日民集 9 巻14号2027頁 ［27002960］ ····························· 4
最判昭和31年 3 月30日民集10巻 3 号242頁 ［27002939］ ······························ 236
最判昭和31年 4 月24日民集10巻 4 号417頁 ［21007341］ ······························ 11
最判昭和31年 7 月20日民集10巻 8 号1045頁 ［27002894］ ···························· 157
最判昭和31年10月 9 日裁判集民23号421頁 ［27440267］ ······························ 155
最判昭和31年12月28日民集10巻12号1613頁 ［27002854］ ··························· 263
最判昭和32年 2 月15日民集11巻 2 号286頁 ［27002834］ ······························ 201
最判昭和32年 7 月 5 日民集11巻 7 号1193頁 ［27002790］ ························· 4, 236
最判昭和32年 9 月 5 日民集11巻 9 号1479頁 ［27002775］ ···························· 201
最判昭和32年10月31日民集11巻10号1779頁 ［27002757］ ··························· 297
最判昭和32年11月14日民集11巻12号1943頁 ［27002749］ ··························· 118
最判昭和32年12月19日民集11巻13号2299頁 ［27002733］ ··························· 323
最判昭和33年 2 月13日民集12巻 2 号227頁 ［27002709］ ······························ 165
最判昭和33年 3 月28日民集12巻 4 号648頁 ［27002690］ ······························ 133
最判昭和33年 6 月14日民集12巻 9 号1492頁 ［27002658］ ····················· 321, 323
最判昭和33年 7 月 1 日民集12巻11号1601頁 ［27002652］ ···························· 347
最判昭和33年 9 月18日民集12巻13号2027頁 ［27002629］ ··························· 134
最判昭和34年 3 月30日民集13巻 3 号427頁 ［27002583］ ······························ 240
最判昭和34年12月28日民集13巻13号1678頁 ［27002510］ ··························· 201
最判昭和35年 2 月 2 日民集14巻 1 号36頁 ［27002507］ ······························ 266
最判昭和35年 3 月 1 日民集14巻 3 号307頁 ［27002493］ ······························ 165
最判昭和35年 3 月18日民集14巻 4 号483頁 ［27002483］ ······························ 231
最判昭和35年 3 月22日民集14巻 4 号525頁 ［27002480］ ······························ 228
最判昭和35年 6 月 2 日民集14巻 7 号1192頁 ［27002450］ ···························· 202
最判昭和35年 7 月27日民集14巻10号1871頁 ［27002422］ ··························· 134
最判昭和35年 8 月30日民集14巻10号1957頁 ［27002417］ ··························· 231
最判昭和35年11月29日裁判集民46号563頁 ［27440524］ ···························· 180
最判昭和36年 3 月14日民集15巻 3 号396頁 ［27002336］ ······························ 165

398

判例索引（審級別）

最判昭和36年 4 月20日民集15巻 4 号774頁［27002315］‥‥‥‥‥‥‥‥‥‥‥‥‥‥‥359

最判昭和36年 8 月 8 日民集15巻 7 号2005頁［27002263］‥‥‥‥‥‥‥‥‥‥‥‥‥‥‥269

最判昭和37年 3 月29日民集16巻 3 号643頁［21015992］‥‥‥‥‥‥‥‥‥‥‥‥154, 167

最判昭和37年 4 月26日民集16巻 4 号992頁［27002157］‥‥‥‥‥‥‥‥‥‥‥‥‥‥‥364

最判昭和37年 6 月12日民集16巻 7 号1305頁［27002136］‥‥‥‥‥‥‥‥‥‥‥‥‥‥‥295

最判昭和37年 9 月14日民集16巻 9 号1935頁［27002100］‥‥‥‥‥‥‥‥‥‥‥‥‥‥‥297

最判昭和37年12月13日裁判集民63号591頁［27440685］‥‥‥‥‥‥‥‥‥‥‥‥‥‥‥264

最判昭和38年 1 月18日民集17巻 1 号25頁［27002061］‥‥‥‥‥‥‥‥‥‥‥‥‥‥‥‥202

最判昭和38年 2 月21日民集17巻 1 号219頁［27002050］‥‥‥‥‥‥‥‥‥‥‥‥‥‥‥‥ 6

最判昭和38年 5 月24日民集17巻 5 号639頁［27002024］‥‥‥‥‥‥‥‥‥‥‥‥‥‥‥‥15

最判昭和38年 6 月 7 日民集17巻 5 号728頁［27002020］‥‥‥‥‥‥‥‥‥‥‥‥‥‥‥266

最判昭和38年 6 月13日民集17巻 5 号744頁［27002019］‥‥‥‥‥‥‥‥‥‥‥‥220, 228

最判昭和38年10月 3 日民集17巻 9 号1133頁［27001996］‥‥‥‥‥‥‥‥‥‥‥‥‥‥‥231

最判昭和38年11月28日民集17巻11号1446頁［27001977］‥‥‥‥‥‥‥‥‥‥‥‥‥‥‥265

最判昭和39年 1 月23日民集18巻 1 号37頁［27001952］‥‥‥‥‥‥‥‥‥‥‥‥‥‥‥‥220

最判昭和39年 1 月30日民集18巻 1 号196頁［27001943］‥‥‥‥‥‥‥‥‥‥‥‥154, 157

最判昭和39年10月15日民集18巻 8 号1671頁［27001362］‥‥‥‥‥‥‥‥‥‥‥‥‥‥‥118

最判昭和40年 3 月 9 日民集19巻 2 号233頁［27001326］‥‥‥‥‥‥‥‥‥‥‥‥‥‥‥‥14

最判昭和40年 4 月 6 日民集19巻 3 号564頁［27001314］‥‥‥‥‥‥‥‥‥‥‥‥‥‥‥‥ 5

最判昭和40年 4 月22日民集19巻 3 号703頁［27001308］‥‥‥‥‥‥‥‥‥‥‥‥‥‥‥231

最判昭和40年 5 月 4 日民集19巻 4 号811頁［27001303］‥‥‥‥‥‥‥‥‥‥‥‥‥‥‥176

最判昭和40年 8 月 2 日民集19巻 6 号1337頁［27001280］‥‥‥‥‥‥‥‥‥‥‥‥‥‥‥166

最判昭和40年 9 月10日民集19巻 6 号1512頁［27001274］‥‥‥‥‥‥‥‥‥‥‥‥‥‥‥316

最判昭和40年10月 8 日民集19巻 7 号1731頁［27001263］‥‥‥‥‥‥‥‥‥‥‥‥‥‥‥323

最判昭和40年12月21日民集19巻 9 号2221頁［27001240］‥‥‥‥‥‥‥‥‥‥‥‥‥‥‥11

最判昭和41年 1 月20日民集20巻 1 号22頁［27001235］‥‥‥‥‥‥‥‥‥‥‥‥‥‥‥‥240

最判昭和41年 2 月 1 日民集20巻 2 号179頁［27001228］‥‥‥‥‥‥‥‥‥‥‥‥‥‥‥‥ 6

最判昭和41年 3 月18日民集20巻 3 号451頁［27001216］‥‥‥‥‥‥‥‥‥‥‥‥‥‥‥297

最大判昭和41年 4 月20日民集20巻 4 号702頁［27001201］‥‥‥‥‥‥‥‥‥‥‥‥‥‥‥11

最判昭和41年 4 月26日民集20巻 4 号849頁［27001193］‥‥‥‥‥‥‥‥‥‥‥‥‥‥‥133

最判昭和41年 6 月 7 日裁判集民83号721頁［27430902］‥‥‥‥‥‥‥‥‥‥‥‥‥‥‥231

最判昭和41年11月18日民集20巻 9 号1845頁［27001145］‥‥‥‥‥‥‥‥‥‥‥‥‥‥‥ 6

最判昭和41年12月22日民集20巻10号2168頁［27001130］‥‥‥‥‥‥‥‥‥‥‥‥‥‥‥266

最判昭和42年 4 月 7 日民集21巻 3 号551頁［27001093］‥‥‥‥‥‥‥‥‥‥‥‥‥‥‥‥ 6

最判昭和42年 4 月20日民集21巻 3 号697頁［27001087］‥‥‥‥‥‥‥‥‥‥‥‥‥‥‥251

最判昭和42年 6 月22日民集21巻 6 号1479頁［27001067］‥‥‥‥‥‥‥‥‥‥‥‥‥‥‥264

最判昭和42年 6 月29日裁判集民87号1397頁［27441040］‥‥‥‥‥‥‥‥‥‥‥‥264, 266

最判昭和42年10月19日民集21巻 8 号2078頁［27001034］‥‥‥‥‥‥‥‥‥‥‥‥‥‥‥118

399

判例索引（審級別）

最判昭和42年11月 9 日判時506号36頁［27421675］‥‥‥‥‥‥‥‥‥‥‥‥‥‥‥ 180
最判昭和43年 3 月19日民集22巻 3 号648頁［27000975］‥‥‥‥‥‥‥‥‥‥‥‥‥‥ 297
最判昭和43年 8 月 2 日民集22巻 8 号1571頁［27000934］‥‥‥‥‥‥‥‥‥‥‥‥‥‥ 11
最判昭和43年 8 月20日民集22巻 8 号1677頁［27000932］‥‥‥‥‥‥‥‥‥‥‥‥‥ 237
最判昭和43年10月17日民集22巻10号2188頁［27000909］‥‥‥‥‥‥‥‥‥‥‥‥‥ 304
最判昭和43年11月15日裁判集民93号233頁［27431072］‥‥‥‥‥‥‥‥‥‥‥‥‥‥ 268
最判昭和43年11月19日裁判集民93号379頁［27441156］‥‥‥‥‥‥‥‥‥‥‥‥‥‥ 229
最判昭和43年12月17日民集22巻13号2998頁［27000875］‥‥‥‥‥‥‥‥‥‥‥‥‥ 360
最判昭和44年 2 月13日民集23巻 2 号291頁［27000850］‥‥‥‥‥‥‥‥‥‥‥‥‥‥ 76
最判昭和44年 2 月27日民集23巻 2 号511頁［27000839］‥‥‥‥‥‥‥‥‥‥ 119, 120
最判昭和44年 3 月 4 日民集23巻 3 号586頁［27000835］‥‥‥‥‥‥‥‥‥‥‥‥‥ 240
最判昭和44年 3 月20日裁判集民94号613頁［27403311］‥‥‥‥‥‥‥‥‥‥‥‥‥‥ 6
最判昭和44年 3 月25日裁判集民94号629頁［27431093］‥‥‥‥‥‥‥‥‥‥‥‥‥ 158
最判昭和44年 3 月28日民集23巻 3 号699頁［27000830］‥‥‥‥‥‥‥‥‥‥ 173, 178
最判昭和44年 5 月27日民集23巻 6 号998頁［27000816］‥‥‥‥‥‥‥‥‥‥‥‥‥ 266
最判昭和44年 6 月26日民集23巻 7 号1175頁［27000808］‥‥‥‥‥‥‥‥‥‥‥‥‥ 118
最判昭和44年 7 月 4 日民集23巻 8 号1347頁［27000803］‥‥‥‥‥‥‥‥‥‥‥ 6 , 133
最判昭和44年 7 月10日民集23巻 8 号1450頁［27000798］‥‥‥‥‥‥‥‥‥‥‥‥‥ 237
最判昭和44年 9 月18日民集23巻 9 号1675頁［27000789］‥‥‥‥‥‥‥‥‥‥‥‥‥ 335
最判昭和44年10月 7 日裁判集民97号 9 頁［27441223］‥‥‥‥‥‥‥‥‥‥‥‥‥‥ 215
最判昭和44年11月 4 日民集23巻11号1951頁［27000775］‥‥‥‥‥‥‥‥‥‥‥‥‥ 118
最判昭和44年11月14日民集23巻11号2023頁［27000770］‥‥‥‥‥‥‥‥‥‥‥‥‥ 249
最判昭和44年12月 2 日民集23巻12号2374頁［27000759］‥‥‥‥‥‥‥‥‥‥‥‥‥ 166
最判昭和45年 2 月26日民集24巻 2 号104頁［27000741］‥‥‥‥‥‥‥‥‥‥‥‥‥ 229
最判昭和45年 3 月 3 日裁判集民98号341頁［27441269］‥‥‥‥‥‥‥‥‥‥‥‥‥ 238
最判昭和45年 3 月26日民集24巻 3 号151頁［27000738］‥‥‥‥‥‥‥‥‥‥ 321, 324
最判昭和45年 3 月26日裁判集民98号505頁［27403609］‥‥‥‥‥‥‥‥‥‥‥‥‥‥ 10
最判昭和45年 4 月16日民集24巻 4 号266頁［27000732］‥‥‥‥‥‥‥‥‥‥ 298, 300
最判昭和45年 4 月21日裁判集民99号99頁［27422161］‥‥‥‥‥‥‥‥‥‥‥‥‥‥ 190
最判昭和45年 4 月21日裁判集民99号109頁［27441288］‥‥‥‥‥‥‥‥‥‥‥‥‥‥ 10
最判昭和45年 5 月29日裁判集民99号273頁［27441294］‥‥‥‥‥‥‥‥‥‥‥‥‥ 324
最判昭和45年 6 月 2 日民集24巻 6 号465頁［27000724］‥‥‥‥‥‥‥‥‥‥‥‥‥ 304
最大判昭和45年 6 月24日民集24巻 6 号625頁［27000715］‥‥‥‥‥‥‥‥‥‥‥‥ 133
最判昭和45年 7 月24日民集24巻 7 号1116頁［27000700］‥‥‥‥‥‥‥‥‥‥ 250, 299
最判昭和45年 9 月22日民集24巻10号1424頁［27000689］‥‥‥‥‥‥‥‥‥‥‥‥‥ 299
最判昭和46年 3 月25日民集25巻 2 号208頁［27000646］‥‥‥‥‥‥‥‥‥‥ 184, 211
最判昭和46年 4 月 9 日民集25巻 3 号241頁［27000645］‥‥‥‥‥‥‥‥‥‥‥‥‥ 240
最判昭和46年 4 月 9 日民集25巻 3 号264頁［27000644］‥‥‥‥‥‥‥‥‥‥‥‥‥ 217

400

判例索引（審級別）

最判昭和46年 4 月20日民集25巻 3 号290頁［27000642］………………………… 224

最判昭和46年 6 月29日裁判集民103号293頁［27441392］……………………… 238

最判昭和46年11月 9 日裁判集民104号191頁［27441426］………………………10

最判昭和47年 2 月18日民集26巻 1 号46頁［27000586］………………………… 7

最判昭和47年 2 月24日民集26巻 1 号146頁［27000583］……………………… 308

最判昭和47年 3 月 9 日民集26巻 2 号213頁［27000580］……………………… 176

最判昭和47年 4 月25日裁判集民105号855頁［27441470］……………………… 217

最判昭和47年 5 月19日民集26巻 4 号723頁［27000567］……………………… 324

最判昭和47年 6 月 2 日民集26巻 5 号957頁［27000558］……………………… 118

最判昭和47年 6 月15日民集26巻 5 号1015頁［27000555］……………………… 7

最判昭和47年 6 月27日民集26巻 5 号1067頁［27000552］………………………15

最判昭和47年 9 月 1 日民集26巻 7 号1289頁［27000544］………………………98

最判昭和47年 9 月 7 日民集26巻 7 号1327頁［27000541］……………………… 347

最判昭和47年11月28日民集26巻 9 号1715頁［27000526］……………………… 305

最判昭和47年12月19日民集26巻10号1969頁［27000518］……………………… 324

最判昭和48年 6 月28日民集27巻 6 号724頁［21043081］……………………… 264, 300

最判昭和48年10月 9 日民集27巻 9 号1129頁［27000475］……………………… 118

最判昭和48年10月26日民集27巻 9 号1240頁［27000471］……………………… 119, 120

最大判昭和48年12月12日民集27巻11号1536頁［27000458］……………………… 184, 200

最判昭和49年 3 月 1 日民集28巻 2 号135頁［27000449］……………………… 231

最判昭和49年 9 月26日民集28巻 6 号1213頁［27000419］……………………… 346, 347

最判昭和49年 9 月26日民集28巻 6 号1306頁［27000416］……………………… 119, 120

最判昭和49年 9 月30日民集28巻 6 号1382頁［27000414］……………………… 118

最判昭和49年11月 7 日裁判集民113号137頁［28201229］……………………… 229

最判昭和49年11月14日民集28巻 8 号1605頁［27000409］……………………… 7

最判昭和49年12月20日民集28巻10号2072頁［27000400］………………………59

最判昭和50年 2 月25日民集29巻 2 号143頁［27000387］………………………11

最判昭和50年 2 月25日民集29巻 2 号168頁［27000386］……………………… 240

最判昭和50年 3 月 6 日民集29巻 3 号220頁［27000383］……………………… 231

最判昭和50年 4 月25日裁判集民114号649頁［27441675］……………………… 266

最判昭和50年 5 月27日裁判集民115号 7 頁［27441680］……………………… 156

最判昭和50年 6 月27日裁判集民115号177頁［27441691］……………………… 360

最判昭和50年 7 月14日裁判集民115号379頁［27431514］……………………… 154, 160

最判昭和50年 7 月15日民集29巻 6 号1029頁［27000366］……………………… 231

最判昭和50年11月14日裁判集民116号465頁［27404459］……………………… 336

最判昭和50年11月28日民集29巻10号1554頁［27000347］……………………… 221

最判昭和51年 4 月23日民集30巻 3 号306頁［27000325］……………………… 7

最判昭和51年 6 月18日金融法務798号34頁［27441765］……………………… 265

401

判例索引（審級別）

最判昭和51年 7 月 8 日民集30巻 7 号689頁［27000317］･･････････････････････13

最判昭和51年 9 月30日民集30巻 8 号799頁［27000312］････････････････････ 8

最判昭和51年10月 1 日裁判集民119号 9 頁［27441790］････････････････････239

最判昭和51年11月25日民集30巻10号960頁［27000305］････････････････････241

最判昭和51年11月26日裁判集民119号265頁［27411722］･･･････････････････251

最判昭和51年12月24日民集30巻11号1104頁［27000298］･･･････････････････149

最判昭和52年 3 月15日裁判集民120号261頁［27441820］･･･････････････････10

最判昭和52年 6 月20日民集31巻 4 号449頁［27000280］･･･････････････ 221, 231

最判昭和52年12月 8 日裁判集民122号303頁［27441872］･･･････････････････305

最判昭和52年12月12日裁判集民122号323頁［27431693］･･･････････････････146

最判昭和54年 2 月15日民集33巻 1 号51頁［27000210］･････････････････････150

最判昭和54年 4 月19日判タ384号81頁［27441975］･････････････････････････37

最判昭和55年 2 月 8 日民集34巻 2 号138頁［27000180］････････････････････118

最判昭和55年 9 月11日民集34巻 5 号683頁［27000166］･･････････ 251, 264, 266

最判昭和56年 3 月24日民集35巻 2 号300頁［27000144］････････････････････190

最判昭和56年 4 月28日民集35巻 3 号696頁［27000137］････････････････････264

最判昭和56年10月30日裁判集民134号153頁［27442195］･･････････････････ 8

最判昭和57年 3 月12日民集36巻 3 号329頁［27000099］････････････････････92

最判昭和57年 6 月 8 日裁判集民136号57頁［27442242］････････････････････265

最判昭和57年 6 月17日民集36巻 5 号824頁［27000085］････････････････････168

最判昭和57年 7 月 1 日民集36巻 6 号891頁［27000084］････････････････････268

最判昭和57年 7 月15日民集36巻 6 号1113頁［27000082］･･･････････････････ 8

最判昭和57年11月16日裁判集民137号453頁［27442265］･･････････････････231

最判昭和60年11月29日訟務月報32巻 7 号1557頁［27802153］･･････････････232

最判昭和61年 9 月 4 日裁判集民148号417頁［27802166］･･･････････････････217

最判昭和61年11月20日民集40巻 7 号1167頁［27100053］･･･････････････････186

最判昭和61年12月16日民集40巻 7 号1236頁［27100055］･･･････････････････146

最判昭和62年 1 月20日訟務月報33巻 9 号2234頁［27800828］･･････････････265

最判昭和62年 7 月 9 日民集41巻 5 号1145頁［27801461］･･･････････････････164

最判昭和62年 7 月17日民集41巻 5 号1359頁［27800340］･･･････････････････241

最大判昭和62年 9 月 2 日民集41巻 6 号1423頁［27800202］･････････････････14

最判昭和62年11月10日民集41巻 8 号1559頁［27801490］･･･････････････････150

最判昭和63年12月 8 日判時1319号20頁［28213669］･････････････････････281

最判平成元年 6 月20日民集43巻 6 号385頁［27804472］････････････････････191

最判平成元年 9 月14日裁判集民157号555頁［22003091］･･･････････････ 316, 325

最判平成元年12月14日民集43巻12号1895頁［27805324］･･･････････････････191

最判平成元年12月14日民集43巻12号2051頁［27805325］･･･････････････ 191, 215

最判平成 2 年 4 月19日裁判集民159号461頁［27806925］･･･････････････････173

402

判例索引（審級別）

最判平成 3 年 4 月11日裁判集民162号295頁［27811185］‥‥‥‥‥‥‥‥‥‥‥‥11
最判平成 4 年12月10日民集46巻 9 号2727頁［27814101］‥‥‥‥‥‥‥‥‥‥‥‥252
最判平成 5 年 3 月30日民集47巻 4 号3262頁［25000040］‥‥‥‥‥‥‥‥‥‥‥192
最判平成 5 年 3 月30日民集47巻 4 号3384頁［27814896］‥‥‥‥‥‥‥‥‥‥‥242
最判平成 5 年 5 月27日裁判集民169号57頁［27815441］‥‥‥‥‥‥‥‥‥‥‥‥135
最判平成 5 年 7 月20日裁判集民169号291頁［27826712］‥‥‥‥‥‥‥‥‥‥‥242
最判平成 6 年 4 月22日民集48巻 3 号944頁［27818523］‥‥‥‥‥‥‥‥‥‥‥‥229
最判平成 6 年 5 月31日民集48巻 4 号1065頁［27819952］‥‥‥‥‥‥‥‥‥‥‥118
最判平成 6 年 9 月13日民集48巻 6 号1263頁［27825601］‥‥‥‥‥‥‥‥‥‥‥‥7
最判平成 7 年 5 月30日民集49巻 5 号1406頁［27827103］‥‥‥‥‥‥‥‥‥‥‥243
最判平成 7 年 7 月 7 日金融法務1436号31頁［27828311］‥‥‥‥‥‥‥‥‥‥‥254
最判平成 7 年11月10日民集49巻 9 号2918頁［27828273］‥‥‥‥‥‥‥‥236, 243
最判平成 8 年 3 月19日民集50巻 3 号615頁［28010412］‥‥‥‥‥‥‥‥‥134, 139
最判平成 9 年 3 月25日民集51巻 3 号1565頁［28020802］‥‥‥‥‥‥‥‥‥‥‥243
最判平成 9 年 7 月 1 日民集51巻 6 号2452頁［28021213］‥‥‥‥‥‥‥‥‥‥‥‥5
最判平成 9 年 8 月25日裁判集民184号 1 頁［28021645］‥‥‥‥‥‥‥‥‥‥‥‥82
最判平成 9 年 9 月 4 日民集51巻 8 号3619頁［28021754］‥‥‥‥‥‥‥‥‥‥‥222
最判平成 9 年10月17日民集51巻 9 号3905頁［28022226］‥‥‥‥‥‥‥‥‥‥‥244
最判平成 9 年11月11日民集51巻10号4077頁［28022345］‥‥‥‥‥‥‥‥‥‥‥218
最判平成 9 年12月18日訟務月報45巻 3 号693頁［28041119］‥‥‥‥‥‥‥‥‥266
最判平成10年 2 月13日民集52巻 1 号38頁［28030503］‥‥‥‥‥‥‥‥‥‥‥‥‥8
最判平成10年 6 月11日民集52巻 4 号1034頁［28031248］‥‥‥‥‥‥‥‥244, 361
最判平成11年 2 月23日民集53巻 2 号193頁［28040415］‥‥‥‥‥‥‥‥‥‥‥227
最判平成12年10月20日裁判集民200号69頁［28052196］‥‥‥‥‥‥‥‥‥‥‥118
最判平成13年 3 月27日民集55巻 2 号434頁［28060671］‥‥‥‥‥‥‥‥‥‥‥‥12
最判平成13年 6 月11日裁判集民202号433頁［28061233］‥‥‥‥‥‥‥‥‥‥‥222
最判平成14年 3 月28日民集56巻 3 号662頁［28070519］‥‥‥‥‥‥‥‥‥‥‥‥9
最判平成14年 4 月25日裁判集民206号233頁［28070836］‥‥‥‥‥‥‥‥‥‥‥134
最判平成14年 7 月11日裁判集民206号707頁［28071917］‥‥‥‥‥‥‥‥‥‥‥329
最判平成15年 4 月18日民集57巻 4 号366頁［28081212］‥‥‥‥‥‥‥‥‥‥‥185
最判平成15年 6 月13日裁判集民210号143頁［28081751］‥‥‥‥‥‥‥‥‥‥‥308
最判平成15年12月19日民集57巻11号2292頁［28090148］‥‥‥‥‥‥‥‥‥‥‥232
最判平成16年 7 月 8 日裁判集民214号687頁［28091992］‥‥‥‥‥‥‥‥‥‥‥330
最判平成16年10月26日裁判集民215号473頁［28092692］‥‥‥‥‥‥‥‥‥‥‥‥9
最判平成16年11月 5 日民集58巻 8 号1997頁［28092813］‥‥‥‥‥‥‥‥‥‥‥213
最判平成16年11月18日民集58巻 8 号2225頁［28092898］‥‥‥‥‥‥‥‥‥‥‥‥12
最判平成17年 7 月19日民集59巻 6 号1783頁［28101455］‥‥‥‥‥‥‥‥‥‥‥‥12
最判平成17年12月16日民集59巻10号2931頁［28110087］‥‥‥‥‥‥‥‥‥‥‥149

403

判例索引（審級別）

最判平成18年2月23日民集60巻2号546頁［28110488］‥‥‥‥‥‥‥‥‥‥‥‥‥305
最判平成18年3月17日民集60巻3号773頁［28110762］‥‥‥‥‥‥‥‥‥‥‥‥‥197
最判平成18年3月23日裁判集民219号967頁［28110838］‥‥‥‥‥‥‥‥‥‥‥‥‥9
最判平成18年3月28日民集60巻3号875頁［28110799］‥‥‥‥‥‥‥‥‥‥‥‥‥‥20
最判平成18年11月27日民集60巻9号3597頁［28112531］‥‥‥‥‥‥‥‥‥‥‥‥244
最判平成18年11月27日民集60巻9号3732頁［28112528］‥‥‥‥‥‥‥‥‥‥‥‥207
最判平成19年2月2日民集61巻1号86頁［28130353］‥‥‥‥‥‥‥‥‥‥‥‥‥‥213
最判平成19年2月6日民集61巻1号122頁［28130401］‥‥‥‥‥‥‥‥‥‥‥‥‥‥11
最決平成19年3月23日民集61巻2号619頁［28130826］‥‥‥‥‥‥‥‥‥‥‥‥‥188
最決平成19年8月23日平成19年（オ）941号、同年（受）1079号公刊物未登載
　［28232683］‥‥‥‥‥‥‥‥‥‥‥‥‥‥‥‥‥‥‥‥‥‥‥‥‥‥‥‥‥‥‥‥‥292
最判平成20年4月14日民集62巻5号909頁［28140824］‥‥‥‥‥‥‥‥‥‥‥‥‥239
最判平成20年10月3日裁判集民229号1頁［28142030］‥‥‥‥‥‥‥‥‥‥‥‥‥‥82
最判平成20年12月16日民集62巻10号2561頁［28150067］‥‥‥‥‥‥‥‥‥‥‥‥232
最判平成21年6月4日民集63巻5号982頁［28151521］‥‥‥‥‥‥‥‥‥‥‥‥‥245
最決平成21年8月12日民集63巻6号1406頁［28152739］‥‥‥‥‥‥‥‥‥‥‥‥229
最判平成23年10月25日民集65巻7号3114頁［28174474］‥‥‥‥‥‥‥‥‥‥‥‥13

高等裁判所

東京高決昭和26年10月5日家裁月報3巻12号16頁［27440060］‥‥‥‥‥‥‥‥‥‥61
仙台高決昭和27年3月1日家裁月報5巻4号37頁［27440069］‥‥‥‥‥‥‥‥‥‥53
東京高判昭和27年5月24日判タ27号57頁［27400283］‥‥‥‥‥‥‥‥‥‥252, 289
東京高判昭和27年10月31日高裁民集5巻12号577頁［27400347］‥‥‥‥‥‥‥‥265
東京高判昭和28年8月6日東高民時報4巻3号110頁［27440115］‥‥‥‥‥‥‥‥273
東京高判昭和29年2月26日高裁民集7巻1号118頁［27430117］‥‥‥‥‥‥‥‥‥163
東京高判昭和30年1月21日下級民集6巻1号64頁［27440181］‥‥‥‥‥‥‥‥‥157
東京高判昭和30年2月19日東高民時報6巻2号37頁［27440188］‥‥‥‥‥‥‥‥284
東京高判昭和30年11月30日下級民集6巻11号2532頁［27410287］‥‥‥‥‥‥‥274
東京高判昭和31年1月30日民集13巻1号58頁［27203944］‥‥‥‥‥‥‥‥‥‥‥160
東京高判昭和31年12月19日判タ67号72頁［27430269］‥‥‥‥‥‥‥‥‥‥‥‥155
東京高判昭和31年12月25日高裁民集9巻11号714頁［27440284］‥‥‥‥‥‥‥‥157
東京高判昭和32年7月18日高裁民集10巻5号320頁［27440323］‥‥‥‥‥264, 278
東京高決昭和32年9月5日東高民時報8巻9号211頁［27430322］‥‥‥‥‥‥‥‥155
名古屋高判昭和32年10月9日下級民集8巻10号1886頁［27430327］‥‥‥‥‥‥173
高松高判昭和32年11月30日民集16巻7号1318頁［27203238］‥‥‥‥‥‥‥‥‥295
東京高判昭和33年2月27日高裁民集11巻2号109頁［21009692］‥‥‥‥‥‥‥‥160
東京高判昭和33年12月26日東高民時報9巻13号257頁［27440405］‥‥‥‥‥‥284
東京高判昭和34年7月15日東高民時報10巻7号157頁［27401516］‥‥‥‥‥‥239

判例索引（審級別）

東京高判昭和35年4月13日民集15巻7号2024頁［27203550］⋯⋯⋯⋯⋯⋯⋯270

大阪高判昭和35年11月29日高裁民集13巻9号822頁［27440525］⋯⋯⋯⋯⋯⋯175

東京高判昭和37年5月31日金融法務312号8頁［27440645］⋯⋯⋯⋯⋯⋯⋯⋯264

大阪高判昭和38年7月4日高裁民集16巻6号423頁［27430689］⋯⋯⋯⋯⋯⋯152

名古屋高判昭和38年7月30日労働民例集14巻4号968頁［27440741］⋯⋯⋯⋯43

東京高判昭和38年12月19日東高民時報14巻12号326頁［27440766］⋯⋯⋯⋯284

東京高判昭和39年5月11日下級民集15巻5号1055頁［27440795］⋯⋯⋯⋯⋯161

大阪高判昭和39年8月5日判時394号68頁［27440825］⋯⋯⋯⋯⋯⋯⋯⋯⋯158

東京高判昭和39年9月15日東高民時報15巻9号185頁［27440833］⋯⋯⋯⋯266

東京高判昭和39年10月27日高裁民集17巻6号450頁［27440840］⋯⋯⋯⋯⋯300

名古屋高判昭和42年1月27日下級民集18巻1・2号73頁［27430947］⋯⋯⋯268

大阪高判昭和42年2月17日民集23巻2号308頁［27201909］⋯⋯⋯⋯⋯⋯⋯77

大阪高決昭和42年7月27日家裁月報20巻2号32頁［27441047］⋯⋯⋯⋯⋯⋯99

東京高決昭和43年10月26日家裁月報21巻5号53頁［27441152］⋯⋯⋯⋯⋯⋯53

東京高判昭和45年1月30日下級民集21巻1＝2号131頁［27441258］⋯⋯⋯⋯320

東京高判昭和45年2月27日下級民集21巻1＝2号354頁［27441268］⋯⋯⋯⋯293

大阪高判昭和45年3月27日判タ248号139頁［27441275］⋯⋯⋯⋯⋯⋯⋯⋯320

大阪高判昭和45年11月30日判時625号52頁［27431231］⋯⋯⋯⋯⋯⋯⋯⋯158

名古屋高判昭和46年11月30日判時658号42頁［27431303］⋯⋯⋯⋯⋯⋯⋯268

東京高判昭和47年9月29日判時684号60頁［27441502］⋯⋯⋯⋯⋯⋯⋯⋯263

東京高判昭和48年1月30日高裁民集26巻1号52頁［27441527］⋯⋯⋯⋯⋯135

広島高岡山支決昭和48年6月13日家裁月報25巻12号23頁［27441556］⋯⋯⋯47

東京高判昭和49年5月29日金融商事426号8頁［27441620］⋯⋯⋯⋯⋯⋯⋯301

大阪高判昭和50年1月21日訟務月報21巻4号774頁［27411618］⋯⋯⋯⋯⋯274

東京高判昭和51年10月5日判時841号44頁［27431608］⋯⋯⋯⋯⋯⋯⋯⋯161

東京高判昭和52年4月18日判時854号70頁［27404702］⋯⋯⋯⋯⋯⋯⋯⋯239

名古屋高金沢支決昭和52年6月11日判タ359号279頁［27441844］⋯⋯⋯⋯47

大阪高判昭和52年9月20日高裁民集30巻3号286頁［27431674］⋯⋯⋯⋯⋯161

東京高判昭和53年7月19日判タ370号80頁［27441917］⋯⋯⋯⋯⋯⋯⋯⋯259

東京高判昭和53年12月26日下級民集29巻9〜12号397頁［27431769］⋯⋯⋯175

東京高判昭和54年2月13日東高民時報30巻2号22頁［27441955］⋯⋯⋯⋯156

大阪高判昭和55年1月30日判タ414号94頁［27405209］⋯⋯⋯⋯⋯⋯⋯⋯284

東京高判昭和55年11月13日判時989号46頁［27442109］⋯⋯⋯⋯⋯⋯⋯⋯180

東京高判昭和55年11月18日判タ435号107頁［27442111］⋯⋯⋯⋯⋯⋯⋯300

東京高決昭和56年12月21日高裁民集34巻4号370頁［27442201］⋯⋯⋯⋯⋯45

東京高決昭和57年5月24日判タ476号92頁［27442237］⋯⋯⋯⋯⋯⋯⋯⋯84

東京高判昭和57年9月27日判タ483号79頁［27490450］⋯⋯⋯⋯⋯⋯⋯⋯265

東京高決昭和57年11月30日家裁月報36巻4号69頁［27442267］⋯⋯⋯⋯⋯45

判例索引（審級別）

大阪高判昭和58年 2 月16日判タ496号110頁［27490458］‥‥‥‥‥‥‥‥‥‥‥ 310

東京高判昭和58年10月31日行裁例集34巻10号1879頁［21078731］‥‥‥‥‥‥‥ 303

東京高判昭和58年12月13日金融法務1063号40頁［27490497］‥‥‥‥‥‥‥‥‥ 266

東京高判昭和59年 8 月30日下級民集35巻 5 ＝ 8 号538頁［27490573］‥‥‥‥‥‥ 138

大阪高判昭和59年11月20日高裁民集37巻 3 号225頁［27490588］‥‥‥‥‥‥‥‥ 302

東京高判昭和60年 1 月29日判タ554号180頁［27490602］‥‥‥‥‥‥‥‥‥‥‥ 310

大阪高判昭和60年 1 月29日判タ550号146頁［27490601］‥‥‥‥‥‥‥‥‥‥‥ 307

東京高決昭和60年 3 月25日家裁月報37巻11号41頁［27490608］‥‥‥‥‥‥‥‥‥‥94

東京高判昭和60年 4 月24日東高民時報36巻 4 ＝ 5 号77頁［27800377］‥‥‥‥‥ 311

東京高判昭和60年 6 月26日判時1161号118頁［27443024］‥‥‥‥‥‥‥‥‥‥‥ 136

東京高判昭和61年 1 月29日判タ595号81頁［27800382］‥‥‥‥‥‥‥‥‥‥‥‥ 294

名古屋高判昭和61年 1 月30日判タ612号47頁［27800384］‥‥‥‥‥‥‥‥‥‥‥‥77

仙台高判昭和61年 3 月28日判タ621号110頁［27802158］‥‥‥‥‥‥‥‥‥‥‥ 311

名古屋高判昭和62年10月29日判時1268号47頁［27801492］‥‥‥‥‥‥‥‥‥‥ 311

高松高判昭和63年 3 月31日判時1282号125頁［27802102］‥‥‥‥‥‥‥‥‥‥‥ 307

名古屋高判昭和63年 8 月30日判時1300号56頁［27803226］‥‥‥‥‥‥‥‥‥‥‥ 137

東京高判昭和63年12月15日金融法務1240号35頁［27808512］‥‥‥‥‥‥‥‥‥ 173

大阪高判平成元年 7 月18日判タ713号176頁［27805349］‥‥‥‥‥‥‥‥‥‥‥ 158

東京高決平成元年 9 月21日家裁月報42巻 2 号166頁［27807980］‥‥‥‥‥‥‥‥‥54

福岡高判平成元年11月 9 日判タ719号164頁［27806103］‥‥‥‥‥‥‥‥‥‥‥ 253

東京高判平成 2 年 3 月27日判時1345号78頁［27806366］‥‥‥‥‥‥‥‥‥‥‥ 336

東京高判平成 2 年 8 月29日判時1370号61頁［27807942］‥‥‥‥‥‥‥‥‥‥‥ 354

仙台高決平成 2 年 9 月18日家裁月報44巻 3 号70頁［27809153］‥‥‥‥‥‥‥‥ 105

東京高決平成 3 年 5 月31日家裁月報44巻 9 号69頁［27809273］‥‥‥‥‥‥‥‥‥53

東京高判平成 3 年 9 月30日判タ787号217頁［27811639］‥‥‥‥‥‥‥‥‥‥‥ 191

東京高判平成 3 年12月16日判タ781号169頁［27811318］‥‥‥‥‥‥‥‥‥‥‥ 192

仙台高判平成 4 年 1 月10日労働民例集43巻 1 号 1 頁［27810971］‥‥‥‥‥‥‥ 192

広島高松江支判平成 4 年 3 月18日判時1432号77頁［27813732］‥‥‥‥‥‥‥‥ 325

名古屋高判平成 4 年 6 月25日判タ801号172頁［27814196］‥‥‥‥‥‥‥‥‥‥‥78

東京高決平成 5 年 1 月22日家裁月報46巻 2 号166頁［27814901］‥‥‥‥‥‥‥‥84

大阪高決平成 5 年 3 月 8 日家裁月報46巻 5 号28頁［28019339］‥‥‥‥‥‥‥‥ 106

高松高判平成 5 年 8 月 3 日判タ854号270頁［27825569］‥‥‥‥‥‥‥‥‥‥‥ 126

東京高判平成 6 年 3 月24日金融法務1414号33頁［27826583］‥‥‥‥‥‥‥‥‥ 336

東京高判平成 6 年 7 月18日判時1518号19頁［27826614］‥‥‥‥‥‥‥‥‥‥‥ 325

名古屋高判平成 6 年11月30日金融法務1436号32頁［27828312］‥‥‥‥‥‥‥‥ 254

東京高判平成 6 年12月21日判時1593号63頁［28020715］‥‥‥‥‥‥‥‥‥‥‥ 271

東京高判平成 7 年10月18日判時1585号119頁［28011340］‥‥‥‥‥‥‥‥‥‥‥ 337

大阪高判平成 8 年 1 月23日判時1569号62頁［28010921］‥‥‥‥‥‥‥‥‥‥‥ 202

判例索引（審級別）

大阪高判平成 8 年 3 月27日判時1585号35頁［28020180］ ················· 326

東京高判平成 8 年 3 月28日判時1573号29頁［28011209］ ················· 203

福岡高判平成 8 年 4 月15日判タ923号252頁［28020081］ ············· 348, 360

東京高判平成 8 年 5 月30日判タ933号152頁［28020770］ ············· 272, 296

福岡高決平成 8 年 9 月19日家裁月報49巻 1 号126頁［28020251］ ·········· 106

名古屋高判平成 9 年 1 月30日行裁例集48巻 1 ＝ 2 号 1 頁［28022350］ ········ 147

東京高判平成 9 年 6 月11日判タ1011号171頁［28042742］ ···················28

仙台高判平成 9 年12月12日判タ997号209頁［28040192］ ················· 281

広島高決平成10年 5 月26日家裁月報50巻11号92頁［28033395］ ···············45

東京高判平成10年 6 月15日判タ1041号212頁［28052546］ ··················29

大阪高判平成10年 6 月17日判時1665号73頁［28040859］ ················· 215

大阪高判平成10年 7 月22日労働判例748号98頁［28040179］ ··············· 326

福岡高判平成10年 8 月26日判時1698号83頁［28050668］ ············· 327, 338

東京高判平成10年 9 月28日判タ1024号234頁［28051080］ ················ 327

大阪高判平成11年 5 月27日金融商事1085号25頁［28050479］ ·············· 291

福岡高判平成11年 6 月29日判タ1026号201頁［28051339］ ················ 301

東京高判平成11年 9 月21日金融商事1080号30頁［28042852］ ·············· 187

東京高判平成11年12月14日金融法務1586号100頁［28051838］ ···············33

東京高判平成11年12月15日判タ1027号290頁［28050925］ ············· 321, 338

福岡高那覇支判平成11年12月21日訟務月報47巻12号3587頁［28070091］ ········ 148

東京高判平成12年 4 月11日金融商事1095号14頁［28051600］ ·············· 291

東京高判平成12年 5 月24日金融商事1095号18頁［28051601］ ·············· 255

東京高判平成12年 6 月 8 日判時1717号90頁［28052004］ ················· 203

東京高判平成12年 7 月27日判時1723号51頁［28052384］ ················· 312

広島高岡山支判平成12年 9 月14日金融商事1113号26頁［28060655］ ·········· 256

大阪高判平成12年10月 3 日判タ1069号153頁［28062235］ ················ 320

東京高判平成12年11月 7 日判時1734号16頁［28060481］ ················· 174

東京高判平成12年11月30日判タ1107号232頁［28080211］ ················ 187

大阪高判平成12年12月15日判時1758号58頁［28062374］ ············· 328, 339

東京高判平成13年 2 月20日判時1740号46頁［28060617］ ················· 204

東京高判平成13年 5 月23日判タ1127号184頁［28062373］ ················ 193

札幌高決平成13年 5 月30日家裁月報53巻11号112頁［28062494］ ···············64

仙台高判平成13年12月26日金融商事1151号32頁［28071742］ ··········· 329, 339

高松高判平成14年 2 月26日判タ1116号172頁［28081231］ ················ 193

大阪高判平成14年 7 月 3 日判時1801号38頁［28080136］ ················· 194

東京高判平成14年10月 3 日判タ1127号152頁［28080413］ ················ 205

東京高判平成14年12月12日判タ1129号145頁［28082774］ ················ 349

東京高判平成15年 3 月25日判時1829号79頁［28082540］ ················· 177

407

判例索引（審級別）

高松高判平成15年3月27日判時1830号63頁［28082615］··························205
東京高判平成15年6月24日金融商事1179号46頁［28082894］····················194
名古屋高判平成15年6月27日平成13年（行コ）29号裁判所ウェブサイト［28082427］
··148
東京高判平成15年7月31日判時1845号68頁［28090731］·····················194
東京高決平成16年3月30日判時1861号43頁［28092037］·······················45
仙台高判平成16年7月14日判タ1182号212頁［28101559］·····················295
福岡高判平成16年7月21日判タ1166号185頁［28092877］··················31, 351
大阪高判平成16年10月15日判時1886号52頁［28100881］····················293
福岡高判平成17年1月27日判タ1177号188頁［28100376］····················206
東京高判平成17年3月31日金融商事1218号35頁［28101039］··················330
東京高判平成17年4月27日金融商事1225号31頁［28101779］··················195
大阪高決平成17年5月20日判時1919号107頁［28110794］····················188
東京高判平成17年5月31日労働判例898号16頁［28101956］··················195
東京高判平成17年8月10日判タ1194号159頁［28101841］····················331
大阪高決平成17年12月14日家裁月報58巻9号44頁［28111929］·················107
広島高岡山支判平成18年1月31日判タ1216号162頁［28111016］··············196
広島高岡山支決平成18年2月17日高裁民集59巻1号3頁［28130511］··········47, 48
高松高判平成18年2月23日訟務月報52巻12号3672頁［28130855］·············340
東京高判平成18年9月21日金融商事1254号35頁［28112070］··················218
大阪高決平成18年10月5日労働判例927号23頁［28130391］··················216
東京高判平成18年10月25日金融商事1254号12頁［28112437］·················197
福岡高判平成18年11月9日判タ1255号255頁［28130058］·········207, 260, 288
大阪高判平成19年1月23日判時1976号34頁［28132091］······················82
東京高判平成19年3月15日金融商事1301号51頁［28140229］··················291
東京高判平成19年4月26日東高民時報58巻1＝12号7頁［28131254］··············223
東京高判平成19年4月26日労働判例940号33頁［28132022］··················208
大阪高判平成19年4月26日労働判例958号68頁［28141441］··················285
大阪高判平成19年8月24日判時1992号72頁［28140596］····················197
東京高判平成19年12月13日判時1992号65頁［28140552］···············332, 341
高松高判平成20年1月29日判時2012号79頁［28140689］····················208
東京高決平成20年2月28日判タ1266号226頁［28141155］····················198
福岡高判平成20年3月28日判時2024号32頁［28150135］····················209
東京高判平成20年5月21日訟務月報55巻9号2980頁［28153164］·············308
名古屋高判平成20年10月23日判タ1305号171頁［28151342］·················213
名古屋高判平成21年2月19日判タ1306号261頁［28151359］·················312
広島高決平成24年3月14日家裁月報65巻1号66頁［28210110］················108
東京高判平成24年6月4日判タ1386号212頁［28182143］····················123

408

判例索引（審級別）

大阪高判平成26年10月16日訟務月報61巻 5 号992頁［28230832］……………………91

地方裁判所

東京地判昭和25年 7 月14日下級民集 1 巻 7 号1103頁［27400097］………………… 265

東京地判昭和26年 3 月 3 日下級民集 2 巻 3 号333頁［27400169］………………… 277

大阪地判昭和28年 5 月 8 日下級民集 4 巻 5 号677頁［27440106］………………… 172

仙台地判昭和29年10月11日下級民集 5 巻10号1697頁［27430149］………………… 172

大阪地判昭和29年11月12日下級民集 5 巻11号1879頁［27430153］………………… 157

東京地判昭和31年12月12日下級民集 7 巻12号3605頁［27440280］………………… 167

釧路地判昭和32年 4 月 3 日訟務月報 3 巻 5 号29頁［27440298］………………… 167

東京地判昭和32年 5 月22日民集15巻 7 号2014頁［27203549］………………… 269

東京地判昭和32年 6 月 3 日新聞57号15頁［27440319］………………… 264

東京地判昭和33年 3 月20日下級民集 9 巻 3 号462頁［27401261］………………… 366

札幌地判昭和33年 8 月28日下級民集 9 巻 8 号1686頁［27440385］………………… 161

東京地判昭和33年12月17日判時178号18頁［27430407］………………… 239

東京地判昭和34年 2 月17日下級民集10巻 2 号296頁［27401419］………………… 161

横浜地判昭和34年 6 月18日判タ91号75頁［27420735］………………… 269

横浜地判昭和34年 7 月25日下級民集10巻 7 号1566頁［27440440］………………… 301

東京地判昭和35年 3 月19日判タ106号50頁［27401651］………………… 173

東京地判昭和35年 4 月15日法曹新聞153号11頁［27440485］…………………23

名古屋地半田支判昭和36年 8 月23日訟務月報 7 巻12号2347頁［27440579］………… 287

鳥取地米子支判昭和36年 9 月 8 日下級民集12巻 9 号2207頁［27440582］………… 270

東京地判昭和37年 3 月 6 日法曹新聞173号 9 頁［27430598］………………… 157

東京地判昭和37年 5 月22日金融法務311号 8 頁［27402050］………………… 292

名古屋地判昭和37年 6 月11日労働民例集14巻 4 号1001頁［27440647］…………43

岐阜地判昭和37年 7 月30日下級民集13巻 7 号1587頁［27430625］………………… 168

神戸地判昭和37年 8 月 4 日下級民集13巻 8 号1621頁［27440659］………………… 175

大阪地判昭和37年 9 月25日判時327号43頁［27402123］………………… 158

前橋地判昭和38年 9 月16日下級民集14巻 9 号1821頁［27421163］………………… 156

京都地判昭和38年 9 月30日訟務月報 9 巻10号1182頁［27440751］………………… 289

東京地判昭和40年 3 月16日下級民集16巻 3 号450頁［27440873］………………… 306

東京地判昭和40年 3 月30日判タ175号135頁［27402674］………………… 278, 296

大阪地判昭和40年10月30日民集28巻 4 号608頁［27200826］…………………83

浦和地判昭和41年 6 月28日判時458号49頁［27440952］………………… 278, 296

函館地判昭和42年 3 月10日判タ205号107頁［27430962］………………… 173

東京地判昭和42年12月11日判時514号65頁［27900045］………………… 265

大阪地判昭和43年 6 月26日判タ226号173頁［27441108］………………… 163

山口地萩支判昭和43年 7 月12日訟務月報14巻 8 号875頁［27441111］…………………83

409

判例索引（審級別）

東京地判昭和44年3月25日金融法務546号30頁［27441186］‥‥‥‥‥‥‥273
岐阜地大垣支判昭和44年11月17日下級民集20巻11＝12号83頁［27431149］‥‥‥268
東京地判昭和44年11月20日判時579号40頁［21031720］‥‥‥‥‥‥‥‥176
東京地判昭和45年9月2日判時619号66頁［27441317］‥‥‥‥‥‥‥‥273
岡山地判昭和46年1月27日判時629号79頁［27441352］‥‥‥‥‥‥‥‥300
福岡地判昭和46年3月31日判時646号80頁［27441373］‥‥‥‥‥‥‥‥279
東京地判昭和47年12月1日判タ298号389頁［27441514］‥‥‥‥‥‥‥‥168
東京地判昭和49年4月22日判時755号79頁［27404193］‥‥‥‥‥‥‥‥177
大阪地判昭和50年12月22日下級民集26巻9＝12号975頁［27441718］‥‥‥‥136
東京地判昭和53年5月25日判タ368号302頁［27441906］‥‥‥‥‥‥‥‥283
札幌地判昭和53年10月31日判タ377号126頁［27441935］‥‥‥‥‥‥‥‥24
札幌地判昭和53年12月11日判タ394号132頁［27404988］‥‥‥‥‥‥‥‥164
東京地判昭和54年3月27日訟務月報25巻8号2044頁［27431780］‥‥‥‥‥166
釧路地判昭和54年3月27日下級民集30巻1＝4号146頁［27441963］‥‥‥‥168
東京地判昭和55年1月28日判タ422号118頁［27431821］‥‥‥‥‥‥‥‥270
大阪地判昭和55年4月23日金融商事611号31頁［27442068］‥‥‥‥‥‥‥138
大阪地判昭和55年6月25日判タ424号151頁［27442084］‥‥‥‥‥‥‥‥138
東京地判昭和55年10月30日判時1000号99頁［27442105］‥‥‥‥‥‥‥‥274
東京地判昭和56年3月27日判時1015号68頁［27442143］‥‥‥‥‥‥‥‥279
東京地判昭和56年3月31日判タ448号115頁［27442145］‥‥‥‥‥‥‥‥306
横浜地判昭和56年5月6日金融商事641号40頁［27442155］‥‥‥‥‥‥‥309
東京地判昭和56年7月8日判時1029号94頁［27431917］‥‥‥‥‥‥‥‥271
大阪地判昭和56年7月28日判タ453号120頁［27442175］‥‥‥‥‥‥‥‥303
東京地判昭和56年8月31日判時1031号132頁［27442179］‥‥‥‥‥‥‥‥303
東京地判昭和56年10月27日判タ474号169頁［27442191］‥‥‥‥‥‥‥‥272
東京地判昭和57年3月16日判時1061号53頁［27442214］‥‥‥‥‥‥252, 290
東京地判昭和57年3月19日判タ475号116頁［27442215］‥‥‥‥‥‥‥‥310
浦和地判昭和57年4月20日判タ476号128頁［27405740］‥‥‥‥‥‥‥‥259
前橋地判昭和57年6月17日判時1076号121頁［27423888］‥‥‥‥‥‥‥‥138
東京地判昭和57年10月4日判時1073号98頁［27405828］‥‥‥‥‥‥‥‥283
福岡地判昭和57年10月8日判時1079号77頁［27442258］‥‥‥‥‥‥‥‥150
東京地判昭和58年2月25日判タ498号120頁［27490641］‥‥‥‥‥‥‥‥302
東京地判昭和58年4月18日判時1087号94頁［27412195］‥‥‥‥‥‥‥‥124
東京地判昭和58年7月19日判タ509号163頁［27490656］‥‥‥‥‥‥‥‥78
浦和地判昭和58年11月18日判タ521号169頁［21080029］‥‥‥‥‥‥‥‥310
東京地判昭和59年1月30日下級民集35巻1＝4号13頁［27406065］‥‥‥‥136
東京地判昭和59年12月19日民集40巻7号1193頁［27490158］‥‥‥‥‥‥259
福岡地判昭和60年1月31日判タ565号130頁［27413041］‥‥‥‥‥‥‥‥125

410

判例索引（審級別）

横浜地判昭和61年2月26日判タ605号55頁［27800386］‥‥‥‥‥‥‥‥‥‥‥311

東京地判昭和61年10月23日労働判例484号43頁［27802169］‥‥‥‥‥‥‥‥‥275

大阪地判昭和62年1月20日判タ647号163頁［27800487］‥‥‥‥‥‥‥‥‥‥272

山口地宇部支判昭和62年7月13日判タ647号160頁［27800486］‥‥‥‥‥‥136

東京地判昭和62年11月13日判時1285号133頁［27802280］‥‥‥‥‥‥‥‥‥125

神戸地判昭和62年12月24日判タ674号138頁［27802286］‥‥‥‥‥‥‥‥‥137

大阪地判昭和63年12月12日訟務月報35巻6号953頁［27804823］‥‥‥‥‥303

長崎地判平成元年3月29日判タ704号234頁［27804760］‥‥‥‥‥‥‥‥‥253

長崎地判平成元年6月30日判タ711号234頁［27805181］‥‥‥‥‥‥‥‥‥282

熊本地判平成2年1月18日判タ753号199頁［27808534］‥‥‥‥‥‥‥‥‥120

東京地判平成2年10月29日判タ757号232頁［27808948］‥‥‥‥‥‥‥‥‥121

横浜地判平成3年1月21日判タ760号231頁［27809037］‥‥‥‥‥‥‥‥‥253

高知地判平成3年1月24日判タ854号273頁［27825570］‥‥‥‥‥‥‥‥‥126

千葉地判平成3年7月26日判時1413号122頁［27811219］‥‥‥‥‥‥‥‥‥125

東京地判平成3年9月26日判時1428号97頁［27812003］‥‥‥‥‥‥‥‥‥348

名古屋地判平成3年10月30日判時1444号83頁［27814515］‥‥‥‥‥‥‥‥‥79

東京地判平成4年2月27日判タ797号215頁［27813888］‥‥‥‥‥‥‥‥‥‥26

東京地判平成4年3月9日判タ806号172頁［27814536］‥‥‥‥‥‥‥‥‥‥24

東京地判平成4年9月9日金融法務1372号67頁［27816681］‥‥‥‥‥‥‥352

千葉地判平成5年3月22日判例地方自治121号51頁［27970293］‥‥‥‥‥‥121

東京地判平成5年7月26日判タ863号227頁［27826236］‥‥‥‥‥‥‥‥‥253

神戸地判平成5年9月22日判タ858号162頁［27825862］‥‥‥‥‥‥‥‥‥162

仙台地判平成5年12月16日判タ864号225頁［27826314］‥‥‥‥‥‥‥‥‥‥27

東京地判平成6年1月26日判時1518号33頁［27826619］‥‥‥‥‥‥‥‥‥265

大分地佐伯支判平成6年8月31日判時1517号152頁［27826602］‥‥‥‥‥127

名古屋地判平成6年9月26日判タ881号196頁［27825791］‥‥‥‥‥‥‥‥127

京都地判平成6年12月19日判タ883号167頁［27827827］‥‥‥‥‥‥‥‥‥168

東京地判平成7年1月26日判時1547号80頁［27828594］‥‥‥‥‥‥‥‥‥307

浦和地判平成7年3月22日金融法務1423号48頁［27827282］‥‥‥‥‥‥‥302

高知地判平成7年5月22日判時1566号119頁［28010795］‥‥‥‥‥‥‥‥‥147

東京地判平成7年9月7日判タ918号233頁［28011380］‥‥‥‥‥‥‥‥‥127

神戸地決平成7年10月17日判タ880号165頁［28010389］‥‥‥‥‥‥‥‥‥164

東京地判平成7年11月13日判タ912号183頁［28011063］‥‥‥‥‥‥‥‥‥280

長野地判平成8年3月27日平成5年（ワ）97号公刊物未登載［28172358］‥‥‥‥29

東京地判平成8年4月18日判タ919号234頁［28011415］‥‥‥‥‥‥‥‥‥127

千葉地判平成8年4月24日平成2年（ワ）890号公刊物未登載［28172530］‥‥28

東京地判平成8年9月20日判タ957号215頁［28021475］‥‥‥‥‥‥‥‥‥283

東京地判平成8年10月24日判時1607号76頁［28021544］‥‥‥‥‥‥‥‥‥‥27

411

判例索引（審級別）

東京地判平成 8 年11月27日判時1608号120頁［28021622］ ··············25
東京地判平成 8 年12月17日判時1617号105頁［28022396］ ··············275
東京地判平成 8 年12月26日判タ953号186頁［28030078］ ··············311
東京地判平成 9 年 2 月27日金融商事1036号41頁［28030513］ ··············27
福岡地判平成 9 年 6 月11日金融法務1497号27頁［28021905］ ··············28
東京地判平成 9 年 6 月30日判タ967号213頁［28030901］ ··············276
東京地判平成 9 年10月24日判タ979号202頁［28032993］ ··············28
東京地判平成 9 年12月 8 日判タ976号177頁［28032775］ ··············354
東京地判平成 9 年12月25日金融商事1044号40頁［28031597］ ··············300
東京地判平成10年 3 月19日金融法務1531号69頁［28033333］ ··············29
東京地判平成10年 3 月31日金融法務1534号78頁［28040162］ ··············300
東京地判平成10年 5 月11日判時1659号66頁［28040400］ ··············33
東京地判平成10年 5 月13日判タ974号268頁［28032168］ ··············349
東京地判平成10年 7 月30日金融法務1539号79頁［28040637］ ··············29
東京地判平成10年10月27日金融法務1546号125頁［28040977］ ··············25
東京地判平成10年10月30日判時1679号46頁［28041975］ ··············30
静岡地浜松支判平成10年12月22日判タ1029号215頁［28051589］ ··············162
東京地判平成11年 1 月14日金融法務1582号50頁［28050480］ ··············255
東京地判平成11年 3 月15日労働判例766号64頁［28042457］ ··············121
東京地判平成11年 3 月16日労経速報1710号 9 頁［28042621］ ··············121
東京地判平成11年10月25日判時1729号47頁［28050168］ ··············254
新潟地判平成11年11月 5 日判タ1019号150頁［28050511］ ··············353
大阪地判平成11年12月 8 日労働判例777号25頁［28051034］ ··············122
函館地判平成12年 2 月24日判時1723号102頁［28052391］ ··············286
岡山地判平成12年 8 月23日判タ1054号180頁［28060824］ ··············128
東京地判平成13年 1 月31日判タ1088号225頁［28061627］ ··············128
大阪地判平成13年 3 月21日判タ1087号195頁［28071284］ ··············30
東京地判平成13年 7 月25日労働判例813号15頁［28062537］ ··············122
静岡地判平成13年 9 月14日判タ1086号143頁［28071051］ ··············148
東京地中間判平成14年 9 月19日判タ1109号94頁［28072782］ ··············259
名古屋地判平成14年10月29日判タ1141号194頁［28080551］ ··············350
津地判平成15年 2 月28日判タ1124号188頁［28082212］ ··············351
東京地判平成15年 9 月30日判タ1155号291頁［28092392］ ··············169
東京地判平成16年 1 月22日判時1867号70頁［28092596］ ··············307
福岡地判平成16年 1 月28日金融商事1204号31頁［28092878］ ··············26
東京地判平成16年 8 月31日訟務月報51巻 8 号2211頁［28102129］ ··············276
東京地判平成16年 8 月31日金融商事1226号34頁［28101843］ ··············288
東京地判平成16年10月 7 日判時1896号114頁［28101520］ ··············285

412

判例索引（審級別）

東京地判平成17年3月25日金融商事1223号29頁［28101651］‥‥‥‥‥‥‥‥‥‥‥256
熊本地判平成17年8月29日判時1932号131頁［28111676］‥‥‥‥‥‥‥‥‥‥‥‥26
東京地判平成17年9月29日判タ1203号173頁［28110876］‥‥‥‥‥‥‥‥‥‥‥‥31
広島地判平成18年1月30日労働判例912号21頁［28111144］‥‥‥‥‥‥‥‥‥‥284
東京地判平成18年2月6日労働判例911号5頁［28110893］‥‥‥‥‥‥‥‥‥‥‥32
名古屋地判平成18年2月24日判時1957号84頁［28130936］‥‥‥‥‥‥‥‥‥‥280
大阪地堺支判平成18年5月31日判タ1252号223頁［28132437］‥‥‥‥‥‥‥‥129
東京地判平成18年7月6日判時1965号75頁［28131383］‥‥‥‥‥‥‥‥‥‥‥32
東京地判平成19年4月5日判タ1276号224頁［28142022］‥‥‥‥‥‥‥‥‥‥286
神戸地尼崎支判平成19年7月17日判時1995号104頁［28140740］‥‥‥‥‥‥‥139
東京地判平成21年12月14日労経速報2062号30頁［28160637］‥‥‥‥‥‥‥‥260
佐賀地判平成22年3月26日労働判例1005号31頁［28162182］‥‥‥‥‥‥‥‥123
秋田地判平成22年7月16日交通民集43巻4号879頁［28173945］‥‥‥‥‥‥114
大阪地判平成23年6月24日判例地方自治353号14頁［28180326］‥‥‥‥‥‥82

家庭裁判所

新潟家三条支審昭和45年9月14日家裁月報23巻5号78頁［27441320］‥‥‥‥‥‥99
名古屋家審平成元年12月22日家裁月報42巻11号44頁［27806417］‥‥‥‥‥‥105

サービス・インフォメーション
―――――――通話無料―――――――
①商品に関するご照会・お申込みのご依頼
　　　　　TEL 0120（203）694／FAX 0120（302）640
②ご住所・ご名義等各種変更のご連絡
　　　　　TEL 0120（203）696／FAX 0120（202）974
③請求・お支払いに関するご照会・ご要望
　　　　　TEL 0120（203）695／FAX 0120（202）973

●フリーダイヤル（TEL）の受付時間は、土・日・祝日を除く
　9：00～17：30です。
●FAXは24時間受け付けておりますので、あわせてご利用ください。

事実認定体系〈民法総則編〉1

平成29年11月30日　初版発行

編　著　村　田　　　渉

発行者　田　中　英　弥

発行所　第一法規株式会社
　　　　〒107-8560　東京都港区南青山2-11-17
　　　　ホームページ　http://www.daiichihoki.co.jp/

装　丁　篠　　　隆　二

事実認定総則1価　ISBN978-4-474-05433-2　C3332　　（8）

論点体系シリーズ

法令解釈の論点とそれに対する判例上の判断が
即時に把握できる実務書の決定版!
研究者と実務家の第一人者が編集代表をつとめる大好評シリーズ

- **論点体系 判例民法 第2版 全10巻**
  - 編集 能見 善久(学習院大学大学院法務研究科教授)
  - 加藤新太郎(中央大学大学院法務研究科教授・弁護士)
  - ※A5判 上製 全巻定価 本体44,800円+税(分売可)

- **論点体系 会社法 全6巻+補巻**
  - 編著 江頭憲治郎(東京大学名誉教授)
  - 中村 直人(弁護士)
  - ※A5判 上製 全巻定価 本体34,200円+税(分売可)

- **論点体系 判例憲法 全3巻**
  - 編著 戸松 秀典(学習院大学名誉教授)
  - 今井 功(元最高裁判所判事・弁護士)
  - ※A5判 上製 全巻定価 本体14,400円+税(分売可)

- **論点体系 金融商品取引法 全2巻**
  - 編著 黒沼 悦郎(早稲田大学大学院法務研究科教授)
  - 太田 洋(弁護士・東京大学大学院法学政治学研究科教授)
  - ※A5判 上製 全巻定価 本体10,200円+税(分売可)

- **論点体系 独占禁止法 全1巻**
  - 編著 白石 忠志(東京大学教授)
  - 多田 敏明(弁護士)
  - ※A5判 上製 定価 本体5,400円+税

- **論点体系 保険法 全2巻**
  - 編著 山下 友信(同志社大学大学院司法研究科教授)
  - 永沢 徹(弁護士)
  - ※A5判 上製 全巻定価 本体9,600円+税(分売可)

- **論点体系 判例労働法 全4巻**
  - 編集 菅野 和夫(東京大学名誉教授)
  - 安西 愈(弁護士)
  - 野川 忍(明治大学教授)
  - ※A5判 上製 全巻定価 本体17,900円+税(分売可)

- **論点体系 判例行政法 全3巻**
  - 編著 小早川光郎(成蹊大学法科大学院教授)
  - 青柳 馨(元東京高等裁判所判事・日本大学大学院法務研究科教授)
  - ※A5判 上製 全巻定価 本体14,400円+税(分売可)

商品の詳細はコチラ →  第一法規 論点体系 検索 CLICK!

 第一法規
東京都港区南青山2-11-17 〒107-8560
http://www.daiichihoki.co.jp

ご注文はWEBからも承ります。
Tel. 0120-203-694
Fax. 0120-302-640